O REI DOS
INVESTIMENTOS

ROB COPELAND

O REI DOS INVESTIMENTOS

*O lado oculto de Ray Dalio
e do maior hedge fund do mundo*

Tradução
Edmundo Barreiros

HARPER
BUSINESS

Rio de Janeiro, 2025

Copyright © 2023 by Rob Copeland. Todos os direitos reservados.
Copyright da tradução © 2025 por Casa dos Livros Editora LTDA.
Todos os direitos reservados.

Título original: *The fund*

Todos os direitos desta publicação são reservados à Casa dos Livros Editora LTDA. Nenhuma parte desta obra pode ser apropriada e estocada em sistema de banco de dados ou processo similar, em qualquer forma ou meio, seja eletrônico, de fotocópia, gravação etc., sem a permissão dos detentores do copyright.

COPIDESQUE	Aline Graça
REVISÃO	Vivian Miwa Matsushita
	Elisabete Franczak Branco
CAPA	Adaptada do projeto original de Rob Grom
ADAPTAÇÃO DE CAPA	Estúdio Insólito
IMAGEM DE CAPA	Javier Rojas / Zuma Press / Fotoarena
DIAGRAMAÇÃO	Abreu's System

Dados Internacionais de Catalogação na Publicação (CIP)
(Câmara Brasileira do Livro, SP, Brasil)

Copeland, Rob
  O rei dos investimentos : o lado oculto de Ray Dalio e do maior hedge fund do mundo / Rob Copeland ; tradução Edmundo Barreiros. – Rio de Janeiro : Harper Business, 2025.

  Título original: The fund.
  ISBN 978-65-83532-00-8

  1. Empresários – Biografia 2. Homens – Biografia 3. Investidores (Finanças) – Biografia – Estados Unidos 4. Wall Street (Nova York, N.Y.) I. Título.

25-271716   CDD-920.93326

Índices para catálogo sistemático:
1. Investidores (Finanças) : Estados Unidos : Biografia   920.93326
Eliane de Freitas Leite – Bibliotecária – CRB 8/8415

Harper Business é uma marca licenciada à Casa dos Livros Editora LTDA.
Todos os direitos reservados à Casa dos Livros Editora LTDA.

Rua da Quitanda, 86, sala 601A – Centro
Rio de Janeiro/RJ – CEP 20091-005
Tel.: (21) 3175-1030
www.harpercollins.com.br

Quando você é rico, eles acham que você sabe muito.
"If I Were a Rich Man", *Um violinista no telhado*, 1964

A realidade é bela.

Ray Dalio, 2013

Sumário

Nota do autor — 11
Introdução — 13

Primeira parte

1. Lugar Maldito, 1 — 27
2. Missy e o Viking — 40
3. Certeza absoluta — 53
4. Pure Alpha — 64
5. Causa raiz — 87
6. A grande crise — 100

Segunda parte

7. O Mirante — 113
8. O Vassal — 122
9. Comey e os casos — 139
10. A ofensiva — 154
11. Fábrica de verdades — 170
12. Sexo e mentiras em vídeo — 178

Terceira parte

13. A máquina — 197
14. Prince — 211

15. Atire em quem você ama 232
16. Inteligência artificial 240
17. Sem Princípios 252
18. O modo de ser 269
19. Ciclo de feedback 278
20. Um de nós 283
21. "Ray, isto é uma religião" 292

Quarta parte

22. O Círculo da Verdade 305
23. O presente 326
24. A sociedade 339
25. Tudo o que ele quiser 351
26. Sem heróis 362

Epílogo 373
Posfácio: Ray e eu 389

Agradecimentos 395
Nota sobre as fontes 398
Notas 403

Nota do autor

RAY DALIO NÃO QUER QUE VOCÊ LEIA ESTE LIVRO.

Foi o que ele me disse. No início deste projeto, eu o procurei por e-mail em busca de seu ponto de vista. Ele respondeu às minhas intenções com ceticismo. Depois de muitas idas e vindas, Dalio optou por não dar entrevistas, como é seu direito.

Sou infinitamente grato às centenas de pessoas na Bridgewater e em seu entorno que confiaram a mim seu tempo e suas experiências. Também contei com anotações, e-mails, gravações, registros de tribunais e uma miríade de outros documentos internos e externos da empresa, entrevistas e reportagens publicadas. Todos os nomes que aparecem aqui são reais, exceto por um pseudônimo, usado para ocultar a identidade de um ex-funcionário que admitiu má conduta sexual.

Em alguns casos, os diálogos neste livro foram relatados pelos envolvidos diretos; em outros, foram descritos por pessoas que os presenciaram, que foram informadas posteriormente ou que os ouviram em gravações. Não se deve presumir que todos os citados falaram comigo. Como James B. Stewart, vencedor do Prêmio Pulitzer, escreveu: "Levando-se em conta as incertezas da memória humana, um diálogo lembrado é raramente igual às verdadeiras gravações e transcrições. Ao mesmo tempo, não é mais nem menos preciso que muitas outras lembranças".

Quanto às lembranças do próprio Dalio, o público tem muitas oportunidades de ouvi-las. Ele escreveu um livro de memórias e autoajuda que se tornou best-seller, *Princípios*. Na última década, concedeu centenas de entrevistas à imprensa em cinco continentes, pregando o evangelho de Ray. Ele apareceu nas principais redes de TV e canais a cabo, podcasts populares e capas de revistas. Foi entrevistado por Gwyneth Paltrow. Quando este livro foi lançado, 2,5 milhões de pessoas o seguiam no LinkedIn. Sua palestra do TED Talks foi vista quase sete milhões de vezes, e seu vídeo mais popular no YouTube, mais de 34 milhões de vezes.

Dalio está longe de ser o primeiro financista a desenvolver um gosto pelos holofotes, mas talvez ele seja o primeiro a afirmar que descobriu sozinho a solução para o que vê como dois dos maiores desafios da humanidade: nossa relutância em discordar uns dos outros e nosso desejo de buscar vidas significativas. Por anos, Dalio se aferrou à narrativa de que todos os funcionários da Bridgewater são julgados de maneira igualitária, que qualquer diferença de cargo ou de autoridade se deve apenas a um sistema rigoroso com base no mérito. A verdade é muito mais orwelliana. Na Bridgewater, alguns são mais iguais que outros.

Esta é a história de Ray Dalio, o mais igual de todos.

Rob Copeland

Introdução

Alguns minutos depois de desligar o telefone, Paul McDowell alisou cuidadosamente sua camisa social, se ajoelhou na neve e teve ânsia de vômito.

McDowell não estava se sentindo mal, mas atônito. O canadense em vias de ficar careca evitava grandes riscos, mas tinha feito a maior aposta de sua vida, negociando com um dos homens mais ricos do mundo — e ganhado, pelo menos era o que parecia. Pela primeira vez de muitas, ele se perguntou o que tinha acabado de acontecer.

Quando o telefone tocou mais cedo naquela tarde, McDowell estava sentado à sua mesa na pequena sede canadense da BearingPoint Consulting, o tipo de empresa triste de assessoria empresarial que ficava com os projetos dispensados pela McKinsey & Company. Ele atendeu ao telefone e ouviu a voz baixa e grave de Ray Dalio.

— Paul, é muito difícil encontrar uma pessoa como você — disse Dalio, indo direto ao assunto.

McDowell sentiu o peito aquecer. Um telefonema, ainda mais com elogios, já era algo relevante. Se McDowell era conhecido por seus colegas em outras áreas da empresa, era apenas como o homem do Canadá. Ao contrário de muitos consultores, ele detestava as apresentações sofisticadas e a bajulação de clientes intrínsecas à carreira. Mas divorciado e com dívidas, precisava do emprego bem remunerado. Ele se tornara especialista em infraestrutura de tecnologia, recursos humanos e gestão de compensação — áreas sem graça, mas em que o trabalho duro e uma tolerância alta a planilhas podiam trazer bons resultados na vida corporativa. Embora McDowell frequentemente se achasse subaproveitado, ele também gostava de ser um tipo de especialista em encontrar novas maneiras para que os clientes da BearingPoint fizessem pequenas mudanças de grande impacto em suas operações.

Era confuso, e bastante lisonjeiro, que alguém como Ray Dalio o tivesse procurado. Dalio não era apenas um titã do meio empresarial; era o fundador de um dos maiores hedge funds do mundo, a Bridgewater Associates, e uma celebridade em ascensão no mundo financeiro.

Era dezembro de 2008, e enquanto a maior parte de Wall Street sofria, Dalio estava tendo o melhor ano de sua carreira. Ele, como é notório, soara o alarme da bolha imobiliária um ano antes, alertando o público sobre o risco de colapso das hipotecas. Ele parecia um oráculo. Por isso, Ben Bernanke, o então chefe do Federal Reserve e o banqueiro mais importante do mundo, consultou Dalio sobre como tirar o país da crise. Uma semana após o telefonema de McDowell, o *New York Post* escreveu: "Dalio antecipa de tal forma a situação econômica que ler suas observações diárias tem sido como ler os jornais de finanças com duas semanas de antecedência".

A ideia de que Dalio precisasse de McDowell fazia pouco sentido. Ele era um entre vários consultores que a Bridgewater contratara e ajudava não com os investimentos que rendiam tanto dinheiro para Dalio, mas com a tarefa menos sexy de organizar processos operacionais internos. Entretanto, à medida que Dalio descrevia a situação, McDowell entendeu como poderia auxiliar. A Bridgewater estava crescendo em um ritmo frenético, explicou Dalio, e ele precisava de ajuda para supervisionar a gestão do dia a dia na empresa. Ele passava grande parte de seu tempo viajando pelo mundo, reunindo-se com indivíduos e instituições abastados e os aconselhando sobre o que fazer com seu dinheiro. McDowell, disse Dalio, poderia ser o homem para gerenciar a sede do hedge fund em Connecticut.

A BearingPoint fizera um trabalho de consultoria para a Bridgewater e havia ajudado o hedge fund a desenvolver um sistema para analisar talentos, economizando dinheiro. McDowell soube que sua equipe tinha feito um trabalho muito bom porque, em 2008, a Bridgewater contratou 211 novos funcionários, aumentando em mais de um terço sua folha de pagamentos em apenas um ano. McDowell não tinha interagido muito com Dalio, mas, quando isso aconteceu, percebeu de imediato que os funcionários da Bridgewater pareciam impressionados com o fundador. Eram raras as reuniões em que Dalio não compartilhasse suas experiências enquanto as pessoas ao redor tomavam notas com fervor. Suas palavras eram sempre citadas pelos outros, estivesse ele presente ou não.

Certa tarde, enquanto trabalhava em uma sala de reuniões na sede da Bridgewater durante uma tempestade torrencial, McDowell viu o fundador bilionário ajudar os subordinados a evitar as poças enquanto traziam bandejas com o almoço. McDowell fez uma anotação mental de que um homem tão importante entrava em ação mesmo quando ninguém estava olhando.

McDowell sabia que Dalio tinha a reputação de contratar os melhores profissionais, independentemente do currículo. Era frequente Dalio afirmar que prezava valores e personalidade em detrimento de habilidades específicas. Ele instruía os recrutadores da Bridgewater a priorizar candidatos com raciocínio lógico e tolerância ao feedback franco de todos os funcionários, dos diretores à equipe de zeladores. Não contrate pessoas que apenas se encaixam no emprego, falava, mas pessoas com as quais você queira compartilhar sua vida. McDowell, disse Dalio no telefonema, era uma das poucas pessoas que o fundador da Bridgewater tinha conhecido que podia distinguir "objetivo de tarefa".

— Acho que você seria fantástico. Você entende totalmente nosso jeito e pode fazer aqui o que quiser. Você pode até comandar a empresa.

McDowell ficou atônito e, por um momento, sem fala. Isso não importava muito, porque Dalio seguiu em frente com seu pitch, dando início a uma longa explicação sobre suas grandes responsabilidades futuras na Bridgewater. Essas atribuições incluíam encontrar um modo de reorganizar todos os funcionários de acordo com os valores únicos de Dalio, que estava à procura de um novo CEO para assumir quando ele se aposentasse, e sinalizou a McDowell que ele era um dos poucos que podiam conseguir o cargo.

— Paul, estou muito empolgado com nossa parceria — concluiu Dalio, enfim. — O que você diz?

— Ray, minha única preocupação é que muitas pessoas parecem ficar intimidadas por você. Não quero que tenhamos esse tipo de relacionamento. Eu gostaria que pudéssemos ser muito honestos e diretos um com o outro e de não ter que me preocupar com isso.

Houve uma pausa longa antes que Dalio respondesse:

— Acho que o problema com essas pessoas, Paul, é que elas não sabem diferenciar objetivo de tarefa. Você sem dúvida entende as coisas a nível de objetivo.

Finalmente, pensou McDowell, ali estava uma pessoa que o enxergava como um líder.

McDowell perguntou sobre o salário e ouviu uma quantia generosa como resposta: mais de um milhão de dólares no primeiro ano, além de bônus.

— Você vai começar ganhando uma quantidade ridícula de dinheiro. Logo vai estar ganhando *milhões* de dólares — disse Dalio.

Dalio, então, perguntou quanto McDowell ganhava, e no espírito honesto com o qual os dois homens tinham se comprometido, McDowell respondeu a verdade: só o salário base anual na Bridgewater era 100 mil dólares mais alto que seu salário.

— Está bem, então é isso o que vou pagar. Só pago às pessoas o que elas estão ganhando — disse Dalio de maneira casual.

McDowell sentiu a pele arrepiar. Tinham acabado de oferecer, e aparentemente ele acabara de perder, o que parecia uma pequena fortuna.

— Espere, você acabou de dizer quanto eu valho. Por que eu aceitaria menos do que você acredita que mereço?

— Não acredito que 100 mil dólares por ano façam alguma diferença para você se juntar a este lugar. Não deixe que isso conduza sua escolha.

Os dois homens começaram a falar um por cima do outro até ficar claro que a paciência de Dalio para aquela discussão estava acabando.

— Está bem, Paul, eu nunca, nunca faço isso, mas está bem. Vou lhe pagar o que você está pedindo. Negócio fechado.

O bilionário lhe desejou um feliz Natal, e a ligação foi finalizada.

Os dias e as semanas que se seguiram foram um turbilhão para McDowell e ele valorizava cada segundo. Estava com 48 anos e achava que merecia uma oportunidade havia muito tempo.

A origem de McDowell podia ser considerada, de maneira generosa, modesta. Seu pai e sua mãe eram descendentes de gerações de mineradores de carvão do norte da Inglaterra. O mais perto que sua família havia chegado da glória foi quando seu pai serviu por um curto período como guarda, vestindo o tradicional uniforme vermelho e o gorro de pele de urso em frente ao Palácio de Buckingham durante a Segunda Guerra Mundial. Os pais de McDowell se mudaram para o Canadá três anos antes de seu nascimento e foram para um bairro pobre na periferia de Toronto.

Embora estivesse ao norte da fronteira com os Estados Unidos, a família incorporava, de muitas maneiras, a tradicional ética americana de trabalho. O pai de McDowell ia de bicicleta para uma refinaria de petróleo e, ao voltar para casa sujo depois de um dia longo, fazia uma série pesada de flexões, barras e abdominais no porão. Ele não gostava que a família assistisse a um grande sucesso da época na TV, *Guerra, sombra e água fresca*, porque o programa zombava dos soldados alemães. O pai de McDowell nunca perdeu a desconfiança — e o respeito — pelo outro lado, e exercia sobre o filho uma vigilância permanente contra perigos insuspeitos.

McDowell encarou muitos perigos ao crescer. Ele sempre fora fraco em comparação aos colegas de turma, uma característica que ficou ainda mais evidente quando ele pulou a maior parte do quarto ano. Evitava a atenção dos valentões do Ensino Médio oferecendo ajuda com cálculo. Sua voz não tinha mudado quando ele foi para a faculdade, onde passava grande parte do tempo na biblioteca lendo livro atrás de livro sobre rádios amadores, gulags soviéticos e o escândalo de Watergate.

Em busca de um significado maior sobre o qual embasar uma carreira, McDowell ficou fascinado por pesquisas a respeito de como gerir um local de trabalho com eficácia por meio de um sistema controverso chamado organização requerida. A teoria afirmava que funcionários deviam ser testados e classificados por sua habilidade geral para solucionar problemas — conhecida como estrato —, e que os gestores deviam ser sempre mais capazes de ter raciocínio complexo e amplo que seus subordinados. O lado ruim, entre outros, era que a organização requerida encorajava uma hierarquia corporativa extremamente estruturada que beirava um sistema de castas e justificava grandes diferenças salariais entre executivos e funcionários subalternos. Funcionários de níveis inferiores, segundo a teoria, não estavam apenas fazendo um trabalho diferente do de seus superiores, mas eram intrinsecamente diferentes deles; as pessoas recebiam trabalhos para os quais tinham capacidade inata.

Na Bridgewater, McDowell encontrou o campo de experimentação perfeito para seus interesses. Ele começou em março de 2009 e de imediato foi submetido a semanas de reuniões de emergência. Todo mundo parecia em pânico para justificar sua posição, no que McDowell descobriria depois serem reorganizações regulares de Dalio. A atual reorganização, explicaram a McDowell, vinha da visão macroeconômica de Dalio. Convencido de que a recessão financeira global ainda estava nos estágios iniciais, Dalio buscou uma série do que ele chamava de "reduções" na Bridgewater. O orçamento da maioria dos departamentos, não importava quanto fossem pequenos, teve de ser reduzido em 25%.

Mais interessante ainda para McDowell foi a disposição de Dalio em adotar a mesma abordagem com as equipes. Em um dos primeiros dias de McDowell, Dalio lhe lembrou que, em essência, a empresa era uma máquina, assim como as pessoas que trabalhavam ali. A chave estava em descobrir que pessoas (Dalio as chamava de "peças de equipamento") funcionavam melhor juntas para produzir o resultado desejado, e se livrar de qualquer peça desnecessária.

Embora McDowell achasse a abordagem um pouco impessoal, ele via os méritos. A gestão como uma máquina, com a ênfase na subordinação de diferentes papéis em uma empresa, era apenas uma versão mais crua da filosofia da organização requerida. E uma coisa parecia certa: a abordagem de Dalio — mesmo com todas as críticas — era extremamente bem-sucedida. Um mês após a contratação de McDowell, a revista *Alpha*, que pesquisava a indústria, anunciou que a Bridgewater tinha ultrapassado a tradicional J. P. Morgan & Co. como o maior hedge fund do mundo.

Coerente com suas palavras, Dalio logo começou a ouvir os conselhos de McDowell, e nomeou o canadense como conselheiro do comitê de gestão da empresa. O cargo lhe concedeu uma cadeira imediata à mesa de tomada de decisões entre os principais executivos da Bridgewater. Dalio pedia a opinião de McDowell com frequência. No fim do ano, ele havia atribuído a McDowell a tarefa de descobrir quem deveria ser transferido para um lugar diferente da máquina empresarial ou demitido. A sugestão do novo conselheiro foi avaliar funcionários em seus estratos. Dalio adorou a ideia. *Vamos fazer isso imediatamente*, disse.

Ávido para impressionar o patrão, McDowell contratou um especialista em estratos. Os três sentaram em torno de uma mesa pequena enquanto o convidado explicava que os rankings de estratos tinham a intenção de alocar as pessoas em cargos nos quais se encaixassem, papéis que não fossem simples nem complicados demais. Os funcionários passaram por entrevistas psicológicas e foram classificados em diferentes estratos: de nível um a oito, com base em sua habilidade de processar, de forma independente, tarefas complexas. Um operário de fábrica podia ser de um estrato nível um, por exemplo, enquanto o CEO ideal seria pelo menos um nível cinco.

Dalio apontou para McDowell.

— Ele é quanto?

O especialista respondeu que McDowell estava em torno de seis, destacando que essa era uma medida de julgamento cognitivo e de temperamento, mas que não era estática e poderia evoluir com o tempo.

Dalio riu e se voltou para McDowell.

— Se o seu estrato é tão alto, por que você não é bilionário?

McDowell engoliu em seco antes de responder. O estrato, ele explicou a Dalio, era apenas uma medida de uma pessoa. Nenhum modelo sozinho podia abarcar a idade, a sabedoria acumulada, os valores ou a formação de alguém — sem falar na sorte.

Mesmo uma pessoa de estrato elevado, pontuou McDowell, poderia acabar pobre, e vice-versa.

Pouco tempo depois, Dalio chamou McDowell de lado e disse que, embora gostasse da ideia dos estratos, achava que ela podia ser aperfeiçoada e expandida. Sua ideia era classificar e ranquear os funcionários de acordo com atributos diferentes que ele mesmo havia pensado com o tempo. Eram 77 no total, como "determinação" e "defender o que é certo". As notas seriam listadas no que viria a ser chamado de "card de beisebol", da mesma forma que jogadores da Major League Baseball têm suas estatísticas de erros e acertos listadas. Os cards de beisebol dariam a todos na Bridgewater um retrato dos pontos fortes e fracos dos demais. Todos se avaliariam, receberiam votos e seriam julgados nas mesmas categorias. Melhor ainda, as informações contidas nos cards de beisebol seriam públicas, então haveria uma responsabilização instantânea e não teria como esconder a verdade.

Dalio sugeriu a McDowell que talvez ele gostasse de assumir um papel de liderança na iniciativa.

McDowell ficou empolgado. Esse era exatamente o tipo de projeto que estudava havia anos, e um projeto que poderia fazer seu nome na empresa.

A tarefa logo se transformou em dor de cabeça. Ele criou diversos protótipos de trabalho, só para Dalio acrescentar e subtrair novas categorias conforme seu desejo. Muitas não pareciam nada científicas; uma se chamava "prática" e outra era "pensamento prático". Embora fosse fácil avaliar um atleta profissional por seus arremessos e erros, as métricas de Dalio incluíam áreas nebulosas como "visualização". O que seria essa área? E será que ela, ou áreas igualmente subjetivas, como criatividade, podiam ser mensuradas em termos numéricos?

O caos trouxe um lado positivo: McDowell tinha acesso constante ao chefe. O fundador do hedge fund o chamava com frequência em seu escritório, onde se recostava na cadeira, mastigando fita adesiva — que era reabastecida por um assistente —, e analisava o progresso dos cards de beisebol. O objetivo da pontuação, dizia Dalio, era avaliar todos os funcionários pelos mesmos parâmetros. Ele sempre apresentava novas ideias; certa vez, mandou uma equipe imaginar que treinariam os funcionários para serem ninjas; depois vestiu todos em capas de cores diferentes, em vez de faixas, para indicar o melhor lutador. Na Bridgewater, a avaliação mais importante e abrangente seria chamada de credibilidade.

Em uma conversa com McDowell vários meses após o início do projeto, Dalio pegou um card de avaliação e escreveu a palavra *credibilidade* no alto, circulou-a diversas vezes e traçou linhas irregulares partindo dela. A credibilidade seria uma combinação das demais notas em cada categoria e estaria listada em negrito no alto dos cards. As notas dadas pelas pessoas com alta credibilidade teriam mais peso que as das outras. Dalio chamava isso de "peso da credibilidade". Que sentido fazia a avaliação de um zelador ter o mesmo valor que a do fundador da empresa?

McDowell entendia o apelo das notas abrangentes, mas achava que Dalio não estava vendo uma complicação crucial.

— Você não pode fazer isso — disse McDowell. — Não pode fazer a média dos números assim... É como pegar o número de seu sapato, somar à sua temperatura corporal, acrescentar ao resultado a hora do dia, dividir por três até a terceira casa decimal e achar que descobriu alguma coisa.

Essa analogia não pareceu funcionar, então McDowell tentou outra.

— Essas notas não são como um exame de sangue que diz qual é sua contagem de glóbulos brancos exata. São aproximações. As notas são apenas as opiniões de uns sobre os outros.

Dalio olhou para McDowell e apontou para o card, com as linhas que desciam de alto a baixo.

— A credibilidade tem efeito cascata. Você devia ter feito isso. Acabei de fazer seu trabalho para você.

Dalio saiu da sala.

A essa altura, McDowell tinha percebido que, quando Dalio dizia ter a solução para um problema, era melhor não discutir, e se comprometeu a fazer um teste com a credibilidade.

Por meses, ele esboçou e testou a ideia. Pediu que funcionários de alto escalão ranqueassem uns aos outros do mais confiável para tomar decisões sobre determinado assunto ao menos confiável. Aos poucos, o sistema começou a funcionar de forma dinâmica. Se um grande grupo de executivos desse notas positivas de credibilidade a um subordinado, sua opinião passaria a ter mais peso. McDowell enxergou que a nota de credibilidade podia ajudar a identificar talentos no hedge fund. Os funcionários pareceram gostar da ideia, vendo-a como um argumento para provar que mereciam promoções. McDowell lançou um protótipo do card no qual os funcionários podiam ver as notas de credibilidade dos demais, em uma escala de um a dez.

Pouco depois disso, o telefone de McDowell tocou. Era Dalio na linha.

Era a primeira vez que o fundador da Bridgewater ligava diretamente para ele desde a oferta de emprego no Canadá. McDowell esperava um elogio, mas em vez disso a voz do chefe explodiu com raiva:

— Por que a credibilidade não tem efeito cascata?

Ela tem, explicou McDowell. O protótipo do card de beisebol reunia dezenas de milhares de dados.

Dalio não parecia ver as coisas da mesma forma. Um de seus subordinados havia acabado de alertá-lo para uma descoberta suspeita: dois funcionários — um analista de investimentos e um subalterno da tecnologia da informação — tinham obtido notas de credibilidade mais altas que as do próprio Dalio. As pessoas estavam começando a falar sobre isso.

McDowell explicou que esse caso era um sinal de que o sistema estava funcionando, e a Bridgewater estava descobrindo talentos em suas equipes, exatamente o que Dalio tinha mandado que ele fizesse.

O tom de voz de Dalio não escondia sua irritação.

— Por que a credibilidade não tem um efeito cascata *a partir de* mim?

McDowell lembrou-se do desenho feito por Dalio no card. Ele percebeu que o chefe não estava esboçando apenas o conceito de credibilidade no alto, mas tinha desenhado a si mesmo no comando, concedendo credibilidade a todos abaixo dele.

A solução era óbvia. McDowell mandou um subordinado entrar no software e programar uma nova regra. O próprio Dalio seria a nova referência de credibilidade em quase todas as categorias importantes. Como a pessoa originalmente com mais credibilidade na Bridgewater, as notas do fundador passaram a ser blindadas contra feedbacks negativos. Não importaria como as outras pessoas na empresa o avaliassem, o sistema ia funcionar para mantê-lo no topo.

Levaria mais de dois anos para aperfeiçoar as estruturas do sistema de credibilidade. Ele foi adaptado para ser usado em iPads, de modo que os funcionários pudessem fazer as avaliações em tempo real e ver suas pontuações aumentarem ou diminuírem. As notas de Dalio, programadas no sistema, permaneciam incólumes.

O homem responsável por fazer de Ray Dalio um modelo de credibilidade receberia a promoção da sua vida. No fim de 2011, McDowell se reuniu com o chefe, que lhe entregou uma folha de papel na qual escrevera o valor do bônus daquele ano.

Dalio explicou que agora McDowell faria parte de um círculo restrito na Bridgewater, o grupo relativamente pequeno de funcionários que recebiam o que era conhecido como "ação fantasma", uma participação acionária na própria empresa. A cada trimestre, McDowell receberia um cheque com parte dos lucros que a Bridgewater tinha obtido de seus clientes.

Dalio pegou a folha e riscou o número que havia mostrado. Ele o substituiu por uma quantia 300 mil dólares mais alta. McDowell ficou atônito com o montante de dinheiro que estava mudando de mãos de forma tão casual. Dalio entregou o papel e apontou na direção da porta, sinalizando para que ele saísse com o novo valor escrito.

— Só conte a eles que eu dei mais a você.

Quando McDowell estendeu a mão para abrir a porta, o chefe falou mais uma vez:

— Isso significa que você é parte da família.

Primeira parte

1

Lugar Maldito, 1

Nove meses após o telefonema que mudaria a vida de Paul McDowell, uma funcionária da Bridgewater desabou em lágrimas. Não era um choro comum, mas um colapso total, com o peito arquejante, a respiração difícil e soluços animalescos.

Com 30 e tantos anos, e o cabelo loiro na altura do ombro caindo inerte, Katina Stefanova não estava acostumada a se ver naquela posição. Na empresa, era considerada uma das favoritas de Ray Dalio — e era ela quem costumava fazer as pessoas chorarem. Seus colegas a chamavam de a Rainha de Gelo.

Stefanova deu uma olhada rápida em torno da mesa. Um grupo impassível de homens e mulheres a observava, inabaláveis. O sol do fim de verão entrava pelas janelas, iluminando as paredes brancas estéreis; o carpete era desbotado, e luzes industriais mantinham todo o quadro perversamente em foco. Se Stefanova esticasse o pescoço, podia captar o vislumbre de um rio turvo — na verdade, mais um riacho — serpenteando sem preocupações em volta do estacionamento da construção medieval. A Idade Média, refletiria ela depois, era uma metáfora apropriada para o que estava acontecendo ali.

Era 2009 em Westport, uma cidade costeira exuberante da chamada Costa Dourada de Connecticut, a cerca de uma hora e meia de carro a nordeste da cidade de Nova York. Alguns quilômetros ao norte do centro estava a área campestre, um aglomerado de mansões estilo Tudor com guaritas que combinavam. Perto de uma escola particular que ensinava latim e grego antigo no Ensino Fundamental, uma entrada de carros dava na estrada principal. Uma placa pouco visível, sem mais detalhes, dizia GLENDINNING PLACE, 1.

Mais tarde, alguns criariam um novo apelido: Lugar Maldito, 1.

Eles não a chamavam de Rainha de Gelo por acaso.

Stefanova tinha passado por muita coisa, e não se abalava com facilidade. Bonita e alta, com cabelo loiro, liso e comprido e olhos castanhos, ela tinha sido forçada a contar apenas consigo mesma. Havia crescido na Bulgária comunista, a filha mais velha de um pai engenheiro mecânico e uma mãe química. Em 1989, quando tinha 12 anos, o Muro de Berlim caiu e levou o pai dela junto. Ele perdeu o emprego, o cabelo e, brevemente, a cabeça. O homem abriu a própria metalúrgica, tornou-se multimilionário e perdeu tudo de novo em 1997 para a hiperinflação. E recomeçou pela terceira vez.

Nessa época, Stefanova havia ido embora. Ela conhecera um grupo de missionários mórmons na Bulgária que a encorajaram a tentar uma vaga na Brigham Young University. Sem contar aos pais, ela se candidatou e convenceu o avô a pagar sua passagem só de ida. Ela foi parar em um anexo de uma das faculdades da BYU e em um curso de dois anos em Idaho, com 200 dólares guardados no bolso e um sotaque forte que não a ajudou a conhecer amigos locais. Ela fazia todo bico que aparecia. Ajudava na manutenção da faculdade, trabalhava na biblioteca e como monitora. Casou-se pouco depois da formatura.

Após uma série de empregos em diversas empresas um tanto antiquadas, ela foi para a Harvard Business School (HBS). Lá, se interessou pelas altas finanças. Embora banqueiros ou traders de investimentos ainda dominassem os elencos no cinema e na televisão, em meados dos anos 2000 na primavera de Cambridge, os alunos mais ambiciosos estavam interessados em hedge funds, um termo que podia significar praticamente qualquer coisa. Alguns fundos apenas escolhiam as melhores ações e pegavam dinheiro emprestado para multiplicar suas apostas a favor das empresas que consideravam destinadas à grandeza ou contra as que acreditavam estar destinadas à falência. Outros fundos exploravam falhas no mercado, encontrando padrões nos altos e baixos despercebidos por seus rivais idiotas ou preguiçosos demais. Outros, ainda, contratavam cientistas para escrever códigos de computador que decidiam automaticamente o que e quando comprar e vender.

Um dos maiores hedge funds no mundo era a Bridgewater Associates, e para a sorte de Stefanova, o fundo era comandado por um ex-aluno da HBS, Ray Dalio. Fundada mais de duas décadas antes, a Bridgewater tinha permanecido discreta mesmo enquanto se tornava enorme, investindo mais de 100 bilhões de dólares em todo o mundo. Dizia-se que Dalio tinha uma habilidade extraordinária para identificar e ganhar dinheiro analisando o quadro geral de mudanças globais econômicas ou políticas, como quando um país aumentava a taxa de juros ou cortava impostos. Isso fazia muito sentido, mas também não fazia sentido algum. O que havia em Dalio e na Bridgewater que os tornava tão inigualáveis em previsões, comparados ao restante do mundo que tentava fazer a mesma coisa? Havia rumores entre concorrentes de que isso de algum modo envolvia ex-agentes da CIA e do FBI que Dalio tinha em sua folha de pagamentos.

Seja lá o que estivesse acontecendo, Stefanova podia ver que funcionava. Em 2005, Dalio era multibilionário, o que fazia dele um dos mais ricos ex-alunos da Harvard Business School. Isso era o suficiente para atrair o interesse de uma imigrante que esperava nunca mais voltar para casa.

Naquela primavera de 2005, Stefanova participou de um evento de recrutamento no *campus* e assistiu a uma apresentação organizada pela Bridgewater. Dalio não apareceu; em vez disso, enviou um representante, Greg Jensen, para fazer a apresentação.

Se o estereótipo de um funcionário de hedge fund consistia em ângulos duros — ombros largos e queixo quadrado, sempre acompanhados de uma conversa interminável sobre lacrosse —, Jensen parecia ter perdido o manual. Com a aparência de um recém-saído da faculdade, ele chamava a si mesmo de diretor de pesquisas da Bridgewater, um título pomposo. O rapaz tinha cabelo castanho despenteado, olheiras escuras, sobrancelhas desgrenhadas, vestígios de barba por fazer e os inconfundíveis sinais precoces de uma barriga saliente.

Não era apenas a aparência de Jensen que não se encaixava na ilusão dos hedge funds. Enquanto ele falava, sua descrição da vida na Bridgewater não pareceu, para Stefanova, com a rotina em uma empresa de investimentos de sucesso. Jensen não tinha muito a dizer sobre comprar e vender ações, bônus ou qualquer outro ativo. A Bridgewater, disse ele, priorizava vidas e relacionamentos significativos, conquistados por uma trilha de reflexão que levava à autodescoberta. Isso parecia mais com ficar doidão do que com altas finanças.

Jensen enfatizou que os funcionários da Bridgewater lidavam com discordâncias diárias para chegar a verdades absolutas e a respostas a problemas até então insolúveis. Era difícil, e não era para todo mundo, disse ele, perfurando o ar com o indicador para dar ênfase.

A Rainha de Gelo não tinha medo de conflito, em especial se viesse com um cheque polpudo. Ela enviou o currículo, que foi rejeitado de imediato. Erros de revisão demais.

Então ela teve uma chance. A Bridgewater tinha a prática incomum de escolher currículos por sorteio para marcar entrevistas com candidatos, e Stefanova naquele dia foi uma perdedora de sorte. O hedge fund era formado por apenas algumas centenas de almas, e Dalio estava entrevistando a maioria dos candidatos pessoalmente em Westport. Pediram a Stefanova para fazer um teste Myers-Briggs de personalidade e a convidaram para uma visita.

Ao chegar a Connecticut, foi levada para uma reunião com Dalio, então com 55 anos. Stefanova percebeu que ele também não se encaixava na imagem típica de um gestor de hedge fund. O homem repartia o cabelo grisalho de forma rígida e sem graça para o lado, expondo os sinais de calvície que podiam estar cobertos com um pouco mais de esforço. Seu queixo duplo e as bochechas gordas sugeriam que ele não era uma pessoa com o preparo físico em dia, e seu estilo podia ser descrito como lenhador chique — xadrez, jeans e veludo cotelê. Ele parecia não ter nada. A revista *The New Yorker* o descreveu de maneira carinhosa como semelhante a "um membro envelhecido de um grupo de rock progressivo britânico".

Quando a conversa começou, Stefanova ficou imediatamente enfeitiçada. Dalio fez perguntas não sobre sua formação ou perspicácia, mas sobre sua psique. Ele examinou as respostas no teste de Myers-Briggs, perguntando por que, por exemplo, ela tinha dito que sempre deixava a cabeça governar o coração. Para Stefanova, parecia que ele queria saber se ela se abalava com facilidade. Dalio explicou que estava interessado não nas decisões que ela tinha tomado e que a haviam levado até ali, mas no motivo por trás delas.

— Minha fraqueza é me apaixonar por intelectuais — ela diria posteriormente. — Eu supervalorizo a intelectualidade acima da personalidade, e Ray é apenas incrivelmente brilhante.

Depois de alguns minutos, sem aviso ou explicação, Dalio encerrou a conversa.

— Bom, não importa. Você está contratada.

Stefanova começou na Bridgewater como associada sênior de investimentos e logo se viu trabalhando com os clientes da empresa — entre eles, grandes fundos de pensão e fundos patrimoniais de universidades —, ajudando a descobrir que classe ampla de investimentos se encaixava nos objetivos deles. Com menos de trinta anos, se sentia velha. A Bridgewater normalmente contratava recém-formados, quase todos homens, levando alguns funcionários a brincar que a visão do refeitório parecia um catálogo da loja J. Crew. Muitos vinham de Dartmouth, onde Jensen tinha sido presidente de sua fraternidade.

O trabalho era duro, e os novos colegas eram estranhos, um grupo muito fechado que passava grande parte do tempo livre junto. Alguns até tinham o mesmo médico de Dalio, que ia até a sede da empresa, puxava as cortinas de uma sala vazia e atendia pacientes, incluindo o fundador da Bridgewater. Mas Stefanova estava acostumada a não se encaixar em lugares novos, e estava feliz em passar seus dias pesquisando os mercados. No início, ela ficava sentada pasma diante das diversas palestras internas de Dalio sobre macroeconomia conceitual, quando ele falava por horas sobre as relações entre os ciclos de investimento na história. Era algo fascinante. Dalio deu a Stefanova a nota mais alta no curso, um A-. Praticamente, ninguém recebia A, uma nota que, como Dalio revelou à nova funcionária, em geral ele daria apenas a si mesmo.

Os dois se tornaram amigos. Saíam para jantar e ele a bombardeava com perguntas sobre como foi crescer sob o comunismo. Ela retribuía convidando-o a sua casa. Stefanova, que não tinha se livrado do sotaque búlgaro, ficava impressionada por esse bilionário de sangue azul levá-la tão a sério. Suas conversas tinham uma profundidade e uma amplitude que ela nunca tinha experimentado antes em um relacionamento de trabalho — os dois discutiam noite adentro filosofia, política, negócios e jazz. Ele a encorajava a questionar seu sistema de valores e a ponderar se havia limites claros entre o certo e o errado. Dalio era um tipo de naturalista, também, sempre falando sobre o mar. Ele era um grande doador da Fundação Nacional para a Pesca e a Vida Selvagem, e a organização batizou uma nova espécie de coral, *Eknomisis dalioi*, em sua homenagem.

Stefanova achava o desdém de Dalio pelas regras sociais particularmente atraente. Ele contava uma fábula sobre um bando faminto de hienas assassinando um jovem gnu. O gnu pode sofrer, mas sua morte é essencial para promover a melhoria evolucionária. Dalio se via como uma hiena.

— A melhor coisa é agir em seu próprio interesse — dizia.

Dalio parecia viver seus ideais. Stefanova e outros ao seu redor o viam se irritar com subordinados, por questões grandes e pequenas; poucas pessoas pareciam ficar em suas graças por muito tempo. Às suas costas, funcionários falavam sem rodeios sobre quem seria o escolhido em uma determinada reunião, apostando sobre o próximo alvo dos esporros do chefe.

Stefanova, porém, sentia-se segura em relação a esse comportamento — Dalio era seu mentor e amigo. Ela trabalhava em projetos para ele diretamente, com jornadas de mais de doze horas. Ele passou a dizer aos outros:

— Katina é uma das minhas.

O que a fazia quase corar de felicidade. Ela subiu nos quadros da empresa. Seu salário dobrava todo ano, e outros passaram a se reportar a ela. Algumas pessoas na Bridgewater começaram a murmurar que Katina poderia, um dia, ser candidata a suceder Dalio.

TRÊS ANOS DEPOIS QUE STEFANOVA ENTROU PARA A BRIDGEWATER, Dalio a procurou com uma tarefa crucial: supervisionar o design de um novo *trading floor* para o crescente hedge fund. Stefanova achou que ele estava lhe dando uma oportunidade de provar seu valor.

A Bridgewater estava em um período de expansão perigosamente rápida. Entre 2003 e 2004, pouco antes da contratação de Stefanova, os cofres da empresa quase dobraram de valor, indo de 54 bilhões para 101 bilhões de dólares em ativos sob gestão. O número aumentou para 169 bilhões de dólares dois anos depois. Dezenas de funcionários eram contratados todo mês. O pagamento anual de Dalio passou de 1 bilhão de dólares, tornando-o uma das pessoas mais ricas do mundo.

Stefanova assumiu as novas tarefas com dedicação. Com a desculpa de ter de aprender como projetar o *trading floor*, ela passava horas com Dalio e Jensen, perguntando aos dois sobre o que fazia a Bridgewater funcionar. Embora não tivesse permissão para ver os dados dos negócios, ela captou um vislumbre dos longos relatórios que a empresa produzia prevendo se os mercados financeiros estavam se movendo para cima, para baixo ou para o lado.

Ao assumir a nova função, Stefanova se viu em um dilema com um dos funcionários de tecnologia da equipe. A esposa do homem também trabalhava na Bridgewater — relacionamentos íntimos eram comuns no escritório —, e estivesse ele distraído ou não no trabalho, sempre era lento para finalizar suas demandas. Stefanova desconfiava que não tivessem lhe dado os melhores funcionários e sentia que isso poderia ser um dos testes de Dalio. O fundador da Bridgewater sempre falava da importância de cobrar a todos um alto padrão.

— Não tolere desonestidade — dizia com frequência.

Se isso era um teste, a oportunidade para mostrar que ela havia feito a lição de casa apareceu rápido. Stefanova descobriu que o funcionário da tecnologia tinha contratado um novo consultor para ajudar, mas não contara a ela. Quando confrontado, ele admitiu que estava escondendo isso.

Essa situação era tudo de que Stefanova precisava.

— Entendo que você cometeu um erro, mas agora estou em dúvida sobre seu caráter e sobre você como pessoa.

Ela o repreendeu por quase meia hora, então comunicou que pretendia demiti-lo.

Levando-se em conta os laços familiares do homem com a Bridgewater, o assunto chegou até Dalio e Jensen. Ambos pediram que Stefanova se explicasse.

— Estou apenas fazendo o que Ray teria feito — disse ela.

Jensen concordou, afirmando que estar acima da desonestidade era uma crença essencial na Bridgewater.

— O que você precisa fazer — disse Jensen — é olhar para quanto isso a repugna e choca. A repulsa supera qualquer noção dos sentimentos da pessoa.

Dalio olhava com aparente aprovação. Mentir, dizia com frequência, era uma das piores infrações imagináveis na Bridgewater. Ele autorizou a demissão. Digitou seu consentimento em um e-mail para o empregado demitido, com cópia para a maioria dos funcionários.

A esposa do homem recebeu a mensagem, e a notícia, ao mesmo tempo que todo mundo. Ela parou de aparecer no trabalho pouco depois disso.

Antes do início do outono de 2009, em um dia em que o tempo não conseguia decidir se o verão já tinha terminado, o ânimo de Dalio também estava variando. A crise financeira fora boa para a Bridgewater, cujo fundo principal subira muito durante o pior da crise de 2008, enquanto 70% dos hedge funds perderam dinheiro. Conforme a informação se espalhou, a fama de Dalio cresceu. Alguns meses antes, ele havia ganhado um perfil muito elogioso na *Fortune*, que o descrevia como um homem "robusto de 1,80 metro" que "trabalha em um escritório sem ostentação cheio de fotos da mulher e dos quatro filhos". Um psicólogo aposentado que trabalhava meio expediente como consultor na Bridgewater foi citado dizendo: "Se você pegasse cinco psicólogos organizacionais, trancasse-os em uma sala e lhes dissesse para criar o projeto perfeito para uma cultura empresarial, isso é basicamente o que eles iam fazer".

Dalio afirmou ao entrevistador que havia descoberto "o Santo Graal dos investimentos", uma série de fórmulas de trading destinadas a ganhar dinheiro. "Com isso quero dizer que, se você descobrir essa coisa, vai ser rico e bem-sucedido ao investir."

"Se fosse fácil", pontuou o autor, "todo mundo faria isso."

O problema era que o Santo Graal tinha secado, era nítido. A Bridgewater estava com dificuldade para atingir as metas outra vez.

A razão nada tinha a ver com nenhuma fórmula de trading. Dalio estava convencido de que havia uma segunda onda da crise chegando. Ele até inventara sua própria palavra para isso, um *processo-D*, uma desalavancagem prolongada, ou redução gradual, dos mercados. A mesa de Dalio estava afundada sob o peso de cerca de vinte volumes sobre crises históricas, como *Essays on the Great Depression* [Ensaios sobre a Grande Depressão, em tradução livre] e *The Great Crash 1929* [O grande crash de 1929, em tradução livre]. O fundador da Bridgewater fazia anotações frenéticas em cada um deles, prendendo notas adesivas por todos os volumes e deixando comentários manuscritos nas margens, observando os muitos paralelos com o presente.

Confiante de que estava prestes a arrasar outra vez identificando mais uma crise, Dalio impulsionou uma grande expansão na Bridgewater. Ele não queria ajuda com investimentos — quem precisa de um segundo

Santo Graal? —, mas com gestão. Agora com 60 anos, uma idade razoável para se aposentar, estava começando a afirmar que podia ter de transferir parte das responsabilidades operacionais para subordinados como Jensen e Stefanova, embora tivesse dito por muito tempo que só deixaria a Bridgewater ao morrer. Ele informara aos funcionários que, embora não houvesse uma única pessoa para substituí-lo, sob a luz do crescimento da empresa, talvez a Bridgewater pudesse criar um sistema no qual diversas responsabilidades fossem atribuídas a equipes.

Coube a Stefanova contratar uma nova turma de recrutas formados em 2009. Os funcionários contratados iam ser chamados de associados de *gestão* (em oposição aos de *investimento*) e seriam cobaias para a próxima fase da empresa. Tamanha era a tarefa de substituir o fundador da Bridgewater que ele frequentemente dizia serem necessárias mais de centenas de pessoas.

Stefanova tentou contratar como Dalio contrataria, com grande dose de envolvimento pessoal, mas isso não funcionava na escala exigida. Ela não tinha como manter o ritmo. Dalio continuava a exigir mais, e ela continuava sem cumprir as metas.

Por fim, Dalio deu um basta e quis saber por que todos os associados de gestão não tinham sido contratados. Ele falou a Stefanova que queria chegar ao fundo do problema — e queria fazer isso diante de uma plateia.

Stefanova entrou na sala de reuniões onde seu desempenho seria questionado, se sentou e observou as cadeiras ao seu redor serem ocupadas por funcionários do mais alto escalão. Havia cerca de dez pessoas presentes, e entre elas estavam Jensen, Paul McDowell e Eileen Murray, que havia trabalhado em um banco em Wall Street e fora contratada havia pouco. Quase todos estavam acima de Stefanova.

Dalio se sentou em frente a ela e começou a esbravejar, o que ela sabia ser um costume. Stefanova estava com meses de atraso no cronograma de contratações, pontuou ele, culminando simplesmente no atraso dos planos do próprio Dalio para se afastar da empresa. Alguma coisa tinha de ser feita, disse ele.

Está acontecendo comigo, enfim, pensou ela.

Dalio anunciou para a sala que primeiro iria "investigar" e depois entregar o que chamou de "diagnóstico". Na investigação, pediu a Stefanova que confirmasse que não havia cumprido sua missão. O diagnóstico foi que ela era uma idiota, algo que o fundador fez questão de reforçar repetidas vezes.

— *Você é uma idiota de merda!* — exclamou Dalio com raiva. — Você nem sabe o que não sabe.

Ninguém deu um pio. Jensen estava sentado ao lado de Dalio com expressão de pedra, rearrumando papéis, olhando pela janela de vez em quando. McDowell tentava com toda a força fixar os olhos em uma mancha no teto. Poucas das outras pessoas presentes — entre elas, rivais, colegas e futuros CEOs da empresa — defenderam Stefanova.

Ela pensou no manual interno da Bridgewater, escrito pelo próprio Ray. "A Bridgewater enfatiza a racionalidade", dizia o manual. "Erros não são ruins. Eles são oportunidades para aprender. Se você não encarar o erro, não vai aprender com ele."

Ela resolveu tentar essa lógica. O ritmo de contratações não era novidade para Dalio, eles tinham discutido isso com frequência, ela pontuou. Stefanova achava que estava atendendo a seus desejos ao manter padrões elevados.

— Eu estava trabalhando muito duro — acrescentou a funcionária. — E dando meu melhor. O que você teria feito?

Dalio não estava com ânimo aparente para ensinar. Se ele tinha aprovado o ritmo de contratações, respondeu, era culpa dela não ter avisado que estava errado. Ele repetiu o diagnóstico, chamando-a de idiota, agarrando a mesa para dar ênfase. As pessoas na sala se lembram de Dalio gritando, esperando que o lábio de Stefanova estremecesse, então gritando com ela outra vez por não conseguir controlar as próprias emoções.

Isso foi suficiente para Stefanova. Ela tinha saído da faculdade de Business havia quatro anos e estava diante do detentor de uma fortuna multibilionária. Essa seria a primeira e última vez que ela permitiria ser vista chorando em frente a Dalio, então aproveitou para chorar bastante. As lágrimas começaram a cair lentamente, então jorraram. A máscara de cílios escorria quente por seu rosto. Vários outros na sala se esforçaram para desviar o olhar, temendo que também não resistissem.

Stefanova afastou sua cadeira da mesa e, ainda chorando, saiu correndo da sala. Reunião adiada.

O COLAPSO DE STEFANOVA FOI OPERÍSTICO. DALIO DEVIA SABER que destroçaria uma das principais funcionárias da empresa, uma que ele próprio havia ajudado a erguer. Agora ele queria garantir que ninguém se esquecesse disso.

O que foi mais fácil do que podia parecer.

No centro da mesa naquele dia estava uma caixa preta grande, mais ou menos do tamanho de um videocassete. Um dispositivo de gravação que capturou cada gemido, grunhido e choro enquanto Dalio gritava e Stefanova desmoronava. Alguns subordinados de Dalio mais tarde iam ouvir o áudio repetidas vezes, marcando os trechos favoritos.

Pouco depois de Stefanova sair da sala, Dalio falou à equipe de liderança que estava feliz com o que tinha feito. Esse era o exemplo ideal de sua busca pela excelência a qualquer custo, e da busca radical da verdade que Jensen previra para Stefanova apenas alguns anos antes.

Dalio deixou claro que todos deveriam ouvir à gravação. A fita foi incluída em uma de suas criações mais valorizadas: a Biblioteca da Transparência da Bridgewater. Era um repositório de dezenas de milhares de horas de reuniões internas, às vezes com o áudio e vídeo, que iam de discussões acaloradas entre o comitê de gestão a conversas entediantes sobre economia entre jovens funcionários.

Havia tantas fitas que muitas nunca foram reproduzidas, mas essa, com certeza, seria. Dalio fez disso uma exigência. Ordenou que sua equipe de editores criasse uma versão curta do episódio, na qual ele era mostrado como herói. Em sua versão dos fatos, que focava principalmente na angústia desesperada de Stefanova, o fundador era posto como um interrogador bondoso e firme. A sindicância foi cortada para apenas alguns minutos, fazendo com que a reação de Stefanova parecesse extrema e inapropriada.

Nunca dado a sutilezas, Dalio escreveu o título: "Dor + Reflexão = Progresso". Depois de enviar a gravação para os cerca de mil funcionários da Bridgewater, ele mandou que uma versão do áudio fosse reproduzido para candidatos a vagas, para que fosse uma das primeiras impressões sobre a empresa.

A Bridgewater apresentava o sofrimento de Stefanova aos candidatos como o início de uma conversa aberta que também era um teste de personalidade. Você acha que ela foi tratada com justiça? Você se sente mal por ela? Havia um caminho evidente para uma pontuação alta. Por orientação de Dalio e de seus principais seguidores, candidatos que logo expressavam simpatia por Stefanova ou, pior, eram contrários a seu tratamento, tinham pontuações baixas e não eram considerados apropriados. Os currículos daqueles que admitiam achar a demonstração difícil de digerir rapidamente encontravam a trituradora de papel.

Havia outro segredo que Dalio nunca revelava em nenhuma reprodução da fita. O fundador da Bridgewater, que depois iria se autoproclamar um especialista em comportamento humano, aparentemente não se comoveu com as circunstâncias atenuantes em torno do colapso de sua funcionária. Ela mesmo havia lhe explicado a situação antes daquele dia terrível.

Stefanova não estava perdendo a compostura apenas porque seu chefe bilionário estava a centímetros de seu rosto, como se encenasse um filme de terror para as massas. Suas emoções não dispararam apenas porque ela tinha cometido um erro no trabalho, ou por causa do confronto com Dalio. Ela não estava temendo apenas pelo emprego.

Ela estava grávida.

2

Missy e o Viking

O Dia de Ação de Graças de 1970 no dúplex de George e Isabel Leib, na Park Avenue, foi um acontecimento grandioso de vários pratos. O evento começou com bloody marys sob um candelabro de cristal secular, então passou para bourbon. Quando Anna, a mordoma irlandesa, serviu o gengibre cristalizado e as mentas, várias gerações dos Leib estavam alegremente bêbadas.

Os Leib eram da nobreza mesmo pelos padrões de seus vizinhos do número 740 da Park Avenue, o famoso e luxuoso edifício art déco conhecido por ser lar de mais bilionários que qualquer outro nos Estados Unidos. George, descendente de imigrantes alemães e mais tarde donos de frigoríficos de Louisville, era agora presidente emérito do banco de investimentos Blyth & Co. O banco em Nova York havia superado a Grande Depressão sob a gestão de George, que demitira quase todos os 170 funcionários — exceto sete. Com 1,95 metro de altura e ombros largos que ele mantinha desde seus dias de exército, George era chamado de Viking por seus netos. Sua esposa, Isabel, ou Missy, era trinta centímetros mais baixa, com uma personalidade solar e um agradável sotaque do Kentucky. Ela era neta de um importante editor de Louisville e tinha um lado falante que podia desconcertar vizinhos, como John D. Rockefeller Jr., e convidados, como o antigo rei Eduardo VIII e Wallis Simpson, na época o duque e a duquesa de Windsor.

Poucas pessoas no apartamento 12A naquela noite de Ação de Graças não eram parentes de Missy e Viking, e quase todas eram funcionárias. Havia Anna fazendo tarefas na sala de jantar, apressada; a chef finlandesa, Helen, devorando sozinha seu jantar na cozinha; e a criada sueca, Astrid, no andar de cima onde havia seis quartos. Ray Dallolio, de 21 anos, era o único que não era nem empregado nem parente. Desengonçado, vestia paletó e gravata e estava sentado à mesa com a família como se fosse um deles.

Numa primeira impressão, a presença de Dallolio fazia pouco sentido. Ele não era nem vizinho, nem igual, nem contemporâneo. Ele morava com o pai, Marino, e a mãe, Ann, no subúrbio nova-iorquino de Manhasset. Os curtos 30 quilômetros entre a cidadezinha dos Dallolio, na Long Island operária, e o Upper East Side eram um abismo de circunstâncias. Se os Leib estavam nos últimos metros da corrida americana pelo sucesso, Marino Dallolio percorria um caminho muito mais tortuoso. Ele havia crescido em uma fazenda perto da extremidade sul de Nova Jersey e foi para a cidade grande não por dinheiro, mas pela arte. Estudou clarinete, flauta, flautim e saxofone na Escola de Música de Manhattan, então caiu na estrada como solista na época das *big bands* no início do século XX, às vezes sob o nome de Mo Dale. Embora Marino tenha oferecido à família a proximidade com a fama — tocando com lendas como Benny Goodman e Frank Sinatra —, ele não era presente na casa de três quartos dos Dallolio. Marino não voltava antes das três da manhã em muitas noites, graças a shows em casas noturnas como o Copacabana e o Empire Room do Waldorf Astoria, e dormia até o meio-dia.

— Nós tínhamos um bom relacionamento, mas ele era um homem muito forte — recordaria mais tarde Ray Dalio. — E eu era quase o contrário. Eu não dava conta de quase nada; não estudava na escola, eu saía, brincava e me divertia; durante toda a juventude, fui desorganizado. Por isso eu era o yin para seu yang.

Ray, filho único, diria mais tarde que desejara ter crescido com irmãos e irmãs. Em vez disso, ficou próximo da mãe, que o amava profundamente.

Nas noites de sábado, ela fazia cookies com pedaços de chocolate e juntos assistiam a filmes de terror. Além dela, seus conhecidos eram em maioria adultos. Sem a paciência do pai para aprender um instrumento (ou quatro), e com notas medíocres que Ray atribuía a uma fraca memória mecânica, ele trabalhava principalmente fazendo bicos, entre eles entregar jornais. Também removia neve, servia mesas e arrumava prateleiras. Com 12 anos, foi até o Links Golf Club e se ofereceu como *caddie*.

O Links não era só mais um clube. Tinha sido uma fazenda antes de ser transformado em um campo de dezoito buracos por Charles B. MacDonald, considerado o pai do design de campos de golfe americano. Esse nível de história atraía um certo tipo de visitante — em especial, tipos de Wall Street que passavam o dia no leste. Eram pessoas influentes, e sabendo ou não disso na época, Ray estava aprendendo a se comportar em meio aos ricos e poderosos — e a agradar a eles.

Por 6 dólares a bolsa, entregue no estacionamento da sede do clube, ele carregava tacos para a elite financeira da época. Esses homens conversavam com Ray sobre mercados, ofereciam dicas de ações e lhe davam a visão de um mundo muito diferente. Um golfista frequente, Don Stott, era de uma segunda geração de corretores na Bolsa de Valores de Nova York que colecionava vinhos raros. Os Leib eram outros membros regulares.

Ray às vezes era *caddie* de George Leib, tão competitivo no golfe quanto em todas as outras áreas, mas foi Isabel que gostou do jovem. A mulher podia ser descrita, de maneira simpática, como uma golfista recreativa. Quando jogava com o marido, ela aplicava uma regra especial, que lhe permitia usar o *tee* em todas as bolas através do campo. George concordava, achando que a tática aceleraria o jogo (a maioria dos outros *caddies* evitava o casal, com medo de ficar presa no campo por muitas horas).

No Links, Isabel e Ray conversavam sobre coisas além de golfe e finanças. Ele a impressionava com seu conhecimento de música — um dom para conversas que herdou do pai. Embora Ray nunca tivesse saído do país, ele tinha apreendido, com outros jogadores, um conhecimento básico de arte e cultura europeias que empregava com fluidez. Isabel e George tinham se conhecido em Paris durante o verão enquanto a mulher viajava, e ela permaneceu encantada pelo continente, e pela habilidade daquele jovem de falar sobre a região.

Isabel e George também gostaram do jovem Ray por outras razões. Dois de seus filhos tinham sido expulsos de colégios internos e forçados a entrar para academias militares. O garoto mais velho dos Leib chegou até o segundo ano em Princeton antes de abandoná-la. Agora, a vagabundagem ameaçava se estender até a geração seguinte. O neto mais velho de Isabel, chamado de Gordon em homenagem ao avô, tinha deixado o cabelo crescer, estava obcecado pela guitarra elétrica e ingressava em seu terceiro colégio interno em três anos, depois de ter sido expulso dos dois primeiros por beber e fumar maconha. Isabel observava em tempo real o nome famoso de família virar fumaça.

Então surgiu Ray, três anos mais velho que Gordon. O *caddie* falava bem, tinha boa aparência e trabalhava para a família havia anos. Como ela relataria anos depois, Isabel achou que o jovem podia ser uma influência positiva para Gordon. Perguntou se Ray estaria disposto a passar algum tempo com o neto.

Como incentivo, ela se ofereceu para mandar Ray e Gordon, com todas as despesas pagas, a uma viagem de seis semanas para Londres, Paris e Roma. Ray acompanharia o rapaz a museus, concertos e restaurantes, e em geral ia garantir que ele não acabasse em uma vala. Era uma oferta fácil, e Ray a aceitou.

— Ele entendia do que se tratavam os relacionamentos muito antes de qualquer outra pessoa e usou isso em seu proveito — recordou Rick Coltrera, que trabalhava como *caddie* com Ray.

Tenha sido pelo exemplo de Ray, o contato com o continente ou apenas a progressão inevitável do tempo através de uma fase adolescente, Gordon voltou da viagem um rapaz mudado. Ele cortou o cabelo, substituiu a guitarra por música clássica e iniciou planos concretos para a faculdade.

A avó ficou empolgadíssima. Ray tinha conquistado um lugar à mesa dela para as festas.

Conforme Ray se aproximava dos Leib, sua família repentinamente virou de ponta-cabeça. Uma noite, sua mãe teve um ataque cardíaco. Ela estava na cama enquanto Ray tentava fazer uma ressuscitação boca a boca, sem resultado. A mãe morreu na sua frente. Depois, Ray diria que na época ele não imaginava ser capaz de sorrir ou rir de novo.

Com apenas 19 anos quando a mãe faleceu, Ray ainda morava na casa dos pais. Embora para os Leib ele tivesse se tornado um exemplo de bons hábitos, sua tendência de matar aulas para surfar o deixou com uma média baixa e sem muitas opções educacionais. Para o anuário escolar do último ano do Ensino Médio, ele escolheu uma citação de Henry David Thoreau: "Se um homem não mantém o ritmo de seus companheiros, talvez seja porque ele escute um tambor diferente. Deixe que ele entre na música que escuta, por mais contida ou distante que seja". Após um período de experiência, Ray acabaria entrando na C.W. Post, uma faculdade a poucos quilômetros de casa.

Post, como era chamada por seus estudantes em sua maioria de origem trabalhadora, foi descrita por um ex-aluno da época como "uma faculdade comunitária muito boa" que dava diplomas de cursos de quatro anos. Se a reputação prometia pouco, o ambiente entregava demais. O *campus* bem cuidado de cerca de 120 hectares recebeu seu nome em homenagem ao fundador do conglomerado da empresa de cereais Post e incluía a mansão estilo Tudor Revival da família, com frequência comparada à mansão em West Egg de Jay Gatsby. Ray, que cursava Finanças, começou a meditar em seu primeiro ano, e isso o ajudou a abrir a mente e tirar apenas notas máximas.

O jovem também passou a usar o conhecimento adquirido quando era *caddie* no Links. Encorajado por seus contatos do golfe, negociava uma pequena soma em diversos mercados considerados exóticos para um investidor comum da época, mais ainda para um estudante universitário.

As negociações o fizeram ganhar dinheiro com ouro, milho, soja, suínos e velhas ações tradicionais. Um de seus primeiros investimentos foi nas ações da Northeast Airlines, escolhidas por custarem menos de 5 dólares e terem um nome conhecido. Em pouco tempo, as ações receberam uma oferta de aquisição e triplicaram de valor. Negócios como esse, alguns motivados por dicas dos jogadores do Links, resultaram em um portfólio de ações de milhares de dólares. Era um "jogo fácil", como disse Ray posteriormente.

Após alguns meses de faculdade, Ray ganhou outra coisa: uma nova identidade. Ele foi até a prefeitura do condado de Nassau, como tantos descendentes de imigrantes, e deu entrada em um pedido de mudança para um sobrenome mais fácil de pronunciar.

Ray Dalio, o primeiro de seu nome, logo ganhou mais dinheiro devido à sua associação com os Leib.

Em conversas no campo de golfe, Isabel soube que seu *caddie* se tornara um aluno excelente na faculdade, com grande interesse em mercados financeiros. Ela viu uma oportunidade de pagar sua dívida com o rapaz por endireitar seu neto. De acordo com o outro neto, Barclay, ela insistiu com o filho mais velho, Gordon C. Leib, que desse a Ray uma oportunidade. Gordon ofereceu a Dalio um emprego de verão, trabalhando para ele como auxiliar da Benton, Corcoran, Leib & Co., no pregão da Bolsa de Valores de Nova York [NYSE na sigla em inglês].

Trabalhar no pregão na Broad Street, nº 18, no verão de 1971 era estar no epicentro do mundo financeiro. Era o bilhete premiado para uma carreira que alguns consideravam não apenas um privilégio, mas o que o *Wall Street Journal* intitulou de "um chamado capitalista mais elevado". O trabalho de Dalio era duro — naqueles dias, ações eram negociadas de forma manual, por meio de bilhetes, e funcionários exaustos passavam os dias correndo de um lado a outro, levando bilhetes de negociação em meio a uma cacofonia de ruídos —, mas ele estava entusiasmado. Quando naquele agosto o presidente Richard Nixon acabou com o padrão ouro do dólar, suspendendo a troca de dólares por ouro a um preço fixo, Dalio viu nisso um sinal de queda nas ações, além de indicar o fim de uma era inebriante de hegemonia americana. Em vez disso, como o fim do padrão ouro flexibilizava o estabelecimento de políticas para manter a economia funcionando, as ações subiram. Dalio passou a maior parte do resto do verão mergulhado em pensamentos profundos sobre a dificuldade de conciliar sua intuição com a realidade.

Gordon, da mesma forma que seu filho e sua mãe, tornou-se a terceira geração Leib a ficar amiga de Ray Dalio. Um apostador entusiasta que atuava casualmente como corretor de apostas esportivas no pregão da Bolsa de Nova York, Gordon convidava Dalio para drinques, jantares e jogos de gamão; Gordon, tão bom no gamão que chegou a ganhar o campeonato europeu, treinava Ray no básico da estratégia enquanto jogavam dez ou quinze partidas seguidas. Dalio aprendeu depressa.

Gordon revelou posteriormente ao filho Barclay que Dalio teve uma recepção mista entre seus colegas na Bolsa.

— Ele não era rápido — disse. — E não tinha muito senso de humor. Não se encaixava bem com a equipe, e às vezes incomodava as pessoas com um leve ar de arrogância.

Dalio estava a caminho de um lugar onde um leve ar de arrogância era quase um pré-requisito. Armado com boas notas na faculdade e diversas recomendações inusitadas para o filho de um músico sem nome, ele foi fazer pós-graduação nos arredores de Boston.

Estar na Harvard Business School no início dos anos 1970 era estar em uma instituição parada no tempo em meio às mudanças do mundo ao redor. No geral, cerca de 90% dos estudantes eram homens. Embora fosse difícil entrar — apenas um em cada quatro candidatos conseguia —, ela se tornaria muito mais competitiva. A maior parte dos alunos era mais velha que Dalio, e muitos já tinham carreiras significativas ou haviam servido às Forças Armadas. (Dalio evitou ser convocado e enviado ao Vietnã graças ao laudo de um médico que o diagnosticou como hipoglicêmico.)

O jovem logo se destacou. Os alunos da HBS em geral tinham como modelo os chamados investidores de valor, que pesquisavam empresas individuais e procuravam aquelas com fundamentos sólidos ou perspectivas de crescimento. Lentos, constantes e saudáveis. Dalio, recém-saído do pregão da Bolsa de Valores de Nova York, chegou como uma *blitzkrieg*, lembraram pessoas que o conheciam na época. Ele se descrevia como um "analista técnico", em oposição a quem negociava com base na intuição, e estava na dianteira em seus métodos. De seu quarto com banheiro compartilhado no Gallatin Hall, batizado em homenagem a um ex-secretário do Tesouro dos Estados Unidos, Dalio falava sobre padrões nos gráficos de ações, venda a descoberto e maneiras de identificar inconsistências lucrativas entre mercados aparentemente não relacionados. Ele prendia gráficos de ações nas paredes.

— De certa maneira, ele era o mais experiente dos inexperientes — recordou Joel Peterson, colega de turma e amigo.

Certa vez, os dois fizeram uma apresentação em grupo, e Peterson ficou mais que satisfeito em deixar que o amigo falasse na maior parte do tempo, porque Dalio comentou que estudava os mercados desde a pré-adolescência.

— Não havia inveja. Havia muita competição, e Harvard estimula isso, mas eu nunca me senti assim com Ray — disse Peterson.

Dalio assumiu um risco entre seus dois anos na HBS. No verão, enquanto outros alunos do MBA escolhiam entre ofertas temporárias de prestígio em gestão empresarial, Dalio voltou para o trading, dessa vez no Merrill Lynch. Dentre todos os lugares, ele escolheu trabalhar na equipe de commodities, na época uma área atrasada e sonolenta de Wall Street, porque o preço de ativos como ouro e petróleo estava estagnado havia décadas. Dalio concluiu que a obscuridade tornava a classe de ativos uma área fácil para ganhar dinheiro. Ele estava errado. Depois de um verão trabalhando subordinado ao diretor de commodities — e dormindo à noite em uma cama de armar em um estúdio —, Dalio quase não ganhara um centavo.

Ainda assim considerou seu verão um sucesso. Ele descobriu que amava trabalhar com commodities, o que para ele era uma satisfação mecânica. O mercado de ações era em essência um grupo de pessoas trocando pedaços de papel freneticamente, e às vezes não havia muita razão para explicar por que cada um deles custava mais ou menos em determinado dia. Os preços de commodities eram definidos com mais facilidade. O preço da carne era o que as pessoas estavam dispostas a pagar por quilo no balcão do açougue.

De volta à HBS para seu segundo ano, Dalio mergulhou no famoso método de casos da escola, que exigia a leitura de dez a vinte páginas de estudos de casos reais, quase como quebra-cabeças, que dissecavam um negócio ou questão de liderança complexos sem respostas óbvias. Os casos eram fascinantes e enfadonhos, e Dalio nem sempre era um grande fã. Em uma noite qualquer no segundo ano, quando a maioria dos alunos estava estudando, Dalio entrou sem avisar no quarto de seu colega Mike Kubin, que ficava no mesmo corredor.

— Estou trabalhando — falou Kubin, mal erguendo os olhos.

Dalio pegou o caso na mesa do colega e o jogou no lixo.

— Você não quer estudar. Você quer fazer outra coisa.

Então conduziu Kubin até seu quarto, onde tinha armado uma mesa para jogar gamão. Os dois jogaram por horas.

Os alunos de cada ano na HBS são divididos em parcelas, ou seções, de cerca de cem estudantes que assistem às aulas básicas juntos. Muitos se tornam tão próximos que consideram a seção sua família.

Para a seção H da turma de 1973 da Harvard Business School, os primeiros seis meses após a formatura foram empolgantes. Bob Cook comprou uma motocicleta BMW para fazer uma viagem pelo país. Roy Barber e Marc Tumas foram acampar juntos perto de Montreal. Joel Peterson arranjou um emprego no sul da França.

Dalio, como observou o aluno da seção H Larry Schwoeri em um boletim para os colegas, seguiu um caminho diferente.

"Ray Dalio teve o título mais impressionante em seu primeiro emprego — presidente da Dominick & Dominick Commodities. Vocês todos podem verificar no *Wall Street Journal* para ver se (1) a Dominick & Dominick ainda está em funcionamento, e (2) para onde foi o mercado de commodities nos últimos meses. Boa sorte, Ray."

A Dominick & Dominick ainda funcionava, mesmo que por um fio. A corretora, fundada em 1870, na mesma época em que Thomas Edison projetou o primeiro *ticker* de ações moderno, avançou lentamente ao longo de seus primeiros cem anos. Isso incluía a divisão de commodities. Dalio tinha um título pomposo, um salário de 25 mil dólares por ano (o equivalente a um salário de seis dígitos hoje) e pouca coisa mais, porque seu negócio estava em desordem.

Quando ele entrou para a corretora, a empresa fez um movimento em direção ao mercado mais popular e expandiu suas vendas para o consumidor final, achando que poderia se tornar uma concorrente de nomes mais conhecidos. O mercado de ações então despencou, e o principal fundo de vendas diretas da Dominick & Dominick desmoronou. Para permanecer viva, a empresa foi forçada a empenhar quatro de seus cinco assentos na Bolsa de Valores de Nova York e um de seus dois na Bolsa de Valores Americana. Muitos dos negócios de Dalio na época perderam dinheiro.

— Eles foram estúpidos em me contratar, mas contrataram — revelou ele a um grupo de estudantes de administração anos depois.

Ninguém podia culpá-lo pelos problemas de corretagem, e Dalio ainda tinha um diploma da HBS, então ele foi trabalhar na poderosa corretora Shearson Hayden Stone. Esse emprego o afastou da pressão do pregão da Bolsa de Valores em direção ao mundo mais vasto da riqueza, onde ele assumiu uma espécie de papel entre professor e vendedor. Com o ar de alguém que se sentara à mesa com a realeza financeira de Nova York, ele aconselhava criadores de gado, produtores de grãos e outros empresários dependentes de commodities sobre como estabilizar seus negócios por meio de negociações complicadas conhecidas como hedges, que davam lucro quando o mercado estava em baixa e perdiam dinheiro quando o mercado estava em alta. Era mais sobre não perder dinheiro do que sobre ganhar. Os clientes da Shearson adoravam Dalio. Um grupo de criadores de gado lhe deu os chifres de um novilho *longhorn*.

O que aconteceu em seguida é contestável. Mesmo a sequência de acontecimentos é turva. Quando Dalio contou versões da história, por vezes ele trocou a ordem.

O que é certo é que na noite de Ano-Novo de 1974, Dalio teve uma discussão acalorada com seu chefe. Com raiva e bêbado, Dalio deu um soco na cara do supervisor por causa de uma discussão momentânea (um colega financista ouviu o confronto ser descrito como um "golpe baixo"). Quando Dalio voltou para o escritório, esperava ser demitido de imediato. Em vez disso, recebeu uma segunda chance.

Alguns meses depois, representando a Shearson em uma convenção anual da Associação Californiana de Grãos e Alimentos, Dalio resolveu apimentar as coisas. Em uma das versões do fato, ele levou uma stripper a uma apresentação privada a um cliente. Outra versão é mais obscena: a stripper foi paga para ficar nua diante da plateia. Outra narrativa é uma combinação das duas: Dalio estava fazendo uma apresentação sem muita graça com um *flip chart* na conferência e chamou a stripper para virar as páginas.

Os detalhes exatos não importam, a conclusão é consistente. Dalio se permitira ser tomado por emoções e por seu gosto pelo dramático. A consequência não está em debate. Ele foi demitido sem cerimônias pela Shearson. Então, com quase 26 anos e sem trabalho pela segunda vez em menos de dois anos, ele precisava de ajuda. Ela viria de sua família substituta.

Gordon B. Leib não mudara muito desde que tinha passado um tempo com Dalio antes de seus dias em Harvard. Leib ainda estava na Bolsa de Valores de Nova York, e ainda era um corretor popular para seus colegas corretores. Todo dia quando a Bolsa fechava, Leib ia para o New York Racquet Club fazer sauna e nadar, depois jogar algumas partidas de gamão.

O Ray Dalio que pediu para tomar um drinque e botar o papo em dia pareceu, para Leib, que tinha vivido anos difíceis. Leib não sabia o que tinha acontecido na Shearson, mas sabia que Dalio não estava fazendo muita coisa além de morar em um apartamento de dois quartos em Manhattan com o colega de turma de Harvard, Bob Cook. Um instigava o outro, e a dupla bebia muito, dava festas e fazia viagens loucas. Schwoeri captou a dinâmica deles no boletim de ex-alunos da HBS, observando que os dois amigos tinham acabado de voltar do Rio de Janeiro, "onde fizeram um estudo intenso sobre penetração de mercado".

Leib logo soube a razão do encontro. Dalio precisava de dinheiro. Como Gordon contou para Barclay, seu filho, Dalio apresentou um grande plano para abrir uma empresa de importação e exportação de commodities, que enviaria commodities físicas dos Estados Unidos para compradores em outros países. Ela ia se chamar Bridgewater, nome que ressoava bem para um negócio que pretendia transportar ativos físicos, como óleo de soja, através dos oceanos.

— Preciso de cem mil dólares para operar por um ano — disse Dalio a Leib e outros investidores em potencial. Dalio queria dez por cento desse valor de cada um deles.

Leib, sempre um apostador, refletiu sobre as probabilidades de o *caddie* de sua mãe fundar uma empresa de Wall Street bem-sucedida, e chegou à conclusão de que as chances eram remotas. Ao mesmo tempo que rejeitou a proposta do membro postiço de sua família, ofereceu ajuda: ia apresentar Dalio aos outros sócios da Benton, Corcoran, Leib & Co. que investiam em novos negócios. Dalio conseguiu fazer a empresa sair do chão.

Cerca de um ano depois, ele voltou para pedir mais. Sua nova empresa realizara um total de duas transações.

— Era mais uma ideia que uma realidade, e eu tinha o nome — explicou Dalio depois.

Dessa vez, ele tinha um plano novo, que era mais modesto. Dalio planejava começar uma consultoria boutique oferecendo o mesmo tipo de trabalho de consultoria que ele realizava na Shearson. O momento era propício, pois as commodities estavam se recuperando e atraindo a atenção de investidores comuns. Dalio se apresentou de forma confiável como um dos poucos em Wall Street que podia falar com desenvoltura sobre a situação nos mercados de gado, carne, grãos e oleaginosas.

Leib ficou intrigado, mas ainda achava que era tolice botar dinheiro em um novo modelo de negócio do jovem que ainda tinha muito a crescer. Ele ainda não via razão para entrelaçar sua vida confortável com a de Dalio. Outros na corretora de Leib também caíram fora.

Mas Dalio não precisava mais desses investidores tanto assim. Em 1975, a namorada de seu colega de apartamento marcou um encontro às cegas com uma de suas amigas, Barbara Gabaldoni. A moça trabalhava em um museu de arte e falava pouco inglês. Isso não importou, como ele escreveu depois em sua autobiografia. "Nós nos comunicávamos de maneiras diferentes."

Gabaldoni era complicada. Ela tinha vivido parte da infância na Espanha, onde seu pai peruano servia como diplomata, e certa vez contou a um funcionário da Bridgewater que havia sofrido um sequestro-relâmpago quando criança. Esse acontecimento não era apenas uma consequência do trabalho do pai, mas de sua origem materna. Embora seu sobrenome fosse cortesia da linhagem peruana, seu primeiro nome vinha da avó, Barbara Whitney, filha de Gertrude Vanderbilt e Harry Whitney.

Barbara Gabaldoni era uma Vanderbilt Whitney, trabalhando no renomado museu em Nova York que levava o nome de sua família.

Ela não teria problemas para ajudar o negócio incipiente de Dalio.

3

Certeza absoluta

POR UM BOM TEMPO, DALIO SE SENTIU LIVRE.

Embora estivesse tocando um novo negócio, havia pouca ansiedade. A vida era boa. Seu trajeto para o trabalho era apenas uma andada rápida de seu quarto até o outro quarto, agora arrumado como escritório. Ele não tinha problemas para pagar o aluguel. Ainda na casa dos 20, estava satisfeito por viver um momento de cada vez. Ele não estava tão convencido de que essa fase, ou seu empreendimento como um todo, fosse durar para sempre. Se não funcionasse, bastava arranjar outro emprego.

As coisas andaram rápido entre Dalio e Barbara Gabaldoni. Reservada, ela deixava que o namorado tomasse a frente em ambientes sociais. Alguns meses depois do encontro, os dois haviam entrelaçado por completo suas vidas, dando a Dalio acesso a um novo nível da sociedade. Em 1977, se casaram e se mudaram para uma mansão de tijolos marrons em Manhattan. Os recém-casados moravam nos dois andares superiores, e Dalio trabalhava nos dois de baixo. Pouco tempo depois, Barbara deu à luz o primeiro de quatro filhos.

Por meio da convivência com a família de Barbara, Dalio estava começando a se submeter a uma educação valiosa sobre as camadas e nuances da riqueza, algo que aplicaria em seu novo negócio. Os Leib eram ricos, mas seu dinheiro era recente. O Viking sempre contava aos netos sobre como, nos anos 1920, vendera seu casaco mais grosso para conseguir dinheiro a fim de comprar sua primeira ação na corretora que mais tarde ganhou seu nome. Barbara Dalio vinha de dinheiro antigo.

A fortuna dos Vanderbilt remontava a 1810, quando Cornelius "Comodoro" Vanderbilt transformou um empréstimo de 100 dólares de sua mãe em um império de barcos a vapor e ferrovias. À época de sua morte, em 1877, seu espólio de 100 milhões de dólares valia mais que todo o Tesouro dos Estados Unidos. Quando Dalio se casou e entrou para a família exatamente cem anos depois, grande parte da fortuna tinha sido dissipada em festas, carros esportivos, mansões e cavalos. Dalio entrou para uma família que estava na defensiva, tentando manter o que restava de um dos maiores butins a atravessar gerações nos Estados Unidos. Barbara deixou o marido cuidar da sua parte do que restava.

Dalio percebeu de imediato que famílias com riqueza geracional tinham prioridades diferentes. Traders no pregão da Bolsa de Valores estavam sempre falando sobre sua próxima ideia de sucesso, que se reduzia a estar à frente de um grande movimento do mercado o qual só eles podiam ver. Quando ficavam ricas, porém, as pessoas eram menos consumidas pela busca de um novo acerto. Permaneciam mais focadas em se manter ricas que em ficar mais ricas, e sua estratégia se baseava em crescimento constante de longo prazo e na minimização do risco de grandes perdas. A mesma perspectiva de longo prazo se aplicava a empresas e instituições como universidades e fundos de pensão. Os detentores dessas quantias colossais de dinheiro queriam aumentar sua fortuna constantemente com o menor risco possível. A maior prioridade de investimento era evitar a possibilidade de ruína. Uma pessoa que pudesse projetar a compreensão dessa prioridade e o conhecimento de como atingi-la podia ganhar muito dinheiro.

Então, começando no fim dos anos 1970 e se estendendo até o início dos anos 1980, a Bridgewater Associates esteve entre as primeiras empresas a refinar as maneiras de fazer isso.

O McDonald's estava desenvolvendo em segredo o McNuggets, uma grande expansão em seu menu. Mas o preço do principal ingrediente, frango, estava flutuando como nunca visto antes. A rede de lanchonetes não podia lançar um produto para suas três mil unidades ao redor do mundo e esperar que elas alterassem o preço todo dia. Dalio percebeu que o mercado do frango estava volátil porque ele dependia das variações nos mercados de milho e soja. Galinhas comem milho e soja, e quando os criadores tinham de pagar mais pelo alimento, aumentavam o preço do frango. Dalio aconselhou o McDonald's a fixar seus custos usando instrumentos financeiros conhecidos como contratos futuros. Se o milho ou a soja ficassem mais caros, os custos do McDonald's permaneceriam os mesmos. Isso dava à empresa uma janela para comprar frango suficiente a um preço estável para lançar o McNuggets.

Outro indicativo da abordagem de Dalio e da Bridgewater foi seu contrato com a gigante alimentícia Nabisco. Os problemas do conglomerado eram semelhantes aos do McDonald's: os produtos da Nabisco usavam uma variedade atordoante de matérias-primas cujos preços podiam variar instavelmente e afetar seus lucros. Dalio ajudou a empresa a estruturar os negócios de forma parecida com o que tinha feito para a rede de lanchonetes, só que de forma mais ampla. Ele mostrou aos executivos da Nabisco como investir dinheiro de um jeito que não apenas estabilizaria o custo das commodities, mas também reduziria o risco de ganhar menos dinheiro em dólares americanos do que o valor de um pacote de Oreo vendido em um país com a moeda desvalorizada. Por um aconselhamento tão complexo, a Nabisco deu a Dalio a autoridade formal para gerir, sem supervisão no dia a dia, uma porção de suas economias. Foi um grande passo à frente — em essência, fez dele um dos gerentes de investimentos independentes da empresa, em vez de ser apenas um mero consultor. E, no que era um arranjo novo para a época, Dalio recebia um percentual dos lucros da Nabisco obtidos nas negociações que ele comandava — potencialmente muito mais do que um valor fixo sobre a quantia de dinheiro supervisionada.

Conforme se apresentava cada vez menos com um simples consultor de empresas e se tornava um trader global, Dalio começou a se beneficiar.

Ele passou a se considerar um economista com abordagem científica e um pensador global que tinha insights sobre a história dos ciclos econômicos. Ele escrevia artigos para publicações obscuras sobre diversos negócios lidas por financistas e investidores, como uma revista sobre gado, o que lhe permitia demonstrar uma compreensão hábil de mercados esotéricos. Começou a anotar em cadernos suas razões para as transações e depois as colocava em uma tabela, criando um registro de erros e acertos. Também as checava contra a história, para garantir que suas ideias pudessem funcionar repetidas vezes. Dalio descobriu que se saía melhor fazendo muitas apostas pequenas, pois se uma desse errado, não derrubaria todo o portfólio.

Para melhorar ainda mais suas credenciais de grande pensador, Dalio começou a vender um relatório diário com comentários sobre o mercado, que trazia suas ideias sobre questões macroeconômicas urgentes da época. Décadas antes do surgimento das newsletters via e-mail, a carta, enviada por fax e telex, foi um sucesso. Com a ajuda de uma equipe pequena, a Bridgewater distribuía o relatório para clientes — que passaram a incluir Bunker Hunt, um magnata do petróleo e então o homem mais rico do mundo — e para a imprensa. Ele fazia reuniões no Clube de Harvard de Nova York. Para alguns, Dalio cobrava pelo relatório como parte de um pacote de pesquisa que custava 3 mil dólares por mês.

À medida que a reputação e a lista de clientes de Dalio crescia, ele se mudou com Barbara e sua família para um subúrbio de Connecticut, onde adquiriu um novo título. Embora não tivesse nenhuma formação tradicional na área, Dalio passou a chamar a si mesmo de um economista da Bridgewater Associates. Esse economista tinha visões astutas e surpreendentes sobre o que estava por vir.

UM DOS MODOS MAIS EFETIVOS DE OBTER ATENÇÃO EM WALL Street e em Washington é acionar o alarme, e em 1981, Dalio via apenas calamidade à frente.

Ele viajava pelo país, atiçando ansiedade enquanto alertava clientes e imprensa sobre ventos perturbadores no futuro da economia mundial. Os mercados estavam turbulentos; o ouro, subindo, o desemprego, em alta, e o preço do petróleo havia mais que dobrado em apenas um ano. Temendo a inflação, o Banco Central dos Estados Unidos aumentou as taxas de juros para até 21% em 1981, na esperança de estimular a poupança em vez do gasto. A economia entrou em recessão. O governo Reagan insistia que estava no caminho certo, mas Dalio via as coisas de maneira diferente. Os Estados Unidos se dirigiam para um colapso econômico histórico, o pior desde a Segunda Guerra Mundial, e ele fazia essa afirmação a qualquer um que se dispusesse a escutar.

— Você pode perder metade da indústria da construção civil, da Pan Am, da Chrysler, talvez da Ford e de muitas outras empresas — alertou ele em uma entrevista de março de 1982 para o *The New York Times*. — Não há esperança, é uma realidade difícil — pontuou alguns meses mais tarde.

Embora não tenha ocasionado em lucro imediato, sua turnê sensacionalista produziu retornos significativos. Os organizadores do Contrary Opinion Forum, grupo de autoproclamados pessimistas profissionais, convidaram Dalio para falar, com um executivo da Dean Witter Reynolds, em sua conferência anual às margens do lago Camplain, em Vermont. Mesmo para aquele público, a palestra de Dalio foi sombria.

— Por que a ruína não pode ser gradual? — perguntou um dos presentes.

Uma oportunidade ainda maior chegou alguns meses depois na capital do país, quando Dalio foi convidado a falar para uma comissão conjunta do Congresso focada no aumento do desemprego. Vaidoso, ele entrou no enorme Rayburn House Office Building vestindo um terno preto, gravata cinza listrada, e com os indícios de calvície quase escondidos pelo cabelo castanho-escuro. Agora com 33 anos, ele parecia mais novo.

Foi um grande momento para Dalio, e ele devia saber que teria de se esforçar para se destacar em meio aos pesos-pesados que o testemunhavam. Era nítido que ele não era um dos mais importantes; Paul Volcker, presidente do conselho do Federal Reserve, só ia falar um mês depois.

Quando Dalio pegou o microfone, Parren J. Mitchell, representante do estado de Maryland, brincava distraidamente com o cigarro em sua boca. Dalio logo atraiu a atenção de todos na sala.

— Acompanhar a economia dos últimos anos tem sido como assistir a um thriller no qual você pode ver os perigos escondidos e tem vontade de gritar um alerta, mas sabe que ele não vai ser ouvido — começou Dalio. — O perigo, neste caso, é a depressão.

"Embora faça muito tempo desde que a economia tenha sofrido com uma, existe uma doença chamada depressão, que nós, economistas, devíamos saber como diagnosticar. Os economistas de hoje estão tão familiarizados com depressões quanto os médicos de hoje estão com pragas há muito tempo adormecidas."

Desde 1800, explicou Dalio, os Estados Unidos tiveram quatorze grandes depressões, todas seguindo os mesmos padrões históricos. A décima quinta era bastante iminente.

— É o que chamamos de processo de depressão — disse ele.

Um congressista na audiência disse que a conduta de Dalio era "mais sombria que o fantasma do pai de Hamlet".

Isso porque recessão era uma coisa, depressão era outra. Poucos analistas eram ousados o bastante para fazer esse alerta. Armado com uma das previsões mais assustadoras que um investidor pode fazer, Dalio conseguiu espaço no *Wall $treet Week*, o principal programa de negócios da televisão americana. Nas três semanas desde o depoimento no Congresso, ele tinha ficado ainda mais confiante. Sentou-se relaxado diante das câmeras, com os braços abertos ao lado do corpo. Ele não piscou ao falar.

— Posso dizer com certeza absoluta que, se você analisar a base de liquidez nas empresas e no mundo como um todo, há um nível tão reduzido de liquidez que não permite a volta a uma era de estagflação.

Tradução: não havia sobrado dinheiro suficiente no mundo para nos salvar.

Toda a confiança do mundo não podia salvar Dalio dos fatos. No mesmo mês de sua aparição na televisão, a recessão acabou. A Bolsa de

Valores tinha atingido seu ponto mais baixo em agosto, algumas semanas antes de sua palestra no Contrary Opinion Forum.

A depressão que nunca aconteceu custou caro a Dalio. Ele perdeu clientes e o próprio dinheiro. Demitiu sua pequena equipe, reduzindo a empresa a apenas um funcionário, ele mesmo. Para se recuperar, seria necessário desenvolver mais que superar seu complexo de Cassandra.

Sua habilidade em ajudar empresas a refletir sobre dinâmicas econômicas globais complexas era nítida, então ele mergulhou em pesquisas. O relatório econômico que escrevia, agora chamado *Daily Observations*, se tornou o foco principal, e Dalio aumentou sua distribuição. Ele o enviava para antigos clientes, para pessoas que não conhecia e para jornalistas em busca de ideias para matérias. Dalio antecipava a poucas pessoas quais seriam os tópicos, então quando suas observações chegavam por fax, era um pouco como abrir um presente surpresa. Um dos artigos mais animados era intitulado "O que é um joalheiro?". O texto dizia que joalheiros, com suas coleções de produtos caros à espera de serem vendidos, não eram muito diferentes dos traders de Wall Street que estavam "comprados" ou apostavam em ouro e pedras preciosas.

Dalio tinha apresentado teses semelhantes para o McDonald's e a Nabisco, que também esperavam evitar perder dinheiro em choques inesperados do mercado. Se o preço de mercado do ouro subisse, melhor para os joalheiros, que de repente teriam anéis e colares mais valiosos. Mas o contrário também era verdade — mesmo um joalheiro de sucesso podia falir se o mercado caísse. Sua solução eram os contratos futuros. Ele recomendava que joalheiros negociassem futuros de ouro, em essência contratos que lhes davam o direito de comprar ouro posteriormente. Esses contratos eram projetados para aumentar de valor quando o preço do ouro caísse. Os lucros dos futuros iam amortecer quaisquer perdas que os joalheiros tivessem por estarem "comprados" nos itens de ouro em seus mostruários. Se Dalio se revelara um previsor ruim de uma quebra econômica, esse tipo de estratégia de hedge direcionado estava totalmente dentro de sua especialização.

A pesquisa apresentada de maneira simples conseguiu, em um ritmo constante, negócios para a Bridgewater fora dos corredores habituais em Manhattan. Um alto executivo do Banks of Mid-America em Tulsa, Oklahoma, começou a compartilhá-la com subordinados. Ele a chamou da "a melhor coisa que já tinha lido sobre como a economia funcionava". O banco contratou a Bridgewater por 18 mil dólares por ano, em parte para ter Dalio à disposição para conversas sobre as grandes questões quando necessário. À medida que clientes como o Banks of Mid-America começaram a pedir consultoria mais elaborada, Dalio acrescentou uma matriz à sua newsletter com instruções sobre quais investimentos comprar ou vender em qualquer dia, dependendo da direção de vários mercados.

A apenas alguns quilômetros de Dalio, em Stamford, Connecticut, o *Daily Observations* chegou a uma mesa importante. Paul Tudor Jones, cinco anos mais novo que Dalio, também era um estranho em Wall Street — Jones vinha do Tennessee — e, assim como Dalio, fora corretor de commodities. Porém, enquanto este passava por dificuldades, seu amigo Jones surfava uma onda muito positiva. Ele desistiu da Harvard Business School para abrir uma firma com seu nome que teve sucesso quase imediato.

Jones sabia que Dalio tinha sido abalado por seu alerta da depressão, mas o sulista viu o companheiro como um ativo subvalorizado. Jones identificou uma oportunidade e convidou o amigo para conversar.

— Você já pensou em negociar as coisas sobre as quais está escrevendo? — perguntou Jones.

Explicou o plano. Dalio teria acesso total aos recursos da Tudor Investment Corporation, e ambos trabalhariam juntos para desenvolver o que poderia se tornar um fundo de investimentos. O objetivo não era ganhar o máximo de dinheiro possível no mínimo de tempo, mas criar um sistema que produzisse ganhos constantes e sustentáveis, com o mínimo possível de risco. O principal termômetro do programa seria o índice de

Sharpe, um cálculo com décadas de idade dos retornos de um portfólio em relação à volatilidade, ou quanto ele oscilava. Um 2.0 era um índice de Sharpe alto, embora um 3.0 ou mais não estivesse fora de questão para os melhores investidores.

Dalio reuniu suas descobertas de anos escrevendo newsletters. Destilou todas elas no que, em essência, era um método de trading no estilo "se acontecer isso, faça aquilo". *Se* as taxas de juros subissem em um país, por exemplo, *então* Dalio automaticamente vendia títulos em outros para compensar. A abordagem parecia sistematizada de verdade, pois removia de Dalio a tomada de decisões diária do portfólio de investimentos. Ele só podia fazer mudanças realizando pesquisas profundas e modificando as regras com base em dados históricos, em oposição a reagir a qualquer movimento momentâneo do mercado.

Depois de meses trabalhando no projeto, Dalio ficou satisfeito. Ele o apresentou a Jones, que o passou para ser analisado por sua equipe. O veredito: a abordagem de Dalio produzia um índice de Sharpe menor que 1.0.

O sotaque sulista de Jones pouco ajudou a mascarar a frustração:

— Que droga eu devo fazer com isso agora? — perguntou a Dalio.

Jones dera uma oportunidade a um amigo e fora recompensado com um projeto que não atendia ao critério mais importante. Tempos depois, Jones contaria a um associado que tinha considerado Dalio inegavelmente inteligente, mas não tanto um gestor de investimentos — com certeza não no nível da Tudor Investment Corporation.

— E o sistema de trading? — perguntou Dalio quando saía.

Jones escarneceu:

— Leve com você.

DALIO PERSISTIU, AINDA CONVENCIDO DE QUE TINHA DESCOBERTO alguma coisa. Ele procurou uma pessoa que se reunia com praticamente qualquer um.

Hilda Ochoa-Brillembourg ostentava um título pomposo que não tinha muito a ver com a realidade: CIO da divisão de investimentos de pensões do Banco Mundial. Seu trabalho era proteger economias para a aposentadoria de milhares de funcionários da austera instituição financeira. Esse trabalho de sucesso impossível estava à margem de uma organização em que todo funcionário achava que podia encontrar algo melhor em outro lugar. As premissas também lembravam que ela não estava fazendo exatamente o trabalho mais empolgante. Os principais escritórios do Banco Mundial exibiam pisos de acabamento requintados e mesas de madeira. Ochoa-Brillembourg estava sentada a uma mesa de metal sobre piso de linóleo, lendo as anotações diárias das pesquisas de Dalio.

Ochoa-Brillembourg se considerava uma juíza precisa de talento. Gostava de pôr o dinheiro do Banco Mundial em investidores jovens e ávidos para deixarem sua marca. Era impossível ser menor que a Bridgewater Associates; nesse período, ela não tinha um centavo sequer sob sua gestão, segundo documentos internos da empresa na época.

Entretanto, quando Dalio pediu um investimento, ele estava longe de ser um estranho. Ochoa-Brillembourg tinha feito pós-graduação em Harvard, então os dois tiveram um início de conversa fácil. Quanto mais Dalio falava, mais parecia a Hilda que ele tinha uma mente brilhante. Ray citou dados detalhados de países e indústrias que, ao que parecia, não tinham nenhuma relação, combinando, por exemplo, os recentes preços de moedas com preços de títulos de ferrovias do século XIX. Ele podia ver conexões e parecia capaz de prever qual dominó em um lugar distante acionaria um mecanismo em outro lugar. Para Ochoa-Brillembourg, seu visitante pareceu rápido em determinar quais dados eram importantes e quais eram apenas ruído. Ela não sabia do fracassado alerta de depressão de alguns anos antes. Suas newsletters nunca o mencionavam, e Dalio não tocava no assunto.

Ochoa-Brillembourg achou que valia a pena fazer uma aposta na Bridgewater com algumas precauções. O fundo de pensão do Banco Mundial ia reservar 5 milhões de dólares de suas economias para serem investidos apenas na área relativamente controlada da renda doméstica fixa. Ochoa-Brillembourg permitiu que Dalio fizesse apostas internacionais, mas garantiu que a Bridgewater seria julgada apenas por seu desempenho em relação ao mercado americano de títulos. Se Dalio perdesse até a camisa fazendo expedições a lugares distantes, não haveria desculpas.

Quando chegou a hora de falar de comissões, Ochoa-Brillembourg detinha todas as cartas. Dalio concordou em administrar o portfólio por 0,2%, ou 10 mil dólares por ano. Isso era menos do que ele cobrava apenas pela newsletter. Mas era um novo começo.

4

Pure Alpha

A grama congelada quebrava sob as botas de Dalio enquanto ele se esforçava para se sentar de modo confortável no banco de madeira. A escolha do local — ao ar livre, à noite, no auge do inverno em Connecticut — não tinha sido dele. Mas o personagem da reportagem não estava em posição de negociar. Os editores da *Forbes* queriam um visual que se encaixasse no tema da matéria, então Dalio vestiu jeans e um paletó xadrez colorido e se sentou no banco, seguindo as instruções do fotógrafo. Na foto que acabou publicada, seu rosto estava parcialmente oculto por sombras. Essa não era uma mensagem sutil.

"'Há uma depressão à vista? À vista, droga, ela já está aqui', diz Raymond Dalio." Assim começava a matéria da *Forbes*.

Era fevereiro de 1987, e Dalio voltara ao pessimismo. Dessa vez, sua visão sombria fora alertada por nada menos que o estilo de vida americano. Os consumidores americanos estavam tomando muito dinheiro emprestado, poupando muito pouco e gastando muito em novas televisões, disse Dalio. Embora o mercado de ações tivesse duplicado nos dois anos anteriores, o país estava em negação, e a conta ia acabar chegando.

— Quando você se sente rico, começa a consumir sua riqueza — disse ele. — As pessoas precisam ficar sem dinheiro e sentir o sofrimento econômico para entender os benefícios de poupar e de trabalho duro.

Se a canção lúgubre era um padrão de Dalio, o instrumento era bem diferente. Depois de voltar a ter três funcionários em 1985, ele tinha feito a Bridgewater crescer e se transformar no que a revista descreveu como uma empresa respeitável de porte médio. Dalio agora liderava o que a *Forbes* identificou como uma equipe de 44 pessoas em escritórios em Nova York, Los Angeles, Londres e Hong Kong.[1] A empresa administrava 20 milhões de dólares, quatro vezes a soma de dois anos antes. Clientes globais como o Citibank e a agência de notícias soviética TASS estavam entre os que receberam o recente relatório de pesquisa de Dalio, intitulado "O declínio do império americano".

Quanto tempo temos até o crash?, perguntou a *Forbes*.

— Pouco mais de um ano — respondeu Dalio.

Oito meses depois, no dia 19 de outubro de 1987, no que viria a ser conhecido como Black Monday, Dalio, aos 38 anos, podia dizer que tinha previsto o que foi a maior queda diária no mercado de ações americano em todos os tempos. As ações caíram quase 23% em um único dia, deixando em choque investidores grandes e pequenos. O *Wall Street Journal* descreveu as calçadas do Upper West Side de Manhattan cheias de jovens traders andando sem rumo, com olhares mortos, parecendo que haviam acabado de escapar de algum desastre natural.

Oitenta quilômetros a nordeste, Dalio estava contando seus ganhos. Pela primeira vez na década, o pessimismo compensara — para ele e para a Bridgewater. Ele seguira o próprio conselho e estava vendido, ou apostando contra ações, na véspera da Black Monday. A Bridgewater também tinha títulos do Tesouro americano, tradicionalmente um ativo seguro com bom desempenho em tempos de estresse. No fim do ano, as contas da empresa tinham crescido 27%, mais de dez vezes o retorno do mercado de ações.

Embora o desempenho fosse impressionante, o faturamento de Dalio deve ter sido um pouco modesto. Com 20 milhões de dólares em fundos de clientes, a empresa simplesmente não tinha em cofre o suficiente para

---

[1] A informação não era precisa. A Bridgewater não tinha nem de longe essa equipe ou quantidade de escritórios, embora Dalio não tenha solicitado uma correção.

produzir um grande lucro. Muitos clientes ficavam felizes em ler os relatórios de pesquisa de Dalio, mas poucos lhe confiavam seu dinheiro. A consultoria em investimentos da Bridgewater era vista como algo bom de se ter, mas não uma necessidade. Depois da Black Monday, Dalio viu Paul Tudor Jones ficar mundialmente famoso após alertar, em essência, as mesmas previsões pessimistas sobre os mercados. A diferença era que Jones tinha 250 milhões de dólares em ativos quando o mercado quebrou. Ele faturou estimados 100 milhões de dólares nesse ano por sua participação nos ganhos nas negociações. Dalio viu imagens do amigo estrelando um documentário da PBS, *Trader*, que acompanhou Jones até sua casa de veraneio, de dezoito quartos.

Para ter uma chance de alcançar esse patamar, Dalio não precisava apenas estar certo com mais frequência. Tinha de estar certo em uma escala muito maior.

O PRIMEIRO PASSO FOI A VOLTA À TELEVISÃO. DALIO FOI CONVIDADO para participar de um painel apresentado por uma personalidade de *talk-shows* carismática e dedicada de Chicago, que o introduziu:

— Meu próximo convidado alerta que é melhor nos acostumarmos a sermos completamente dependentes do Japão ou fazermos uma redução completa em nosso padrão de vida. Ele é Ray Dalio, economista, gestor de fundos e CEO do Bridgewater Group.

O episódio foi intitulado "Estrangeiros estão tomando os Estados Unidos". A plateia, que incluía operários demitidos de siderúrgicas e outras pessoas em situação semelhante, estava irritada com a invasão de dinheiro japonês que fazia os preços de imóveis nos Estados Unidos subir. O público não sabia bem o que pensar de Dalio, que estava vestindo um elegante terno azul de risca de giz. Ele expôs sua visão de que o poder econômico americano estava em seus últimos dias.

— Você chega ao ponto em que está começando a ficar mais pobre, mas ainda acha que é rico...

— Isso é muito ruim — interveio Oprah Winfrey.

— É muito ruim. E é nesse ponto que os Estados Unidos estão. Você vai julgar seu padrão de vida com base em passear por aí em carros caros e dizer: "Se eu posso consumir assim, devo ser rico, não importa quanto peguei emprestado para fazer isso". É a atitude, é isso o que estou dizendo.

— Vocês todos concordam com isso? Vocês concordam com essa teoria? — perguntou Winfrey à plateia.

Vários gritaram:

— Não.

Dalio não se deixou intimidar.

— O que estamos vendo nós já vimos através de centenas de anos. Vimos a ascensão e o declínio de civilizações. Isso se deve ao fato de que estamos consumindo em excesso. Estamos trocando nossa liberdade por videocassetes.

Winfrey atendeu a uma ligação de um telespectador que sugeria que o racismo podia estar em pauta. Os japoneses eram as primeiras pessoas de cor com permissão para fazer grandes investimentos nos Estados Unidos. Ela passou a bola para Dalio.

— O que achou, Ray, do que disse o espectador sobre os japoneses serem as primeiras pessoas de cor a comprar tantas terras?

Dalio, cuja presença no programa até aquele momento seria esquecível, aproveitou a oportunidade para capturar a atenção.

— Vamos deixar claro: os japoneses são racistas. Não há dúvida de que os japoneses são racistas — disse ele a Winfrey.

Isso valeu a Dalio uma salva de palmas.

Winfrey devolveu a bola a ele de novo.

— Isso parece uma afirmação racista.

— Não, acho apenas que é um fato da vida. Tenho muitos clientes japoneses. Eu saio, como e bebo com essas pessoas e as conheço, e estou dizendo a você que eles são racistas. Isso é um fato da vida. É uma realidade.

Ele ergueu os braços acima da cabeça, o sinal universal de rendição, como se quisesse dizer: *Não atire no mensageiro*.

Dalio mais uma vez tinha ganhado os holofotes dizendo o que poucos outros diriam.

Fora do ar, Dalio não precisou se esforçar tanto porque a Black Monday lhe fizera um favor imediato e duradouro. Ela assustava muito uma geração de investidores ricos.

Dalio aproveitou o momento. Cerca de dois anos antes, havia contratado, como um dos primeiros funcionários, um profissional de marketing em tempo integral, Chris Streit, um homem mais velho que fora diretor-executivo da Merryll Lynch, banco que considerara colocar dinheiro na empresa de Dalio. Streit era conhecido o bastante para merecer um anúncio público, que a Bridgewater fez com exagero: uma nota em uma publicação especializada para marcar a contratação do novo funcionário identificava que a Bridgewater tinha 700 milhões de dólares sob sua gestão. Streit sabia que esse valor impressionante não estava nem perto do correto. Supôs que Dalio tivesse contado os ativos de todos que recebiam uma cópia da newsletter da Bridgewater — embora a maioria não tivesse dinheiro nenhum com a empresa.

— Havia muito exagero naqueles primeiros dias — recordou Streit.

Streit descobriu que, para seu novo chefe, as aparências importavam. Dalio morava e trabalhava em um amplo celeiro restaurado em Wilton, Connecticut, e mesmo que décadas depois ele falasse com saudade do ambiente campestre, naquele momento, a casa não passava bem a impressão do que tentava projetar. Ele já tinha em seu campo de visão clientes altamente preocupados com *status*: os chineses.

Menos de uma década antes, Deng Xiaoping tinha começado a liberalizar a economia da China, e agora fazia muitos verões que Dalio levava a esposa com ele para o país, onde se reunia com empreendimentos ainda fora do radar do *mainstream* financeiro. Um dos primeiros clientes foi a China International Trust and Investment Corporation, ou CITIC, um conglomerado administrado pelo Estado com conexões próximas ao Partido Comunista. Quando um executivo da CITIC pediu a Dalio que hospedasse sua filha durante uma viagem de uma semana para os Estados Unidos, Dalio concordou — então pediu a Streit, de têmporas grisalhas, que a acomodasse em sua mansão em Greenwich e passeasse com ela em sua Mercedes, conforme recordou Streit. Era crucial que ela fosse para casa e contasse aos pais que Dalio e seus colegas aparentemente experientes exalavam sucesso.

Os maiores alvos de Dalio e de seu novo profissional de marketing eram os chamados investidores institucionais. Ao contrário de investidores de varejo, ou indivíduos que compram e vendem por conta própria, esses grandes investidores são administrados por gestores financeiros profissionais que tomam decisões para um grupo maior de beneficiários, como fundos de pensão. No início dos anos 1990, investidores institucionais controlavam quase 40% das ações das grandes empresas americanas e grande parte da dívida também. Eram as baleias de Wall Street, grandes em tamanho, mas difíceis de abordar. Os homens e mulheres responsáveis por esses investimentos podiam ser difíceis de agradar, conservadores e até mesmo provincianos, preocupados tanto com a possibilidade de perder a reputação quanto de perder dinheiro.

Dalio reconheceu a situação. Sua atitude avessa ao risco estava perfeitamente de acordo com a época, e embora pudesse ser fácil descartar sua abordagem como um truque de marketing, muitos concorrentes de renome estavam fazendo esforços semelhantes, sem resultados mensuráveis. Dalio cortejava fundos de pensão em especial, armado com um manual criado para agradar a qualquer um que estivesse preocupado com outra quebra do mercado.

Rusty Olson era um deles. O chefe do fundo de pensão dos funcionários da Eastman Kodak estava precisando de um novo plano com urgência. Mais da metade do dinheiro do plano de pensão estava investido em *annuities*, deixando a solvência de milhares de aposentados de Rochester, Nova York, dependendo precariamente do desempenho de um produto complicado de Wall Street — uma questão que todos levavam em conta depois da Black Monday. Agora as taxas de juros estavam caindo tão rápido quanto tinham subido alguns anos antes, colocando o retorno das anuidades em risco. Olson estava fazendo cerca de uma reunião a cada três dias com vendedores que diziam ter as respostas. Por recomendação da amiga Ochoa-Brillembourg, do Banco Mundial, Olson concordou em se encontrar com Dalio.

Embora os mercados estivessem se recuperando com firmeza desde a Black Monday, ninguém saberia disso ouvindo o fundador da Bridgewater. Dalio levava medo para todas as reuniões, enxergando dias piores logo adiante ("Ele acredita piamente na corrupção da alma econômica", escreveu um entrevistador). Dalio falou de uma depressão que estava por vir em 1988, uma recessão de três anos começando em 1989; uma nova depressão em 1990; ainda estava anunciando a depressão em 1991; e tinha ajustado seu alerta para "uma versão moderna da depressão… como uma ressaca depois de uma dessas grandes festas, mas uma ressaca que nunca acaba" em 1992.

— A economia americana está se comportando, em essência, como fazia nos anos 1930 — explicou ele. — Isso não é uma recessão, é uma depressão.

Não era. Mas Dalio não convenceu Olson pela precisão de suas previsões públicas. Ele se armou com pesquisas que desafiavam a intuição. Dalio pontuou que a Kodak podia reduzir o risco de sua forte guinada na direção do mercado de ações não apostando menos, mas apostando mais, usando alavancagem ou dinheiro emprestado. O que Dalio estava recomendando era ao mesmo tempo contrário à intuição e inovador na época, porque a alavancagem era vista tipicamente como uma jogada arriscada. Mas ele disse a Olson que a Kodak podia fazer a alavancagem em uma variedade de mercados vigorosos fora de ações, como títulos americanos e internacionais. Sozinhas, essas apostas podiam não dar o retorno de ações, mas, ao aumentar as apostas com alavancagem, as apostas acumuladas dariam resultado. Uma coisa era importante: o efeito geral permanecia de baixo risco, porque os mercados nos quais Dalio empregava alavancagem eram tão plácidos que raramente oscilavam. Assim dizia o refrão que ele cantava para Olson e para outras pessoas várias vezes por semana, tentando gerar negócios.

— Se conseguir fazer essa coisa com sucesso, você vai ganhar uma fortuna. Você vai conseguir o pote de ouro no fim do arco-íris — afirmava Dalio.

Olson comprou a ideia. Pôs o dinheiro da pensão na Bridgewater.

— Um novo jeito de pensar — foi como Olson se referiu a essa atitude.

Havia outra pessoa com Dalio naquela viagem para Rochester. Bob Prince, o tesoureiro do banco de Tulsa cujo patrão gostava das pesquisas da Bridgewater, tinha aceitado uma oferta para se mudar para o Nordeste e trabalhar com a empresa em crescimento. Quase dez anos mais novo que Dalio, Prince estava se tornando seu braço direito.

Um homem bonito e de olhos azuis do Meio-Oeste, Prince tinha jogado golfe universitário pela Universidade de Tulsa, onde também concluiu seu MBA e tirou sua certificação de contador público. Prince era tranquilo e fazia amigos com facilidade, incluindo os membros de sua banda favorita, os Ushers, o tipo de grupo *new wave* alternativo que não sobreviveu aos anos 1980. Para seus amigos, Prince parecia um jovem trabalhador que acabaria sendo homenageado por uma vida a serviço da igreja de sua comunidade, não necessariamente a pessoa que fundaria uma.

Prince não era um tipo de cidade grande quando se mudou para Nova York com a namorada após ser contratado pela Bridgewater. Vivendo em um apartamento pequeno de Manhattan, ficava maravilhado pelo mercado do bairro ter tamanha variedade de frutas e outros produtos. Quando um amigo de Oklahoma foi visitá-lo e conferir as novidades, Prince falou sobre Dalio, dizendo que seu novo chefe tinha altas expectativas para todo mundo que trabalhava para ele, e pedia que os funcionários o tratassem do mesmo modo. Erros não podiam perdurar — eles eram identificados e encarados de frente em tempo real. Vindo de um banco entediante do Meio-Oeste, Prince achou aquilo uma mudança revigorante e animadora.

— Estou aprendendo muito — falou Prince ao amigo. — É um estilo de gestão novo e único.

Fisicamente, Dalio e Prince formavam uma dupla complementar. Enquanto Dalio ganhava peso sem parar e se vestia como um professor do Ensino Médio, alternando duas calças cáqui, Prince era conhecido por aparecer em reuniões usando camisa polo branca e mostrando os bíceps. Em termos de temperamento, também eram diferentes um do outro. Dalio era propenso a divagar, enquanto Prince tinha um tom equilibrado e focado.

Em Tulsa, Prince estudou com o professor Richard Burgess, um docente de finanças com sacadas incomuns sobre o que era conhecido como uma teoria moderna do portfólio, ou MPT na sigla em inglês, inventada nos anos 1950, uma técnica para construir um portfólio de investimentos examinando os retornos passados e a volatilidade de diferentes classes de ativos. O truque era dividir o dinheiro entre investimentos que não estavam necessariamente correlacionados nem se movimentavam juntos para evitar a possibilidade de que um evento em um mercado pudesse causar uma calamidade. Burgess compartilhava com os alunos seu modelo para deixar que eles misturassem e encaixassem investimentos — um experimento sobre como produzir o desempenho mais alto possível em qualquer nível de risco. O professor jamais imaginaria que suas lições forjariam um bilionário entre seus alunos, e Prince e Dalio merecem crédito por serem os únicos a identificar o potencial do que foi ensinado.

Nos meses subsequentes à entrada de Prince para a Bridgewater, a empresa trocou o celeiro de Dalio por um escritório em um centro comercial pequeno alguns quilômetros ao sul. Ali, Prince, Dalio e uma equipe reduzida cuidavam do que estava se tornando uma lista de clientes cada vez mais impressionante e muitos milhões de dólares em ativos sob sua gestão. À Kodak se uniram empresas americanas *blue-chip* como a General Electric, a Mobil e a DuPont, assim como planos de aposentadoria de funcionários de governos estaduais, como o de Connecticut e o de Wisconsin. Dalio era um mestre em cativar empresas da velha guarda que estavam mais preocupadas em manter o dinheiro do que em ganhar mais.

Dalio estava atento não apenas à consultoria que oferecia, mas à aparência de sucesso. Antes que os executivos da Kodak chegassem para uma reunião, ele pediu a sua equipe que fizesse com que os visitantes parassem no escritório dos fundos, para que pudessem observar a impressora Kodak colossal e cara recém-comprada pela Bridgewater.

Dalio podia ficar intenso, mas ainda assim estar alheio a suas ações. Funcionários gostavam de contar uma história que ocorreu alguns anos após a chegada de Prince, quando a empresa tinha menos de duas dúzias de funcionários. Dalio chegou ao escritório se sentindo mal, com uma reunião marcada em sua agenda. No meio da reunião, ele pegou a lata de lixo, puxou-a para perto de sua cadeira e vomitou.

— Então ele a afastou e nós continuamos a reunião como se nada tivesse acontecido — contou um ex-funcionário à *Maxim*.

A Bridgewater e Dalio descobriram que, longe de ser uma coisa repulsiva, sua intensidade era um ponto positivo de vendas. Era uma versão inicial da mentalidade de trabalho excessivo que décadas mais tarde tomaria conta do Vale do Silício e transformaria em celebridades empreendedores que trabalhavam, comiam e dormiam em suas mesas.

O trading da Bridgewater também estava à frente de seu tempo. Naqueles dias, antes que algoritmos mais sofisticados se tornassem obrigatórios em Wall Street, os investimentos da Bridgewater confiavam em uma sequência manual. Dalio e sua equipe estudavam a história de como os governos reagiam a movimentos do mercado usando uma versão inicial do programa de planilhas da Microsoft, o Excel. As mesas ficavam cobertas de blocos amarelos com regras manuscritas — em essência, apenas o registro dos rendimentos de uma negociação — e calculadoras portáteis.

Dalio era o espírito livre do grupo. Ele podia passar horas sozinho em seu escritório, com o cabelo despenteado, uma camisa de flanela amassada, sem sapatos, com os pés sobre a mesa e fumando um cachimbo. A postura relaxada escondia que ele era tudo, menos casual. Em uma ocasião, Prince teve de entrar e interromper sua solidão.

— Ah, Ray — disse Prince. — Eu me esqueci de passar as operações.

Dalio ficou vermelho.

— Como você pôde fazer isso?

Para um entrevistador, Prince descreveu a reação de Dalio como a de "um dragão que cospe fogo".

Para Dalio, um erro não era nunca apenas um erro. Era uma oportunidade para mergulhar na psicologia individual humana que levava a erros — em especial erros que Dalio podia ter evitado. Com frequência ele assumia que cometera uma série deles na carreira — permitindo que suas emoções governassem quando ele explodiu com seu chefe, uma vez, e sendo categórico demais ao prever uma calamidade em seu depoimento ao Congresso. Ele acreditava que tinha identificado com sucesso as causas desses erros e as corrigido, e estava determinado a compartilhar a descoberta com seus subordinados, para evitar que esses erros se repetissem no futuro. Em uma reunião com Prince, Dalio forneceu um feedback curto e grosso. Prince ia precisar se abrir para mais críticas, tanto internas quanto externas.

— Você confia demais em si mesmo. Você não lida bem com isso. Se tivesse menos confiança... teria muito mais sucesso.

Sem dúvida amparado pelo fato de o feedback ter sido dado em particular, e feito entre homens que eram quase iguais, Prince viu isso como mentoria de seu chefe.

Contando apenas os ativos, ou o total de dinheiro que a Bridgewater investia para clientes, o hedge fund continuou em crescimento acelerado no fim dos anos 1980 e início dos 1990. Os ativos sob sua gestão dobraram em apenas um ano para 1,2 bilhão de dólares em 1992 e quase dobrariam outra vez no ano seguinte. Mas, por trás desse sucesso, o negócio da Bridgewater tinha um problema fundamental. Quando a empresa fazia bem suas tarefas, o sucesso era quase invisível.

Isso era ao mesmo tempo uma qualidade e um problema, e remontava ao tipo de trabalho que Dalio fazia desde seu primeiro emprego após sair de Harvard. O que ele na época chamava de "administrar o risco" tinha se transformado, cerca de dez anos depois, no que a Bridgewater agora descrevia como um "portfólio de hedge". Se um cliente tivesse um portfólio de ações europeias, por exemplo, a Bridgewater podia efetuar diversas negociações para minimizar o impacto da variação do preço das moedas europeias. Ações como essa eram valiosas, mas apenas até certo ponto. Era difícil ser visto como superlativo quando o resultado de um trabalho bem-feito era um retorno constante em vez de um grande sucesso. Então além dos hedges, a empresa começou a oferecer o que chamava de *overlays*, ou negociações extras, como comprar moedas que Dalio e a Bridgewater achavam que iam se valorizar, ou vender a descoberto ou apostar contra outras. Embora isso tirasse a empresa dos domínios da redução estrita de riscos, seu fundador observava que ele era muito incentivado a ser cuidadoso. A Bridgewater só recebia por essas negociações adicionais se elas tivessem bom desempenho, ou pelo menos ajudassem a evitar perdas, com um percentual do dinheiro obtido ou economizado.

Isso era em tudo, menos no nome, um hedge fund.

Hedge funds remontam a 1949, quando um ex-espião comunista e sociólogo de meia-idade, Alfred Winslow Jones, começou o primeiro desses fundos com 100 mil dólares. Jones pegou dinheiro emprestado para fazer apostas adicionais, usando parte do capital adicional para vender a descoberto ações que achava que teriam desempenho ruim. O resultado foi "mágica", como afirmou um biógrafo; em um mercado em alta, as posições compradas subiriam mais que as vendidas porque as vendidas eram empresas mais fracas. O contrário também era verdade. Quando o mercado baixava, essas empresas mais fracas baixavam mais rápido do que as posições relativamente robustas das empresas de Jones, então os lucros do fundo com suas vendas a descoberto seriam maiores que as perdas das posições compradas. Todo esse balé dependia de Jones identificar de modo certeiro a eficácia de sua escolha de ações, então ele acompanhava de perto, em um caderno de capa de couro, o desempenho de suas escolhas em comparação com o mercado em geral. Se o mercado subisse 10% e no mesmo período suas posições compradas subissem 15%, Jones atribuía a diferença de cinco pontos à sua habilidade.

Isso funcionou até não funcionar, quando escolhas de ações desastrosas provocaram uma quebra de 35% em 1970. Quando ele perdeu a posição de destaque, o mesmo aconteceu com a indústria que ele inspirava. Banqueiros de investimentos e financistas de títulos de alto risco tomaram o lugar de gestores de hedge funds na imaginação popular. A indústria de hedge funds emergiu de sua hibernação de duas décadas com um estrondo em grande parte devido a George Soros, trader de origem húngara. No que se tornou notícia de primeira página em 1992, Soros foi apontado por quebrar o Banco da Inglaterra com suas apostas de bilhões de dólares contra a libra esterlina. Quando Soros foi chamado pelo Congresso para se explicar, a pergunta que ele ouviu com a maior frequência foi:

— O que é um hedge fund?

Soros respondeu:

— A única coisa que eles têm em comum é que os gestores são remunerados com base no desempenho, e não com um percentual fixo dos ativos sob sua gestão. — Soros acrescentou: — Sinceramente, não acho que hedge funds sejam motivo de preocupação para os senhores ou para os reguladores.

Dalio devia saber do risco de ser ligado a esse tipo de bravata. Depois do fracasso de seu alerta público em 1982, a última coisa de que precisava era a reputação de ser um showman. Seus clientes eram algumas das instituições mais sóbrias do mundo corporativo. Ele teria de agir de forma lenta.

Como fazia havia décadas, Dalio enfrentou a situação com grande quantidade de pesquisa. Anunciou aos clientes que tinha examinado seus milhares de insights sobre investimentos e descartara dezenove de cada vinte. Se ele não estivesse totalmente confiante na capacidade de uma regra de prever movimentos no mercado, não valia a pena mantê-la. Dalio rebatizou o conjunto resultante de princípios financeiros de "os melhores 5%!" e fez um chamado aberto para investidores interessados em botar dinheiro nesses melhores conselhos.

O produto foi um fracasso.

— Parecia bom, mas, depois de algum tempo, percebi que a maior parte estava errada — disse Chris Streit, que tinha a tarefa de vendê-lo.

Afinal de contas, que empresa de investimentos ia anunciar acesso aos *piores* 5% de suas descobertas?

Dalio tentou uma abordagem mais detalhada. Começou a falar sobre os conceitos de alfa e beta. Beta era o retorno que qualquer investidor esperaria obter apenas pela exposição aos mercados. Se o título médio subisse 8%, então os primeiros 8% obtidos por um portfólio simples de títulos seriam considerados beta, que não eram inerentemente bons nem ruins. Alfa, por outro lado, era o ganho extra, era o que um gestor de investimentos talentoso podia ganhar acima do retorno beta. Se na situação mencionada o portfólio de títulos da Bridgewater subisse 10%, então ele tinha um alfa adicional de dois pontos percentuais.

Dividir a performance de investimentos desse jeito não era uma revelação. Era exatamente o que Alfred Winslow Jones tinha feito quatro décadas antes com o caderno que registrava sua escolha de ações. Mas Dalio não apenas exumou o tema, ele o trouxe de volta embalado com uma etiqueta reluzente, *alfa*.

Dalio levou sua ideia de alfa, ou, como a chamava, "camada alfa", para seu primeiro cliente, o Banco Mundial. Se ele conseguisse produzir alfa genuíno, será que o fundo de pensão estaria disposto a lhe pagar uma comissão pela performance? Ochoa-Brillembourg o dispensou. Dalio era um homem inteligente, mas, pelo que ela sabia, o clichê mais antigo de Wall Street era um gestor de investimentos que aparecia com um novo produto empolgante que tinha uma comissão mais alta. Ela tinha visto diversas vezes o padrão de empresas jovens ficarem cada vez maiores, e então se concentrarem em forrar os próprios bolsos. E percebera que, com toda a grandiloquência de Dalio, as negociações que a Bridgewater recomendara ao Banco Mundial eram apenas apostas na queda ou alta das taxas de juros. Todo trader em Wall Street tinha uma opinião sobre isso. Sem ficar convencida de que ali havia alguma vantagem especial, ela retirou o dinheiro do banco da Bridgewater.

Ochoa-Brillembourg ficou surpresa ao saber que outros investidores tinham ficado menos céticos. Para eles, pagar pelo alfa fazia muito sentido, desde que acreditassem que seu gestor de investimentos fosse o melhor e o mais brilhante. Dalio tinha uma boa dianteira para causar essa impressão — afinal de contas, havia anos que ele enviava uma newsletter diária na qual fazia diversas previsões sobre uma variedade estonteante de mercados em todo o mundo. Alguns dos maiores investidores, entre eles a Kodak, apostaram em sua nova ideia com um acumulado de 11 milhões de dólares — soma que não era pequena e servia como um endosso da abordagem da Bridgewater.

Eles tinham posto dinheiro em uma nova invenção de Dalio, um fundo independente chamado de Pure Alpha. O nome tinha um duplo sentido: comunicava com clareza que a Bridgewater estava focada em suas melhores ideias, ou alfa, enquanto também posicionava a empresa como alfa ou líder de seus pares.

Dalio insistia que, ao contrário de retornos de rivais como Soros, seu alfa não vinha da tomada de decisões humana, mas sim de um sistema de investimento que tinha primazia sobre todos os outros.

O Pure Alpha era excepcional. Produziu desempenho positivo de investimentos no primeiro ano, 1991, e nunca mais olhou para trás. Em 1993, quando o mercado de ações estava 7% mais alto, o Pure Alpha chegou a 32%, sem as comissões. Em 1996, subiu 34%, enquanto o mercado cresceu 20%. Importante: em alguns anos, o Pure Alpha superou uma combinação padrão de ações, títulos e outros ativos, e em alguns anos não superou, mas quase nunca perdeu dinheiro de modo direto. O fundo era incrivelmente confiável, tornando-se atraente para investidores que não queriam arriscar muito.

Novos fundos entraram, dobrando os cofres da Bridgewater praticamente todo ano por quase uma década para quase 3 bilhões de dólares em 1999. Alguns dos novos investidores eram intermediários, administradores de fortunas com a tarefa de encontrar os melhores gestores financeiros para seus clientes. A Bridgewater estava com a demanda tão alta que Dalio instruiu sua equipe a recusar dinheiro dos chamados fundos de fundos — ou organizações que reuniam dinheiro de pequenos investidores para investir em grupo. Esse era um mercado inferior, explicava ele aos outros na Bridgewater. Em vez disso, a Bridgewater pegou dinheiro com os grandes investidores institucionais, como os que Dalio havia muito tempo estava cortejando, entre eles entidades de lugares tão distantes quanto a Austrália e o Japão. O diretor de investimentos do maior fundo soberano de Singapura se tornou um defensor fiel.

— Ganhar dinheiro em uma base constante é o Santo Graal, e Ray e a Bridgewater fizeram isso — disse ele posteriormente.

Essa linguagem não era um exagero, já que Dalio afirmava ter descoberto o que chamou de "o Santo Graal dos investimentos". O Graal era uma alteração na máxima de Street: a importância da diversificação. Enquanto Soros fez seu nome, e uma fortuna, em uma grande jogada contra o Banco da Inglaterra, para Dalio, a Bridgewater trabalhava com sucessos menores. Em sua primeira década, apenas metade das vezes o Pure Alpha teve uma performance melhor que o Standard & Poor's 500, um índice que considera diversas ações americanas. Mas Dalio era capaz de dizer, com verdade considerável, que o desempenho de seu fundo era obtido com um risco mais baixo porque ele perdia dinheiro com pouca frequência. Independentemente da performance anual, os investidores podiam ter a certeza de que as negociações se deviam ao conjunto de regras sistematizado da Bridgewater, em vez de qualquer negociação ou previsão únicas do fundador.

— Em comparação com muitos outros gestores de hedge funds, ele tinha uma abordagem muito disciplinada — afirmou o famoso investidor rival Marc Faber, que sempre se reunia com Dalio nessa época.

Dalio destacava a ênfase da empresa em fazer apostas diversas.

— Muitas pessoas acham que a coisa mais importante que você pode fazer é encontrar os melhores investimentos. Isso é importante, mas não há investimento melhor que possa competir com uma coisa como essa — explicava Dalio, em referência ao Graal. — A magia é que você tem que fazer apenas essa coisa simples. A coisa simples é encontrar quinze ou vinte fontes de retorno sem relação entre elas. Coisas não relacionadas que provavelmente vão ganhar dinheiro. Você não tem como saber, mas elas têm uma boa probabilidade de ganhar dinheiro.

Outra vantagem dessa abordagem de semear investimentos era que tornava os pronunciamentos do fundador a respeito dos pontos de vista macroeconômicos um tanto irrelevantes.[2]

Em meio ao crescimento extraordinário do Pure Alpha, o fundador da Bridgewater continuava a dar entrevistas frequentes à imprensa, nas quais identificava quebras iminentes do mercado que nunca aconteciam. Dalio previu um mercado em baixa em 1991; um "período em que o mercado de ações dos Estados Unidos ia explodir" em 1995; "bombas" para a Média Industrial Dow Jones em 1997; e uma "implosão deflacionária" para 1998. Toda vez, ele descartava os erros como uma oportunidade de aprendizado — a Bridgewater era um lugar onde erros eram estimulados porque eles permitiam que a empresa acrescentasse mais dados a seu panorama e refinasse mais suas regras de investimento. Enquanto os erros não atingissem as contas dos clientes — e, basicamente, não atingiram —, atraíam atenção importante para uma empresa em crescimento. Quinze anos depois de seu depoimento equivocado diante do Congresso, Dalio foi de novo convocado pelas pessoas que determinavam políticas. Assessores econômicos do presidente Clinton pediram para serem adicionados à lista de distribuição da pesquisa da Bridgewater.

---

2 Um advogado de Dalio pontuou: "Ao longo do tempo, o sr. Dalio disse muitas coisas que foram consistentes com a maneira como os sistemas da Bridgewater estavam posicionando a empresa".

O secretário do tesouro do governo Clinton, Larry Summers, chamou Dalio para uma consultoria particular.

Se as especificidades dos alertas de Dalio não estavam fazendo dinheiro para a Bridgewater, o que estava? A resposta era um pouco de boa gestão com um pouco de sorte. Honrando o que dizia, Dalio não era o ser supremo que tomava decisões nos investimentos da empresa. Ele confiava em pesquisas rigorosas sobre o que chamava de "sinais", ou indicadores quantitativos, de que um mercado estava fadado a subir ou cair. Se os sinais apontassem para problemas à frente, ou mesmo para incertezas, a Bridgewater vendia ou comprava ativos de acordo com isso — mesmo que os próprios instintos de Dalio pudessem lhe dizer o contrário. Por isso, o que ele afirmava publicamente podia ser uma verdade sua no momento, mas essas opiniões não se traduziam de modo obrigatório no portfólio da Bridgewater. Empregar uma abordagem automatizada e sistemática era, para a época, verdadeiramente original.

Quem também fazia dinheiro para a Bridgewater era Bob Prince. Dalio tinha delegado a maior parte da pesquisa sobre títulos ou renda fixa para seu sócio. Prince fez dos títulos, em especial do Tesouro americano, considerados os mais seguros de todos, um esteio das contas dos clientes da Bridgewater. Esse movimento se revelou presciente e lucrativo. Os títulos do Tesouro tiveram um longo período de performance forte, aumentando dois dígitos em alguns anos, inclusive o ano 2000, quando o mercado de ações teve um desempenho ruim, e as apostas contra a moeda pesaram contra o resto do portfólio da Bridgewater.

Por seu trabalho com títulos, Prince se destacou na equipe de investimento da empresa. Aos poucos, como Prince contou a amigos e colegas, Dalio começou a lhe emprestar dinheiro para comprar uma participação na própria Bridgewater, tornando Prince um sócio minoritário (A Bridgewater disse que esses empréstimos foram feitos pela empresa, não pessoalmente por Dalio, embora, levando-se em conta sua propriedade avassaladora da Bridgewater e seu controle administrativo, a distinção, na época, não fosse muito grande.) O presente se tornou ainda mais valioso após o estouro da bolha das empresas ponto com, quando Dalio, que previu o acontecimento, foi aclamado pela imprensa (poucos repórteres notaram que ele tinha feito o mesmo alerta praticamente todo ano). Para crédito da Bridgewater, o Pure Alpha perdeu apenas 1% no ano 2000 (quando as ações americanas caíram, em média, dois dígitos) e ganhou 9% em 2001, outro ano de baixa para as ações como um todo. Seu reconhecimento muito merecido cresceu. O dinheiro de clientes novos e antigos continuava a entrar, e a empresa cresceu de cem funcionários, mais ou menos, em 2001 para quase o dobro dois anos depois.

Por isso, Dalio ficou cada vez mais rico enquanto muitos dos novos ricos da primeira era da internet estavam perdendo tudo.

Enquanto ele refletia o que fazer com a abundância, pediu às pessoas à sua volta que ajudassem a conceber um produto novo que envolvesse apenas os mercados mais profundos e de negociação mais fácil e que pudesse lidar com o montante de dinheiro que estava chegando a seu caminho. A equipe pensou no que Dalio chamou de uma "abordagem pós-modernista da teoria do portfólio". Tinha sido projetada para permanecer estável, sem intervenção ativa, ao longo de diversos períodos de crescimento e inflação — essencialmente através de todas as condições econômicas possíveis. Dalio o chamou de portfólio All-Weather [Todos os Climas], porque podia conduzir um investidor através de mares revoltos.[3]

Diferentemente do Pure Alpha, que podia apostar em quase qualquer mercado do mundo, o All-Weather era a rigor um conjunto de títulos. A mistura de ativos era 13% em ações e 87% em renda fixa. Também usava alavancagem generosa. O All-Weather obtinha ganhos com renda fixa de retorno relativamente baixo, tomando dinheiro emprestado para aumentar as apostas. O movimento vinha direto do Santo Graal de Dalio, assim como do ex-professor de Prince, em Tulsa, Richard Burgess.

---

[3] Um advogado de Dalio afirmou: "O All-Weather não foi criado com o objetivo de arrecadar dinheiro dos clientes".

A alavancagem, em teoria, era segura desde que fosse usada apenas em investimentos de baixo risco.

O All-Weather continha muito de outra coisa sobre a qual Dalio alertara contra por muito tempo: beta. Os retornos do fundo vinham caso os mercados nos quais ele investia subissem ou descessem, e não de nenhum talento especial para trading da Bridgewater. A empresa comprava ou vendia investimentos apenas para manter a proporção dos diversos ativos mais ou menos no limite (por exemplo, se títulos valorizassem, uma parte era vendida, a fim de evitar que eles se tornassem uma parcela desproporcionalmente grande do portfólio). Os clientes, depois de serem treinados por anos pelo próprio Dalio sobre a importância de buscar o alfa, ficaram quase todos desinteressados; coube a Prince convencer Britt Harris, um amigo que comandava o fundo de pensão da Verizon Investment Management, a investir 200 milhões de dólares no fundo.

Em comparação, Dalio investiu muito mais. Ele afirmou que pôs praticamente todas as economias de sua vida no fundo All-Weather.

Não se soube muito bem o valor exato fora do seu círculo restrito em Westport. Diferentemente de fundos mútuos e de outros veículos de investimentos populares, os hedge funds como os da Bridgewater não tinham obrigação de publicar seu tamanho ou performance — e poucos forneciam essa informação de maneira espontânea.

O mistério aumentou o fascínio do mercado, e uma indústria pequena de publicações especializadas surgiu para tentar descobrir quanto esses traders tinham enriquecido. Em 2003, Dalio fez sua estreia pública na lista de ricos da *Institutional Investor*, um ranking dos gestores de hedge funds mais ricos. Ele entrou no 15º lugar, com uma estimativa de 110 milhões de dólares em ganhos pessoais, graças em grande parte às comissões sobre desempenho que recebeu com o Pure Alpha. O ano seguinte foi ainda melhor; Dalio ganhou 225 milhões de dólares, ficando apenas duas posições abaixo do amigo Paul Tudor Jones, que tanto desdenhara do sistema de investimento de Dalio.

Mesmo assim, Dalio fazia questão de destacar que não estava na área pelo dinheiro. Ele era fascinado pela beleza e pela sofisticação da natureza. Para se divertir, viajava para o Canadá em expedições de pesca e caçava com arco e flecha búfalos-africanos de mil quilos e javalis selvagens. Ele fazia snowboarding em Vermont. A Bridgewater tinha se mudado para uma nova sede: um *campus* discreto erguido sob medida e formado por construções de vidro e pedras de meados do século XX que ficava na floresta ao lado do rio Sagatuck, em Westport, Connecticut. Não parecia grande coisa, e era assim que Dalio dizia gostar. Comentou que detestava carros e mansões vistosos, como as casas de três mil metros quadrados construídas nos lugares de casinhas campestres em Greenwich, cidade onde estava morando.

— Eca — disse ele uma vez a um entrevistador. — Por que não ostentar diamantes também?

Em público, Dalio afirmava buscar um patamar mais elevado que a acumulação bruta de riqueza. O dinheiro era apenas a prova do que seria uma cadeia lógica crucial: as regras de investimento da Bridgewater tinham ajudado a produzir a riqueza de Dalio, por isso podia-se dizer que segui-las levaria à riqueza. Essas regras de investimento eram resultantes da pesquisa econômica da empresa, à qual Dalio atribuía sua tendência a testar, desafiar e corrigir quando necessário. Portanto, o dinheiro provava para Dalio que sua abordagem filosófica funcionava. Um não podia existir sem o outro.

Como os titãs do Vale do Silício que se vestiam de um propósito mais elevado que apenas vender produtos ou aplicativos on-line, o trabalho vital de Dalio começou a parecer mais importante que a gestão de uma empresa de investimentos. Ele tornou a mergulhar nos documentos das pesquisas da Bridgewater, mas agora parecia menos interessado no quebra-cabeça dos mercados que nos padrões de pensamentos que eles revelavam. Ficou consumido pela ideia de reduzir problemas complexos a respostas únicas.

— A maturidade é a habilidade de rejeitar boas alternativas — dizia ele com frequência para Prince. — Se perseguir todas, nunca vai ter o que é necessário para dominar qualquer uma delas.

Quando o editor da newsletter da Bridgewater apresentava os rascunhos diários a serem examinados, Dalio lhe pedia que deixasse os papéis de lado conforme ditava novas notas.

— Qual é nossa filosofia? Quais são nossos valores essenciais? — perguntava Dalio.

Depois de algumas conversas, o editor acabou produzindo um texto com a filosofia do fundador, que se reduzia a valorizar a habilidade de ter discussões sem medo de ressentimentos. O documento tinha cerca de cinco páginas — o bastante, achou o editor, para transmitir a mensagem geral.

Dalio sempre falava sobre se afastar da gestão diária da Bridgewater o mais rápido possível. No fim de 2005, anunciou que esperava encerrar quase todos os seus papéis executivos e renunciar ao cargo de CEO.

Prince se considerava mais um igual que um sucessor — ele não estava interessado em assumir a presidência —, mas também era um dos que acreditavam na abordagem de Dalio.

— No início, achei que fosse seu jeito, porque ele é italiano, e toda essa coisa aberta e direta fosse apenas uma racionalização de sua personalidade — falou Prince a colegas. — Mas, com o passar do tempo, entendi o mérito do argumento e acredito que ele é essencial para o sucesso.

Em documentos entregues aos novos funcionários da Bridgewater, os dois homens comparavam trabalhar na empresa com servir às Forças Armadas. Dalio dizia para os novos contratados:

— Imagine, no meio de uma guerra, que um general está em busca da opinião de seus tenentes sobre a batalha à frente, mas também precisa discutir se o próprio modo de falar é "apropriado". Agora o mesmo general quer a opinião de seus tenentes sobre sua liderança em batalhas anteriores. Imagine como seria desanimador para os tenentes se, em vez de responder às críticas, o general reclamasse sobre o estilo de discurso dos demais.

Prince tinha uma fala semelhante para os recrutas da Bridgewater:

— Na guerra, o inimigo, o aliado e as consequências são claros. Imagine se você mandasse outro soldado cobri-lo enquanto você atacava o inimigo, mas ele se esquecesse. Balas iam zunir sobre sua cabeça ao pular de volta à trincheira. Você elaboraria uma pergunta bem cuidadosa para saber por que o soldado não cobriu você? Claro que não. Você diria isso para ele de forma simples e direta. E é o que eles querem de você. Não podemos ser diferentes se quisermos alcançar aquilo do que somos capazes e sobreviver nessa batalha em que todas as outras pessoas fracassam.

Muitas batalhas estavam por vir.

5

Causa raiz

Tap. Espasmo. *Tap*. Espasmo. *Tap*. Espasmo.

Conforme os ruídos distantes se aproximavam, Britt Harris se esforçava para não desmoronar. Cada som parecia causar uma reação involuntária. O pulso de Harris se acelerou, o rosto enrubesceu, e gotas de suor começaram a escorrer da testa sobre a bagunça de papéis reunidos à sua frente.

Robusto, calvo e com 46 anos, Harris devia estar no auge da carreira. Um homem religioso, filho de um pastor batista, com uma Bíblia surrada em seu escritório, achou que chegara ao seu destino. Devia estar administrando aquele lugar. Em vez disso, tinha se transformado em uma poça.

Depois do que pareceu uma eternidade, os ruídos chegaram à porta. A dobradiça rangeu, e Ray Dalio entrou na sala, desajeitado e barulhento. A parte inferior de seu corpo estava engessada, cortesia de uma lesão no quadril que tinha ocorrido, conforme ele contou aos subordinados, ao atravessar um rio algumas semanas antes, em férias no México. Dalio puxou uma cadeira, se jogou sobre ela e gesticulou para Harris.

— Estou aqui só para assistir.

Contratar Harris tinha sido ideia de Dalio. A Bridgewater era oficialmente um gigante: os 55 bilhões de dólares em ativos sob sua gestão em 2003 tinham quase dobrado para 101 bilhões apenas um ano depois. Dalio não podia mais gerir a empresa sozinho enquanto permanecia em cima dos mercados. E não procurou longe por ajuda. Harris, amigo próximo de Bob Prince e um grande cliente, administrava a Verizon Investment

Management, o segundo maior fundo de pensão dos Estados Unidos. Quando o All-Weather fora lançado, ele tinha sido o único disposto a botar o dinheiro dos aposentados no produto da Bridgewater quando muitos outros deixaram passar a oportunidade. Que sinal maior de sabedoria podia haver?

— Nós na Bridgewater Associates trabalhamos com Britt por muitos anos e desenvolvemos enorme respeito por suas habilidades — falou Dalio ao anunciar a contratação.

Uma mensagem diferente esperava por Harris quando ele apareceu para trabalhar na Bridgewater no fim de 2004. Em um de seus primeiros dias, Dalio lhe comunicou:

— Você não é o CEO.

Não, pelo menos, na prática. Dalio permanecia como presidente, diretor de investimentos e chefe do poderoso comitê de gestão da empresa — com controle à prova de vetos sobre as principais decisões no hedge fund. Harris podia participar de reuniões, mas teria de trabalhar para escalar os níveis de poder — para "encontrar sua caixa", como disse Dalio. Ele colocou Harris em uma posição baixa na área de serviços aos clientes, supervisionando o departamento de marketing. Esse não era um grande cargo. A empresa tinha uma regra que proibia qualquer pessoa além de Dalio de falar com a imprensa. A Bridgewater não precisava nem queria muita publicidade.

Para os clientes, talvez o ponto de contato mais eficaz fosse o próprio Dalio, que estava dominando as finanças dos mais ricos do mundo. Ele revelou a um executivo da Bridgewater que recentemente cortejara o diretor do fundo soberano de Abu Dhabi, levando-o em expedições de caça na Nova Inglaterra e ajudando-o a escolher ternos na Savile Row, em Londres. Bilhões de dólares em investimentos se seguiram. Isso foi parte das muitas viagens de Dalio pelo mundo: da Califórnia, onde o maior sistema de aposentadoria de funcionários públicos dos Estados Unidos se tornou cliente da Bridgewater, até a Noruega, a Suécia e a Holanda, com seus grandes fundos afiliados ao governo. O tamanho da conta média aumentou para quase 400 milhões de dólares. O Pure Alpha, o fundo principal, se tornou um produto escasso. Dalio continuava a abri-lo e fechá-lo para novos investimentos periodicamente, dizendo que o fundo não tinha como lidar com mais dinheiro, uma estratégia de venda que também fez com que o produto parecesse ser mais atraente e raro. Aos clientes que queriam investir mais dinheiro, a empresa dizia que o Pure Alpha estava fechado, mas o All-Weather estava aberto.

Harris se esforçou de verdade em seu emprego no marketing. Quando começou, perto do Ano-Novo, tentou uma ideia um tanto comum que empregara na Verizon: pediu que todo mundo que trabalhava no serviço a clientes contribuísse com um relatório estratégico sobre o que precisava ser melhorado nos meses seguintes. Duas semanas depois, o relatório ficou pronto, e Harris convidou todos para um churrasco comemorativo enquanto eles repassavam as descobertas. Tudo parecia estar correndo sem percalços.

Por isso, Harris ficou chocado quando abriu em seu Blackberry o e-mail de um funcionário menos graduado, Charles Korchinski, alguém a quem Harris nem sabia se fora apresentado. Toda a equipe de gestão da Bridgewater, inclusive Dalio, estava copiada no e-mail. "Um pouco de feedback", começava Korchinski. Foi muito bom comer costeletas no almoço, escrevera, mas todo o exercício tinha sido desgovernado. A equipe mal tinha entrado no novo ano, e metade dela já estava com burnout. Alguns tinham virado a noite para terminar o relatório e reformatar as páginas para ficarem como Harris queria. Nenhum deles sabia o objetivo desse exercício — e, de qualquer forma, eles não deviam gastar seu tempo perguntando aos clientes sobre suas ideias, em vez de uns aos outros? As comportas se abriram. Outros na equipe também intervieram, com as próprias reclamações. Dalio foi falar com Harris.

— O que você tem a dizer em relação a isso, Britt?

O que Britt tinha a dizer, confidenciou ele a um colega, levantando a voz, era:

— Quem afinal é Charles Korchinski?

Harris não tinha como saber, mas estava estrelando a história de origem do que alguns na Bridgewater chamaram de "ciclo da comissão de gestão". Um recém-chegado era contratado com alarde para a comissão de gestão da empresa, no que parecia ser um papel importante. Em poucos dias, geralmente pediam à pessoa que fizesse uma tarefa básica fora de sua especialização habitual, com instruções "simples e diretas", como Dalio e Prince diriam. Depois de um período adequado de fracasso, Dalio questionava a pessoa por suas falhas em público (esse passo podia se repetir várias vezes). Cedo ou tarde, o novo contratado acabava indo embora, e o membro seguinte da comissão de gestão era apresentado. Dentro do hedge fund, Dalio descrevia esse processo como natural — e um jeito para afastar quem era impróprio para a Bridgewater. Ele estava aplicando essa abordagem às regras de investimento — testando o que funcionava e jogando fora o que não funcionava — e aos recursos humanos.

O ciclo da comissão de gestão não demorou muito para percorrer seu caminho com Britt Harris. Apenas algumas semanas depois de começar o trabalho, ele ficou doente e tirou várias licenças prolongadas. Por diversas semanas, não dormiu uma noite sequer, um período que mais tarde descreveu como "o inferno na Terra". Nos dias em que ele aparecia, estava pálido, quase sempre calado, alquebrado, tal como a planta em seu escritório, que aos poucos ficava marrom por falta de atenção. A equipe da Bridgewater começou a apostar quem sobreviveria por mais tempo: a planta ou o chefe.

Pensamentos similares passavam pela mente de Harris. Seu pai tinha morrido aos 53 anos, e Harry dizia aos colegas que temia seguir um caminho ainda mais rápido. Menos de um ano após entrar na empresa, o CEO da Bridgewater Associates pediu demissão.

— Em um clássico da transparência total — recordou Harris —, Ray me pediu que falasse com toda a equipe da Bridgewater antes que eu fosse embora… Alguns segundos dos quais nunca vou me esquecer. Nada podia ter sido mais difícil para um homem naquela condição.

Anos mais tarde, ele diria que esse colapso estava ligado a fatores além do trabalho. Revelou que, além de sua esposa, ninguém lhe dera mais apoio que Dalio, concluindo que a ordem final do fundador da Bridgewater para ele tinha sido "um ato de ignorância combinado com uma devoção à transparência que ia longe demais".

Publicamente, Dalio emitiu uma declaração que dizia: "Depois de seis meses de reflexão, Britt decidiu que isso não era para ele".

Harris foi de Westport direto para um tratamento intensivo de depressão.

Depois de aprender e dominar, em sua visão, como montar um conjunto de regras de investimento, Dalio resolveu fazer a mesma coisa para a gestão.

Como dizia às pessoas à sua volta, ele tinha aprendido duas lições rápidas com a experiência com Britt Harris. Uma era que o sistema de gestão da Bridgewater em geral funcionava. O hedge fund tinha digerido, e cuspido, uma contratação inadequada. A segunda lição foi que a Bridgewater precisava fazer um trabalho melhor na contratação das pessoas certas e ajustá-las à sua velocidade. Essa tarefa foi atribuída à executiva em ascensão Katina Stefanova: desenvolver um programa de treinamento para as centenas de novos funcionários.

Começando em 2006, Stefanova treinou cada turma que chegava a fim de modelar seu comportamento de acordo com o do fundador da empresa. Da mesma forma que Dalio tinha reduzido suas centenas de regras de investimento aos 5% mais importantes, os funcionários também deviam ter um olhar crítico sobre como a empresa era controlada. Ela resumiu a mentalidade da Bridgewater com uma das frases frequentemente usadas por Dalio: "Prove a sopa". Todos deviam se imaginar como o chef responsável pela comida que saía da cozinha.

— Um bom gestor tem que fazer a mesma coisa — afirmava o fundador.

Quando funcionários indicavam imperfeições, eram orientados a marcar o momento no "registro de problemas", um sistema interno visível para todos que acompanhava todas as reclamações, grandes e pequenas.

Embora o sistema pedisse às pessoas que, além de anotar as queixas, também as avaliassem em uma escala de severidade de um a cinco, o efeito prático foi que qualquer questão era um problema, e todos os problemas precisavam ser solucionados.

— Ninguém tem o direito de guardar uma opinião crítica sem falar sobre ela — dizia Stefanova aos recém-chegados, tomando emprestada outra das frases de Dalio: — Não tolere a desonestidade.

Por isso, à medida que a Bridgewater crescia, a empresa começou a focar em problemas cada vez menores.

Os funcionários consultavam o registro de problemas constantemente, ávidos para saber quem e o que na organização estava sendo exposto. Cada anotação no registro identificava quem tinha reclamado, assim como quem tinha cometido a ofensa ou, como Dalio chamava, "a parte responsável", ou PR. A melhor maneira de obter a atenção de seus pares era amontoar reclamações novas sobre uma PR existente.

Depois que a PR era identificada, o passo seguinte era investigar a "causa raiz". Dalio citava com frequência o exemplo hipotético da pessoa que perdia a partida de um trem. A razão provável para o erro pode ter sido que a pessoa não verificou os horários dos trens; a causa raiz era que a pessoa era esquecida. Dalio tinha pouca paciência para a ideia de que erros da equipe da Bridgewater pudessem ser simples equívocos momentâneos de julgamento. Cada erro não era nada menos que um referendo sobre a pessoa que o cometia.

O registro de problemas prosperou. Dalio acrescentou a exigência que toda pessoa na empresa anotasse um número mínimo de queixas por semana (dez ou vinte em diversos momentos) ou seu bônus seria cortado. Se algo desse errado e não tivesse previamente sido exposto no sistema, todos que soubessem do incidente e deveriam tê-lo notificado anteriormente eram penalizados com avaliações baixas.

Contam que um funcionário certa vez saiu do banheiro do escritório e descobriu que tinha sido denunciado por alguém por não ter lavado as mãos. Ele teve de responder pela causa raiz de sua decisão.

Outro novo associado da Bridgewater, recém-saído de Harvard, reclamou das ervilhas murchas do bufê de saladas do refeitório. Dalio viu a publicação e cobrou soluções da nova diretora de operações. Ela, então, respondeu:

— Isso é ridículo. Não devo perder meu tempo com isso.

Dalio discordou, afirmando que não havia algo como um problema pequeno na Bridgewater.

Quase todos na Bridgewater notaram que pouco depois as ervilhas estavam sempre imaculadas.

Não apenas os funcionários menos graduados estavam fazendo reclamações. Prince fazia reclamações e, às vezes, ia além disso. Certo entardecer, depois das horas populares para consumo de cafeína, disparou um e-mail para todos os funcionários:

De: Bob Prince
Enviado: Quarta-feira, 7 de junho de 2006, 17h23
Para: Bridgewater
Assunto: A cafeteira

Em geral, das quatros vezes em que vou pegar uma xícara de café, em uma delas a cafeteira está vazia. Quando isso acontece, gasto um minuto para enchê-la. Considerando que um bule contém cerca de 36 xícaras, eu deveria encontrar a cafeteira vazia apenas uma vez em 36. Se eu for um bebedor moderado de café (eu sou), minhas chances deveriam ser ainda menores. O que deve estar acontecendo é que muitas pessoas estão se deparando com a mesma cafeteira vazia antes de mim e a deixam vazia para ser enchida por outra pessoa.

Isso é apenas questão de fazer a coisa certa sem penalidades ou recompensa associadas. O mesmo princípio se aplica a muitas coisas dentro e fora do trabalho, é claro.

Não houve muitas reclamações sobre o café depois disso.

* * *

O princípio de Prince não resistiu muito tempo.

Conforme se espalhou a notícia de que Dalio frequentemente checava o registro de problemas, surgiu um problema de escassez de motivos. Além disso, o número de reclamações possíveis sobre o refeitório era limitado, então, nas reuniões mais importantes e com muitos participantes, começaram a mencionar o risco de que diversos indivíduos registrassem a mesma questão. Isso diluía o mérito de levantar a bandeira de qualquer problema. A solução foi inspecionar os colegas mais próximos no momento em que ninguém estivesse fazendo isso. Uma gestora recém-promovida levou essa abordagem ao extremo. Seu trabalho incluía supervisionar as secretárias, e ela começou a ouvir suas ligações e a anotar quando elas não estavam a suas mesas. Uma a uma, as secretárias começaram a se demitir. Conforme as mesas ficavam vazias, o registro de problemas se encheu de súplicas para encontrarem a PR. Vários níveis de gestão passaram a investigar os subordinados para determinar quem era o responsável pelo distúrbio nos escalões inferiores.

Dalio viu os registros e entrevistou a nova gerente, tomando notas enquanto ela falava. No fim, Dalio diagnosticou o problema aparente. Era ele mesmo, que não tinha sido claro o bastante sobre a estrutura de seu trabalho. Tudo se reduzia, explicava, a princípios. Seus princípios de investimento estavam nitidamente funcionando. Aqueles relacionados à gestão e à cultura da empresa precisavam ser trabalhados. Ele enviou um e-mail a todos com algumas ideias iniciais.

O e-mail foi, para dizer o mínimo, uma bagunça. Dalio copiara diversos e-mails de subordinados reclamando uns sobre os outros e os colou em um documento do Microsoft Word. Várias linhas foram ampliadas ou reduzidas, todas com formatações e cores diferentes. Dalio entremeava tudo com os próprios comentários, em grande parte frases incompletas. A maioria das pessoas ignorou o e-mail de Dalio. Prince disse a um colega que aqueles eram os "princípios de Ray" — a opinião de um único homem, pouca coisa mais.

Dalio não sossegou. Agora com 50 e muitos anos, nesse momento refletiu sobre sua vida e escreveu para a empresa: "Então, o que é sucesso? Não é nada mais que obter o que você deseja".

Ele buscava uma coisa que devia parecer muito óbvia, ainda assim era desesperadamente difícil de conseguir. Era preciso que todos ao seu redor agissem como ele agiria. Mas, como o fundador afirmava com frequência aos subordinados, algo que o irritava era que, toda vez que olhava em uma direção, um zumbido parecia zunir no outro ouvido. Simplesmente não era possível confiar que as pessoas fizessem a coisa certa.

O registro de problemas era útil, mas não era a resposta completa. Ele olhava inerentemente para trás, relatando o que já tinha se tornado problema. A Bridgewater precisava de um manual de conduta atual, para prevenir comportamentos medíocres. Dalio começou a circular rascunhos de ideias.

— Então, acredito que haja uma beleza incrível nos erros porque, dentro de cada erro, há um quebra-cabeça e, se o solucionar, há tesouros a serem obtidos. Se reconhecer que cada erro é provavelmente o reflexo de algo que você ou os outros não entendem sobre como se relacionar com o mundo do jeito que ele é, e você descobre o que é isso, então obtém uma ou mais joias preciosas, ou o que chamo de princípios — escreveu aos funcionários.

Esses princípios se transformaram em Os Princípios, conceito que ao longo da década seguinte ia se tornar sinônimo de Dalio e da Bridgewater em todo o mundo. Trabalhar nessa nova lista animou Dalio. Parte dos princípios vinha lentamente; outros, de uma só vez. Ele reservava tempo em seu dia para pensar em novos, e o pessoal recém-contratado o ajudava nisso. Os Princípios aumentaram de aproximadamente dez para dezenas, então mais de duzentos, alguns com um parágrafo ou mais de extensão. E prometiam nada menos que o aperfeiçoamento pessoal, alcançado por meio de combate rigoroso contra seus instintos menos do que excelentes.

* * *

Muitos na Bridgewater amavam Os Princípios, que para alguns pareciam a extensão natural do sistema de investimentos com base em regras de Dalio, agora aplicado além da mera gestão de capital. Todos teriam uma chance de absorver parte do sucesso do fundador e de se moldarem inspirados no astro entre eles. Incomodava a poucos que a doutrina movendo Os Princípios fosse o conflito como a chave do sucesso. Por isso, fazia certo sentido, em especial em uma empresa de investimentos na qual uma aposta errada podia custar dinheiro, que algumas das enfermidades da vida pudessem ser evitadas lidando com desavenças para obter as melhores respostas possíveis. Como Dalio falou em uma versão anterior dos Princípios, "As pessoas da Bridgewater precisam valorizar tanto uma verdade a ponto de estarem dispostas a se humilharem para obtê-la".

Dalio disse:

— Sei que sou bem radical nessas crenças. Por exemplo, como um hiper-realista, tenho um sentido do bem e do mal que não é tradicional. Acredito que ser bom significa operar de forma consistente com as leis naturais.

O tema da ordem natural percorria Os Princípios. Dalio incluiu em um rascunho uma frase erroneamente atribuída a Darwin: "Não é o mais forte da espécie que sobrevive, nem o mais inteligente. É o mais adaptável à mudança". E o fundador prosseguiu:

> Por exemplo, quando um bando de hienas abate um jovem gnu, isso é bom ou mau? À primeira vista, pode não ser "bom" porque parece cruel, e o pobre gnu sofre e morre. Algumas pessoas podem até dizer que as hienas são más. Entretanto, esse tipo de comportamento aparentemente "cruel" existe em todo o reino animal. Da mesma forma que a própria morte, ele é integrante do sistema enormemente complexo e eficiente que funciona desde os primórdios da vida...
>
> Em tese, se você jogar um sapo em uma panela de água fervente, ele salta de imediato para fora. Mas se puser um sapo em água à temperatura ambiente e aquecê-la aos poucos até a fervura, o sapo vai ficar na panela e

morrer cozido, refletindo o princípio de que mudanças graduais são muito menos propensas a serem percebidas que mudanças abruptas.

Nunca diga algo sobre uma pessoa que não diria diretamente para ela. Se você faz isso, é um verme repulsivo.

Então, uma nota de rodapé:

A dor pode ser tão recompensadora quanto o prazer, embora, por definição, seja menos agradável.

Os Princípios continham seu próprio léxico. Dalio os chamava de "nossa linguagem comum". Para quem estava fora, eles pareceriam quase impenetráveis. Havia "provar a sopa", ou subdividir uma tarefa em suas partes. "Fazer dobrado" era ter duas pessoas fazendo a mesma tarefa. Se surgissem problemas, esperava-se que um gerente "diagnosticasse" a provável razão e então "investigasse" subordinados para encontrar a causa raiz. Depois da investigação, dizia-se daqueles que não serviam para seus papéis que eles "perdiam sua caixa" e entravam em um período de limbo no qual esperava-se que encontrassem uma nova função dentro da organização. Se isso desse certo, a jornada terminava quando se chegava "ao outro lado". Do contrário, o funcionário seria "separado" — ou demitido.

Muitos dos Princípios impunham uma doutrina sobre como decidir quem separar e em quais caixas.

Sem dúvida, não queremos pessoas que valorizem ganhar dinheiro acima de todas as outras coisas para trabalhar na Bridgewater porque acreditamos que fazer isso é inconsistente com o enriquecimento total (ou seja, incluindo todas as formas de recompensa) das pessoas que trabalham na Bridgewater: a Bridgewater como uma empresa, nossos clientes e nossa indústria.

Nem todas as opiniões são igualmente valiosas, então não as tratem como tal. Quase todo mundo tem uma opinião, mas elas não são igualmente valiosas. Muitas não valem nada, ou são mesmo nocivas. Então não é lógico tratá-las como igualmente valiosas. Por exemplo, as opiniões de pessoas sem nenhum histórico ou experiência não são iguais às opiniões de pessoas com grande histórico e experiência.

Uma sondagem é o processo por meio do qual você e seu grupo obtêm uma compreensão profunda o bastante dos problemas em uma área [...] A sondagem é uma forma de investigação, embora seja mais ampla e mais profunda. Bem-feita, deve proporcionar a você quase toda a informação necessária em aproximadamente cinco horas de esforço.

As qualidades mais importantes para diagnosticar problemas com sucesso são a lógica e a disposição para superar barreiras de ego (em você mesmo e nos outros) a fim de obter a verdade.

Uma nota de rodapé:

Ter a verdade do seu lado é tão poderoso de tantas maneiras que acredito ser melhor ter uma fé cega nela que ser hábil em relação a como usá-la.

Constantemente entre em sincronia: entrar em sintonia é o processo de lutar pela verdade [...] Não acredite quando alguém flagrado sendo desonesto diz que viu a luz e nunca mais vai fazer esse tipo de coisa. As chances é que ele vai fazer de novo.

Conforme forem usados, os "princípios de Ray" não apenas serão compreendidos, mas vão evoluir para "nossos princípios", e Ray vai desaparecer do quadro.

Ao longo de 2006 e 2007, Dalio solicitou feedback dos outros na Bridgewater sobre suas descobertas e ficou satisfeito.

— Não houve quase nenhuma discordância sobre a validade desses princípios por pessoas que os examinaram — anunciou ele posteriormente. — Não é necessário explicitar que vocês devem se sentir livres para desafiar tudo o que digo.

Poucos faziam isso de maneira relevante, segundo gerações de funcionários da Bridgewater. Questionar Os Princípios não era apenas questionar as ideias de Dalio, mas seu próprio case de sucesso. Dalio chamava as orientações de tijolos que formavam a máquina de investimento da Bridgewater, e quem podia dizer que não eram? Embora até alguns de seus colegas mais próximos dissessem reservadamente que Os Princípios, sozinhos, pareciam um pouco esquisitos, no todo pareciam sensatos quando vistos como parte de um caminho amplo para o crescimento pessoal.

E Os Princípios se propagaram de forma tão lenta que ninguém podia identificar um único momento em que se tornaram radicais.

Em pouco tempo, a empresa se dividiu, *grosso modo*, entre os que viam Os Princípios como um discurso filosófico interessante, e aqueles que os consideravam um cânone. Entre os primeiros, estava a maior parte da equipe de investimentos da empresa, para quem o novo livro de regras tinha pouco impacto em suas vidas no dia a dia. Os Princípios não diziam a eles que economias no mundo teriam um desempenho melhor que as outras, nem como negociar moedas. Essas ideias podem tê-los estimulado a alguns debates, mas um investimento não lucrativo não podia ser mudado por meio dos Princípios.

Para outros na Bridgewater, em especial aqueles sem responsabilidade clara pelos ganhos ou perdas no trading do dia a dia, Os Princípios eram um evangelho. Decoravam as ideias e citavam frases específicas sem anotações. Codificaram a linguagem, constantemente falando sobre a necessidade de "entrar em sincronia" conjunta. Esses funcionários passaram a ser conhecidos pelos outros por um nome: os principialistas.

Todos na Bridgewater podiam identificar o chefe dos principialistas, pois ele andava por toda parte com um caderno de espiral com Os Princípios.

6

A grande crise

Greg Jensen era o garoto de ouro de Dalio. Em meados de 2007, ele era amplamente visto como o primeiro na linha de sucessão do fundador da Bridgewater.

Condizente com sua posição, a origem de Jensen era tão modesta quanto a de seu mentor. Havia crescido no norte do estado de Nova York, em Niskayuna, um subúrbio de classe média de Schenectady, perto da capital estadual, Albany. Jensen tinha sobrancelhas grossas e escuras que, mesmo na juventude, já envelheciam seu rosto quadrado. Ele era o tipo de aluno reservado no Ensino Médio que não deixava uma grande impressão — não era um solitário nem um astro dos esportes. Tinha uma namorada e a tendência esquisita de contar piadas internas que não tinham a menor graça fora de seu modesto círculo de amigos. No anuário de seu último ano, ele foi listado em "Fotos não disponíveis".

A Niskayuna High School não enviava muitos alunos para as melhores universidades, mas Jensen teve boas notas em diversas matérias avançadas e foi aceito em Dartmouth. Ele se saiu muito bem no rigoroso curso de Economia e Matemática Aplicada. Também desabrochou socialmente.

Jensen entrou para uma fraternidade, a Zeta Psi, e morou em sua casa de tijolos amarelos e colunas brancas na área de fraternidades de Dartmouth. A Zete, como a chamavam, era um lugar que recebia os caras descolados, embora sua reputação fosse mais extensa. No segundo ano de Jensen, durante a temporada de recrutamento, quando novos alunos tentavam entrar para várias fraternidades e irmandades, um grupo anônimo de estudantes ativistas se espalhou pelo *campus* colando cartazes com a reputação de cada uma delas. Um cartaz, de autoria do presidente da fraternidade, dizia: "Corra para a Zete, onde não deixamos que nossos bêbados mulherengos afetem nossa imagem de caras sensíveis, ou vice-versa".

Jensen foi eleito presidente da fraternidade. Na maior parte das noites, ele podia ser encontrado no porão da Zete, onde havia uma mesa de pingue-pongue — às vezes duas — apoiada sobre latas de lixo de plástico que funcionavam como pernas. Um ralo no chão escoava os restos de Budweiser e Milwaukee's Best, as cervejas favoritas da casa. Além de obrigações formais como consertar a porta da frente e manter a geladeira de barris de cerveja em funcionamento, ele agia como um capitão social não oficial. Com alguma frequência, um companheiro descia até o porão e encontrava Jensen conversando com um pequeno grupo. Se o recém-chegado recusasse um convite para se juntar, Jensen se oferecia para tomar uma cerveja com ele a fim de mantê-lo a par das coisas.

Ao contrário de alguns dos companheiros da Zete, Jensen limitava suas amizades à fraternidade. As pessoas que o conheceram se lembram de que, por vezes, ele era rude com membros que desenvolviam interesses fora dali. Durante seu último ano, ele se aproximou dos novos recrutas muito mais novos que ele. Essa mentalidade de "nós contra eles" seria útil anos depois na Bridgewater.

Jensen ainda cedo encarou um teste de liderança quando um Zete contou que era gay e que planejava pendurar uma bandeira arco-íris em sua janela. Cerca de metade da fraternidade achava que a bandeira devia ser colocada, raciocinando que eles deveriam priorizar os desejos do companheiro. Jensen discordou. A bandeira arco-íris era prejudicial à instituição, explicou aos demais. Jensen não tinha nenhuma objeção a receber um companheiro gay na fraternidade, mas não queria ser visto como membro de uma fraternidade gay. A bandeira nunca foi pendurada.

Vários companheiros de Jensen foram trabalhar para a Bridgewater depois de se formarem. Por isso, quando ele os seguiu como estagiário, não foi surpresa. Ele começou na frenética divisão de trading, que tinha amadurecido pouco desde o tempo de Prince nos primeiros dias da empresa. Apenas completar as negociações era uma luta, pois havia cada vez mais contas de clientes para atender. Antes do fim do verão, o estagiário estava criticando seus colegas mais experientes.

— Você tem que ser como o McDonald's, estar preparado a qualquer momento para qualquer pedido que chegue — disse ele uma vez.

A disposição de Jensen de se manifestar impressionou Dalio, e ele foi contratado em tempo integral.

Dalio simpatizou com o jovem Jensen, e talvez ele preenchesse um vazio na vida do chefe. Embora Ray e Barbara tivessem quatro filhos, nenhum demonstrava sinais de compartilhar o interesse do pai por finanças. O mais velho, Devon, era um atleta nato e um bom jogador amador de pingue-pongue na juventude. Em uma história contada posteriormente para um funcionário da Bridgewater que foi muito repetida dentro da empresa, Dalio certa vez chamou o adolescente Devon para jogar pingue-pongue em uma festa com ele e seus amigos. Devon, que era a pessoa mais jovem por uma geração de diferença, superou com facilidade a competição. Então o pai lhe ofereceu jogar outra partida valendo 5 dólares. Quando Devon ganhou, Dalio o desafiou a apostar o dobro ou nada: 10 pela partida seguinte. Depois, houve um desafio de 20, depois um de 40 e assim por diante. Depois de uma dúzia de partidas, Devon, aparentemente exausto, enfim perdeu. O jovem chorou, na frente do pai e dos amigos, mas, segundo a história, Dalio não deixou o filho jogar outra partida para recuperar o que tinha perdido. Essa foi uma lição sobre o valor do dinheiro, explicou o pai.

Os outros filhos formavam um grupo eclético. Um deles, Matt, aos 11 anos foi mandado para morar com um amigo da família na China por doze meses. Outro, Mark, estava mais interessado em ciência ambiental que em investimentos. Outro filho, Paul, era bipolar e maníaco-depressivo, e passou anos em tratamento. A família Dalio posteriormente ajudou a financiar um filme, escrito e dirigido por Paul e estrelado por Katie Holmes, baseado em sua experiência. Enquanto falava com a plateia antes de uma exibição em Connecticut, Paul Dalio contou uma história de sua infância: nas manhãs de Natal, quando os filhos davam ao pai um presente, o fundador da Bridgewater lhes dizia na mesma hora se tinha sido uma escolha boa ou ruim. Se fosse ruim, Dalio detalhava por que ela era equivocada.

Greg Jensen iria se tornar basicamente o quinto filho de Dalio, além de seu papel formal como o chefe de pesquisas do hedge fund, o principal parceiro em investimentos do fundador.

Jensen logo assumiu a responsabilidade de suavizar as arestas ásperas do chefe. Depois de reuniões, ele traduzia para novos funcionários o que as instruções de Dalio significavam, e os treinava sobre como usar as expressões favoritas do fundador. Em 2006, Dalio levou Jensen a uma importante viagem de negócios para Beijing, a fim de apresentá-lo a alguns dos clientes mais valiosos da Bridgewater. Dalio deu a Jensen um exemplar de um de seus livros favoritos, *O herói de mil faces*, do falecido professor americano Joseph Campbell. Disse que os dois estavam em jornadas semelhantes às dos heróis estudados por Campbell — cheias de desafios, batalhas, tentações, sucessos e fracassos.

O jovem logo foi promovido para o comitê de gestão da Bridgewater. Jensen foi um dos primeiros a aplicar as rígidas instruções dos Princípios em seu trabalho. Como chefe de pesquisa, ele percebeu um declínio constante na qualidade das notas econômicas diárias do hedge fund — as mesmas que tinham ajudado Dalio a impressionar clientes e a mídia tantos anos antes. Os insights eram velhos, e os rascunhos eram entregues tardiamente pelos analistas. A solução, anunciou Jensen, foi encontrada nos Princípios. Tomando emprestada uma frase do manifesto, ele conduziu diversas entrevistas rigorosas de "sondagens" com todos no departamento de trading. Ele teve ideias, como um botão vermelho em todas as mesas, para ser apertado pelos funcionários quando detectassem um erro, a fim de acompanhar melhor quando os erros eram cometidos nas negociações ou na elaboração do *Daily Observations*. Em outra empresa, isso poderia ser visto como o trabalho comum de um gestor ajudando a resolver problemas com sua equipe. Jensen, porém, não queria saber de levar créditos. Ele dizia aos colegas que o crédito era de Dalio e dos Princípios.

Não era apenas o departamento de Jensen que precisava de ajuda. Depois de seu sucesso inicial monstruoso no novo milênio, o Pure Alpha mal se mantinha no verde em 2005 e 2006. Dalio estava, como sempre, pessimista em relação ao futuro. Ele dizia aos clientes que o indicador interno de crise da empresa, uma medida das ameaças à economia, estava próximo de uma alta recorde. Os estadunidenses estavam fazendo dívidas demais, em especial para comprar imóveis residenciais. Ele recomendou tirar dinheiro de ações e investir em ouro. Também via em declínio economias ocidentais sólidas, em especial na Europa, por isso apostou contra o euro em 2005 e 2006. Gostava da área de mercados emergentes, em que via a China e a Índia em ascensão. Essas economias em crescimento criariam nova demanda por petróleo — Dalio comparava a situação a sugar com força um canudinho que não podia mais sugar nada —, e previu que o preço do petróleo passaria de 100 dólares por barril no fim de 2006. Na verdade, o euro subiu 11% em 2006, e sua performance superou a da Média Industrial Dow Jones. O preço do petróleo se manteve estável naquele ano, assim como o Pure Alpha. Aparentemente, a perspicácia de Dalio para investimentos não era infalível.

Seu pessimismo persistente se tornou fonte de provocação nas fileiras da Bridgewater. Parag Shah, o chefe de marketing da empresa, certa vez abriu uma reunião com uma piada familiar demais para ser confortável:

— Ele previu quinze das últimas zero recessões.

Dalio não riu.

O período de baixa ocorreu em um momento estranho, chegando depois que a Bridgewater tinha levantado muito capital novo. A empresa cresceu, de 33 bilhões de dólares sob gestão em 2001 para 167 bilhões em 2005. Como a Bridgewater recebia uma taxa anual de até 2% sobre os ativos que administrava, independentemente da performance dos investimentos, os principais executivos da empresa recebiam pagamentos mais altos conforme os cofres do fundo se expandiam.

Só em 2006, Dalio ganhou 350 milhões de dólares. O montante era notável o suficiente para que, em maio do ano seguinte, o telefone da Bridgewater tocasse com uma ligação do repórter do *The New York Times* David Leonhardt. O repórter nunca falara com Dalio, mas agora tinha perguntas para o homem que estava fazendo tanto dinheiro para si mesmo, embora não tanto percentualmente para seus clientes. A ligação passou por diversos intermediários até que, por fim, chegou a Dalio.

Enquanto Shah escutava ao lado, Dalio explicou para Leonhardt que ele devia estar entendendo errado a estratégia de investimento da empresa. A Bridgewater não se propunha a ser esplêndida todos os anos.

— Quando temos um ano ruim, ficamos basicamente estáveis e quando temos um ano bom, temos um grande ano.

— Faz sentido — respondeu o repórter e, em seguida, perguntou com quem estava falando.

Dalio fez uma pausa.

— Meu nome é Parag Shah.

Outra pausa enquanto Dalio ouvia a pergunta seguinte.

— Ah, qual é meu cargo?

Os batimentos cardíacos de Shah se aceleraram. Ele sabia que Dalio não tinha a menor ideia da resposta. Na Bridgewater, papéis e cargos mudavam com frequência. Shah pegou um bloco e escreveu a resposta: chefe de marketing. Ele passou a anotação para Dalio.

Dalio rapidamente sacudiu a cabeça. Posição baixa demais.

— Um executivo da Bridgewater — respondeu Dalio ao repórter.

A matéria, publicada no dia seguinte com o título "Muito valiosos, mas os hedge funds valem a pena?", era uma visão ampla da indústria.

A Bridgewater não era o foco, mas, na metade do caminho, o repórter escreveu a seguinte frase:

"'Quando temos um ano ruim, ficamos basicamente estáveis', afirma Parag Shah, um executivo da Bridgewater. 'E quando temos um ano bom, temos um grande ano'."

Depois de não ter falado com o *The New York Times*, Shah se viu sob fogo por ter falado com o *The New York Times*. Logo depois da publicação da reportagem, Shah percebeu que um colega fizera mais uma reclamação no registro de problemas, acusando-o de ter desrespeitado a política da empresa de não falar com a imprensa. Shah não sabia se devia falar a verdade. Se admitisse que fora Dalio quem dera um nome falso ao repórter, ele estaria implicitamente acusando o fundador de violar as regras dos Princípios sobre mentir. Shah achou que seria melhor ficar com a culpa.

Havia muitas outras distrações. Era maio de 2007, e os preços de imóveis caíam. Imobiliárias em mercados até então aquecidos relatavam que de repente não conseguiam mais fechar negócios. Alguns analistas previam calamidade à frente.

Em meio às nuvens econômicas que se acumulavam, apenas cinco dias depois da entrevista com o *Times*, Dalio falou com outro repórter, da publicação financeira *Barron's*. Dessa vez, ele usou o próprio nome.

O entrevistador perguntou se o público devia estar preocupado com a fraqueza do mercado imobiliário.

— Não penso neles como sinais de alerta — respondeu Dalio. Ele os chamou de "um pequeno soluço relacionado aos problemas com os empréstimos *subprime*".

Ainda acreditava que investidores, em especial da China, continuariam a pressionar para cima o preço dos ativos e manteriam o mercado em funcionamento. Estava improvisando em cima de um dito de Wall Street, que dizia haver tolos maiores por aí, sempre dispostos a comprar por um preço mais alto.

O entrevistador perguntou:

— Você vê algum risco de uma recessão nos Estados Unidos?

A resposta foi:

— Não, agora não. Há muito dinheiro em circulação. Todo mundo está cheio de liquidez e seria um choque para mim se esse pequeno problema dos *subprimes* se espalhasse e afundasse a economia.

O problema dos subprimes logo iria se espalhar e afundar a economia.

Dois tipos de magnatas dos hedge funds ganharam uma fortuna durante o crash do mercado imobiliário. Havia verdadeiros pistoleiros, como John Paulson, cujo hedge fund homônimo ganhou 20 bilhões de dólares apostando diretamente em uma quebra do mercado imobiliário. A mentalidade de Paulson e seus camaradas era a sucessora natural daquela de Soros uma geração antes. Eles não viam diferença entre a especulação e qualquer outra forma de investimento — apenas um jeito eficiente de separar um grupo destinado a perder dinheiro de um grupo destinado a ganhar. Como a primeira categoria incluía indivíduos e pequenos investidores que perderam tudo o que tinham, inclusive suas casas, os tipos Paulson não foram exatamente celebrados no imaginário popular. Em sua maioria, permaneceram em silêncio.

Dalio não era dado a reservas. Ele ia se gabar por anos de ter previsto a crise financeira. E, de certa forma, tinha feito isso. Nos meses posteriores à entrevista na *Barron's*, ele falou isso com todas as letras.

"Essa vai ser a grande", escreveu ele em uma nota no *Daily Observations* em agosto de 2007. Mesmo assim, se permitiu uma pequena margem para manobra: "Essa não é uma crise econômica; é um grande ajuste do mercado financeiro". A Bridgewater previu que o dano seria pequeno em comparação com eventos anteriores, caracterizando-o como "Um movimento de pânico que se retroalimenta de afastamento de investimentos de alto risco para investimentos de baixo risco nos quais players com alavancagem mal posicionada são pressionados". A dor, escreveu Dalio, seria em sua maior parte isolada em investidores especializados que estavam carregados de hipotecas. Qualquer problema devia transcorrer ao longo dos próximos quatro a seis meses.

Como acontecia desde a primeira previsão de Dalio de um colapso econômico em 1982, o que era ruim para a economia era bom para seus negócios. Algumas semanas depois da previsão da "grande" crise, Dalio apareceu pela primeira vez na lista dos 400 americanos mais ricos, no 82º lugar. A revista fixava seu valor em 4 bilhões de dólares, mais ainda que o de Paul Tudor Jones. E, apesar de todas as declarações de Dalio contra demonstrações espalhafatosas de riqueza, ele parecia estar gostando disso. Em dezembro de 2007, enquanto a economia balançava, Dalio organizou um evento no qual o cantor britânico de rock and roll Eric Clapton recebeu 1,5 milhão de dólares para fazer um show privado de aproximadamente uma hora em um country club de Connecticut. Relatos dizem que outra doação de 1 milhão foi feita para a instituição de caridade da escolha de Clapton.

À medida que a crise imobiliária se espalhava, Dalio descartou muitos de seus alertas anteriores sobre a incerteza adiante, resguardando-se na história sombria que ele passara três décadas aperfeiçoando. Em janeiro de 2008, escreveu para os clientes da Bridgewater: "Se a economia cair, não vai ser uma recessão típica". Ele previu um desastre no qual "a desalavancagem financeira causa uma crise financeira que causa uma crise econômica". Isso lhe valeu não apenas uma série de entrevistas para a imprensa, mas pela primeira vez atenção séria de Washington, D.C.

Em um esforço para espalhar o alerta, ele procurou Ramsen Betfarhad, assessor adjunto do vice-presidente Dick Chaney. Dalio chegou à reunião com uma pilha de papéis indicando que os bancos americanos estavam sentados sobre trilhões de dólares em perdas potenciais, deixando Betfarhad assustado. Dalio também encorajou bancos centrais a imprimirem mais dinheiro para sustentar a economia e lançou apelos de alerta para o Departamento do Tesouro, sob o comando do secretário David McCormick, e para o Federal Reserve Bank de Nova York, surpreendendo o presidente do banco, Timothy Geithner. Dois dias depois da reunião com Geithner, o poderoso banco de investimentos Bear Stearns quebrou. O alerta em boa hora de Dalio selou seu relacionamento com o futuro secretário do Tesouro.

Nessas e em outras reuniões, Dalio se apresentava como um suplicante bondoso oferecendo algo bom para o público. Havia mérito; ao compartilhar a pesquisa da Bridgewater com pessoas em posição de tomar decisões políticas, ele estava oferecendo de graça o tipo de insight pelo qual os clientes ao redor do mundo pagavam muitos dólares. Claro, a Bridgewater também tirava proveito disso.

Enquanto os sistemas de trading automatizados da Bridgewater estavam posicionados de forma relativamente conservadora, funcionários de investimentos lembram que em 2007 e 2008 o próprio Dalio mandou que fossem feitos diversos ajustes manuais para que o fundo lucrasse de maneira mais pesada a partir de um declínio geral. Ao longo desse período, ele fez diversas apostas que iam render frutos se os bancos centrais imprimissem dinheiro para reviver a economia — o movimento exato que ele havia aconselhado e previsto. A Bridgewater comprou títulos do Tesouro, ouro e commodities, e apostou contra o dólar. Quando os bancos centrais injetaram dinheiro na economia, o resultado foi que, enquanto um hedge fund comum perdeu 18% em 2008, o Pure Alpha terminou o ano com uma alta de cerca de 9%. Graças tanto ao forte desempenho dos fundos principais quanto da taxa fixa que a Bridgewater recebia sobre todos os ativos que administrava. Dalio acabou ganhando 780 milhões de dólares nesse ano.

O mercado atingiria seu ponto mais baixo em 2009. No mês seguinte, a Bridgewater saltou à frente dos rivais para se tornar o principal hedge fund do mundo.

Quando o mundo chegou ao fundo do poço, Dalio estava por cima.

Segunda parte

7

O Mirante

Quando Paul McDowell se mudou do Canadá em março de 2009 para ocupar um assento no comitê de gestão do maior hedge fund do mundo, o polido ex-consultor achou difícil conciliar a miséria do mundo em geral com o que estava acontecendo em Westport.

McDowell achava ter sorte. O índice de desemprego estava acima de 8% — um nível não visto em três décadas —, ainda assim ele estava em um emprego que pagava mais do que ele ganhara em toda a sua carreira. A vida na Bridgewater não apenas parecia estar avançando normalmente, ela estava vicejando. O hedge fund tinha crescido tanto que agora havia quase mil funcionários, e muitos pareciam ser amigos dentro e fora da empresa. Unidos pela sensação de que estavam entre os poucos felizardos trabalhando para uma empresa em franca expansão durante o período de problemas globais, eles pareciam mais próximos a cada semana, com a ajuda da Bridgewater. McDowell soube que a empresa tinha comprado seu próprio ônibus e gastado em torno de 1 milhão de dólares em sua reforma para transformá-lo em limusine, rebatizando-o de "Ônibus Rockstar". O veículo parava em frente à sede do escritório no fim do dia para levar os funcionários a bares, restaurantes, cassinos ou mesmo uma das casas de Dalio.

O fundador da Bridgewater mantinha uma casa em Manhattan e às vezes convidava funcionários para ir até lá. Muitos ficavam lisonjeados; outros achavam uma oferta um tanto chata assistir a Dalio falar por horas em Nova York sobre Os Princípios para pessoas que trabalhavam para ele, em vez de passar tempo em Connecticut com a esposa ou os filhos. Ele entretinha as visitas com uma história sobre quando fora repreendido pela polícia enquanto fumava maconha na porta de casa. A maioria ria com essa imagem e a arquivava como lembrete de que Dalio tinha suas próprias fraquezas.

Talvez o lugar favorito de Dalio fosse uma propriedade colonial em Connecticut que a Bridgewater comprara alguns anos antes, escondida da vista da rua, no alto de uma entrada de carros sinuosa que levava ao topo de uma escarpa com visão panorâmica, perto da principal sede do fundo. A Bridgewater gastou milhões em sua reforma, maximizando o número de quartos no fim de uma escada em caracol para que os funcionários pudessem passar a noite em vez de voltar tarde para casa. Ele cobriu o lugar com fotos dos primeiros dias da empresa, muitas mostrando ele mesmo, e contratou um chef para preparar as refeições. Havia uma piscina, uma hidromassagem e álcool liberado. A mansão foi rebatizada de O Mirante, embora muitos funcionários fossem encorajados a manter esse nome em segredo da família e dos amigos. Dalio sempre passava por lá, mesmo quando não era explicitamente convidado. O quarto principal era quase sempre deixado vago para ele, menos quando todas as outras camas estavam ocupadas.

O Mirante era apenas para adultos. Entretenimento exótico era tão comum que a Bridgewater decidiu criar regras por escrito. "Política de strippers no Mirante", dizia o documento oficial. "Todos os hóspedes devem ser informados ao fazer sua reserva que nessa noite vai haver 'entretenimento especial'."

Quanto mais longe da sede, mais divertido. Dalio tinha o que ele às vezes chamava de "cabana" na região rural de Vermont, que ele abria tanto para clientes quanto para funcionários. Foi para lá que ele levou um dos maiores investidores da Bridgewater do Japão para uma caçada, e juntos abateram o que o assistente pessoal de Dalio descreveu como "uma ave muito grande e de aspecto único". Dalio mandou empalhá-la e montá-la.

O animal estava em boa companhia, sob o teto abobadado da sala principal na cabana de estilo rústico, onde eram guardados animais empalhados de todos os tamanhos das viagens de caça de Dalio pelo mundo.

Pouco depois de começar, McDowell foi convidado para um retiro na casa de Vermont. No início, se sentiu lisonjeado, contando a amigos que imaginava conversas estratégicas até tarde da noite, frente a frente com o fundador da Bridgewater. A empolgação baixou quando ele recebeu instruções para levar um saco de dormir. Por volta de 70 funcionários estariam lá, a maioria de baixo escalão e com metade de sua idade. O único consolo era que Dalio também estaria presente, acompanhado de David McCormick, alto executivo recém-contratado após uma reunião com Dalio no Departamento do Tesouro. Com certeza não fazia sentido recusar a oportunidade de conversar de perto, mesmo que brevemente, com o novo chefe — em especial se ali estivesse um potencial adversário.

O chão estava cheio de colchões de ar quando McDowell chegou carregando um livro de Bertrand Russell como plano B. Dalio estava postado em frente à lareira, hipnotizando o grupo sentado a seus pés. Ele estava relaxado e seguro, radiante enquanto oferecia uma nova explicação para seu sucesso, que estava ligada à ideia de que ele não era diferente de ninguém:

— Tudo que eu sou é um jogador de pôquer, um jogador de pôquer com muitas fichas.

As horas se passaram, e o álcool apareceu. McDowell pegou seu livro e seu saco de dormir e saiu à procura de um lugar tranquilo. A casa de hóspedes anexa estava cheia, assim como os quartos na casa principal. McDowell espiou através de portas até encontrar uma pequena academia, abençoadamente vazia. Desenrolou o saco de dormir, pegou uma lanterna e leu seu livro ao som distante de gritos de júbilo. Depois de algum tempo, adormeceu.

Por volta das 4 horas da manhã, McDowell foi acordado pelo que ele posteriormente descreveu para colegas de trabalho como "o som de reprodução humana" ao seu lado no chão da academia.

Ele avaliou suas opções: estava em um novo país, em um novo emprego e no meio de uma crise financeira global. Valia a pena reclamar, sem saber quem estava a centímetros de distância e quem ele podia envergonhar? Ele respirou fundo, levou as mãos aos ouvidos e esperou que tudo acabasse.

McDowell aprendeu a abrir mão da maioria das festividades para as quais era convidado. E tinha uma boa desculpa: estava em um relacionamento com a mulher que logo seria sua esposa. Um grupo extraoficial de apoio para casais, organizado por um funcionário antigo da Bridgewater, podia ensinar à sua companheira como funcionavam as coisas na empresa e como elas podiam afetar sua vida doméstica, mas McDowell nunca levou suas preocupações profissionais para casa.

Katina Stefanova estava tentando, sem sucesso, permanecer inabalável. Ela conhecia McDowell — ele estava à mesa durante seu infame interrogatório gravado por Dalio —, mas não deu muita atenção à nova contratação além de fazer uma anotação mental de que ele tinha sido um dos homens que permanecera sentado e imóvel enquanto ela chorava. Ainda grávida, ela tinha preocupações mais urgentes. Nos dias e semanas de 2009 depois de sua investigação, ela não voltou para o trabalho. Ela reprisava repetidas vezes o episódio em pensamentos; aquela situação ainda lhe tirava o sono ou a fazia despertar no meio da noite, coberta de suor.

Dalio ligou para a funcionária algumas vezes e deixou mensagens de voz, pedindo a ela que encarasse o incidente como parte de sua evolução natural e dizendo que estava apenas tentando ajudá-la a superar suas fraquezas. Para ela, parecia não haver escapatória.

De casa, Stefanova começou a perceber que, embora sentisse que Dalio havia monopolizado o mercado da dor, por um breve período ela tinha algo similar: poder. Ela se sentiu lisonjeada — não pela última vez — pelo fato de um bilionário encher seu celular com ligações. Ela sabia que Dalio estava sugerindo havia meses que poderia se afastar do comando da empresa em favor de outra pessoa. Stefanova pensou: *Se eu fizer o jogo certo, essa pessoa pode ser eu.* E pareceu supor que, se entrasse no jogo narrativo de Dalio, podia ser um exemplo de sua noção de que dor mais reflexão era igual a progresso. Então a mulher voltou para seu velho emprego, trabalhando com o chefe como se nada tivesse acontecido. Mas algo havia mudado. A Rainha de Gelo tinha de responder, com um sorriso rígido, a perguntas constantes sobre sua inquisição midiatizada. Ela era tipo uma celebridade, mesmo que não desejasse isso. Cada vez que novatos chegavam à Bridgewater, se surpreendiam ao vê-la passar nos corredores. *É a mulher da gravação!*

Stefanova precisava de um novo aliado, e o encontrou em Eileen Murray.

Murray, aos 51 anos, era, como McDowell, recém-contratada pela Bridgewater com esperanças de ela mesma comandar a empresa. Ela era a contratação prototípica de alto escalão, exibindo um currículo excelente e parecendo para muitos um pouco desesperada àquela altura da carreira, com bons motivos para aceitar humilhações. A mulher havia passado a maior parte da vida profissional no gigantesco banco de investimentos Morgan Stanley, subindo de funções no *back office* da empresa, a área de trabalho braçal nada sexy apropriada para novatos burocratas com muita ética profissional e pouco intelecto. Murray tinha um diploma de contabilidade do Manhattan College e era mais conhecida por usar botas de caubói e nenhuma maquiagem nas reuniões. Filha do meio de um bando de crianças irlandesas-americanas, nunca se casou, embora fizesse viagens frequentes à Disney World e fosse propensa a fazer citações da série Harry Potter. Um executivo do Morgan Stanley, após ter sido informado de que Murray tinha se juntado ao maior hedge fund do mundo, observou:

— Ela?

Murray deixou o Morgan Stanley em 2007, bem na hora errada. Ela tinha acumulado milhões em opções de ações que caíram bruscamente durante a crise financeira. Seu trabalho seguinte, como CEO de um hedge fund startup, também teve um timing muito ruim. O fundo, que tentava levantar dinheiro enquanto o mundo o estava perdendo, fechou depois de menos de um ano.

Murray e Stefanova já se conheciam. Durante seu primeiro dia de entrevistas, Murray foi convidada a assistir enquanto Stefanova sondava outro funcionário. Quando a candidata entrou na sala, Stefanova fez uma pausa de alguns segundos e se apresentou calorosamente, então tirou o sorriso do rosto e voltou ao interrogatório. A mulher se assustou imediatamente. Por reflexo, olhou na direção das portas, temendo que estivessem trancadas. E refletiria sobre o momento durante anos depois, se perguntando o que teria acontecido se tivesse confiado em seu instinto e se dirigido para a saída.

Algumas semanas depois da volta à empresa, Stefanova achou que podia pegar carona na nova contratação. Ela pediu para falar com Dalio em particular. O chefe estava distraído quando ela entrou em sua sala.

— Acho que é melhor para mim se eu for trabalhar para Eileen — disse ela lentamente.

Dalio ainda não estava com sua atenção total nela.

— Por quê?

— Porque eu a admiro.

Isso conseguiu sua atenção, fazendo-o se levantar de modo brusco da cadeira e se apoiar na mesa, encarando Stefanova. Seus olhos castanhos brilharam em uma mistura de raiva e sofrimento. A mulher poderia jurar ter detectado uma espécie de confusão também.

— Você não me admira? — perguntou ele, gaguejando um pouco.

Stefanova sentiu uma mistura de confusão e escárnio. Como Dalio podia não perceber que ela ainda estava magoada por sua investigação humilhante? Mas ela sabia que ele ainda era o patrão — e se uma coisa parecia incomodá-lo, era alguém elogiar uma pessoa que não fosse ele.

— Claro que admiro — respondeu Stefanova com um tom tranquilizador.

Com o ego de Dalio abrandado, pelo menos por um tempo, Stefanova teve permissão de se reportar diretamente a Murray.

* * *

Pouco depois dessa reunião, Dalio convidou Stefanova e Murray a celebrarem com ele e um grupo no Mirante. Também estavam presentes alguns associados de gestão — as pessoas cujo processo lento de contratação levara à investigação gravada de Stefanova. Ela não podia escapar da desconfiança de que o convite servia para Dalio demonstrar diante do público que ela tinha sido perdoada e trazida de volta ao rebanho.

Stefanova, visivelmente grávida, era uma das únicas pessoas que não estavam bebendo. Contudo, se sentia segura. A maioria ali era de mulheres que ela mesma contratara para manter o equilíbrio na Bridgewater, composta em sua maioria por homens. A presença de Murray também ajudava. O grupo tomava coquetéis em torno do fogo na sala de estar.

Quando o evento estava para terminar, Dalio rompeu o silêncio.

— Cantem para mim.

Não houve respostas, apenas alguns risos educados. Dalio tinha feito 60 anos e estava cercado, basicamente, por mulheres jovens, algumas com quase a mesma idade de seus filhos. Todas trabalhavam para ele. Isso não era muito uma escolha.

As mulheres começaram a cantar de forma contida. Murray deu um sorriso forçado. Todas se revezaram cantando músicas natalinas, uma por uma. Dalio ficou muito satisfeito. Era raro que ele sorrisse, mas estava gostando daquilo.

Stefanova podia sentir o rosto enrubescer. Sua vez estava chegando. Ela não podia fazer aquilo. Não ia fazer. Não tinha escapado do comunismo para acabar ali. Ela pediu licença para ir ao banheiro.

Assim que fechou a porta, ouviu a voz de Dalio chegar flutuando de longe.

— Onde está Katina? Quero que Katina cante.

Stefanova não era religiosa, mas fez uma oração em silêncio. E antes que ela pudesse inventar uma desculpa, ouviu a voz de Murray.

— Ela não está se sentindo muito bem. Vocês sabem como são as mulheres grávidas.

Alguém sugeriu que era, então, a hora de Ray cantar. Ele disse que tinha uma música precisa em mente, uma velha canção de marinheiros que era uma de suas favoritas, interpretada por um cantor folk sob o pseudônimo de Salty Dick. Dalio não precisou de anotações para se lembrar da letra. Cantou de memória:

Um marinheiro me contou antes de morrer
E não tenho motivos para achar que ele mentiu.
Ele conheceu uma puta com uma boceta tão larga
Que ela nunca ficava satisfeita.

Então ele construiu uma máquina muito grande
Duas bolas de latão e um pau de aço.
As bolas de latão foram enchidas de creme
E a coisa toda era movida a vapor.

A máquina funcionava sem parar
O grande pau de aço entrava e saía
Até que, finalmente, essa puta gritou:
"Chega, chega, estou satisfeita!"

Agora chegamos à parte triste
Pois não havia jeito de detê-la
Ela foi partida da boceta até os peitos,
E a coisa toda ficou coberta de merda.[4]

---

4 *A matlow told me before he died/ And I've no reason to think he lied./ He knew a whore with a cunt so wide/ That she could never be satisfied./ So he built a bloody great wheel/ Two balls of brass and a prick of steel./ The balls were filled with cream/ And the whole fucking issue was driven by steam./ Round and round went the bloody great wheel/ In and out went the prick of steel/ Until at last this whore she cried,/ "Enough, enough, I'm satisfied./ Now we come to the sorry bid/ For there was no way to stopping it/ She was split from cunt to tit,/ And the whole fucking issue was covered in shit.*

Sentada no vaso, Stefanova não pôde ver a interpretação de Dalio, mas ouviu a satisfação em sua voz, e o risinho que ele acrescentava a certas estrofes. Conforme a música continuou, a mulher percebeu uma nova vantagem de seu esconderijo. Embora não pudesse ver Dalio, ele também não podia vê-la, ou teria percebido que ela estava chorando, agora com náuseas não apenas pela gravidez.

Encolhida no banheiro por um bom tempo depois que terminou a cantoria, Stefanova jurou duas coisas para si mesma:

Não sou mais uma das dele.

Vou cair fora.

8

O Vassal

Enquanto a economia global se recuperava na segunda metade de 2009, nos escritórios da Bridgewater, Dalio parecia estar em um estado de ânimo sombrio permanente.

Paul McDowell e seus colegas achavam que os investimentos da empresa tinham alguma coisa a ver com isso. No mesmo mês em que ele foi contratado, a Bridgewater jogou o fundo All-Weather no modo depressão, reduzindo o dinheiro emprestado a um mínimo em uma tentativa de evitar potenciais perdas. Dalio acreditava que o mercado de ações não chegaria ao fundo do poço até o ano seguinte; quando as ações, em vez disso, subiram bruscamente pela maior parte de 2009, os fundos da Bridgewater não estavam posicionados para lucrar como tinham estado no ano anterior.

Os mercados, porém, não podiam explicar por completo a atitude sombria do bilionário. Ele parecia perpetuamente decepcionado com as pessoas à sua volta, por razões que nada tinham a ver com ações e títulos. Os colegas garantiram a McDowell que isso era um subproduto do esforço pesado que o chefe estava fazendo para codificar a cultura da empresa para futuros contratados. Todos os recém-chegados recebiam um calhamaço de 90 páginas grampeadas no canto superior esquerdo intitulado "Os Princípios". Basta segui-los, diziam a eles, e vocês vão chegar longe aqui.

Embora Os Princípios estivessem fazendo cinco anos, todos na Bridgewater podiam perceber que Dalio parecia acrescentar novos e remover alguns por capricho. McDowell também percebeu que os funcionários de maior sucesso ali pareciam viver as regras à risca. Uma favorita óbvia entre as contratações recentes de Dalio era a jovem Jen Healy, a quem às vezes ele se referia como "minha filha". Contratada logo ao sair de Princeton, Healy adotou Os Princípios com fervor. Certa vez, a jovem ficou irritada por horas ao ver que uma colega estava usando um suéter novo nada lisonjeiro. Os Princípios não exigiam que ela compartilhasse seu feedback crítico para ajudar a mulher a melhorar? Healy decidiu fazer isso, mas foi convencida do contrário por outro colega no último instante.

Viver de acordo com Os Princípios não exigia apenas vigiar o pensamento, mas a linguagem. Uma palavra imprópria podia disparar a fúria do chefe. Cerca de três meses depois de começar, McDowell estava em uma reunião sentado entre Dalio e Daniel Adamson, um advogado que estudara em Yale e tinha sido contratado recentemente para ajudar a supervisionar a administração da empresa. Havia uma quantidade razoável de pessoas; além dos convidados, cada executivo tinha levado seu gestor de equipe (no jargão da Bridgewater, seus *alavancadores*). Realizada em uma sala de reuniões particular, com vista para um rio onde gansos-do-canadá grasnavam com alegria, a reunião saiu dos trilhos quando Adamson disse ao fundador da Bridgewater que ele ainda esperava feedback dos vários executivos sobre as mudanças que propusera. Ainda um novato, Adamson aparentemente não estava no topo da lista de prioridades deles.

— Eu tentei — falou Adamson.

— Pessoas que apenas tentam são inúteis para mim — respondeu Dalio.

Adamson tirou o fim de semana para pensar e aparentemente decidiu que havia certos limites para o que toleraria por um salário. Tinha sido criado para ser um cavalheiro, e aquela não era uma boa maneira de agir. Então enviou sua demissão para Dalio, que a aceitou.

Quando Healy descobriu, resolveu dizer alguma coisa. Afinal de contas, Os Princípios indicavam que mesmo os funcionários de posição mais baixa deviam falar se testemunhassem alguma coisa errada. Ela perguntou a

Dalio por que ele havia falado de forma tão rude com Adamson, ainda mais diante de um grupo.

— Eu acredito no valor de dar feedback — respondeu Dalio.

Healy sugeriu que podia haver uma maneira de dar esse feedback de forma mais profissional.

— Estou cansado de adoçar as coisas por aqui — respondeu Dalio. — Eu não acredito nisso.

A conversa com Healy evidentemente teria um impacto, mas não do jeito que a jovem pretendera. Logo ela percebeu que Dalio tinha acrescentado uma nova frase aos Princípios: adoçar as coisas gera vício em açúcar.

A DUALIDADE QUE McDOWELL PERCEBEU EM DALIO — aparentemente ávido por ensinar, ainda assim punindo com tanta frequência aqueles que tentavam aprender — se aprofundou conforme passavam as semanas. O humor do bilionário parecia ficar pior quando ele se afastava muito dos investimentos. No mundo de números financeiros, Dalio, certamente, estava em seu elemento. Ele podia citar, de memória, os detalhes de um evento econômico excêntrico ocorrido anos antes. Nos fins de semana, carregava para casa pastas com pesquisas e chegava na segunda-feira pronto para debatê-las com quem quer que encontrasse primeiro. Observar Dalio no auge da forma, vendo conexões que mais ninguém conseguia notar entre acontecimentos que não aparentavam qualquer relação, era eletrizante.

Fosse na varanda de sua casa em Manhattan, diante da lareira no Mirante ou no escritório, o bilionário brilhava diante de uma plateia, e à medida que a empresa crescia, o público aumentava. Os funcionários percebiam que em qualquer reunião era certo que o chefe pularia sem aviso e correria para o quadro branco. Pegando o marcador, ele rabiscaria uma linha ascendente do canto inferior esquerdo ao superior direito do quadro. O eixo x era tempo, e o eixo y era nível de melhoria. Essa era sua representação do processo de pensamento ideal. As curvas representavam o feedback — quase sempre as críticas — que acompanhava a identificação de erros. Embora as curvas parecessem retroceder, com o tempo o desenho subia com firmeza pelo eixo, indicando que as curvas acabavam levando à melhoria. Dalio comparava o gráfico a uma linha reta horizontal, que representava a morte. Uma ausência de curvas (Os Princípios as chamavam de "curvas de feedback de má qualidade", mas eram apenas críticas) levava à morte.

Como feedback era necessário para o progresso, o bilionário resolveu que todos deviam fornecê-lo. Vigilante contra o perigo de excesso de açúcar, ele criou uma regra: todos na Bridgewater, não importasse a posição, deviam dividir seus feedbacks entre positivo e negativo. Os que utilizassem demais o primeiro teriam seus bônus reduzidos.

O chefe reconhecia a heterodoxia de suas instruções. Humanos, por natureza, queriam evitar conflitos, ou, como ele dizia, "tocar no nervo". Afirmava que a humanidade estava programada para uma luta entre duas partes do cérebro: a amígdala, que produz ansiedade, e o córtex pré-frontal, que é capaz de reflexão. O córtex pré-frontal era "seu nível superior", e a amígdala era "seu nível inferior". Segundo o que Dalio pregava, essas duas partes do cérebro em geral estavam em conflito — e a amígdala luta sujo. Ela "sequestra" o cérebro, enchendo a mente de emoções e criando um instinto de "lutar ou fugir" que distorce a tomada racional de decisões. "Essa maldita amígdala", como Dalio disse uma vez em público.

Ao que parecia, ele tinha conseguido superar reflexos como esses. Por meio de meditação, o bilionário afirmava ser capaz de praticamente separar a amígdala do córtex pré-frontal, assim se libertando de ser controlado por emoções. Ele atribuía a essa habilidade entender os fatores psicológicos que levavam ao trading e à gestão empresarial de sucesso. Dalio oferecia subsidiar aulas de meditação para qualquer um na empresa que quisesse seguir seu caminho. Muitos aceitaram a oferta.

Ele começou a se apresentar como um modelo de comportamento exemplar, comparando-se ao Dalai Lama. Assim como sua santidade, Dalio sabia que não estaria presente para sempre, e pelo que testemunhava na Bridgewater, apenas distribuir cópias dos Princípios não garantia que eles fossem seguidos. Era preciso um jeito para dar vida ao manifesto, não apenas para aqueles que conviviam pessoalmente com ele, mas para todos. O passo mais óbvio era gravar praticamente tudo o que Dalio fazia ou dizia na empresa. Isso, também, não era suficiente. Não era realista esperar que todos, além de suas responsabilidades diárias, acompanhassem a vida do chefe. Dalio começou a tomar notas ao longo do dia das várias lições que se via ensinando. A Bridgewater usava uma equipe de cinegrafistas e editores para transformar os vídeos em pequenos testes, chamados de Treinamento de Gestão com os Princípios, ou MPT na sigla em inglês.

Os MPTs eram obrigatórios para todos e vinham acompanhados de perguntas com base no vídeo do dia. Um MPT trazia um vídeo de uma pessoa descrevendo sua experiência na empresa. A pergunta que o acompanhava dizia o seguinte:

> Depois, a pessoa descreveu o que achou quando recebeu um feedback difícil de Ray. Verdadeiro ou falso: Essa pessoa está permitindo que a dor fique no caminho de seu progresso; se ela não mudar sua abordagem para conseguir administrar a dor a fim de produzir progresso, ela provavelmente vá ter uma vida que não estará à altura de seu potencial.

Logo havia vídeos suficientes para criar uma avaliação muito mais ampla. Dalio mandou uma equipe examinar em detalhes os MPTs para produzir o que se chamou de Teste dos Princípios. A prova tinha cinco partes e levava horas para ser terminada. Também deveria ser feita com "livro fechado": os funcionários não podiam consultar seus exemplares impressos dos Princípios para respondê-la. O teste era obrigatório para todos.

> *Pergunta:* Quais das *definições de* arrogante *a seguir é o que queremos dizer quando usamos essa palavra na Bridgewater?*
>
> *Resposta certa:* Uma pessoa que tem uma confiança exagerada e injustificada de que sua opinião está certa.

Havia uma parte com respostas sim ou não.

Nós devemos ser verdadeiros a todo custo, de modo que, se uma pessoa mentir, deve necessariamente ser demitida?

Algumas perguntas aninhavam-se umas nas outras, voltando-se para a psique do funcionário que as respondia:

P: *Que percentual da população da Bridgewater, aproximadamente, roubaria se pudesse se safar disso?*
P: *Você é uma dessas pessoas?*
P: *Você respondeu à última pergunta com honestidade?*
P: *Olhando ao seu redor, que percentual das pessoas com as quais você mantém contato precisaria ser separado para que a Bridgewater permaneça excelente?*
P: *Você acha que talvez seja uma dessas pessoas?*

Os testes eram avaliados principalmente baseando-se no alinhamento com as respostas de Dalio e com Os Princípios. As pontuações eram registradas. O fundador, então, precisava de uma maneira de rastrear e usar todos esses dados. Para isso, ele recorreu a um de seus contratados mais recentes.

O CHAMADO PROCESSO DOS CARDS DE BEISEBOL ATRIBUÍDO A McDowell não estava avançando com velocidade. Logo depois que Dalio encarregou seu novo executivo de criar um registro fácil de ler das estatísticas pessoais dos funcionários, McDowell percebera que a tarefa era uma faca de dois gumes, como disse a colegas. Como Dalio queria atualizações constantes, isso deixava McDowell mais perto do fundador que a maioria dos demais na empresa, mas também significava que McDowell tinha mais oportunidades para cometer erros que qualquer outra pessoa.

O executivo não foi o primeiro a ajudar nessa empreitada, mas dava continuidade ao trabalho de um psicólogo, Bob Eichinger. Nove anos mais velho que Dalio, Eichinger estava no ocaso de sua carreira. Décadas antes, ele tinha ajudado a criar um auxílio para recursos humanos chamado perfis de sucesso, no qual pedia-se a empregadores que ordenassem um maço de 67 cartas, cada uma delas rotuladas com banalidades como "qualidade de decisão", em ordem de importância para determinado cargo. Embora essa abordagem não tivesse se consagrado, ela valeu a Eichinger reputação nacional de ser alguém interessado na aplicação de métodos científicos ao desenvolvimento de carreiras. Dalio, cerca de um ano antes de contratar McDowell, contratou Eichinger como consultor para ajudar a construir um sistema próprio na Bridgewater. O bilionário começou a enviar candidatos a Minnesota para consultas com o psicólogo, a fim de serem avaliados.

— Comece com as palavras "eu nasci em" — pedia Eichinger —, e continue falando até chegar ao momento presente.

Eichinger e McDowell se deram bem imediatamente; o psicólogo começou a se referir a McDowell como "um dos escolhidos". Ambos compartilhavam um interesse por astronomia e acreditavam que era possível mapear o conhecimento humano da mesma forma que era possível mapear as estrelas. Isso não quer dizer que os dois achassem a tarefa fácil. Sem um critério claro, seria como olhar para o céu sem um telescópio — apenas uma mistura de pontos distantes e pouco luminosos. Os dois homens estavam confiantes de que eram bastante adequados para construir o equipamento certo. De acordo com as avaliações de Eichinger, McDowell era um pensador extremamente conceitual, capaz de ver o quadro geral de um modo como a maioria não conseguia. Quando Eichinger perguntou a McDowell, em uma de suas primeiras conversas, se ele tinha alguma dúvida sobre si mesmo, o executivo respondeu que sua principal preocupação era não ter força na Bridgewater para fazer o que era necessário.

— Só quero garantir que eu me reporte a Ray — disse McDowell.

Eichinger olhou para ele com curiosidade.

— Paul, todo mundo se reporta a Ray.

Conforme McDowell mergulhou nos cards de beisebol, Eichinger buscou mais dados com Dalio. O psicólogo ajudou a convencer o fundador a autorizar que todos os funcionários fossem submetidos a uma bateria de testes. O mais famoso, o de Myers-Briggs, tinha de ser aplicado por um psicólogo, como Eichinger, e classificava as pessoas em dezesseis tipos de personalidade. Dalio se submeteu ao teste e foi classificado como ENTP [na sigla em inglês]: extrovertido, intuitivo, racional e perceptivo. Ele espalhou a boa notícia por toda a Bridgewater — a descrição se encaixava perfeitamente com ele. Quando o restante dos funcionários foi fazer o teste, Dalio não ficou muito empolgado, como recordam pessoas que trabalhavam na empresa. Os dados mostraram que a Bridgewater parecia ter acumulado seis vezes mais personalidades ENTP do que teria sido previsto por uma distribuição normal. Havia duas explicações possíveis: ou a abordagem de contratação atraía certo tipo de personalidade, ou mais do que algumas poucas pessoas na Bridgewater tinham respondido ao teste com o objetivo de pontuar na mesma categoria que o chefe.

Eichinger passou a trabalhar em uma solução mais individualizada. Em uma apresentação para Dalio, ele chamou isso de "modelo das qualidades das pessoas", e seu slogan era "Bridgewater: uma empresa diferente; pessoas diferentes". As qualidades eram dispostas em um triângulo, com os atributos mais importantes e raros no alto. O topo da pirâmide — a área onde *junk food*, doces e outras guloseimas podem estar em uma pirâmide nutricional — tinha cinco agilidades: mental, mudança, pessoas, resultado e cultural. A cultural era descrita como "ser hiper-realista: entender, aceitar e trabalhar profundamente com a realidade".

O segundo nível da pirâmide tinha onze "elementos", como inteligência, esperteza, adaptabilidade e assim por diante. Em seguida vinham 52 "competências" que deviam ser buscadas em funcionários atuais e futuros.

Partindo de seu velho conjunto de 67 cartas, Eichinger deu a Dalio uma lista de competências propostas.

Elas incluíam:

- Potência intelectual
- Paciência
- Perseverança
- Gestão de diversidade
- Avaliações diretas
- Gestão de conflitos
- Gestão de tempo
- Acessibilidade
- Humor

Dalio examinou a lista e riscou o que não era necessário.

- Potência intelectual
- ~~Paciência~~
- Perseverança
- ~~Gestão de diversidade~~
- Avaliações diretas
- ~~Gestão de conflitos~~
- Gestão de tempo
- ~~Acessibilidade~~
- ~~Humor~~

Essa lista de competências passou de Eichinger para McDowell, que logo as incluiu nos cards de beisebol da Bridgewater.

Chamá-los de cards era um pouco equivocado. Tratava-se de diversas páginas verticais impressas, com mais estatísticas do que Eichinger podia ter imaginado. De acordo com sua sugestão, eles listavam as cinco agilidades, então se ampliavam em mais de cem categorias, como "aprender durante o voo", "orientar os outros" e "abertura pessoal". Cada categoria era acompanhada de um campo para uma pontuação de um a dez. Enquanto algumas das sugestões de Eichinger chegaram à versão final ("Avaliações diretas"), no geral as categorias vinham dos Princípios. A primeira seção de um dos primeiros cards de beisebol tinha um espaço para nota de "viver com verdade", seguida de um espaço para "sondar — não deixar as pessoas se safarem".

Os cards não paravam de crescer. Dalio pediu que os resultados dos testes de personalidade originais de Eichinger estivessem neles, então foram colocados, assim como a pontuação no Myers-Briggs e o restante. Em seguida vinha uma seção com os vídeos semanais de MPTs, para lembrar quanto cada funcionário era confiável em completá-los, e com que precisão suas respostas batiam com as de Dalio. Novas categorias proliferavam, acrescentando andaimes a um prédio em construção que nunca parecia chegar ao topo. Novas pontuações eram adicionadas de supervisores, subordinados, membros da comissão de gestão. Um campo vistoso foi adicionado para os diagnósticos do próprio Dalio.

Embora ainda fossem impressos para preenchimento manual, a Bridgewater contrataria a empresa de design IDEO, famosa por seu trabalho no primeiro mouse da Apple, para desenvolver uma solução digital. O protótipo foi descrito por algum tempo com um codinome, o Vassal [vassalo], um termo medieval para descrever uma pessoa sob a proteção de um senhor feudal. O custo de desenvolvimento logo chegaria aos milhões de dólares.

No meio de 2009, McDowell mostrou a Eichinger um modelo de trabalho com o projeto do psicólogo incorporado ao sistema de pontuação da empresa. Eichinger ficou muito satisfeito.

— É impossível ficar melhor que isso — disse ele a um colega.

McDowell enviou alguns resultados para a aprovação de Dalio, assegurando-se de escolher amostras de funcionários dos quais o fundador da Bridgewater era próximo.

O bilionário estava passando o verão em sua mansão na Espanha quando comunicou que tinha examinado as avaliações e queria conversar. Eichinger telefonou de Minneapolis, enquanto McDowell e uma equipe da sede ligaram de Westport.

— Isso não está bom. — Dalio tinha examinado alguns resultados, entre eles o de Jen Healy. — Eu conheço Jen. Ela não é assim.

Façam os testes de novo, disse ele.

Aos 70 anos, Eichinger pareceu, para McDowell e os outros, ficar arrasado. Os anos de trabalho técnico e elaborado estavam sendo descartados pelo impulso instintivo de um homem. O psicólogo disse a McDowell e aos demais que se demitia, embora mais tarde descrevesse a situação como uma separação amigável.

A MORTALIDADE ESTAVA NA MENTE DE DALIO. CONFORME ELE SE aproximava dos 60, renovou sua conversa sobre aposentadoria. Embora dissesse a algumas pessoas que só sairia dali em um caixão, ele também disse não esperar levar todos os seus títulos até esse final. Desde a saga de Britt Harris, Dalio ocupava os cargos de CEO e de um dos CIOs. O ritmo estava implacável, em especial porque nenhuma das áreas apresentava uma performance dentro de suas expectativas.

Do lado dos investimentos, a crença de Dalio em um longo período de depressão durante 2009 estava cobrando seu preço. A Bridgewater tinha colocado o All-Weather no modo depressão, no que se revelou ser o ponto mais baixo do mercado, garantindo que o fundo perdesse o retorno triunfal dos mercados globais. O Pure Alpha também estava posicionado com demasiada cautela e com uma performance medíocre em comparação a seus iguais. A empresa dizia aos clientes que não confiassem no que viam nos mercados. Alguns meses após o *boom*, Dalio escreveu para alertar sobre uma "impressão equivocada de que a economia e os mercados tinham voltado à normalidade".

A gestão da Bridgewater no dia a dia estava ainda pior. A decepção de Dalio com o projeto dos cards de beisebol refletia frustrações maiores com a equipe que ele tinha reunido. Assim como explodiu o número de Princípios, chegando a 277, o mesmo aconteceu com candidatos a CEO em potencial.

Primeiro havia Murray e David McCormick, que tinha integrado a tropa de elite do exército antes de trabalhar no governo de George W. Bush. Havia também Tom Adams, que foi para a Bridgewater após presidir a Rosetta Stone, empresa criadora de um software para o aprendizado de línguas estrangeiras. Julian Mack se mudou para o leste, para Westport, vindo de Chicago, onde cuidava das operações da McKinsey & Company no Meio-Oeste. Niko Canner vinha de outra empresa de consultoria, a Booz & Company. Os novos contratados sempre recebiam a garantia de que tinham chance de ser CEO — eles só teriam, primeiro, que mostrar seu valor. A maioria começou como conselheiro do comitê de gestão, e basicamente ficava à espera, paciente, por novas tarefas que o fundador inventava.

Os contratados teriam uma chance de provar seu valor porque a vida na Bridgewater era uma agitação constante. Embora a declaração oficial da empresa fosse que um terço dos funcionários partiam antes dos primeiros dezoito meses — o restante, como Dalio dizia, chegava ao "outro lado" —, muitos desconfiavam que o número verdadeiro era mais complexo. Alguns contratados começaram como consultores, depois nunca buscaram cargos de expediente integral. Outros iam embora antes do fim de seus contratos; a Bridgewater combinava indenizações generosas com acordos de sigilo rígidos. Como resultado, as pessoas permaneciam na folha de pagamentos muito tempo depois de deixarem Westport fisicamente. Tão constante era o movimento de funcionários entrando e saindo que até mesmo Dalio às vezes não tinha certeza de quem ainda estava trabalhando e quem não estava.

Entretanto, ele não estava totalmente cego aos corpos que desapareciam à sua volta. Perto do fim do ano de 2009, pediu a Stefanova e a outras pessoas que fizessem um relatório resumindo as razões por trás do alto nível de demissões ao longo dos dezoito meses anteriores. A tarefa foi delegada à chefe de relações com os funcionários, Tara Arnold, que produziu um relatório para o comitê de gestão da empresa. "Nos cinco anos que estou na Bridgewater, este é o e-mail mais importante que enviei até hoje", começava Arnold.

De: Tara Arnold
Enviado em: Terça-feira, 6 de outubro de 2009, 16h49
Para: Comitê de gestão

Assunto: Importante — fumaça na Bwater

[...] Os "problemas" que estou destacando abaixo devem ser considerados "fumaça" [...].
1. Funcionários importantes estão tendo burnout [...].
2. Nossa reputação no mercado está sofrendo.
   • 19% de nossas ofertas em 2009 foram rejeitadas. Isso é comparável aos 15% em 2008 e chega em um momento em que as condições do

mercado estão difíceis, e sabemos que as pessoas *precisam* de emprego. Se olharmos para os últimos três anos em especial, nossa taxa de rejeição está perto de 25% [...].
- No geral, nosso custo total por funcionário com medicamentos antidepressivos e receitas de remédios para a saúde mental aumentou no último ano. Além disso, os departamentos de benefícios e de relacionamento com os funcionários têm observado um aumento dos colaboradores que perguntam sobre médicos na área de saúde mental [...].
- Nossas entrevistas de demissão relatam que, além do treinamento nos Princípios, há um grande vazio no âmbito do treinamento funcional e do desenvolvimento de carreira [...].
- Alguns dos funcionários mais novos têm falado comigo diretamente sobre estarem inseguros em seus empregos e sobre o medo que sentem de serem demitidos a qualquer momento [...]. Recentemente, também escutei de alguns funcionários (que estão aqui há três anos ou mais) que os princípios descritos por Ray estão sendo levados de forma literal [...].
- Em alguns lugares, a cultura que temos aqui é tão mal compreendida que alguns candidatos acreditam que somos um culto e "loucos".

Arnold concluiu observando que nem todas as questões levantadas no e-mail refletiam as pesquisas quantitativas da empresa. A falta de dados concretos, explicou ela, parecia se dever ao medo. Para chegar à causa original, Arnold e Stefanova propuseram juntas uma pesquisa anônima com os funcionários. A pesquisa seria "alinhada com nossa filosofia de chegar à verdade a todo custo", como escreveu Arnold.

Dalio escreveu uma resposta na mesma noite: "Sua descrição não é uma versão equilibrada da realidade".

De: Ray Dalio
Enviado em: Terça-feira, 6 de outubro de 2009, 19h35
Para: Tara Arnold, comissão de gestão

Assunto: RE: Importante — fumaça na Bwater

Tara, obrigado pelo recado. Tenho certeza de que tudo o que você disse é verdade para pelo menos um número significativo de pessoas aqui [...].

Reconheço que trabalhar aqui é muito difícil — mais difícil do que eu gostaria. Não estou alheio a essa realidade, pois ela provavelmente é tão difícil para mim quanto é para a maioria das outras pessoas (por exemplo, eu sonho em trabalhar apenas 63 horas por semana) [...].

Eu acredito que a Bridgewater vai ser grande apenas se as pessoas em suas funções 1) fizerem um grande trabalho ou 2) tiverem insights e falarem abertamente sobre como ela pode ser grande...

Pessoalmente, mesmo que haja resultados ruins do tipo que você mencionou, acredito ser possível resolvê-los com sucesso se lidarmos com eles de forma inteligente e aberta [...].

Antes que Arnold pudesse responder, Dalio enviou um novo e-mail com duas frases:

De: Ray Dalio
Enviado em: Terça-feira, 6 de outubro de 2009, 21h36
Para: Tara Arnold; comissão de gestão

Assunto: RE: Importante — fumaça na Bwater

Tara, se você puder me dizer os funcionários com quem eu devo conversar que estejam com esses problemas, ou se você puder encorajá-los a falar comigo, isso seria bom. A comunicação aberta sobre a realidade é essencial.

Para aqueles que permaneciam, no fim do caminho havia uma recompensa. Esse lembrete do quanto a Bridgewater podia ser lucrativa era incorporado por Bob Prince.

Uma década mais novo que Dalio, Prince parecia, à primeira vista, o sucessor natural do fundador. O homem que tinha saído do Meio-Oeste, de olhos arregalados, havia muito tempo se tornara um dos executivos mais queridos da Bridgewater. Ele raramente citava Os Princípios, em especial quando estava longe do chefe. Prince tinha sempre uma palavra simpática e uma política de porta aberta para aqueles aborrecidos com Dalio. E com frequência tranquilizava funcionários dizendo que Dalio também tinha sido ríspido com ele. Ele contava uma história sobre como

Dalio, aparentemente, estava tão convencido de que Prince era um gestor horrível que, por muito tempo, o associado passou anos sem poder sequer contratar um funcionário alavancador ou um gestor de equipe. Quando um candidato à vaga perguntou a Prince durante uma entrevista quais eram as coisas mais importantes para ele, Prince respondeu:

— A família, Deus e a Bridgewater, nessa ordem.

As categorias se misturaram em sua festa de 50 anos, para a qual ele convidou muitas pessoas da Bridgewater. No meio da noite, Prince ficou de pé para fazer um discurso, embora não do tipo comum a aniversários. Pelos últimos 25 anos, disse à multidão reunida, ele estava profundamente em dívida com Ray Dalio. O fundador tinha dado a seu sócio a generosa oportunidade anual de comprar ações da empresa, mas o preço dessa oportunidade subia a cada ano conforme ela aumentava de valor. Então Prince procurou a única pessoa que ele conhecia para pedir emprestado tamanha quantia: Dalio. Prince, como contou, tinha acumulado uma dívida de centenas de milhões de dólares, que seriam recuperados por meio de seu trabalho na Bridgewater. Só nesse importante aniversário, contou Prince, Dalio lhe dissera que a dívida enfim estava quitada. Prince disse que marcou a ocasião indo até uma praia local, acendendo uma fogueira e queimando todos os documentos de empréstimo, um gesto que ele imitou diante das pessoas.

Seus amigos, familiares e colegas de trabalho irromperam em gritos e aplausos.

Depois desse dia, Prince ficou perceptivelmente diferente. Sua esposa lhe comprou um Bentley. Ele fez aulas de pilotagem de helicóptero e começou a discursar sobre a vida de um piloto de helicóptero. Ele e a esposa começaram a construir uma megaigreja em uma das áreas mais caras da região, gastando 120 milhões de dólares apenas com o terreno.

Vários funcionários da Bridgewater olharam para o caminho de Prince e ficaram determinados a repeti-lo. Era possível aguentar alguns anos, ou décadas, de infelicidade se terminassem com tamanha recompensa.

Para Prince, porém, o caminho terminava ali. Ele encontrou um meio de se manter afastado do turbilhão da gestão da empresa e lisonjear Dalio ao mesmo tempo. Sempre que seu nome surgia para uma função maior, ele falava a quem quisesse escutar sobre suas limitações. Citava vídeos de treinamento que Dalio tinha encomendado especificamente para suas deficiências.

— Eu não sei administrar — dizia Prince.

Era melhor para todo mundo que ele ficasse em seu próprio canto.

Embora Prince permanecesse na Bridgewater, a partir de então ele ficou de fora do círculo da gestão de Dalio. Prince permaneceu como um dos CIOs — o que permitia a Dalio gabar-se publicamente da estabilidade de sua sociedade —, mas passava grande parte do tempo em pesquisas econômicas que não pareciam chegar a lugar algum, ou no produto de baixo custo All-Weather que seu antigo professor de Tulsa tinha involuntariamente ajudado a criar. Prince, em suma, tomou posse do lado B dos investimentos. Ele não desafiava Dalio nem costumava ficar ao lado de quem fizesse isso. Muitos confessavam em particular invejar Prince por, ao que parecia, receber o pagamento e ir para casa.

Se Prince evitava um papel de chefe, o outro CIO tinha uma postura diferente. Greg Jensen avançou sobre um vazio de liderança. O maior defensor dos Princípios era a única pessoa na Bridgewater que botava as mãos em todas as facetas da empresa. Dalio não fazia da sua predileção pelo jovem um segredo e, em 2010, o bilionário chegou o mais perto de entregar as chaves. Como parte de seu plano recente de se afastar, ele anunciou que assumiria o papel de "ministro/mentor". Jensen não apenas seria um dos CIOs, mas também um dos CEOs — uma dupla de papéis que antes só tinha sido atribuída ao próprio Dalio.

Em relação a quem se juntaria a Jensen entre os executivos de alto escalão, a empresa agora tinha muitos candidatos, visivelmente ávidos para diagnosticar e investigar seus rivais. O que não havia era alguém para ser juiz do torneio. Se Os Princípios versavam sobre alguma coisa, era sobre penetrar nos cantos problemáticos do escritório e denunciar cada detalhe. Eles exigiam investigações ou "inquéritos" internos, públicos e documentados, mesmo das menores questões. Por 7 milhões de dólares por ano, Dalio contratou um advogado que tinha sido um famoso promotor e explicou à equipe que o novo contratado seria um "padrinho" na empresa.

Era James B. Comey.

9

Comey e os casos

A VIDA DE UM ADVOGADO DE HEDGE FUND PODE SER ALGO MAÇANTE. Acordos com clientes devem ser redigidos; documentos de impostos, verificados; e confirmações de negócios, triplamente checadas. Boa parte de cada ano é gasta examinando as centenas de páginas obrigatórias de arquivos de compliance produzidas para agentes de regulamentação que nem liam nem entendiam nada disso.

O departamento jurídico da Bridgewater, sob seu novo conselheiro geral, por outro lado, estava se tornando um torvelinho de atividade.

Jim Comey estava longe de ser um nome conhecido quando foi contratado como conselheiro geral, em 2010. Ele existia em algum lugar na escala de pseudopolíticos influentes cujo nome podia ser a resposta para a última pergunta em um programa de conhecimentos gerais da TV. Comey era mais conhecido por seu período de dois anos como promotor público do distrito sul de Nova York, onde processou Martha Stewart por uso de informações privilegiadas. Depois, tornou-se subprocurador-geral do governo Bush e foi parar nas manchetes por tomar posição contra espionagem doméstica. Comey não escondia de amigos sua motivação financeira para ir para o setor privado. Ele tinha cinco filhos e um ia estudar na Faculdade de Direito de Harvard.

Em seus primeiros dias na Bridgewater, Comey descobriu que seu novo emprego trazia certos custos, dentre os quais o primeiro era seu orgulho. Disseram que tinha sido atribuído a ele um dos chefes da pesquisa, Matthew Granade, como seu "parceiro de esqui", como a função era denominada no escritório. A ideia era ter alguém por perto em todos os momentos para avaliar os pontos fortes e fracos do novo contratado e ajudá-lo a se ajustar à vida na empresa.

Comey logo desceu pela ladeira errada, em parte devido a seus modos, agindo como se as regras não se aplicassem a ele. Com dois metros de altura, às vezes ele estendia a mão até o teto para desativar dispositivos de gravação nas luminárias.

Comey costumava falar de suas experiências em reuniões, e Dalio e Jensen logo o corrigiam, dizendo que ele devia aplicar os Princípios da empresa em vez dos próprios. Uma vez ele perguntou diretamente sobre o sagrado rabisco de Dalio que tinha como intenção representar o ciclo constante de melhoria. Se o tempo era o eixo de baixo e os escritos estivessem às vezes se movendo para a esquerda, isso não sugeria que o chefe tinha inventado a viagem no tempo? A atribuição diária de tarefas de Dalio também deixou Comey desorientado. Em observações gravadas e amplamente compartilhadas, mesmo que de modo clandestino dentro da Bridgewater, Comey descrevia os vídeos de treinamento como sem sentido e repetitivos. No fim de cada um, de acordo com Comey, havia apenas três respostas: (a) Minha mãe usa coturnos, (b) Eu coloco gatinhos em processadores, ou (c) Ray está sempre certo.

Mesmo assim, Comey ficou. Com um novo governo democrata em Washington, D. C., um advogado republicano tinha poucas perspectivas à vista de conseguir um cargo importante no governo. Comey era inteligente o bastante para corrigir o curso — e logo estava citando Os Princípios com tanta frequência que Dalio dizia a toda a empresa que seu novo conselheiro geral era um "falastrão" —, uma das piores críticas que o fundador podia fazer. Falastrões repetem ideias velhas em vez de ter ideias próprias. Incapaz de se culpar por uma contratação ruim, Dalio, ao contrário, começou perguntar a Granade se o chefe de pesquisas estava esquiando perto o bastante de seu parceiro.

Talvez consciente de não estar nas graças do chefe, e nitidamente ávido por enfim provar seu valor, Comey se tornou disponível para Dalio em todas as questões, grandes e pequenas. Logo, teve a oportunidade de ganhar alguns pontos.

Uma advogada relativamente recente na equipe, Leah Guggenheimer tinha aderido com prazer aos Princípios. Formada em Direito em Harvard, ela era uma alavancadora, ou gestora de equipe, ostensiva no lado operacional da organização. Conquistara, porém, a reputação de gastar grande parte do tempo no uso energético do registro de problemas, incluindo críticas a um colega por não levar bagels no dia combinado. (Um terceiro colega, ao ouvir essa reclamação, mandou Guggenheimer "crescer".) Eileen Murray não tinha muita paciência com ela, e depois que as duas se confrontaram algumas vezes, Murray fez um julgamento com votação dos colegas a respeito de Guggenheimer ("Concorda que essa é uma pessoa que você não quer trabalhando aqui?", perguntou Murray. Todos, menos um, votaram para mandá-la embora. O salário da mulher foi cortado).

Algumas semanas depois, Dalio soube disso e não gostou da ideia de penalizar uma funcionária — mesmo uma funcionária entediante — por se aferrar aos Princípios e falar o que pensava. Ele procurou Comey em busca de uma segunda opinião.

O advogado pareceu sentir uma abertura para impressionar o chefe.

— Você quer isso feito como um caso jurídico?

Com entusiasmo, Dalio confirmou que sim.

— Bem, Ray, o julgamento aconteceu. Ela passou pelo processo devido. Parece que tudo seguiu Os Princípios. Então reabri-lo não faz nenhum sentido, a menos que nós saibamos de algo novo.

— Como assim?

— Você supõe que o antigo julgamento nunca aconteceu, então analisa tudo novamente.

Dalio concordou com isso.

Comey se debruçou sobre a investigação. Ele ouviu todas as fitas, inclusive aquela em que mandavam Guggenheimer crescer. ("Isso foi mágico", observou Comey.)

Dalio então reuniu uma plateia nova e maior e convidou Jensen, Murray e todos os outros envolvidos a participar. Havia um dispositivo de gravação no centro de uma mesa grande quando Dalio chamou Comey para apresentar as primeiras observações.

O conselho geral não perdeu tempo em dizer que esse novo exame indicava que a demissão era justa.

— Ouvi as fitas. Até mesmo o simpático e educado Paul McDowell mandou Leah "crescer".

McDowell, sentado no fundo, congelou. Sentiu o tempo parar. Ele não queria ter nada a ver com aquilo.

Jensen disparou:

— Paul, parece que você está desestimulando as pessoas a apontar problemas, e não toleramos essa atitude aqui. Queremos que as pessoas apontem nossos problemas.

McDowell deu uma resposta na lata:

— Foi o nível do problema. Não fazia sentido.

Para a sorte dele, o julgamento prosseguiu.

Dalio concluiu que, além de julgar passo a passo o caso dos bagels, Comey tinha feito um diagnóstico ruim.

— Você não chegou à causa original.

Dalio ordenou que fosse feita uma terceira investigação.

Dessa vez, Comey aplicou força bruta. Ele examinou os registros do celular da empresa que Guggenheimer usava e descobriu que ela o havia ligado em casa depois do primeiro julgamento. Quando ela protestou, argumentando que precisava salvar informações de contatos pessoais, Comey falou que ela devia ter pedido permissão. Ele também começou a vasculhar os arquivos no computador de trabalho. Em meio às trivialidades habituais, ele encontrou o que achou ser muito comprometedor. Guggenheimer, uma mulher solteira, estava usando o computador para enviar mensagens em sites de namoro. Algumas mensagens eram bem intensas.

— Quase pornográficas — contou Comey a algumas pessoas na Bridgewater.

Dalio tinha outra opinião sobre o assunto.

— O que é pornografia? — refletiu ele.

As pessoas têm seus assuntos pessoais, e as mensagens não eram nem de longe um motivo para demissão, concluiu.

— O caso é fraco, Jim — disse Dalio.

Envergonhada, Guggenheimer foi embora mesmo assim.

Dalio ofereceu manter Guggenheimer no emprego, e ela pensou sobre o assunto. Primeiro, porém, ela escreveu para ele pedindo que fosse pago o salário atrasado do período em que tinha ficado afastada.

— Você deve estar brincando — respondeu o chefe.

Ele não podia ser visto distribuindo dinheiro para pessoas que tinham sido postas sob julgamento.

— Você quer parecer bom ou ser bom? — perguntou Guggenheimer.

Ele escolheu o primeiro.

Envergonhada por muitas razões, Guggenheimer resolveu não voltar.

As responsabilidades de Comey incluíam supervisionar a segurança da Bridgewater. O grande trabalho lhe dava uma desculpa para se imiscuir em praticamente todos os cantos da empresa. Os Princípios não prescreviam nada menos que isso. Como dizia um deles, "Você deve ter controles suficientes para não ficar exposto à desonestidade de outras pessoas".

A gravação de reuniões representava apenas a ponta do sistema de vigilância na Bridgewater. Um ex-agente do FBI era o chefe da segurança, que contratou diversos colegas do bureau para trabalhar para ele. Não apenas as câmeras pareciam cobrir cada centímetro da propriedade, mas ela parecia ser vigiada em tempo real. Funcionários que deixavam suas mesas mesmo que por um breve tempo voltavam e encontravam bilhetes presos em seus computadores repreendendo-os por não usar uma proteção de tela. O padrão de digitação e o histórico de impressões eram rastreados. Equipamentos especificamente criados para a empresa permitiam que as copiadoras mantivessem um registro de cada fotocópia.

Mesmo para incluir um anexo em um e-mail era preciso aprovação, um por um. A obsessão com o sigilo e a segurança se estendia para além do trabalho. Era frequente alertarem novos funcionários a tomarem cuidado ao usar a academia da empresa, que emprestava roupas. Um funcionário, exausto depois dos exercícios pesados, saiu distraidamente com meias emprestadas pela Bridgewater. Ele foi demitido pouco tempo depois.

A equipe de investimento era proibida por decreto de socializar fora do trabalho com qualquer pessoa que trabalhasse em um grande concorrente de Wall Street, como noticiado pela revista especializada em hedge funds *Absolute Return* (a Bridgewater negaria a existência dessa regra).

Como a busca de Comey por escutas nos escritórios indicava, a maioria dos funcionários tinha uma boa razão para ter medo de estar sendo escutada, tanto nos escritórios quanto fora deles. Alguns removiam as baterias dos celulares de trabalho fornecidos pela empresa quando estavam com a família ou amigos, de tão convencidos que estavam de que qualquer dispositivo conectado à Bridgewater estivesse gravando o tempo inteiro. O departamento de segurança praticamente deu força para a ideia ao se recusar a responder de modo direto quando perguntado pelos funcionários se os microfones dos celulares podiam ser ligados sem que se percebesse. Funcionários do departamento de investimentos eram obrigados a entregar os celulares pessoais toda manhã e colocá-los em armários à prova de sinais durante o dia. Para todas as outras pessoas, quando era necessário fazer ligações pessoais durante o expediente, muitos saíam do escritório e iam até a mata ao redor. Isso durou até surgir um boato interno de que a equipe de Comey estava estudando como instalar, nas árvores, dispositivos que pudessem interceptar ligações antes que elas chegassem às torres de telefonia da região.

Como chefe da segurança, Comey era subordinado a Jensen, que parecia ávido para provar que levava a proteção dos segredos da Bridgewater com tanta seriedade quanto Dalio. Eram poucos os indícios de violações, então eles criaram os próprios. Comey ajudou a elaborar um plano para deixar um fichário com o nome de Jensen sem ser vigiado no escritório.

Isso funcionou como um feitiço. Comey observou um funcionário de baixo escalão esbarrar com o fichário e começar a examiná-lo. Jensen e Comey submeteram o funcionário a julgamento, o consideraram culpado e o demitiram, com a aprovação de Dalio.

A forte vigilância inevitavelmente mantinha as pessoas tensas, sempre lançando olhares furtivos para o teto, como se quisessem lembrar a si mesmas das câmeras acima. A tensão ficava pior quanto mais perto se chegava do fundador. Um ex-funcionário recordou que em um dia aparentemente comum, a secretária de Dalio foi examinar o escritório do chefe e o encontrou vazio, com a porta entreaberta. Ela ficou alarmada no mesmo instante: entre todas as pessoas, Dalio nunca deixava seu santuário desprotegido. Correu até uma sala de reuniões ao lado e informou ao grupo reunido que Dalio tinha sido sequestrado — ela perguntou o que Os Princípios indicavam que devia ser feito em seguida. Cerca de trinta segundos depois, Dalio apareceu na porta. Ele tinha ido ao banheiro, e agora havia perguntas sérias sobre por que a secretária não estava na mesa dela.

Durante alguns dias, semanas e meses, toda a empresa parecia estar consumida por quem contratar e quem demitir.

Em 2010, na era de Comey, um britânico de modos suaves estava encarregado do recrutamento. Michael Partington, cuja esposa era amiga da mulher de Jensen, chegara à Bridgewater depois de uma carreira de vinte anos comandando o recrutamento na McKinsey & Company, a famosa empresa de consultoria. Isso fazia dele um especialista no tema. A McKinsey era reconhecida por receber mais de um milhão de candidaturas de emprego todos os anos, das quais ele selecionava menos de 1%. Para desempenhar uma fração desse trabalho — o hedge só precisava de centenas de novas contratações por ano —, a Bridgewater começou a pagar a Partington mais de 2 milhões de dólares por ano.

Dalio apresentou Partington como o homem que levaria a Bridgewater "para a terra prometida".

Ainda se considerava que a empresa estivesse longe desse objetivo. Contratar funcionários exigia uma torrente de dados, tanto qualitativos quanto quantitativos. Os candidatos eram conduzidos juntos até uma sala, e lhes pediam que debatessem questões polêmicas, como o aborto, enquanto um funcionário da Bridgewater observava e tomava notas. Uma publicação especializada em finanças relatou que aqueles que passavam para a fase seguinte eram orientados, além de fazer os testes de personalidade já exigidos, a entregar cinco anos de declarações de renda para comprovar que não estavam exagerando seus salários anteriores. A empresa também teria pedido, sem explicação, os registros dentários dos candidatos, inclusive seu histórico de solicitação de receitas de analgésicos.

Depois que começavam, os recém-chegados eram lançados imediatamente ao sistema de pontuação interno, refletido em seus cards de beisebol. Centenas de funcionários agora estavam avaliando uns aos outros em tempo real, um processo chamado de pontuação. Os cards eram preenchidos com pontos ou números, em uma escala de um a dez, representando cada pontuação individual que uma pessoa tinha obtido na avaliação feita pelos colegas. Pontos podiam ser adicionados 24 horas por dia porque, graças ao sistema elaborado de gravações da empresa, funcionários que não estavam na mesma sala eram capazes de avaliar os outros posteriormente.

Um problema inicial e comum de funcionários que chegavam era que um card de beisebol sem pontuações era um convite a ser marcado com pontos negativos pelos colegas.[5] Havia pouco incentivo para se destacar, e todo incentivo a seguir a maioria. Levava apenas alguns dias para recém-chegados descobrirem que a melhor maneira de conseguir notas altas era concordar com outros que já tivessem notas altas. Inevitavelmente, isso significava se aproximar das opiniões dos principais chefões. Não era incomum que Dalio ou Jensen interrompessem

---

5 Um advogado da Bridgewater disse: "Por meio do processo de contratação e usando os resultados de avaliações de personalidade como ponto de partida, os novos contratados eram estimulados a refletir sobre seus pontos fortes e fracos".

uma reunião e perguntassem para a sala se um subordinado estava fazendo um bom trabalho. A opinião de Dalio sobre o tema quase nunca era um mistério.

Embora o sistema de cards devesse facilitar a realocação de funcionários para os cargos certos, ele principalmente dava a todos uma plataforma para opinar sobre qualquer assunto. Os Princípios pareciam não exigir nada menos que isso, afirmando que era responsabilidade de todas as pessoas identificar ocorrências de desonestidade. Todos os dias, recém-contratados eram investigados sobre problemas que surgiam, criando novos casos para o arquivo de transgressões gravadas da Bridgewater. Os casos com frequência pendiam para o pessoal. Quando Dalio ouviu rumores de que um membro de trinta e tantos anos da equipe de Partington estava endividado, o fundador reuniu cerca de cinquenta pessoas para testemunhá-lo perguntar ao jovem funcionário sobre as razões das dívidas. O diagnóstico foi gravado em vídeo e depois enviado para a empresa como um exemplo de como Os Princípios podiam ser aplicados tanto a questões profissionais quanto a pessoais.

O caso não caiu bem para Partington. Quando o recrutador completou cerca de um ano na Bridgewater, Dalio enviou uma enquete para toda a empresa: "Michael Partington acrescenta valor?". As respostas negativas se acumularam.

— Você não nos levou à terra prometida — disse ao homem.

Dalio cortou o salário de Partington pela metade.

TEM XIXI NO CHÃO.

Era o que dizia o e-mail de Dalio para um grupo que incluía McCormick, o ex-tropa de elite do exército contratado para ajudar a gerir a máquina da Bridgewater.

Todos logo descobririam a história por trás da mensagem. Dalio pedira licença de uma reunião e fora até o banheiro compartilhado mais próximo. Depois de se aliviar no mictório, olhou para baixo. Havia urina no chão.

Não era possível que isso continuasse, afirmou Dalio. Quem tinha feito aquilo? E quem tinha permitido que isso acontecesse?

— Se as pessoas não conseguem mirar o próprio xixi, elas não podem trabalhar aqui.

O interesse de Dalio pelo banheiro masculino deu início a uma investigação que envolveu uma série de sondagens, tudo para chegar ao diagnóstico correto. Foi um verdadeiro circo. O próprio Dalio chamou o chefe de facilities para ser interrogado. Dezenas de funcionários foram encarregados de montar uma guarda rotativa, parados na porta dos banheiros tomando nota de todo mundo que entrava — e se tinham deixado o chão limpo. Depois de cada visita, um membro da equipe de limpeza corria para limpar o piso. Foram trazidos novos mictórios para teste. Adesivos eram colados freneticamente à porcelana para dar aos homens um alvo mais eficaz. Então a própria colocação exata dos adesivos foi investigada.

A desonestidade inconfundível daquilo era tal que tudo foi gravado em vídeo, e criou-se um caso para que todos aprendessem com ele.

O CASO DO XIXI, COMO FICOU CONHECIDO, REFLETIA UM PADRÃO crescente de Dalio. Ele aparentava estar em constante agitação. Mesmo seu filho mais velho, Devon, contratado na Bridgewater para um cargo operacional sem relevância, não estava imune, como se lembram várias pessoas que trabalharam com ele. Um antigo executivo se lembra de várias ocasiões em que viu Devon parado em frente ao *campus* da empresa abalado e à beira das lágrimas.

O fundador talvez fosse mais implacável com as tarefas de nível mais baixo da empresa. Ele tinha pavio curto quando descobria problemas aparentemente toscos que podiam ser resolvidos com facilidade por meio da aplicação cuidadosa dos Princípios.[6]

---

[6] Um advogado do sr. Dalio afirma que ele "tratava igualmente todos os funcionários, respeitando da mesma forma pessoas em todos os níveis e estendendo a elas os mesmos benefícios".

Assim, os homens e as mulheres que faziam serviços braçais e estavam a cargo de tarefas secretariais e de limpeza, entre outras no hedge fund, estavam em uma zona de perigo. Era inquestionável que eles tinham a perspectiva mais reduzida de um futuro lucrativo fora do hedge fund. Suas responsabilidades cotidianas não eram muito diferentes das exercidas em outros negócios: há um número limitado de maneiras de se empilhar o papel ao lado das impressoras ou de patrulhar o estacionamento. Mas a Bridgewater pagava muito bem — mais de 200 mil dólares por ano para secretárias, recordou uma delas. Em troca, esperava-se que obedecessem e fossem avaliados pelos Princípios, como os demais. Suas vidas profissionais eram consumidas em tumulto. Os motoristas de ônibus estavam sempre sob investigação por manterem seus veículos quentes ou gelados demais (às vezes, as duas coisas ao mesmo tempo, por reclamações contraditórias). Poucos percebiam que as geladeiras do refeitório eram abastecidas toda manhã, mas uma tempestade de avaliações furiosas cairia sobre o funcionário de mais baixo escalão se o suprimento de refrigerantes alguma vez se esgotasse.

Assistentes recebiam avaliações ruins caso seus chefes chegassem atrasados a uma reunião, mesmo que não fossem culpados, seguindo a lógica de que era sua responsabilidade fazer com que os chefes mantivessem o horário.

Embora algumas pessoas hesitassem frente à ideia de aplicar força total contra os membros de salário mais baixo, Dalio não demonstrava essa preocupação. Outros, depois de algum tempo, o seguiram.

Não era preciso sequer trabalhar no escritório para não corresponder às expectativas. Um segurança acabou na berlinda depois de aumentar o tamanho das autorizações de estacionamento presas ao vidro traseiro dos carros para facilitar a identificação de impostores em potencial. Um funcionário escreveu um e-mail reclamando que as novas autorizações eram tão grandes que bloqueavam a visão através do para-brisa. Ele copiou Jensen e Dalio, que resolveu fazer disso um exemplo. Houve uma investigação, um diagnóstico, e dois homens perderam suas *caixas*, ou seus empregos, na linguagem da Bridgewater.

A empresa acabou, de todo modo, usando as novas autorizações de estacionamento.

Uma confusão ainda mais memorável ocorreu durante o que ficou conhecido como o caso dos quadros brancos. Durante uma reunião, Dalio se levantou da cadeira e pegou um marcador para escrever no quadro branco da sala. Mas a meio caminho de desenhar um fluxograma, ele passou a escrever por cima de outro trabalho, então pegou um apagador preso ao quadro. Por alguns segundos, ele passou o apagador, então congelou. Ele se voltou para o grupo, apontando para o quadro branco atrás de si.

O apagador não tinha eliminado totalmente as marcas; em vez disso, havia espalhado leves vestígios de tinta pelo quadro.

— Isso é desonestidade, anunciou Dalio.

Quem era o responsável?

Quem quer que fosse, não estava na sala. Um dos alavancadores de Dalio correu para procurar o responsável. Não obteve, também, resposta rápida. Não havia registro de quem tinha escolhido os quadros brancos.

Nenhuma pessoa responsável significava que todo o departamento de facilities era responsável. Pelas seis semanas seguintes, mais ou menos, Dalio se dedicou com fervor a uma convocação da equipe. Com câmeras ligadas, ele os chamou para uma demonstração no quadro branco. Ele não parava de desenhar no quadro e apagar, repetidas vezes. Como ele podia ter sido o primeiro a perceber?

A equipe de facilities reagiu como se seus empregos estivessem em risco, o que era verdade. Primeiro, levaram grandes pedaços de papelão para servirem de modelo e pediram a Dalio que lhes mostrasse exatamente como e quando ele planejava usar o equipamento. Então, uma pessoa envolvida disse:

— Encomendamos todos os modelos de quadros brancos do mercado.

Conforme cada quadro chegava, a equipe o exibia para Dalio e tomava notas de suas solicitações. Eles chegaram até a experimentar quadros brancos eletrônicos, que não tinham de ser apagados manualmente, mas esses foram logo descartados. Segundo uma lei estadual sobre portadores de deficiência pouco conhecida, esses quadros tinham de ser montados em uma altura inferior em relação ao chão para o acesso de cadeiras de rodas, e Dalio não gostou da altura. Ele não gostou que o problema estivesse tomando tantas horas de trabalho para ser resolvido.

— Vocês estão todos batendo cabeça! — exclamou ele.

O caso dos quadros brancos criou dois legados duradouros (três, se contar que os quadros acabaram substituídos). Os vídeos da investigação foram editados juntos sob um título particularmente memorável: Quantos funcionários de facilities são necessários para instalar um quadro branco? Isso ofendeu muitos membros do departamento, que acharam que estavam sendo ridicularizados por seguirem as ordens do patrão.

O segundo efeito foi que uma nova expressão entrou no vocabulário da Bridgewater. Por anos depois disso, sempre que a equipe profissional ficava frustrada com os serviços da equipe de facilities, era certo que alguém logo ia fazer o diagnóstico rápido: vocês estão todos batendo cabeça.

O FOCO INTENSO COM O QUAL DALIO ATACAVA ATÉ OS PROBLEMAS mais triviais lhe valeu um apelido entre os funcionários, Ray-man, por causa do personagem autista que rendeu um Oscar a Dustin Hoffman em *Rain Man*.

Entretanto, que Dalio estivesse fora do controle estava longe de ser uma opinião unânime na empresa.

Se o Treinamento de Gestão com os Princípios fazia uma coisa com eficácia, era lembrar as deficiências na organização. Era impossível assistir aos vídeos dos casos e não internalizá-los ou até mesmo se compadecer da genuína frustração de Dalio pelos quadros brancos não estarem de acordo com o código, por alguém talvez se preocupar com as autorizações de estacionamento que bloqueavam a visão do motorista, pela comida no refeitório precisar melhorar e assim por diante. Embora os casos retratassem o fundador como verdadeiramente capaz de remediar as questões, era frequente Dalio demonstrar resignação a fazer esse trabalho nada digno nas trincheiras. Se um tema ligava todos os episódios, era que aqueles em torno do fundador estavam falhando com ele. Em um vídeo que Dalio distribuiu de si mesmo diagnosticando o motivo da falha de um subordinado, o bilionário parou em frente ao homem e escreveu em um quadro branco: *Ele precisa de um psiquiatra.*

Curiosamente, apesar de todas essas lições e das reflexões que elas provocavam, a situação nunca parecia melhorar — por várias razões.

Primeiro, Dalio tinha reunido uma equipe de alavancadores, assistentes e analistas cujos papéis incluíam escutar gravações feitas em toda a empresa, acelerando até encontrar os pontos que pudessem aborrecer o fundador, e os apresentar como um caso. Para cada episódio que fosse transmitido para a empresa, muitos outros não eram. Sempre havia outra crise a ser encontrada. O ganha-pão de muitas pessoas dependia disso.

De certa maneira, o ganha-pão de Dalio também dependia disso. Saber que qualquer descuido podia se transformar em um longo caso era o bastante para manter todos agindo perto dos Princípios. A última coisa que qualquer funcionário queria era Dalio investigando algo, perguntando por que uma pessoa ou outra não tinha "provado a sopa", nas palavras do código. Cada um cobria as próprias costas, investigando, avaliando e pontuando como se houvesse alguém de vigia. Invariavelmente, alguém estava.

Com tantos casos produzindo tanta informação, a equipe dos cards de beisebol, apesar de contar com um grupo de engenheiros de software e com uma miríade de consultores caros, não conseguia entender nada. Então Dalio resolveu voltar ao básico. Pediu aos quase trezentos gestores da Bridgewater que refizessem os próprios cards, novamente dando notas para si mesmos em mais de cem categorias. O prazo era de uma semana. Agora, uma "medida absoluta" deveria ser usada. Dalio apresentou exemplos para o que valia 1, 2, 3 e assim por diante. Os que perderam o prazo foram lembrados, por e-mail, que um demérito "seria registrado em suas fichas de confiabilidade".

Cerca de 1% do grupo, ou uma dúzia de funcionários, perdeu o segundo prazo. Alguns não estavam no escritório, outros estavam apenas ocupados ajudando outras pessoas a tocarem o maior hedge fund do mundo. Alguns supunham que tinham sido incluídos na tarefa por equívoco, pois não eram gestores de ninguém. Independentemente da razão, todos abriram seus e-mails e encontraram um lembrete frenético do alavancador de Dalio, com o fundador em cópia. "Façam isso o mais depressa possível."

Antes que alguém pudesse fazer qualquer coisa, chegou um e-mail do próprio Dalio: "Aqueles que não entregaram nem se comunicaram com vocês depois de terem sido advertidos duas vezes estão demitidos".

Antes que alguém pudesse responder, o fundador mandou outro e-mail: "Quem discorda da minha opinião de que as pessoas que não conseguem fazer aquilo que lhes foi pedido, nem têm uma comunicação de qualidade para quando forem orientados duas vezes a fazer algo, não são o tipo de pessoa em quem você deve confiar?

"Enfim, esse não é o tipo de pessoas que eu quero trabalhando aqui."

10

A ofensiva

Pela primeira meia década de sua vida, Os Princípios ficaram confinados à Bridgewater, e se espalharam e se transformaram longe dos olhos do público. Muitos dos recém-chegados sequer tinham ouvido falar neles quando recebiam uma cópia impressa das mãos daqueles que a Bridgewater chamava de "transmissores de cultura" durante a orientação. Paul McDowell era um dos transmissores. Cerca de uma vez por mês ele se apresentava diante de um grupo recém-contratado e fazia o mesmo discurso: "Newton tinha seus *Princípios*. Ray tem seus Princípios. A única diferença é que os de Newton se limitavam à física".

As regras eram apresentadas para os novatos como um menu secreto cheio de sabores adquiridos que não apenas iam parecer mais palatáveis com o tempo, mas também melhorar suas vidas dentro e fora do trabalho. Essa era uma ideia vencedora — ser aceito em um segredo era atraente.

As portas se escancararam em maio de 2010, quando o blog de finanças *Dealbreaker* pôs as mãos nos Princípios. O blog apresentou o documento, que chamou de "O Tao de Dalio", com uma dose saudável de ironia ("Que merda é essa?", dizia a introdução). O blog citava um funcionário anônimo, que falou: "Os Princípios são um objeto de culto, assim como a cultura de toda a empresa. Em uma de nossas sedes, [Dalio] distribuiu pessoalmente cópias autografadas para todo mundo".

O *Dealbreaker* intercalava citações diretas dos Princípios, que chamava de "as regras de Ray", e zombava deles.

O REI DOS INVESTIMENTOS

Seja a hiena. Ataque aquele gnu.

VOCÊ CONSEGUE AGUENTAR A VERDADE?

Assegure-se de olhar as pessoas nos olhos e dizer que elas são uma merda.

Ao lhes dizer que elas são uma merda, nada de rodeios. Ponha direto no rabo delas.

Dalio leu a publicação com horror, sentindo que ela descaracterizava o trabalho de sua vida. Que o post tivesse sido publicado em um blog de finanças com três jornalistas e um público desconhecido não pareceu aliviar seus sentimentos. Principalmente porque o blog era muito lido no mercado financeiro. Ele deu uma entrevista ao *Wall Street Journal* em resposta. Seria a primeira vez que ele discutiria a fundo Os Princípios em público.

O bilionário disse ao repórter que a filosofia geral era "hiper-realismo", ou a noção de que a honestidade brutal levava aos melhores resultados. A Bridgewater, explicava ele, proibia criticar pessoas que não estivessem presentes — e o funcionário que desrespeitasse essa regra três vezes podia ser demitido.

— A maioria das pessoas, na verdade, ama essa regra — disse ele.

Se isso parecia estranho para quem estava de fora, não era problema de Dalio, que não estava interessado em discutir Os Princípios, como ele pontuou, "diante do mundo".

O que ele não revelou foi que uma pequena rebelião estava em curso dentro da empresa. E tinha relação direta com os próprios Princípios.

A INSURGÊNCIA, SE PODIA AO MENOS SER CHAMADA ASSIM, FOI liderada por Julian Mack. Ele entrou para a Bridgewater mais ou menos na mesma época em que Comey, depois da crise financeira. Como o conselheiro geral, Mack era um homem alto e confiante com um lado que se encaixava facilmente à nova equipe de machos alfa da empresa. Mack logo ficou amigo e companheiro de corridas na hora do almoço de David McCormick, um homem de ombros largos que tinha sido atleta da equipe de luta livre do exército por quatro anos e quase nunca perdia uma oportunidade de lembrar os visitantes disso (ele rompeu os ligamentos cruzados no último ano, embora tenha competido no campeonato nacional apesar da lesão). McCormick recebeu a Estrela de Bronze por sua liderança na limpeza de campos minados durante a Operação Tempestade no Deserto. Como Mack, ele era um ex-McKinsey.

Os dois homens foram contratados para papéis semelhantes e informados que estavam no comitê de gestão da Bridgewater como um teste para ser CEO.

As responsabilidades de Mack no dia a dia incluíam supervisionar Paul McDowell, os cards de beisebol e outras ferramentas destinadas a avaliar funcionários de acordo com diversos atributos com base nos Princípios. Essa tarefa, na prática e talvez também de propósito, o deixou aberto a críticas. Os acréscimos e revisões contínuos dos Princípios significavam que quem quer que estivesse encarregado de desenvolver ferramentas relacionadas a eles estava destinado a cair na mira de Dalio.

Mack não tinha nem seis meses de empresa quando outros começaram a especular quando Dalio decidiria que Mack era uma "parte responsável" por mais um atraso nos aperfeiçoamentos da operação dos cards e da atribuição de notas. Isso não podia, de acordo com o pensamento de Dalio, ser sua própria culpa; tinha de ser de outra pessoa, e dessa vez era de Mack. Dalio convocou um grupo de altos executivos, entre eles McCormick, para discutir se o problema de o trabalho de Mack estar lento era por ele não estar abraçando por completo Os Princípios. A reunião, gravada, não era um julgamento de fato, mas o que Dalio chamava de diagnóstico — a oportunidade de criticar duramente um executivo —, e seu registro era enviado sob o disfarce de uma "oportunidade de aprendizado".

Nos diagnósticos, era o fundador quem mais falava. O problema de Mack, explicava, era que ele não pensava no quadro como um todo, ficando preso ao que Dalio via como questões menores, como perguntar a subordinados se determinado Princípio fazia sentido, e nunca tinha tempo suficiente para encarar tarefas maiores. Mack se permitia ser governado pela emoção. Como essas eram críticas comuns do chefe à maioria das pessoas à sua volta, alguns na sala tiveram de se esforçar para manter o interesse.

— Você está atirando na direção errada — falou Dalio a Mack, usando uma frase dos Princípios.

McCormick também falou:

— É, concordo com isso.

Durante diagnósticos, as pessoas normalmente concordavam com Dalio, para se distanciarem da pessoa sob ataque. Nesse caso, porém, McCormick estava se voltando contra um amigo. A atmosfera da sala mudou de repente. Mack pareceu avaliar suas opções: ele devia levar a crítica com naturalidade ou reagir ao ataque?

Primeiro, Mack se dirigiu a Dalio com calma.

— Entendo por que você acha que o que está dizendo pode ser verdade. — Então se voltou para McCormick: — Mas não acho que o que David está falando seja verdade.

Mack revelou ao grupo que, em suas corridas, longe dos ouvidos das outras pessoas, McCormick reclamava de Dalio e da Bridgewater. A mensagem era clara. Dalio estava cercado por aduladores e nem sabia disso.

Isso foi uma bomba. Não apenas Mack acusava o amigo de ser um covarde, mas também deu um golpe duro no âmago do sistema de gestão da empresa. O que isso dizia sobre Dalio se ele nem percebia que algumas pessoas de seu círculo interno não tinham aderido aos Princípios?

O fundador decidiu ampliar o diagnóstico para incluir McCormick. A verdadeira liderança é uma tentativa de chegar à verdade a qualquer custo, afirmou Dalio. Ele reuniu uma equipe para ouvir todas as fitas gravadas de Mack e McCormick em reuniões e dizer qual dos dois estava sendo honesto. Dalio avisou que a investigação prosseguiria na reunião do comitê de gestão na semana seguinte.

Notícias sobre o duelo vindouro se espalharam pela empresa. Algumas pessoas procuraram Mack em particular e confessaram seus próprios erros. Outros apoiaram McCormick, observando que ele tinha feito o que praticamente todo mundo na Bridgewater fazia em toda oportunidade. Para eles, levar Dalio ao pé da letra em relação à "honestidade brutal" não era nada além de estupidez brutal. A culpa de McCormick era concordar por reflexo com o chefe — o que fazia dele, no mínimo, um sábio.

Mack e McCormick mal conseguiam fazer contato visual na reunião seguinte do comitê de gestão, lembram várias pessoas presentes; parecia que o tempo deles como parceiros de corrida estava acabado.

Dalio abriu a reunião:

— Eu gostaria de entender o que é verdade...

McCormick interveio:

— Tem uma coisa que eu gostaria de dizer primeiro. Já estive em combate. Comandei homens em situações de vida ou morte. A única maneira de fazermos isso como soldados era saber que tínhamos a lealdade uns dos outros. Acho que não posso entrar em um combate aqui porque você está dando ouvidos ao que Julian disse.

— Não se trata de lealdade — respondeu Dalio. — Trata-se de verdade.

Dalio se voltou para Mack.

— Qual é a verdade?

A verdade, respondeu Mack a Dalio, era que Mack tinha passado a semana anterior escutando funcionários da Bridgewater compartilharem que eles tinham medo de dizer a verdade.

— Você criou um sistema de pensamento e acredita que ele é inerentemente superior a outras lógicas. Quando fazem perguntas sobre o sistema, você as responde através do sistema — continuou Mack. — Preservar uma teologia por meio de sua teologia resulta em teologia ao quadrado.

Dalio rapidamente mudou da investigação sobre McCormick para uma defesa dos Princípios. Ele estava ali, chamado à crítica diante de todos. Aquela mesma conversa, disse Dalio, provava o mérito do sistema.

— Quão mais mente aberta eu poderia ser? — perguntou ele.

Voltou, então, a discussão para Mack. Dalio os tinha convidado a fazerem apresentações cuidadosas de provas, sustentadas por quaisquer dados que pudessem ser encontrados. Em vez disso, Mack voltara com sussurros clandestinos de apoiadores anônimos. Não era muito favorável a esses supostos apoiadores não terem se revelado antes.

Transformando o que tinha começado como um simples diagnóstico em uma inquisição completa muito bem produzida, Dalio, em seguida, convocou uma assembleia com centenas de funcionários. As paredes foram removidas de várias salas de treinamento e do refeitório para acomodar o maior número possível de presentes. O processo foi gravado para ser escutado depois por todos.

Dalio e Mack estavam sentados diante da plateia, passando um microfone de um lado para outro.

— Então Julian acha que as coisas aqui estão erradas — afirmou Dalio.

Mack, com a postura ereta e a voz firme, apresentou seu argumento:

— Acho que a cultura aqui está reprimindo os verdadeiros sentimentos das pessoas.

Dalio jogou as mãos para o alto e entregou o microfone a Mack.

— Pergunte a elas.

Mack se levantou e encarou a horda.

— Quem aqui se sente reprimido?

Ninguém levantou a mão.

— Está vendo? — disse Dalio.

— Ninguém?! — exclamou Mack. — Ninguém vai se apresentar? Alguns de vocês estiveram na minha sala reclamando disso.

Silêncio outra vez.

Dalio pegou o microfone de volta.

— Não sei do que você está reclamando, Julian. É você que tem um problema.

Mack foi demitido na reunião seguinte do comitê de gestão. Arrumou sua mesa no mesmo dia e nunca mais falou em público sobre sua experiência na empresa.

MACK PODE TER SE EQUIVOCADO EM RELAÇÃO À SUA BASE DE APOIO, mas ele era querido mesmo assim. Sua partida antes do fim de 2010, depois de um embate interno de nível elevado com Dalio, ameaçava lançar uma mortalha sobre o que tinha sido um ano espetacularmente lucrativo.

A máquina de investimento da Bridgewater estava em um período poderoso. Isso se devia menos a qualquer ideia nova singular que a uma reunião de ideias antigas. A recuperação da economia global começada em 2009 estava desacelerando, e a Bridgewater estava, como sempre, apostando nas aflições do mercado. As ações do hedge fund em ativos de proteção, como títulos de renda fixa e ouro, tinham a tendência de desempenhar bem em tempos de cautela, e estavam sob demanda renovada em 2010. Uma versão alavancada do Pure Alpha, usando dinheiro emprestado para obter grandes retornos, subiu 45% só nesse ano. O All-Weather chegou a dois dígitos. Em 2010, Dalio ganhou mais de 3 bilhões de dólares, quase dobrando sua fortuna.

Por isso, 2011 pareceu o momento perfeito para partir ao ataque.

Ainda sob influência do impacto causado pelo *Dealbreaker* e da exposição midiática subsequente, Dalio parecia ávido para mostrar ao mundo que ele não era apenas mais um rico amador. O bilionário contratou uma empresa de relações públicas e lhes disse que seu objetivo era cristalizar uma persona pública como a de Warren Buffett, fundador da Berkshire Hathaway. Além de seu currículo lendário como investidor, o Oráculo de Omaha era visto como um amigo do investidor comum — um homem que falava abertamente, vivia frugalmente e não tinha medo de enfrentar a ortodoxia de Wall Street. Dezenas de milhares de fiéis da Berkshire iam para Omaha toda primavera para ouvir Buffett discursar.

Dalio estava faminto por uma plataforma dessas. Seus novos assessores lhe disseram que a reputação de Buffett não surgira por acaso — ele cultivara com zelo um círculo de jornalistas com os quais podia contar para transmitir suas opiniões ao mundo. Dalio prometeu a seus colegas que faria o mesmo.

O outro modelo de Dalio, como ele sempre dizia, era Steve Jobs. Sua obsessão com Jobs — e ela podia muito bem ser chamada assim — tinha começado alguns anos antes com o lançamento do iPod Touch. Era basicamente um iPhone sem o telefone, com uma tela multicolorida para exibir mídias. Dalio de imediato quis que todos na Bridgewater tivessem um. Uma ideia era carregar uma cópia dos Princípios, em rápida expansão, nos iPods e exigir que todos os funcionários os levassem de reunião em reunião, garantindo assim que uma cópia dos Princípios estivesse sempre à mão. Para comprar tantos iPods, Dalio enviou dezenas de funcionários temporários de tecnologia, que ganhavam centenas de dólares por hora, para as filas das lojas da Apple em Nova York. Os funcionários foram instruídos a esperar quanto fosse necessário, enquanto cobravam da Bridgewater o preço normal de seus serviços, para comprar tantos iPods quanto possível e levá-los para Westport.

Jobs pode ter começado como engenheiro, mas ele construiu um império que abrange filmes, smartphones, varejo e música. Mesmo usuários eventuais dos produtos da Apple conheciam o nome de seu fundador. Embora em 2011 a saúde de Jobs já não estivesse bem, sua fama ainda crescia, graças ao escritor e jornalista Walter Isaacson, que estava em meio a uma turnê de divulgação do que seria uma biografia seminal de sucesso do ambicioso executivo da Apple. Isaacson não evitou histórias que mostravam Jobs se comportando de maneira rude com subordinados, levando-se em conta que o comportamento ríspido de Jobs estava conectado com seu sucesso. O livro, que depois virou filme, tinha na capa uma foto em preto e branco de Jobs encarando a câmera com a mão no queixo. Essa seria uma imagem poderosa para Dalio, tão determinado como estava em ser visto como uma figura histórica.

Para a felicidade do fundador da Bridgewater, Kip McDaniel, um jornalista que estava apertado na classe econômica em um voo longo e contrário ao vento de Nova York para Los Angeles, tinha a imagem de Jobs afixada na mente.

O trabalho de McDaniel não corria o risco de ser adaptado para um filme de Hollywood. Ele era o fundador e editor-chefe da revista trimestral *Chief Investment Officer*, que publicava reportagens especializadas para o que podia ser apelidado de um público limitado. Ele estava familiarizado com a Bridgewater, em parte porque o hedge fund ajudara a levantar a revista pagando para que ela publicasse algumas matérias ("Pesquisas de opinião com consultores de paridade de risco, patrocinadas pela Bridgewater"). Usando o wi-fi do avião, McDaniel enviou um e-mail para um funcionário do fundo. Dalio estaria interessado em falar para uma matéria que o comparava a Steve Jobs?

Antes que o avião pousasse, McDaniel confirmou uma entrevista exclusiva de três horas com o fundador do maior hedge fund do mundo em sua casa de Manhattan.

A capa da edição seguinte trazia Dalio com a mão no queixo em um fac-símile da capa do livro de Isaacson. A reportagem destacava o famoso pavio curto de Jobs e observava: "Como na Apple, trabalhar para a Bridgewater de Ray Dalio pode ser uma experiência humilhante". Mesmo assim, McDaniel se esforçou para destacar algumas diferenças significativas: "Mas onde Dalio usa lógica fria, Jobs parece confiar no instinto. Ray Dalio é um Steve Jobs com um diploma de Business". A chamada do perfil na capa perguntava: "Será Ray Dalio o Steve Jobs dos investimentos?". Uma pergunta que McDaniel deixava intencionalmente sem resposta.

Com o tempo, o ponto de interrogação esmaeceu. A publicação seguinte a comparar os dois homens foi a *Wired*, na qual um artigo sobre os seguidores da Apple incluía Dalio como exemplo e dizia que ele "era chamado de o Steve Jobs dos investimentos", uma referência à reportagem de McDaniel. Isso foi o suficiente para fazer com que a biografia oficial de

Dalio no site da Bridgewater mudasse para: "Ray Dalio foi chamado de o 'Steve Jobs dos investimentos' pelas revistas *aiCIO* e *Wired*".

EM 5 DE OUTUBRO DE 2011, JOBS SUCUMBIU AO CÂNCER NO PÂNCREAS. Dalio observou em seu comentário diário sobre economia para seus clientes: "Este não é um dia comum, este é o dia em que Steve Jobs morreu".

Começou a falar sobre Jobs exaustivamente, e algumas pessoas na Bridgewater chegaram à conclusão de que o chefe estava menos interessado pelas conquistas de Jobs na Apple que pela enorme persona pública dele. Em Jobs, Dalio podia ver um modelo para sua própria jornada de herói. Os dois homens eram, no mínimo, vistos como babacas. Ambos tinham deixado suas empresas e depois voltado para elas. A diferença era que, enquanto Jobs em seu segundo mandato transformara a Apple em um modelo universalmente invejado no mundo da tecnologia, a Bridgewater era, em suma, conhecida apenas no mercado financeiro.

Dalio chegou à conclusão de que a diferença não estava em seus trabalhos, mas em suas mensagens. A solução era fazer com que Walter Isaacson escrevesse a biografia de Dalio. As pessoas ao seu redor não correram atrás na primeira vez que isso foi falado, mas Dalio continuou perguntando se isso seria possível, então os funcionários enviaram o pedido. A resposta veio da equipe de Isaacson: ele ia passar.

A decepção de Dalio foi evidente, e uma oportunidade surgiu para David McCormick. O que poucos sabiam era que Dalio e Isaacson estavam mais interligados do que parecia. Dalio era um doador do Instituto Aspen, uma rede para conectar homens brancos milionários e bilionários a ex-políticos e intelectuais conhecidos. McCormick estava no conselho de curadores do Instituto Aspen. Isaacson, que antes em sua carreira tinha sido chefe na CNN, agora era presidente do instituto.

McCormick ligou para o jornalista. Talvez, como favor para um doador, Isaacson estivesse disposto a viajar até Connecticut e conversar com Ray.

A visita logo ganhou um upgrade. A Bridgewater se abriu inteira para Isaacson e o tratou como um dignitário em visita. Em vez de apertar todo mundo em uma sala de reuniões, a empresa alugou o Inn at Longshore, um local de luxo no estreito de Long Island que em geral recebia casamentos. O local colocou centenas de cadeiras brancas diante de um palco à beira-mar erguido para que Dalio e Isaacson falassem no que foi intitulado de uma conversa em volta da fogueira.

Isaacson não se planejou muito para o evento. Ele achou que ia resgatar uma versão das observações sobre a liderança de Jobs, material que ele vinha apresentando para empresas em todo o mundo desde o lançamento do livro. A fala também incluía algumas histórias sobre Jobs misturadas com casos de bastidores das entrevistas de Isaacson para o livro. Depois, talvez autografasse alguns exemplares e contasse algumas lições sobre negócios que tinha aprendido. Ele logo percebeu que isso não funcionaria. Enquanto estava sentado, desconfortável, à frente de Dalio, o jornalista começou a se perguntar por que estava ali. O bilionário era quem falava na maior parte do tempo, discursando sobre suas visões de liderança. O assunto do dia era *formadores* — um termo que não aparecia no livro de Isaacson, mas que quase todo mundo na plateia tinha ouvido diversas vezes. Dalio empregava o termo para estabelecer contraste com um subordinado decepcionante, como ele fez com Jim Comey, que foi repreendido por ser um *falastrão*, e não um formador. Um formador era um líder visionário, e pelo que dizia Dalio, ele tinha encontrado poucas pessoas preciosas dentro da Bridgewater, exceto ele mesmo. As qualificações para ser um formador fora da Bridgewater eram bastante nebulosas. Um formador deveria ser curioso, independente e determinado a alcançar objetivos, explicou. Ele costumava dizer que pessoas eram formadoras depois de terem passado bastante tempo conversando com ele. Bill Gates, Elon Musk e Reed Hastings, todos se encontraram com Dalio e foram chamados de formadores.

No meio do monólogo, Dalio parou, parecendo se lembrar de repente de que estava ali com um convidado. Ele gesticulou para Isaacson e perguntou: *Você não concorda que tanto Steve Jobs quanto eu somos formadores?*

Os olhos de Isaacson correram de um lado para outro, e ele deu uma tossida nervosa. Ele podia ser um convidado da empresa, mas também era jornalista, e tinha exigido — e obtido — independência completa de Jobs para escrever o livro. Isaacson não estava prestes a louvar Dalio só por cobrir os custos de viagem de seu convidado. Isaacson se esquivou da pergunta algumas vezes, e entrou em seu discurso grandiloquente.

Quando ficou claro que Isaacson não estava interessado em formadores, Dalio afundou em sua poltrona e ficou emburrado pelo resto da palestra.

Se a aposta de Dalio em Isaacson tinha fracassado, o mesmo não aconteceu com seu esforço geral para melhorar sua imagem pública. As entrevistas pingadas no verão e outono de 2011 transformaram-se em uma torrente. Dalio sugava a luz dos refletores, em todas as plataformas. Em algumas semanas, parecia que qualquer pessoa que pedisse uma entrevista conseguia o que queria. Como parte da ofensiva, Dalio fez um retorno triunfante à televisão. Além de duas participações habituais em emissoras de negócios, ele conseguiu um espaço cobiçado com o apresentador de TV Charlie Rose. Isso botou o fundador na mesma poltrona que já tinha sido ocupada pelo próprio Jobs, sem falar em presidentes americanos e na elite do mundo, e diante de um entrevistador com um respeito saudável pelos ricos e poderosos. Como Rose disse a Dalio no ar:

— Há duas razões para as pessoas estarem enormemente interessadas em você: a número um é o sucesso objetivo do que a Bridgewater fez e o que ela se tornou. A número dois é que há perguntas interessantes sobre como você pensa a respeito do mundo. Você sempre destaca que sabe o que sabe, e isso é igualmente valioso.

Dalio disse:

— Eu quero que as pessoas critiquem meu ponto de vista. Se você consegue atacar o que estou dizendo, em outras palavras, testar o que estou dizendo, vou aprender.

— Portanto, então, as pessoas são livres para dizer a você o que pensam, porque você sabe que não é nada pessoal, e você pode tirar proveito disso.

— Exato.

Os dois homens estavam perto de completar as frases um do outro.

— Então qualquer um em uma reunião em sua empresa pode se levantar e dizer: "Ray...".

— Com certeza.

— ... você está totalmente errado.

— Sim.

— E você não foi preciso, e suas suposições estão equivocadas.

— O princípio número um em nossa casa é que, se algo não faz sentido para você, você tem o direito de explorar isso, para comprovar.

DALIO E ROSE SE TORNARAM BONS AMIGOS EM INSTANTES. DURANTE uma conversa, o bilionário levantou a ideia de estrelar seu próprio programa de televisão, com base no modelo de séries de tribunais americanas — com Dalio como juiz. Os convidados iam aparecer no ar com perguntas abrangentes, como "Deus existe?", e Dalio ia ajudá-los a responder, usando os Princípios. Rose estaria presente para ajudar a conduzir a conversa. O fundador voltou empolgado para a Bridgewater depois dessa conversa: contou a vários subordinados sobre a ideia, e muitos imaginaram que tudo estava em desenvolvimento de verdade. Para Rose, porém, a ideia não representava mais que pensamentos tênues e despreocupados.

— Eu estava bastante ocupado — explicou ele.

A ideia nunca decolou.

Dalio teve mais sucesso estabelecendo seus termos com publicações impressas, nas quais jornalistas ficavam ansiosos para incluir o famoso financista em seus projetos. Quando a escritora Maneet Ahuja solicitou uma entrevista para seu livro, Dalio concordou, com a condição de que pudesse revisar o resultado. Ahuja aceitou sua exigência. Ela dedicou o primeiro capítulo de seu livro, *Alpha Masters: Unlocking the Genius of the World's Top Hedge Funds* [Mestres alfa: desvendando a genialidade dos maiores hedge funds do mundo, em tradução livre], a Dalio. Como o título do livro sugere, o capítulo o retrata como um líder nobre, quase salomônico. O trecho inclui uma descrição da autora de sua caminhada pelos corredores da Bridgewater com o fundador: "Antes uma reserva natural cheia de grandes lagos, o santuário interno de Dalio tem um clima sereno". Ahuja, era evidente, não foi convidada para nenhum dos julgamentos que ocorriam ali dentro.

Dalio também permitiu acesso generoso a psicólogos, para dar uma sanção de academicismo aos Princípios. Robert Kegan e Adam Grant, professores em Harvard e Wharton School, respectivamente, tiveram audiências separadas com o fundador e acompanharam reuniões da Bridgewater. O acesso rendeu a Dalio seções quase servis nos livros dos dois homens. Kegan, em *An Everyone Culture: Becoming a Deliberately Developmental Organization* [em tradução livre, Uma cultura de todos: tornando-se uma organização deliberadamente desenvolvedora], concluiu que a Bridgewater era uma "organização deliberadamente desenvolvedora" com uma cultura baseada em investigações. Kegan e seu coautor o descreveram como "um amador muito letrado na ciência do cérebro", e sugeriram que, por meio desse estudo, o fundador da Bridgewater tinha dominado a autoanálise. "A Bridgewater é uma lição objetiva sobre o erro que o restante de nós comete quando aceitamos pouco da definição de natureza humana", concluiu Kegan.

Em seu livro *Originais: como os inconformistas mudam o mundo*, Grant praticamente republicou sob seu próprio nome os tópicos de discussão da Bridgewater. "Embora ele tenha sido chamado de o Steve Jobs dos investimentos, os funcionários não se comunicam com ele como se ele fosse alguém especial", escreveu Grant.

Grant observou: "O segredo da Bridgewater é promover a expressão de ideias originais".

Depois de observar diversas reuniões da empresa e de assistir a vídeos editados de outras, o professor de Wharton entrevistou Dalio, que lhe falou: "É impossível me ofender". Quando Grant lhe pediu que classificasse

Os Princípios por ordem de importância, Dalio se recusou. O professor escreveu que o bilionário parecia especialmente interessado por "pensadores independentes: curiosos, não conformistas e rebeldes. Eles praticam uma honestidade brutal e não hierárquica. E agem diante do risco, porque seu medo de não ter sucesso supera o medo de fracassar.

"O próprio Dalio se encaixa nessa descrição."

Era a Bridgewater através do espelho.

A *pièce de résistance* da turnê de divulgação, ou pelo menos era o que Dalio esperava, seria um grande perfil na *New Yorker*, o talismã da elite do sistema jornalístico. Dalio convidou o repórter John Cassidy para testemunhar as operações da empresa e prometeu acesso sem precedentes. Ali estava uma chance para o fundador obter o selo de aprovação de uma revista renomada e apagar, de uma vez por todas, qualquer névoa que permanecesse em torno de sua abordagem. Primeiro ele permitiu que Cassidy presenciasse a reunião "O que está acontecendo no mundo?", na qual cerca de cinquenta membros da equipe de investimentos debatiam tendências econômicas para dar início a toda semana. Depois, Dalio sondou um funcionário para que o repórter conhecesse o processo. O fundador também deu uma entrevista e instruiu um número de funcionários do nível mais alto ao mais baixo a fazer a mesma coisa (todas as entrevistas foram gravadas pela Bridgewater, e cada funcionário só se sentou com o repórter na presença de um representante de relações públicas da empresa). Bob Elliott, um membro da equipe de investimentos de 29 anos, disse à revista: "Depois que se entende como a máquina funciona, você tem a capacidade de pegar esse conhecimento, estudá-lo e aplicá-lo em vários mercados". Michael Partington, o recrutador, falou sobre a rotatividade no escritório, explicando que as pessoas "se autosselecionam" por conta própria. Comey também marcou presença, falando sobre o fundador: "Ele é duro e exigente, e às vezes fala demais, mas, por Deus, ele é um filho da mãe inteligente".

Cassidy pareceu ter observado a Bridgewater com mais cuidado que alguns de seus pares acadêmicos e jornalistas. A matéria não endossou a abordagem de Dalio em relação à vida e ao trabalho, mas fez grande esforço para destacar os aspectos estranhos da empresa, chamando-a de "o hedge fund mais rico e estranho do mundo". O repórter não só descreveu a cultura que tinha observado, como também o que não tinha observado: "Durante o período que passei na empresa, vi funcionários graduados criticarem subordinados, mas não o contrário".

A matéria apresentou outra incongruência pequena, mas significativa, quando foi publicada, uma incongruência que os representantes da Bridgewater não procuraram esclarecer. Partington na verdade já não trabalhava mais na empresa. Também não foi autosseleção. Pouco antes da publicação da reportagem, Dalio o demitiu.

11

Fábrica de verdades

Dentro da Bridgewater, não havia grande mistério sobre a substituição do recrutador. Apesar da coleção crescente de esforços usados para encontrar funcionários, os atritos ainda eram uma questão importante.

Para as pessoas de fora do escritório, podia parecer inconcebível que a empresa pudesse ter sucesso em reabastecer suas vagas, considerando o ciclo aparentemente interminável de pessoas indo embora. Mas uma vantagem da rotatividade era que, para cada novo julgamento, diagnóstico ou a boa e velha humilhação, havia um funcionário para quem a experiência era nova e fresca. Para muitos, tudo o que sabiam sobre a Bridgewater no início eram as entrevistas elogiosas de Dalio na imprensa e as comparações com Steve Jobs. Comparecer e ser apresentado a uma atmosfera tão discrepante da narrativa pública era não apenas um choque, mas uma incongruência que não podia ser explicada de imediato. Se alguns iam embora rapidamente, muitos outros, em vez de desistirem, voltavam-se para dentro, questionando a si mesmos sobre por que não conseguiam se encaixar na "família" Bridgewater, como Dalio a chamava com frequência.

Embora o fundador quase sempre falasse sobre a empresa e seus Princípios como uma invenção por atacado, sua ênfase na família e na jornada de aperfeiçoamento pessoal tinha muitos antepassados. A era moderna da autoajuda remonta tradicionalmente aos anos 1960 — o auge dos anos formativos de Dalio —, quando o "movimento do potencial humano" surgiu da contracultura da época. Seus defensores acreditavam em uma chamada hierarquia de necessidades, na qual a atualização pessoal ou o alcance do potencial máximo era mais importante que comida, água ou mesmo amor. No fim dos anos 1980, o ícone da autoajuda Tony Robbins lançou seu primeiro infomercial; e logo anunciaria que tinha "identificado os princípios fundamentais do condicionamento para o sucesso", o que revelaria em uma série de livros.

Enquanto Robbins vendia workshops que podiam custar milhares de dólares, a Bridgewater e Dalio prometiam algo ainda mais sedutor: aperfeiçoamento pessoal *e* um salário expressivo. Em 2011, Dalio foi manchete por embolsar quase 4 bilhões de dólares. Seu herdeiro aparente, Jensen, ganhou 425 milhões. Embora Dalio sempre falasse sobre a atração exercida pela Bridgewater como um arauto do desenvolvimento pessoal, um pote de ouro no fim do arco-íris talvez fosse a maior ferramenta de recrutamento. Para os que já estavam no hedge fund, a remuneração mais alta era conhecida como a "taxa da Bridgewater", o valor de vinte por cento ou mais que a empresa pagava aos funcionários em comparação ao que eles ganhariam na concorrência.

— Por mais vezes que as pontuações e registro de problemas tenham sido importantes, depois de um tempo você simplesmente começa a perceber que pode apenas aguentar, porque isso está sempre mudando — disse um veterano de dezesseis anos de Bridgewater.

Muitos ficaram ávidos para contar o motivo de terem ido embora. Matt Granade, parceiro de esqui de Comey, não teve alternativa além de sair. Depois de sete anos em investimentos que culminaram na promoção para ser um dos chefes da pesquisa, Granade estava paradoxalmente fazendo trabalhos menos significativos que nunca. Seu dia era em grande parte consumido ouvindo fitas de investigações da equipe — quando não estava sendo ele mesmo investigado. Ele falou isso a seu chefe, Jensen:

— Eu gostaria de trabalhar em um negócio que faça coisas. Este lugar é como um kibutz com um hedge fund ligado a ele.

De acordo com o *modus operandi* da empresa, os funcionários eram estimulados a fazer uma entrevista de demissão e a escrever a razão da partida. Essas anotações eram bem distribuídas, e de vez em quando uma cutucava uma ferida e se tornava viral dentro da empresa. Uma dessas reflexões veio de um analista júnior, Kent Kuran.

Kuran vinha de um arquétipo de recrutamento cujo suprimento era praticamente infinito: recém-formado em uma universidade, com pouca ou nenhuma experiência profissional. Era comum que os recrutadores da Bridgewater preenchessem equipes com homens jovens, de preferência ex-alunos de Dartmouth, Harvard e Princeton. Kuran foi contratado depois de se formar em História em Princeton. Ele era parte do grupo de gestores associados contratados por Katina Stefanova.

Dezenove meses depois, ele foi embora, esgotado pela cultura que Dalio promovia ao público o tempo todo.

— Durante longas jornadas de trabalho no tempo em que estava ali, eu mal conseguia almoçar e, em quatro vezes, de fato vomitei no banheiro. Não acho que sou nada excepcional nessa sensação de medo. No que, por suposto, é uma cultura hiperaberta, reuniões com gestores superiores parecem inacreditavelmente neutras — disse Kuran ao time de recursos humanos da Bridgewater. — Desconfio de que Ray está desconectado dessa dinâmica, levando-se em conta o fato de que ele recentemente pediu às pessoas que levantassem a mão se sentissem que as discussões estavam menos abertas.

De: Relações com funcionários_Ajuda
Para: RH_Entrevistas de demissão
Assunto: Entrevista de demissão: Kent Kuran

Razão para a demissão: Mudança de carreira/Desempenho

Comentários:
A razão imediata para a demissão foi ter perdido minha caixa de management associate devido aos pontos que Ray e David me deram [...].
Em algum momento entre assistir ao quarto e ao quinto gestor em minha área serem considerados inadequadamente conceituais, incapazes de

síntese etc., enquanto desempenhavam o que seriam consideradas responsabilidades modestas em outra empresa, os princípios perderam um pouco de sua magia inicial para mim […].

Saber que a qualquer hora do dia Ray podia reagir de forma imprevisível a uma atualização diária, ou que qualquer comentário natural em uma reunião podia levar a um seminário sobre como "é ruim o pensamento" de uma pessoa, produz tensão e medo. Não ajuda o fato de mais da metade do "treinamento de gestão" consistir em assistir à "separação" (seria possível encontrar uma palavra mais orwelliana?) de um ou outro colega antes respeitado […].

Há uma motivação nociva para o negativo que é frequentemente debilitante. Apenas algumas semanas atrás, eu não conseguia pensar em nenhum ponto forte significativo além do caridoso "esforçado". As pessoas pareciam prontas para descobrir minhas fraquezas, mas os pontos fortes eram subestimados […].

Me venderam a BW como um lugar empoderador, onde pessoas relativamente jovens podiam desafiar o *status quo* e causar grande impacto. Logo me foi incutido que é ruim ter opiniões, ao ponto de eu me sentir um colegial católico vendo pornografia sempre que um pensamento não convencional passava pela minha cabeça […].

Sobre as vantagens e o aspecto social, o lugar supera expectativas.

Vários dos agora ex-colegas de trabalho de Kuran imprimiram cópias dessa correspondência, sabendo que ela poderia desaparecer dos servidores da Bridgewater a qualquer momento.

Várias novas almas entraram na fila para assumir o lugar de Kuran. Jesse Horwitz foi um dos próximos a chegar. O jovem estava à procura de um novo emprego depois de abandonar seu primeiro ano na Escola de Direito de Harvard, e amigos o encorajaram a tentar uma vaga na Bridgewater. Ele recebeu uma oferta de estágio. Estava familiarizado com a reputação da empresa como um lugar difícil de se trabalhar, mas considerou isso um desafio intelectual.

Os ombros magros e a pele pálida de Horwitz permitiam que ele se encaixasse bem com o restante da turma de estagiários de 2011. Ele se sentou de olhos arregalados em seu primeiro dia, quando Jensen se dirigiu à horda que chegava.

— A Bridgewater é uma fábrica de verdades. Por acaso, produzimos verdades sobre investimentos. Se quiséssemos, poderíamos curar o câncer — afirmou Jensen.

Horwitz ficou encantado com a ideia de estar em um lugar onde apenas os mais resistentes sobreviviam. Depois do estágio, ele foi contratado em tempo integral como associado de investimentos, pensando que a Bridgewater era um lugar tão bom quanto qualquer outro para um jovem de 23 anos explorar uma carreira em finanças.

Logo se decepcionou ao saber que, apesar de seu título, ele não estaria envolvido com nenhum investimento de verdade. O jovem foi trabalhar com uma mentora, uma executiva de pesquisas com um diploma de Princeton, Karen Karniol-Tambour, e embora ela já estivesse no hedge fund havia cinco anos, não parecia estar muito mais perto de investir que ele. Ali estavam os dois, a poucos metros do que a Bridgewater chamava de "o motor dos investimentos", porém nenhum tinha muita ideia do que estava acontecendo.

Isso não quer dizer que não havia trabalho. Além do que podiam ser horas diárias de vídeos de treinamento, Horwitz recebia o que considerava uma exposição respeitável às prioridades de Dalio. O recém--contratado foi enviado para uma equipe de analistas sêniores que produziam um projeto que o fundador lhes havia incumbido. Com o objetivo de melhorar a reputação pública da Bridgewater em Thought Leadership, Dalio queria criar um projeto de pesquisa sobre como prever o Produto Interno Bruto, ou PIB, de qualquer país na década seguinte. Esse tipo de tema abrangente podia consumir uma quantidade imensa de PhD em Economia — e não chegar a nenhum consenso —, mas Dalio dizia que já tinha resolvido a equação. Ele havia pesquisado o tema no início dos anos 1990 e determinado que o nível de endividamento de um país podia prever o PIB futuro. Dalio falou à equipe que, infelizmente, tinha perdido o arquivo que continha a planilha. Mas não devia ser difícil recriar a equação, levando-se em conta que ele já havia lhes dado a resposta.

Demorou de três a cinco horas para que a equipe de Horwitz tivesse a própria resposta. A métrica altamente correlacionada com o quanto um país ia crescer era o número de horas semanais que seus cidadãos trabalhavam. Isso tinha uma correlação de cerca de 0,6 (0 sendo sem nenhuma correlação, e 1 sendo perfeita), fazendo dele um indicador respeitável. O raciocínio fazia sentido: uma população preguiçosa não era propensa a abastecer o crescimento de uma nação. O grupo também determinou que a resposta de Dalio fazia menos sentido. Na verdade, não fazia sentido algum. Eles não conseguiram encontrar nenhuma estatística de endividamento que estivesse substantivamente correlacionada com o PIB, e nenhuma quantidade de tortura matemática conseguiria fazer com que estivesse. O grupo tentou explicar isso a Dalio, que não quis ouvir. Ele sempre os mandava refazer as análises. Horwitz depois contou a amigos que se lembrou de Joseph Smith, o fundador da Igreja de Jesus Cristo dos Santos dos Últimos Dias, que disse ter descoberto placas de ouro contendo textos sagrados, mas não conseguia apresentar as placas para serem examinadas.

Finalmente, depois de vários meses, o grupo de Horwitz descobriu uma série complicada de equações que de forma vaga ligava a dívida pública ao PIB. O chefe de Horwitz marcou hora para apresentar os resultados a Dalio e levou a equipe. Antes de olhar para a pesquisa, Dalio apontou para o grupo:

— Quem são esses? — disse ele.

Levou um momento para Horwitz perceber que Dalio estava se referindo a ele e a outros subalternos ali reunidos. O supervisor de Horwitz interveio, apresentando Horwitz como analista. Dalio respondeu perguntando por que seus analistas precisavam dos próprios analistas.

O supervisor de Horwitz voltou atrás. Esses são apenas digitadores, disse ele, enxotando Horwitz da sala, que teve certeza de que seria demitido. Ele soube depois que Dalio pediu uma investigação sobre por que havia tantos analistas.

Horwitz soube que ia manter o emprego, mas a experiência o deixou abalado. Ele tirou uma semana de férias em São Francisco. Cerca de 5 mil quilômetros de distância desanuviaram sua cabeça, e o fizeram perceber que, embora o Direito talvez não fosse sua vocação, aquilo com certeza também não era. Ele anunciou sua demissão quando voltou, com um bilhete para Karniol-Tambour.

Entendo que você tenha tido uma experiência positiva, explicou para a mulher. A diferença, segundo ele, era que ela tinha entrado antes de um período de crescimento rápido.

— Não acho que minimize sua experiência ou a organização dizer que ela agora é uma empresa maior. Agora não há as mesmas oportunidades.

Ela respondeu depressa, de forma curta:

— Você está errado.

Horwitz não queria ficar mal. Pensou nos Princípios, que lembravam insistentemente que às vezes duas pessoas apenas não veem as coisas da mesma maneira.

— Acho que vamos ter que concordar em discordar — falou Horwitz a Karniol-Tambour.

Ela respondeu outra vez:

— Você está errado.

HORWITZ NÃO RECEBEU AS OPORTUNIDADES QUE ESPERAVA. Depois da Bridgewater, o jovem de 24 anos resolveu abrir a própria empresa de investimentos, um movimento nada extraordinário, já que inúmeros dos maiores hedge funds do mundo — para não falar dos diversos fracassos — tinham sido abertos por traders que primeiro trabalharam em outras empresas. A operação de Horwitz podia, tecnicamente, ser hedge fund, mas sem dinheiro relevante para investir e nenhuma perspectiva real de levantar algum, era mais como uma conta elaborada de corretagem. Mesmo assim, ele e outro ex-funcionário da Bridgewater resolveram tentar. Sabiam que não podiam usar nenhuma informação confidencial do tempo em que haviam trabalhado na empresa, mas isso não pareceu um problema, pois ninguém ali tinha nenhuma.

Isso não deteve o ex-patrão. Em uma carta para os dois emigrados da Bridgewater, o departamento jurídico gerido por Comey acusou a firma recém-aberta de roubar os segredos do hedge fund. *Que segredos?*, teve de se perguntar Horwitz. O mais perto que ele tinha chegado de Dalio foi quando lhe pediram que deixasse a sala.

A situação ficou mais estranha em certa manhã de um fim de semana, quando Horwitz recebeu a ligação de um amigo ainda na Escola de Direito de Harvard.

— Você não vai acreditar. A filha de Jim Comey está falando sobre você.

— Maurene Comey? — quase retrucou Horwitz.

Ela tinha sido sua contemporânea na faculdade. Os dois não eram nada próximos, embora soubessem o nome um do outro. Ela desejava se tornar promotora federal como o pai.

— Eu estava com ela em uma festa — contou o amigo. — Ela está dizendo que o pai vai esmagar vocês por terem violado o acordo de não concorrência. Comey está muito empolgado para pegar pesado com vocês.

Essa notícia de Cambridge foi para Horwitz tanto assustadora quanto absurda. Horwitz era um ex-aluno de Direito que pretendia negociar ações com seu notebook. Jim Comey era Jim Comey — e ele aparentemente não tinha nada melhor para fazer que fofocar com a filha sobre perder tempo com ex-funcionários. Mesmo assim, a correspondência jurídica não parava de chegar, e Horwitz percebeu que a Bridgewater esperava sua rendição. A empresa, porém, não contava que, embora Horwitz não tivesse muito dinheiro, ele tinha acesso a aconselhamento gratuito. Pediu à mãe, advogada, que o ajudasse a escrever para a Bridgewater, pedindo que especificasse as acusações e que eles fossem para arbitragem. Os motivos específicos nunca pareceram se materializar. A Bridgewater desistiu.

O jovem hedge fund de Horwitz fracassou. Ele não ganhou um centavo nos mercados nem levantou qualquer dinheiro com investidores. Comey não precisava ter se dado ao trabalho de tentar enterrar a startup, e nessa época ele estava fritando peixes maiores.

12

Sexo e mentiras em vídeo

HÁ POUCAS VANTAGENS QUE UM GRANDE DOADOR DE HARVARD NÃO consegue obter. Desembolse uma doação de mais de sete dígitos e ganhe um passeio pelo tapete vermelho no *campus*; mais perto de oito dígitos vale ajuda especial para admissão nas pós-graduações; 150 milhões de dólares podem muito bem fazer com que seja inaugurado o escritório de auxílio financeiro [Ken] Griffin; por 400 milhões, entre direto na Escola de Engenharia e Ciências Aplicadas John A. Paulson de Harvard.

Embora muitos sem dúvida tenham tentado, um prêmio que não está em leilão é um estudo de caso feito pela Harvard Business School. Concebidos pela primeira vez nos anos 1920, os estudos de caso da HBS são documentos sobre decisões empresariais difíceis, contadas a partir do ponto de vista da pessoa no comando. Os casos são amplamente distribuídos, tanto para alunos quanto para o público. Executivos de todos os níveis cobiçam uma oportunidade de estrelar um desses caso porque, ao que parece, eles transmitem a aprovação de Harvard. Dalio tinha lido diversos casos, e protagonizar um gravaria ainda mais profundamente sua narrativa e a dos Princípios que Charlie Rose e outros jornalistas tinham sido tão colaborativos em perpetuar.

Os professores Jeffrey Polzer e Heidi K. Gardner estavam acostumados a serem abordados por líderes empresariais ambiciosos, então, quando Dalio, em meados de 2011, foi entrevistado para discutir a possibilidade de um caso da HBS sobre a Bridgewater, eles estavam preparados para recusá-lo. Polzer e Gardner estavam bem informados para não se impressionarem com o visitante. A especialização dos docentes era em comportamento organizacional, e não finanças. Conforme Dalio falava sem parar sobre verdade radical e transparência, o discurso lhes pareceu extremamente teatral.

Os dois, porém, permaneceram sentados eretos quando depois souberam da possibilidade de contar algo mais que a história do sucesso do bilionário. A Bridgewater tinha um novo xerife, Jim Comey. A HBS tinha algum caso sobre um promotor durão, conhecido por processar terroristas, que se tornou um executivo de hedge fund? E o desafio de absorvê-lo em uma empresa tão geniosa quanto a Bridgewater? Dalio propôs que os professores não acreditassem apenas em sua palavra em relação a isso. Ele estava disposto a entregar as provas em vídeo e a abrir a Biblioteca da Transparência. Seria um verdadeiro caso multimídia da HBS que mostraria os problemas e os sucessos de Comey na empresa.

Os professores compraram a ideia. Mais um gestor rico de hedge fund falando sobre si mesmo era uma coisa; Comey, gravado, era outra. Os dois começaram a trabalhar, assistindo a centenas de horas de vídeos enviados de Westport.

Nossa Senhora, havia muito a que assistir.

Comey tinha se tornado intensamente próximo de Jensen, e o relacionamento era frutífero para os dois lados. Jensen precisava provar que era um talento em gestão, assim como um excelente investidor, se quisesse se sobressair aos olhos de Dalio em relação ao restante da horda executiva. Comey, enquanto isso, precisaria de mais ajuda com Os Princípios para se livrar do rótulo de falastrão. Ninguém estava mais familiarizado com a filosofia de Dalio que Jensen.

Os dois estavam unidos em sua aversão por Eileen Murray, coCEO. Jensen, também coCEO, achava que Murray não merecia o título, e não fazia da sua opinião um segredo. Segundo o que ele dizia, ela se destacava na sala de sangue azul dos executivos da Bridgewater. Ela tinha crescido em um conjunto habitacional no Queens, onde acordava cedo para chegar antes dos cinco irmãos ao único banheiro que compartilhavam. Sua irmã mais velha comandava o controle remoto da televisão e detestava ceder aos desejos dos irmãos, então Murray aprendeu a pedir para tirar dos canais de seus programas favoritos, sabendo que a irmã ia se recusar a fazer isso e ficaria no mesmo canal.

— Quando eu era muito nova, aprendi um pouco sobre a psique de valentões — disse ela certa vez.

Murray chegou em casa uma noite e encontrou o vizinho caído no corredor, com os braços e pernas estendidos e os bolsos revirados, baleado na cabeça. O incidente a endureceu. Ela teve pouca paciência quando, no início da carreira, antes de entrar na Bridgewater, um colega homem brincou que a saia dela podia ficar suja no trabalho. Ela respondeu:

— Você ia ficar muito bem de saia. E tenho a sensação de que gostaria de usar uma.

Ela raramente usava saia. Nunca se casou, nunca teve filhos e falava bastante sobre seus cachorros.

Dalio, sempre à procura de pedras preciosas escondidas, ficou visivelmente impressionado com a ousadia de Murray. Ela tinha em si aquela luta natural que Os Princípios abraçavam. E como acontecia com ele, havia a falta de artifícios sedutores. Ela enviava e-mails de forma improvisada, todos escritos só em minúsculas, com erros de digitação, sugerindo que estava ocupada demais para dedicar toda sua atenção a qualquer coisa. Murray conseguia devolver a bola ao fundador assim que ele fazia um passe, e os dois desenvolveram uma boa relação. Quando Dalio anunciou para seus vices que tinha mandado uma equipe desenvolver o botão da dor, uma ferramenta de software para ser usada pelos funcionários com dificuldades, Murray bufou.

— Onde fica o botão do prazer? — perguntou ela a Dalio.

— Você quer um botão do prazer? Então invente a droga de um botão do prazer. Eu inventei o botão da dor — respondeu Dalio.

— Na verdade, você já tem um botão do prazer — retrucou Murray.

Dalio parecia gostar das interrupções na tensão que o cercava com tamanha frequência. Embora Murray se saísse mal em quase todas as métricas comportamentais da empresa — o estrato de sua pontuação era um —, Dalio continuava a promovê-la. Ela se tornou um dos CEOs um ano depois de ser contratada.

O papel de Murray a tornou encarregada da metade nada sexy da empresa, operações, onde supervisionava os acordos interligados entre a Bridgewater e seus clientes e semelhantes ao redor do mundo. Ela contratou um grupo de ex-colegas leais do Morgan Stanley. Alguns ficavam na casa dela em Westport, onde passavam noites durante a semana. Jensen, para quem a Bridgewater era o centro de sua identidade, ficava visivelmente frustrado por ser colocado no mesmo nível de uma recém-chegada que não sabia nada dos investimentos da empresa e que parecia estar formando a própria central alternativa de poder. Era como entregar a cozinha de um restaurante cinco estrelas a uma aprendiz de garçonete.

Na ascensão rápida de Murray, ela deixou de dar importância a um complicador: Os Princípios. Ela era uma mulher de carreira e descartava todo o manifesto como mais um altar para o ego de um homem mais velho. Ela se gabava para sua equipe que nunca tinha se dado ao trabalho de ler Os Princípios.

Comey e Jensen a fariam pagar por isso.

O PRIMEIRO MOTIVO PARA QUE MURRAY TIVESSE UMA LIÇÃO SOBRE Os Princípios foi bastante inofensivo. Um candidato a uma vaga mencionou para um executivo da Bridgewater que conhecia o chefe da contabilidade, Perry Poulos, uma das pessoas recém-contratadas por Murray. Esse candidato demonstrou surpresa — eles não sabiam que Poulos tinha sido demitido depois de 27 anos no Morgan Stanley? Certamente Eileen Murray devia ter mencionado isso para a empresa.

A informação logo foi passada para Comey, que contou a Jensen. Junto a um ex-agente do FBI da equipe da Bridgewater, Jensen interceptou

Poulos, que de nada desconfiava. Os dois o levaram para uma sala de reuniões sem aviso.

— Oi, gente — disse Poulos.

— Só queremos saber se há alguma coisa no seu passado sobre a qual devemos ter conhecimento — respondeu Comey.

— Havia algumas coisas, e agora está tudo explicado.

— Você se importa se fizermos algumas perguntas e investigarmos um pouco mais?

— Na verdade, não há nada para descobrir — disse Poulos. — Podem seguir em frente.

Ele saiu da sala, com o coração acelerado, e encontrou Murray, que sabia, assim como ele, que a demissão no Morgan Stanley havia ocorrido depois de terem levantado dúvidas sobre os gastos de Poulos. Ao mesmo tempo que esse não era o histórico ideal para um executivo de contabilidade no maior hedge fund do mundo, Murray sentiu que havia um alvo maior em jogo.

— Não é você — falou ela a Poulos. — Sou eu. Estão tentando me pegar.

Comey chamou Poulos para outra entrevista.

— Você conversou com alguém sobre isso? — perguntou Comey.

— Não.

— Tem certeza?

— Não, não falei com ninguém.

— Você mora com Eileen, não mora?

Conhecendo a reputação da Bridgewater quanto a relacionamentos íntimos, Poulos supôs que Comey estivesse investigando um envolvimento romântico entre os dois. Durante a semana, explicou, às vezes ele passava a noite na casa dela, assim como outros novos funcionários. Havia muitos quartos, eles passavam as noites em quartos separados e ele até pagava aluguel.

— Mesmo naquela tarde, depois que conversamos, você não falou com ela? — perguntou Comey.

— Não me lembro de ter dito nada em especial.

A resposta, evidentemente, não pareceu verdadeira para Comey, então a mesma pergunta foi feita para Eileen. Ela tinha falado com Poulos? Ela respondeu que não. Murray foi instruída a escrever um memorando com tudo o que sabia sobre o passado do chefe da contabilidade.

O e-mail que chegou à caixa de entrada de Comey, enviado pelo Blackberry de Murray, estava perfeito. A gramática estava limpa, e o uso de maiúsculas estava correto. Comey o mostrou a Jensen. Os dois concordaram que não tinha como aquilo ter sido escrito por ela. Comey, como chefe da segurança, tinha acesso às câmeras espalhadas pelo escritório. Ele selecionou o vídeo e o mostrou a Jensen. Murray, sentada à sua mesa, estava conversando com uma subordinada nos minutos anteriores ao envio do e-mail. Puderam até mesmo identificar o momento em que ela pediu à subordinada que apertasse enviar.

Comey e Jensen chamaram Murray para outra reunião.

— Tem certeza de que não falou com ninguém sobre isso?

— Claro que não.

Enquanto as palavras saíam de sua boca, Murray deve ter percebido que tinha cometido um erro. Era evidente que o e-mail não tinha sido escrito apenas por ela, que havia trabalhado na mensagem com uma assistente, ditando frases e conferindo tudo até chegarem a respostas limpas. Nervosa por sentir que estava entrando em uma armadilha, ela queria deixar tudo em pratos limpos. Mas agora estava em um buraco mais profundo cavado por si mesma. Havia sido desonesta duas vezes: sobre falar com Poulos e sobre redigir o e-mail. O pior de tudo era que ela sabia que Jensen ficaria muito feliz em responsabilizá-la por isso.

Antes que Jensen tivesse uma chance, Murray correu até Dalio e confessou seus pecados. Ela tinha mentido apenas por pânico, não estava se sentindo bem em relação à situação, disse. Ela estava apenas tentando sair da mira de Comey e manter Poulos longe de problemas.

— Foi uma mentira inofensiva — disse ela.

Dalio confirmou que o gravador estava ligado e disse que a Bridgewater era um lugar onde mentirosos eram castigados. Deveria haver um julgamento.

Não foi apenas um julgamento, foi *o* julgamento. A investigação de Murray e Poulos durou nove meses. As câmeras estavam ligadas durante todo o tempo em que Comey e Jensen sondavam Murray e Poulos pelas transgressões. Todos na empresa viram imagens de Murray sentada à sua mesa, ditando o e-mail infame. O inquérito não parou nas duas mentiras confessadas pela mulher. Comey parecia agir como se tivesse apanhado Al Capone por evasão fiscal — quando conseguiu levar Eileen a julgamento, teve uma desculpa para investigar toda a vida dela. Um dia, ao passar pelo escritório de Comey, Murray viu as paredes cobertas de recortes de jornal e bilhetes em post-its, todos sobre ela, com linhas traçadas, como o mural de investigação em uma série policial. Ela sentiu um embrulho no estômago.

Para Murray e para aqueles simpáticos à sua situação, parecia que Dalio nunca estaria satisfeito. Ele assumiu o posto de juiz e transformou a investigação em um caso em tempo real, chamado *Eileen mente*. Vídeos eram divulgados toda semana, para serem assistidos em série por todo o pessoal da empresa. As atualizações eram uma combinação de reality show com novela e *cinéma vérité*. Comey fazia o policial mau; em uma gravação, ele disse a Poulos:

— Apenas diga a verdade, isso pode fazer com que você se sinta bem.

Jensen se colocou como vítima.

— Você mentiu para mim — disse para Murray. — Quero confiar em você, mas isso vai levar tempo.

Novos episódios de *Eileen mente* foram ao ar mesmo depois da demissão de Poulos, e a assistente de Murray — chamada para testemunhar contra sua chefe — decidiu se demitir em vez de fazer isso.

Perto de Boston, a professora Heidi Gardner estava sentada em seu escritório, atônita. Ela tinha ficado ansiosa para fazer um estudo de caso da HBS sobre a cultura idiossincrática da Bridgewater. Mas agora, por um bom tempo, a empresa estava enviando vídeos saídos diretamente do teatro do absurdo. Grande parte de todo o negócio da Bridgewater, como Gardner pôde ver, parecia ser consumida por Jim Comey — *Jim Comey!*, maravilhou-se Gardner — empregando técnicas intensificadas de interrogatório em uma mulher de meia-idade. Gardner e seu companheiro na HBS não conseguiam entender por que o ex-promotor se preocupava tanto. Mas também não conseguiam parar de assistir ao material. Talvez Dalio estivesse certo; talvez a cultura do hedge fund estivesse fazendo seu trabalho, contaminando Comey e transformando-o em um verdadeiro crente nos modos do fundador. De qualquer forma, esse caso seria relevante.

O que os professores não sabiam era que o fim da série já estava em produção. Depois da maior parte do ano, nem mesmo Comey e Jensen conseguiam extrair algo a mais do incidente. Jensen apresentou seu argumento final: Eileen era uma mentirosa inveterada e uma violadora contumaz do mais sagrado dos Princípios. Ela tinha de ser demitida, para o bem da empresa. Comey o apoiou, e não podia, disse a Dalio, se imaginar no mesmo conselho que uma pessoa que não agia de acordo com os valores da Bridgewater.

Dalio hesitou. Murray tinha mentido, decretou ele, mas não havia sido provado que era uma mentirosa. Todo o incidente, explicou o bilionário à empresa, era uma experiência de aprendizado, e o inspirou a escrever dois novos Princípios. Um tinha a ver com mentiras inofensivas — elas eram aceitáveis, em pequenas doses. O outro novo Princípio: "Tudo parece maior de perto". Com a perspectiva do tempo, ele tinha percebido que as ofensas de Murray eram perdoáveis. Claro, ela teria de pagar uma penitência. Ele retirou seu título de CEO e a rebaixou à presidência.

Ninguém ficou satisfeito. Murray tinha perdido seu cargo e sua dignidade. Comey e Jensen ficaram ainda mais irritados — tinham comprovado o caso e perderam mesmo assim. Mesmo os que simpatizavam com Murray sentiram que ela havia escapado quase impune por um comportamento que teria feito qualquer outro ser demitido. Qual era o sentido dos Princípios se eles podiam ser modificados para mitigar infrações passadas? Todos que acreditavam na meritocracia da Bridgewater tinham, basicamente, levado um tapa na cara.

Os funcionários não foram os únicos a ficarem decepcionados. Quando o julgamento de Murray terminou, os professores da Harvard Business School receberam uma mensagem urgente da empresa. Comey agora se recusava a ser parte do caso deles. A Bridgewater de imediato cortou o acesso dos professores aos vídeos. Eles não tinham mais permissão para fazer nenhum caso da HBS sobre Comey — mesmo que o *Eileen mente* fosse deixado de fora. Não havia espaço para negociações.

A solução foi começar do zero. Comey e a ideia abrangente de que a Bridgewater trabalhava com sucesso para atrair a próxima geração de líderes estavam fora de cogitação. A HBS precisava de uma tarefa mais fácil. O caso, em vez disso, acabou incluindo a história do maior hedge fund do mundo. Embora os professores solicitassem certos vídeos, a empresa selecionou e editou cada uma das dezenove gravações enviadas. Dalio, ao que parecia ainda ressentido por Comey ter se recusado a participar do estudo de caso, assumiu um grande interesse pessoal. Quando os professores de Harvard enviaram à equipe da Bridgewater uma cópia do texto final para aprovação, como combinado, Gardner foi forçada a passar horas ao telefone com o próprio Dalio, revendo linha por linha enquanto ele discutia sobre pontos e vírgulas, estrutura de frases e se havia algum particípio mal utilizado (na opinião dela, não havia).

Será que esse cara não tem mais nada para fazer?, pensou ela consigo mesma mais de uma vez.

Os vídeos anexados ao caso da HBS começavam com Dalio falando para a câmera:

— Para mim, a Bridgewater é um sonho transformado em realidade. Quero dizer, vocês têm que entender que, quando a abri, eu não sabia nada. Eu tinha saído da faculdade havia apenas dois anos e não tinha nenhum dinheiro. A única coisa que eu tinha era algo que, para mim, importava muito, e para mim isso era [...]

Aqui, no meio da frase, o vídeo é repentinamente cortado para Dalio olhando para a direção oposta. Inicia-se uma tomada, bem diferente.

— [...] trabalho significativo. Em outras palavras, eu queria estar em uma missão para derrotar os mercados, para ser o melhor [...] e relacionamentos significativos.

Alguns segundos depois, aparece um gráfico na tela, um triângulo no qual as palavras VERDADE A QUALQUER CUSTO estavam inscritas na base.

Grande parte do caso era sobre dar e receber feedback à maneira da Bridgewater. O vídeo de uma reunião do comitê de gestão foi incluído. Dalio, Jensen, McCormick e outros estavam sentados ao redor de uma mesa retangular e bagunçada em frente a um quadro branco no qual havia a pergunta ONDE ESTÁ A VISÃO? escrita e circulada em vermelho diversas vezes. Niko Canner, um membro de cabelo grisalho do comitê de gestão, que não parecia muito mais novo que Dalio, estava em meio às pessoas sentadas. Dalio, em frente a Canner, encarava-o imóvel da cintura para cima. Canner entrega seu feedback com extrema cautela:

— Então como é Ray como mentor? Eu separaria alguns elementos diferentes. Há parte da mentoria que se trata de ajudar as pessoas a se verem com mais clareza e precisão, e diria que você é o melhor que já vi nessa dimensão...

O vídeo corta para preto e retorna em um ponto posterior indeterminado. Canner:

— Então há outra dimensão da mentoria, uhm, que se trata, uhm, de extrair o melhor desempenho do qual seres humanos são capazes. E ainda estou aprendendo o quanto você é bom nisso. Tenho a sensação de que sou apenas razoável, de que estou no meio de pessoas de alto desempenho, pessoas que estão mais ou menos em seu nível geral de realização...

Um terceiro corte.

— E há uma terceira parte que é mais sobre, uhm, avaliar as pessoas, saber do que as pessoas são capazes, saber como e em quem apostar. Minha percepção em relação a isso está evoluindo...

Corte.

— Eu olho para esses atributos em relação à mentoria e então digo que, depois dos últimos seis meses, minha percepção não é muito diferente do que eu esperava, mas talvez um pouco menos relacionada com mentoria, em específico, que eu teria esperado com essa noção dos atributos.

Quando o caso da HBS foi lançado, Gardner tomou cuidado para não aprovar nem condenar o estilo da Bridgewater. Os professores intencionalmente não tentaram determinar se a cultura da empresa tinha qualquer impacto mensurável em sua performance histórica de investimentos. A professora nem mesmo sabia ao certo se essa análise era possível. Ela apresentaria o caso para seus alunos dizendo:

— Não estamos considerando isso exemplar e dizendo: "Se forem espertos, vão fazer o que Ray faz". Estamos dizendo: "Deem uma olhada".

Como cientista, ela sentiu que tinha feito o melhor com os dados que tinha disponíveis.

Dalio ficou felicíssimo com o caso da HBS. Ele se assegurou de que a equipe de marketing da Bridgewater enviasse cópias para os clientes ao redor do mundo.

COM O PASSAR DO TEMPO, DEPOIS DO *EILEEN MENTE*, JENSEN PARECEU mais confiante. Ele era o único CEO do maior hedge fund do mundo, a caminho de se tornar um bilionário. E o que era igualmente importante: sua antiga rival, Murray, estava abalada e rebaixada. Isso ficou mais óbvio na formação do novo conselho de ética da Bridgewater, como Dalio o chamava. Por causa do julgamento, Dalio deixou Murray de fora.

Jensen trabalhava longas jornadas, muitas das quais junto de Dalio (como disse um ex-funcionário da equipe de investimentos, "Greg falava o idioma Ray"). Os dois podiam se gabar de ter uma memória de sábio para detalhes históricos e econômicos, e a dupla podia trocar ideias por muito tempo, enquanto os subordinados se reuniam pasmos ao redor. Como Jensen passava muito tempo perto de Dalio, era frequentemente avaliado por ele — e como Dalio tinha notas muito altas, a pontuação de Jensen aumentava cada vez que o fundador o avaliava positivamente. Jensen falava nos Princípios com tanta frequência perto do fundador que muitos ao seu redor não sabiam se ele estava falando sério ou se estava em uma longa luta para continuar como o favorito do professor.

Mesmo assim, pessoas em torno do CEO também viam o preço que a Bridgewater lhe cobrava. Às vezes ele chegava de ressaca e não escondia isso; quando lhe perguntavam se tinha saído e bebido até tarde, apenas dizia que sim. Jensen era um anfitrião e frequentador entusiástico dos retiros da Bridgewater, onde demonstrava um senso de humor esquisito. Em um desses encontros, ele contratou uma atriz para se vestir de stripper e fingir ser a mesma que Dalio tinha contratado décadas antes para uma conferência — o incidente que o fez ser demitido de seu primeiro emprego. Mais ninguém na empresa ousava tentar zombar do fundador, e por isso Jensen ganhou o respeito mesmo daqueles que acharam a brincadeira de mau gosto.

Jensen era essencialmente o responsável social no hedge fund. Toda vez que um grupo de recrutas recém-formados começava a trabalhar, ele parecia cultivar amizade com todos eles. As pessoas queriam estar ao redor de Jensen e ser Jensen. Ele ia a festas com funcionários júniores, embora quase sempre fosse de longe a pessoa mais velha. Ele ia a Las Vegas com frequência com outros funcionários; durante uma viagem, sua esposa, que tinha ficado em casa para cuidar dos gêmeos pequenos, atendeu a um telefonema de aviso de fraude da operadora de cartão de crédito preocupada com a quantia gasta em um clube de strip. Esse não foi o único exemplo de seu comportamento que parecia preso a seus tempos de fraternidade. Em uma festa para funcionários, Jensen desafiou seus subordinados diretos a vomitar em sua cabeça em troca de 500 dólares.

O CEO foi uma presença particularmente memorável nos retiros anuais de verão organizados pela empresa no Mohonk Mountain House, um resort da era vitoriana às margens de um lago do estado de Nova York, a menos de duas horas de carro da sede da Bridgewater.

O retiro para gestores associados do verão de 2012 foi anunciado como um treinamento para funcionários, sem a presença de família. O retiro logo se transformou na experiência Greg Jensen. Ele não só era o funcionário mais sênior como parecia o que menos dormia. O dia era tranquilo, cheio de atividades de *team building* e caminhadas. Jensen entrava em ação de fato quando o sol se punha. Uma noite, o que era chamado de conversa em torno da fogueira, ou uma chance de fazer perguntas intensas para o CEO, se transformou mais em um show de stand-up. Com um executivo de recrutamento desempenhando a função de mestre de cerimônias, Jensen contou piadas sobre suas viagens com Dalio. Quando lhe pediram que descrevesse como era estar ao lado do bilionário em uma sauna no Japão, ele fez uma piada sobre o enorme estrato de Dalio e sua anatomia íntima.

Depois do stand-up, funcionários nadaram nus e festejaram em torno da fogueira. Jensen desafiou os presentes, tanto homens quanto mulheres, a tirar a camisa e a jogar nas chamas para demonstrar sua conexão com ele e uns com os outros. Dezenas aceitaram a proposta, e camisas substitutas foram distribuídas para a caminhada de volta ao hotel.

O CEO parecia estar de olho em uma das participantes em particular: Samantha Holland, apenas alguns anos mais nova que ele. O sistema de avaliação da Bridgewater tinha identificado Holland como uma profissional dedicada que dizia o que pensava. Formada em uma escola pública, ela havia trabalhado por um tempo no departamento de facilities da Bridgewater e tinha um toque aventureiro que faltava aos subordinados habituais de Jensen no departamento de investimentos. Ele havia notado a ascensão dela e a estava aconselhando sobre como levar a carreira para o próximo nível. A jovem contou a amigos que tinha começado a acreditar que a Bridgewater era um lugar onde poderia ir longe.

Depois que o grupo se dispersou do entorno da fogueira, Jensen convidou Holland para ficarem sozinhos. Eram apenas os dois, ambos casados, em torno das brasas que se apagavam.

Tire a blusa, disse ele.

Ela tirou.

Eles foram para a hidromassagem.

Os outros funcionários no retiro podiam estar bêbados, mas não eram cegos. Eles viram Holland voltar para o hotel com Jensen. Seja porque ficaram mesmo ultrajados ou apenas porque viram uma oportunidade de fazer o próprio nome criticando o principal representante de Dalio, alguns dos participantes reclamaram com o fundador que o fim de semana os havia deixado desconfortáveis.

Dalio mais uma vez encarregou Comey de descobrir a verdade.

Com seu gravador ligado, Comey entrevistou muitos dos que haviam participado do retiro. Jensen explicou a ele que todo mundo, inclusive Holland, tinha tirado a camisa voluntariamente. Quando Comey se reuniu sozinho com Holland, ele lhe perguntou sem titubear: Você achou que tinha escolha? Ela pensou antes de responder. Embora não tivesse sido fisicamente forçada, explicou, Jensen era muito superior a ela na hierarquia, o que a fez achar que não tivesse escolha.

Comey apresentou suas descobertas para Dalio, que agiu para varrer o episódio para o lado. Dalio anunciou a todos que tinha investigado a festa, e que não precisava haver mais perguntas.

Quanto às entrevistas de Comey com Holland e Jensen, era como se elas nunca tivessem acontecido. Essas gravações, e outras da investigação, foram mantidas fora da Biblioteca da Transparência. Dalio garantiu a Jensen que as fitas seriam removidas de circulação.

Se a investigação deixou Comey desconfortável, ele não fez disso uma questão pública. Mas, a essa altura, ele tinha começado a perceber que um emprego no maior hedge fund do mundo não era mais tão atraente quanto parecera antes.

O que tinha começado como uma oportunidade de faturar com sua reputação logo se transformara em um risco em potencial para ela. O nome de Comey estava sendo sussurrado para altos cargos no governo, e o que acontecia na Bridgewater tinha o potencial de destroçar, em vez de dourar, seu currículo. Como ele podia justificar a investigação de Murray, especialmente por não ter conseguido pegá-la? Ou que Jensen não tivesse recebido nenhuma sanção significativa por seu comportamento?

Restava mais um inquérito na agenda. Quase sozinho na imprensa, o velho antagonista de Dalio, o *Dealbreaker*, tinha continuado a publicar matérias céticas sobre a Bridgewater. De vez em quando, o blog era recompensado por seu ceticismo com um vazamento da empresa. Na primavera de 2012, o *Dealbreaker* atingiu outro veio de ouro. Recebeu, pela linha para denúncias anônimas, um fax com as instruções para o teste dos Princípios, que seria aplicado a todos os funcionários para avaliar se haviam decorado o manifesto de Dalio. As instruções, escritas por um dos alavancadores de Dalio, eram tipicamente rigorosas. A equipe de treinamento nos Princípios, escreveu o alavancador, ia "auditar as mentiras, e as mentiras serão punidas com severidade". A mesma equipe ia "acompanhar os atrasos e as faltas inesperadas", e os funcionários eram instruídos a "pensar duas vezes antes de faltar por 'doença'"!

Comey levou menos de 24 horas para descobrir quem era o responsável pelo vazamento. Ele examinou vídeos de segurança das máquinas de fax e viu que um funcionário tinha imprimido as instruções, procurara na internet os números do *Dealbreaker* e de Charlie Rose e transmitira o documento por fax. Ao rever as imagens, Comey chegou a uma conclusão embaraçosa. O culpado era um veterano de cinco anos na Bridgewater, formado em West Point e membro da própria equipe de segurança. A investigação foi entregue a Jensen.

O CEO da Bridgewater começou a trabalhar na investigação. Embora o membro da segurança a princípio negasse ter enviado o fax, logo admitiu que estava frustrado pelo teste dos Princípios que estava por vir. Ele citou especificamente a entrevista anterior de Dalio para Charlie Rose: como Dalio podia dizer que Os Princípios estavam abertos a críticas, então ordenar um teste de adesão a eles? Jensen perguntou por que o funcionário não tinha falado sobre isso internamente, primeiro, e o segurança respondeu que tinha feito isso. Jensen tomou nota de investigar em seguida o chefe da segurança.

Mesmo aqueles que simpatizavam com o argumento do segurança não se surpreenderam ao saber que ele tinha sido demitido. Muitos, porém, ficaram chocados quando abriram seus testes dos Princípios e descobriram que Dalio tinha decidido fazer do segurança um exemplo. Uma nova questão no teste revelava a todos o nome do responsável pelo vazamento, descrevia a investigação com detalhes sórdidos e pedia aos funcionários que concordassem que ele tinha sido tratado de maneira apropriada. Além de detalhar os acontecimentos prévios, a questão continha as conclusões do próprio Jensen sobre as falhas do segurança: "Agora parece [que o segurança] nutria má vontade e, por algum conjunto de razões, não conseguiu lidar com isso (com base em minha conversa, pareceu faltar lógica e grande confiança de que sabia como as coisas 'deviam' ser)".

Por outro lado, muito mais discrição envolveu o pedido de demissão de Comey em outubro de 2012, que não foi explicado por Dalio. Perguntas se amontoaram, e quando pediram aos funcionários que votassem sobre questões a serem resolvidas pelo conselho da empresa, o tópico mais votado foi a partida iminente de Comey, que expôs seu pensamento em um e-mail.

De: Jim Comey
Enviado: Quarta-feira, 3 de outubro de 2012, 13h50
Para: Bridgewater

Assunto: Por que Jim está indo embora?

[...] Eu gosto muito da Bridgewater. Amo a ideia de nossa cultura de transparência e verdade, e acho as duas viciantes [...].
   Como todos vocês, tenho pontos fortes e fracos. Entre meus pontos fortes estão algumas habilidades de liderança que não são críticas aqui, mas que são tanto necessárias quanto altamente eficazes no restante do mundo. Eu sorri (e fiz uma careta) quando vi as competências de liderança que foram

omitidas dos cards de beisebol, porque são algumas das coisas que me tornavam eficaz em todos os outros lugares: humor, comunicação, construção de equipes, adaptabilidade, lidar com paradoxos etc. [...].

Mas essas competências também são o que tornam o trabalho e a vida divertidos para mim. Tenho grande prazer em interagir com as pessoas, com todas as suas (e minhas) falhas. Adoro uma tirada inteligente. Gosto da sátira, do sarcasmo eventual, da demolição das ostentações e da vaidade humana [...].

Tem alguma coisa na busca inexorável da excelência com base na lógica que é inconsistente com o tipo de alegria que me anima. Em especial, pode ser algo sobre a natureza implacável da busca pelo alfa que cria uma personalidade institucional. Não estou dizendo que a personalidade da Bridgewater deveria ser diferente, só que ela é diferente. A Bridgewater reflete a personalidade de Ray, o que é uma coisa legal. Mas ele e eu somos pessoas muito diferentes [...] Eu vou ser melhor como um líder no setor público e como professor por ter estado aqui [...].

Nada é final, é claro, e toda a vida é uma curva (com tempo conceitual no eixo X), mas é assim que penso hoje e queria ser transparente em relação a isso.

Jim

Terceira parte

13

A máquina

Se a demissão de Jim Comey incomodou um pouco Dalio, ele não demonstrou isso. O fundador da Bridgewater agora tinha muitos elogios públicos aos quais recorrer. Pela primeira vez em 2012, a *Time* incluiu o bilionário em sua lista das cem pessoas mais influentes do mundo. O artigo que acompanhava sua chegada à lista era de autoria de ninguém menos que Paul Volcker, o ex-presidente do Federal Reserve, que escreveu:

> Para muitos hedge funds, o sucesso é evasivo; quanto maior o fundo, mais difícil é manter uma performance extraordinária. Ray Dalio, da Bridgewater, que administra 120 bilhões de dólares em dinheiro de investidores, desafiou as probabilidades ao longo de um quarto de século. Isso pode não qualificar Ray, 62, a estar em meio aos influentes. O que importa mais é que ele tem convicções fortes e um pouco fora do convencional sobre o funcionamento da máquina econômica. As opiniões que emergiram são prescientes. Ray foi, por exemplo, um dos primeiros a reconhecer os riscos do endividamento e da alavancagem excessivos na economia americana e em algumas economias europeias [...] Sua mente curiosa e ativa se reflete no fato de que, enquanto ele tem um navio oceânico, seu "iate" é equipado para a exploração do mar profundo.

No verão de 2012, uma mensagem urgente desse iate, enviada das ilhas Ogasawara, no sul do Japão, depois de ter atravessado o mundo em um instante, ricocheteando em satélites, chegou a Dalio, a cerca de 12 mil quilômetros de distância. O *M/V Alucia* estava investigando as águas profundas em torno das "Galápagos do Oriente" e fez uma descoberta rara.

Venha depressa, dizia a mensagem. *Você não vai acreditar no que encontramos.*

Dalio tinha comprado o *Alucia* por capricho um ano antes, depois de ter ficado sabendo que a embarcação tinha ajudado a vasculhar as profundezas do mar para descobrir os destroços de um avião que, aparentemente, tinha desaparecido. O navio grande e cinza de 56 metros parecia mais um destroier que um brinquedo de bilionário. O navio carregava submarinos com cascos de plástico transparente semelhantes a bolhas, capazes de levar o fundador da Bridgewater — um mergulhador amador — a mais de mil metros abaixo do nível do mar. Quando Dalio não estava no barco, ele o emprestava para pesquisadores de todo o mundo. Essa última expedição era uma busca pela lula-gigante, uma criatura assustadora e misteriosa com oito tentáculos longos, dois braços, sangue azul e globos oculares do tamanho de uma cabeça humana. A lula, que em um momento famoso (e fictício) atacou a tripulação do capitão Nemo em *Vinte mil léguas submarinas*, nunca tinha sido vista viva — até agora.

Uma vantagem de ser o cabeça de um hedge fund com uma coleção cada vez maior de novos executivos ávidos para provar seu valor era que Dalio podia andar de um lado a outro o quanto quisesse. Sua presença nem sempre parecia importar muito porque a empresa estava obtendo um ganho anual e tanto. Alguns meses antes de o *Alucia* zarpar, saiu a notícia da recente remuneração anual de Dalio: 3,9 bilhões de dólares em 2011, mais uma vez obtidos principalmente dos investimentos da Bridgewater em títulos do governo americano e das taxas pagas por clientes. O que tinha funcionado antes estava funcionando outra vez.

Mais ninguém na empresa tinha o mesmo horário de trabalho flexível que Dalio, então quando ele recebeu a ligação do *Alucia*, telefonou para seu velho amigo de Harvard, Michael Kubin. O que Kubin achava de ser uma das primeiras pessoas na Terra a ver a mítica lula-gigante? Primeiro, os dois voaram para Tóquio, e então fizeram uma viagem de 25 horas de balsa até uma ilha perto do navio. O ar-condicionado da balsa estava na potência máxima, e Kubin se lembra de ter passado a noite acordado, com os dentes batendo, sem conseguir fechar os olhos. Ele ficou impressionado que Dalio, a alguns centímetros de distância, dormisse alegremente. Kubin achou que isso se devia às famosas práticas de meditação de Dalio.

Na manhã seguinte, um Kubin de olhos embaçados perguntou como seu amigo conseguia dormir de forma tão impressionante.

— Não contei a você? Eu tomei um zolpidem — respondeu Dalio.

Os amigos deviam ficar a bordo do *Alucia* por uma semana, indo para a água com frequência para tentar ver a lula. No segundo dia, emergiram de uma tentativa submarina malsucedida com uma saudação agourenta do capitão do navio. Dois tufões estavam vindo em direção à embarcação. Dalio e Kubin foram forçados a voltar para Connecticut. Algumas semanas depois, cientistas a bordo gravaram muitas imagens da lula.

Dalio voltou para Westport decepcionado. Ele ficara empolgado com a esperança de fazer uma descoberta marítima inédita, mas, mesmo com todos os seus recursos, a viagem longa tinha sido em vão.

De volta à sede, ele entrou em um tipo de busca paralela, a caçada a uma descoberta científica singular e unificadora para explicar seu sucesso. Os Princípios não conseguiam fazer isso por completo. Embora Dalio com frequência dissesse que eles eram o esteio de tudo o que funcionava bem na empresa, Os Princípios diziam quase nada importante sobre finanças. Sem uma explicação unificadora de seu processo de investimento, a Bridgewater corria o risco de sofrer duas consequências inaceitáveis. Podiam achar que a empresa simplesmente tivera sorte, sendo o único hedge fund entre milhares cuja moeda tinha caído para o mesmo lado vinte vezes seguidas. Talvez igualmente assustadora fosse a possibilidade de que a empresa pudesse desaparecer com o tempo; Wall Street estava cheia de cadáveres de fundos bem-sucedidos que não tinham conseguido explicar seus períodos de performance ruim.

Então Dalio desenvolveu um irmão dos Princípios, mas para investimentos. Era uma metáfora de como a Bridgewater investia. Ele o chamou de "Como Funciona a Máquina Econômica". Como Os Princípios, a máquina econômica deveria ser determinista, de escopo amplo e capaz de fazer previsões. A máquina, como Dalio a desenhou em quadros brancos em inúmeras reuniões com clientes e entrevistas para a imprensa, era uma série de linhas retas e sinuosas, representando categorias como produtividade do trabalhador e dívida nacional que podiam ser medidas em todos os países. Colocadas juntas, as relações de causa e efeito entre esses fatores constituíam uma fórmula que o bilionário defendia ser capaz de mostrar se um país ia ter sucesso ou fracassar (ou seja, países com baixa produtividade tendiam a acumular grandes dívidas, fazendo com que fosse vantajoso apostar contra eles). A máquina disse a Dalio que países como a China, cheios de pessoas que trabalhavam duro e altos níveis de poupança, estavam destinados a eclipsar nações como os Estados Unidos e o Reino Unido.

— Assim como os corpos humanos, acredito que as economias de diferentes países funcionaram essencialmente da mesma maneira até onde se pode ver, de modo que as relações mais importantes de causa e efeito são atemporais e universais — afirmava Dalio.

A máquina era um espelho para o futuro, com base no passado.

Algumas semanas depois de sua busca pela lula-gigante, o bilionário resolveu botar à prova a ideia da máquina econômica. Ele convidou o historiador britânico Niall Ferguson para um encontro em Westport. Ferguson era uma aposta segura para entender a importância da descoberta de Dalio. Ele era professor de Harvard (muitos de seus ex-alunos trabalhavam para a Bridgewater), escritor prolífico e, assim como o fundador da Bridgewater, um pouco iconoclasta. Uma das filosofias que animava Ferguson era que a civilização ocidental era mais frágil do que parecia. Ferguson também estava na folha de pagamentos, como consultor remunerado, de diversas empresas financeiras, e quando ele recebeu o convite da Bridgewater, seu pensamento foi que, se jogasse bem suas cartas, podia ter a oportunidade de ganhar algum dinheiro.

A esperança de Ferguson se desfez quando ele leu o documento de mais de cem páginas enviado pela Bridgewater, explicando sobre a máquina econômica. Ele percebeu quase de imediato o que considerou serem falhas fundamentais. O trabalho ignorava que a cultura de uma nação podia levar a resultados econômicos melhores ou piores. A máquina também não levava em conta o que Ferguson chamava de "os caprichos dos tomadores de decisão", entre eles o papel da interferência e da engenhosidade humanas, que podiam levar, por exemplo, um país a declarar guerra contra outro ou escolher a paz.

Se esse trabalho tivesse sido feito por um de seus alunos de pós-graduação, Ferguson teria reprovado a pessoa. Ele não conseguia acreditar que estava lendo, como ele disse, os "textos sagrados" da Bridgewater.

Não sendo uma pessoa que fugia de boas discussões, Ferguson viajou até a Bridgewater. O que ele encontrou o lembrou de uma sala de aula universitária. Havia fileiras e mais fileiras de cadeiras arrumadas, cheias de jovens funcionários, reunidos para ouvir sua opinião sobre o trabalho do mestre. Dalio apresentou seu convidado, então se sentou em uma cadeira ao lado. Ferguson ficou de pé na frente, respirou fundo e olhou para as anotações que tinha feito alguns dias antes. *Der liebe Gott steckt im Detail*, lcu clc. (Literalmente, "O bom Deus está nos detalhes".) Ele começou de maneira amistosa.

— Você é o cara que ganhou bilhões. Eu sou só um professor. Mas, como professor, vou expor meus pensamentos. Não há maneira de modelar o processo histórico, e com certeza não há maneira de modelar as escolhas que países altamente endividados fazem.

Ferguson lançou um olhar de relance para o anfitrião, que ainda estava sentado, mas o palestrante e outras pessoas perceberam que Dalio estava prestes a soltar fumaça, sacudindo lentamente a cabeça e com as pernas inquietas. O professor prosseguiu com a fala. Embora fosse possível selecionar bons exemplos históricos de nações que desmoronaram sob o peso de suas dívidas, muitos países tinham crescido rápido o bastante para tornar as dívidas irrelevantes. Além disso, guerras, mudanças culturais, sistemas jurídicos competitivos, líderes políticos eficazes ou ineficazes e diversos outros fatores, entre eles a consciência humana, não podiam jamais ser medidos quantitativamente, muito menos serem colocados em uma fórmula.

— Não há um ciclo da história. Isso é uma fantasia — pontuou Ferguson.

Dalio pulou de pé, tremendo. O professor estava afirmando que o segredo da fórmula bem-sucedida de Dalio não tinha como existir.

— Onde está a porra de seu modelo, Niall? — gritou ele com o convidado.

O salão ficou imóvel. Não havia modelo — essa era toda a questão. O mundo e as pessoas eram infinitamente complicados. Não havia como solucionar esse problema. Mas antes que Ferguson conseguisse expor todo esse pensamento, Dalio repetiu:

— Onde está a porra de seu modelo?

A essa altura, Ferguson percebeu que não seria contratado tão cedo pela Bridgewater. Empregando um rígido sarcasmo britânico, o historiador se voltou para Dalio, fungou e escolheu as palavras com cuidado.

— Sempre acho que, quando uma pessoa fala palavrões, ela está perdendo a discussão.

O professor encerrou a palestra e se dirigiu para a porta. Pouco depois que chegou em casa, recebeu mensagens de um de seus ex-alunos que estivera entre as fileiras de funcionários no evento. Depois da partida de Ferguson — e com todo mundo ainda presente —, Dalio pediu uma votação instantânea. Quem tinha ganhado o debate, o fundador da Bridgewater ou o convidado?

Dalio ganhou, é claro.

A REAÇÃO DE FERGUSON PARECEU UMA ANOMALIA. DALIO TINHA pouca dificuldade para convencer pessoas de fora do valor de seu sistema.

Era um bom momento para ser Ray Dalio, e um bom momento para vender Ray Dalio. A empresa estava maior que nunca — administrando mais de 141 bilhões de dólares no fim de 2012 — e continuava a se expandir. Dinheiro novo entrava de sistemas de aposentadoria de professores, do interior dos Estados Unidos e até mesmo da Transport for London, uma agência do governo local de Londres responsável pelas aposentadorias dos trabalhadores ferroviários. Que o fundo principal da Bridgewater tivesse evitado por pouco o primeiro ano de perdas em mais de uma década não parecia incomodar os investidores ou Dalio. O Pure Alpha subiu apenas 0,6% em 2012, mas o fundador mesmo assim recebeu 1,7 bilhão de dólares. Ele culpou uma falta de confiança em si mesmo pelo ano contido. O problema, falou ele a clientes, era "o dimensionamento relativamente pequeno das posições". Em outras palavras, a empresa acreditava que estava certa, mas era cautelosa demais.

Outro fator competia para tirar a atenção de Dalio dos investimentos da empresa. O dinheiro estava em pauta — seu próprio dinheiro. Enquanto levantava mais fundos para os cofres da Bridgewater, ele trabalhava com fervor em um caminho paralelo para retirar o seu.

O bilionário encarava, segundo o jargão de Wall Street, um problema de liquidez. Incontáveis bilhões de dólares de sua fortuna estavam presos na posse da Bridgewater. Ao contrário de ações, títulos e outros ativos que o hedge fund comprava e vendia com facilidade para seus clientes, Dalio não tinha um jeito fácil de transformar a propriedade da empresa em lucros de verdade. A Bridgewater com certeza valia alguma coisa — se 2012 tinha provado algo foi que o empreendimento podia continuar a arrecadar bilhões em taxas anuais sem ganhar muito dinheiro para os clientes —, mas não estava claro quanto ela era valiosa. Não havia maneira óbvia para calcular seu valor, nem para garantir que a empresa construída por Ray fosse sobreviver após sua saída. Hedge funds não eram muito diferentes de restaurantes caros criados por chefs famosos: sem o nome em cima da porta, os clientes podiam não aparecer mais. Dalio estava muito consciente de que era mais comum que hedge funds murchassem que florescessem com a passagem de bastão para a próxima geração.

Dalio contornou esse problema anunciando que não pretendia sair. A empresa estava apenas passando pelo que ele chamou de "transição planejada" do grupo original de gestores (principalmente Dalio) para o seguinte, que incluía Jensen. Embora o fundador afirmasse que estava permanecendo por amor aos investimentos, havia outra razão igualmente boa. A Bridgewater, era provável, só valia muito com ele no comando. Para ganhar o máximo possível com sua parte da empresa, seria necessário permanecer mais um pouco.

Para encontrar um comprador, Dalio abriu sua agenda de telefones. A Bridgewater ligou para Wichita, Kansas, pedindo aos irmãos bilionários Charles e David Koch dinheiro para comprar sua parte. O hedge fund enviou Jensen e Prince para a remota Lubbock, no Texas, onde imploraram que o sistema de aposentadorias dos professores do Texas entrasse no negócio. O próprio Dalio cuidou dos pedidos mais distantes: a China, o Oriente Médio e Singapura. Ele foi pessoalmente a Singapura, levando consigo uma pequena equipe para uma reunião particular com a esposa do primeiro-ministro, administradora de um dos maiores fundos soberanos do país, a Temasek Holdings. Ali, com um pedaço de macarrão pendurado estranhamente na gravata, ele falou um pouco sobre o mundo dos investimentos, e então começou a dissertar sobre os sistemas de avaliação de seus funcionários.

A mais recente e maior de suas invenções, revelou ao grupo, era um aplicativo chamado Dot Collector [em tradução livre, Colecionador de Pontos]. O software vinha pré-instalado nos iPads entregues a todos da Bridgewater e era onipresente na empresa. O Dot Collector era uma versão poderosa e em tempo real dos cards de beisebol — ele agregava os feedbacks, ou pontos, com os quais as pessoas se avaliavam e atribuía um valor em 77 categorias de qualidades humanas, como "viver em verdade" e "investir profundamente para saber como a máquina funciona". A novidade mais empolgante do aplicativo, disse Dalio em Singapura, era que ele enfim tinha conseguido equilibrar todos os dados de maneira correta. Uma equipe de engenheiros da Bridgewater tinha descoberto um fator X registrado, conhecido como credibilidade. Com a credibilidade adicionada à equação, pontos de certos funcionários podiam influenciar a pontuação dos demais de forma desproporcional. Ele garantia que as pessoas com mais credibilidade fossem ouvidas acima do restante. A credibilidade era a chave para manter uma meritocracia.

Na mesma viagem, Dalio deu uma entrevista para um jornal local e falou de sua ambivalência em relação à riqueza e seus benefícios:

— O *status* não é saudável. Não gosto de luxos. — Ele apontou para o relógio Orvis de 150 dólares no pulso. — O dinheiro não é um fim em si mesmo.

Os alvos da proposta de Dalio tinham uma coisa em comum além de controlar algumas das fortunas mais vastas da Terra. Eram clientes da Bridgewater que investiam, em alguns casos, bilhões de dólares nos fundos da empresa. Mas essa era uma oportunidade diferente. O fundador não estava oferecendo ajuda para espalhar seu dinheiro por mercados ao redor do mundo. Estava sugerindo que os clientes entregassem as fortunas diretamente a ele, que em troca prometia uma parte do mais escasso dos bens: sua empresa. Ele disse aos clientes que a Bridgewater era uma instituição duradoura, uma instituição cujo processo de investimento era sistemático, repetível e com base em regras que mais ninguém poderia igualar. O argumento era tão poderoso que, para grandes investidores, a Bridgewater começou a ser vista não apenas como mais uma gestora de investimentos, mas como a escolha natural e mais segura. Entre as pessoas encarregadas de investir dinheiro para entidades ricas, começou a circular uma frase incrível: "Ninguém nunca foi demitido por contratar a Bridgewater Associates". Em outras palavras, mesmo que o fundo não tivesse uma boa performance, ninguém podia ser culpado por escolher um nome tão confiável quanto esse em gestão de dinheiro.

O que era importante: nessa linha de pensamento, importava pouco que o fundador da empresa inevitavelmente se afastasse. Dalio deixaria para trás Os Princípios, que garantiam aos futuros líderes o benefício de suas instruções.

A turnê mundial rendeu frutos. Os fundos geridos pelo governo de Singapura concordaram em comprar uma fatia da parte de Dalio. O fundo dos professores aposentados do Texas também entrou; o fundo de aposentadoria dos funcionários públicos pagou 250 milhões de dólares por uma fatia de 2,5% da Bridgewater. A conta significava que 100% da Bridgewater estava avaliado em 10 bilhões. Dalio ainda possuía mais da metade da empresa. De uma hora para outra, sua participação acionária passou a valer algo muito real.

Dalio celebrou sua riqueza comprando uma casa nova. O homem com o relógio de 150 dólares adquiriu a residência mais cara já vendida nos Estados Unidos. Chamada de Copper Beech Farm, que sugeria algo um tanto rústico, era na verdade um complexo de 200 mil metros quadrados com uma mansão em estilo renascentista com vista para 1,5 quilômetro do litoral de Greenwich, Connecticut. Uma entrada de carros com 55 metros de extensão mantinha a propriedade fora de vista, embora de certos ângulos fosse possível ver uma torre de relógio erguendo-se acima das árvores. A venda da casa incluiu duas ilhas particulares perto da costa, por um total de 120 milhões de dólares.

Em entrevistas, porém, Dalio continuava a declarar sua falta de interesse nos ornamentos do sucesso. Encomendou e narrou ele mesmo um vídeo de trinta minutos no YouTube sobre sua teoria da máquina econômica, com números cartunizados e uma bizarra trilha sonora de inspiração faroeste. "A economia funciona como uma máquina simples, mas muitas pessoas não entendem isso", falava Dalio em voice over. "Isso levou a muito sofrimento econômico desnecessário. Tenho uma profunda sensação de responsabilidade."

Um conselho gratuito de um gestor de hedge fund bilionário, o vídeo foi um sucesso imediato. Quando se aproximou de 1 milhão de visualizações, Charlie Rose ligou para Dalio e o chamou para uma entrevista no *CBS This Morning*, um programa de exibição nacional com espectadores no coração dos Estados Unidos. Ray aceitou. Era seu maior palanque até então, e uma chance de ser mostrado para as massas como um bilionário benevolente. Sentado de frente para Rose, os dois homens vestindo ternos escuros, Dalio tomou conta da situação e, sem pestanejar, deu início a seu habitual discurso sobre a Bridgewater enquanto a CBS exibia a legenda: AS REGRAS DE RAY.

— Basicamente chegamos aos fundamentos de como as pessoas pensam de forma diferente em relação àquilo visto como certo ou errado, a como elas são — explicou Dalio. — É como entrar na cabeça de um SEAL da Marinha, a experiência é assim. A pergunta-chave é: você pode superar a barreira de seu ego? É doloroso. Há uma dor mental, como uma dor física nos SEALs. Você consegue superar a barreira do ego? Consegue descobrir o que é verdade?

Rose rapidamente passou para uma questão maior, uma questão que parecia sugerir que o apresentador tinha começado a perceber a ironia de Dalio afirmar ter dominado seu ego enquanto dava uma entrevista assistida por milhões.

— Você disse que tem que deixar o ego do lado de fora, mas não há, dentro de você, esse ego enorme...

Dalio interrompeu Rose.

— Nããããooooo — respondeu ele, estendendo a palavra e sacudindo a cabeça.

— Espere, quero ouvir você dizer isso. Ego, porque você quer ter o maior e melhor hedge fund...

— Nãããooo.

Rose apresentou suas provas.

— Você não quer ter o maior e melhor hedge fund. Você quer dizer: "Eu defini a máquina econômica, que é a forma como as economias do mundo funcionam. Estou mostrando isso para você. É assim que funciona, não tem outro jeito".

— Isso é ego?

— Eu estou perguntando. Por que isso não é ego?

— Bem, acho que isso pode ser motivado, as pessoas podem ver isso como sendo motivado pelo ego.

— Isso é altruísmo?

— É altruísta.

— É mesmo?

A voz de Dalio de repente ficou estridente, com impaciência perceptível.

— Olhe, é mesmo. — Ele fez uma pausa por um momento. — Tenho 64 anos. Não quero ter medo. Medo de estar aberto.

— Com o enorme sucesso que teve, o que você quer?

— Eu só quero evoluir. Tudo é apenas evolução pessoal. O que acontece é que acho que na ordem natural das coisas, você tem esses desafios diferentes, então você supera esses desafios e evolui.

A ENTREVISTA NA CBS AJUDOU O VÍDEO DE DALIO "How the Economic Machine Works" [em tradução livre, Como a máquina econômica funciona] a conseguir ainda mais visualizações. A apresentadora que dividia o programa com Rose, Gayle King, chegou a dizer no ar depois da entrevista:

— Agora fiquei com vontade de ver esse vídeo no YouTube.

Ele ultrapassou a marca de 1 milhão, depois 5 milhões, depois 10 milhões e, então, ultrapassou os 25 milhões. Dalio ganhou muitos seguidores ao redor do mundo. De estudantes a investidores profissionais e donas de casa, todos intrigados com o gestor de um hedge fund bilionário revelando os segredos de seu sucesso. Estranhos o abordavam em público e lhe agradeciam por seus insights ou pediam seu autógrafo ou uma foto. Os e-mails não paravam de chegar. O *caddie* de Long Island tinha se tornado uma celebridade.

O antigo colega de turma de Dalio na HBS, Kubin, assistiu à transformação com assombro. Kubin, fundador em série de startups, tinha estudado com muitos homens e mulheres de sucesso, mas Dalio estava atingindo um novo nível de fama. As férias dos dois homens (em geral acompanhados por suas esposas) ficaram mais elaboradas, pois em alguns países estrangeiros Dalio agora era como um dignitário em visita. Em uma viagem para Israel, os Kubin e os Dalio foram levados a visitar Shimon

Peres, ex-primeiro-ministro. Kubin mal podia imaginar a entrada nesse mundo empolgante.

Entretanto, um pouco do bilionário argumentativo nunca parecia abandonar Dalio, mesmo nas férias. Nas viagens do grupo durante um verão israelense ardente, estava ainda mais quente no Muro das Lamentações, o antigo monumento histórico e sítio religioso de interesse no coração de Jerusalém. Um forte sol do meio-dia os castigava quando os homens, de acordo com os costumes judaicos, se separaram das mulheres, para se aproximar do muro. Kubin esperava rabiscar um bilhete rápido, como era a tradição, e colocá-lo em uma fenda no muro. Entretanto, Dalio entrou em uma conversa animada com um estranho — um dos muitos judeus ortodoxos reunidos no muro para rezar. Kubin pôde ouvir fragmentos da conversa.

— Por que você reza? — perguntou Dalio. — O que você ganha com isso?

Kubin riu sozinho. Ali estavam eles, na atração mais famosa de Israel em um dia muito quente, e Dalio estava perdendo tempo fazendo perguntas para um estranho.

Com muito mais frequência, porém, eram apenas os dois amigos e uma tripulação. Eles navegaram por ilhas ao redor do mundo, indo a qualquer lugar onde Dalio soubesse que havia um grande mergulho. Depois de perderem por pouco a lula-gigante, eles se asseguraram de chegar a tempo para ver os golfinhos-rotadores no remoto arquipélago de Fernando de Noronha, perto da costa do Brasil.

Embora o iate de Dalio exibisse uma coleção de vinhos fantástica, Kubin afirmou que o amigo com mais frequência buscava novas experiências, em vez de apenas aliviar a tensão ou simplesmente relaxar.

— Ele não usa seu barco para recreação. Sempre há um propósito.

Kubin percebeu que o amigo tendia a se aferrar a um traço de independência. Certa vez que saíram de barco, perto da Costa Rica, os dois viajaram com um grupo de mergulhadores experientes. A ajuda deles era necessária porque Dalio estava determinado a nadar com os tubarões-galha-branca-do-recife. As criaturas elegantes de cerca de um metro gostam de ficar quase no fundo do oceano, perto de recifes de coral, e raramente se aproximam da superfície. Durante o dia, os tubarões repousam em cavernas, então o melhor momento para vê-los era à noite, quando estavam caçando. Os instrutores deram a Dalio e a Kubin orientações claras: fiquem acima dos tubarões, e não entrem debaixo deles. Se você fizer isso, os tubarões vão confundi-los com presas e atacar.

— Você não precisa me avisar duas vezes — disse Kubin.

Dalio e Kubin vestiram os trajes de mergulho, prenderam os tanques e mergulharam com seus guias para as águas serenas abaixo da superfície. Os instrutores escolheram bem o local: havia muitos tubarões. Kubin nadou um pouco, admirando a vista. Então viu Dalio nadar depressa a fim de se posicionar abaixo dos tubarões para vê-los mais de perto — exatamente o que haviam sido alertados a não fazer.

O guia de Dalio puxou-o na direção da superfície e o arrastou gotejando na direção do barco.

— Ele literalmente o agarrou — disse Kubin.

Depois de repreender Dalio, o mergulhador profissional, sacudindo a cabeça, foi conversar com o guia de Kubin.

— Eu já vi isso acontecer antes — comentou um guia para o outro. — Não sobrou nada, só o tanque.

O outro instrutor respondeu:

— Eu já os vi comerem o tanque também.

14

Prince

As viagens de Dalio proporcionavam uma oportunidade para Greg Jensen. Talvez desejando provar que podia substituir o fundador em sua ausência, Jensen fazia de tudo para o impressionar.

O primeiro passo visível foi erguer sua própria base de poder. As festas em sua casa ajudaram, assim como, em um ano, levar um grupo de funcionários leais em seu jato particular para assistir ao Super Bowl. Todos queriam cair nas graças de Jensen e ser convidado a se juntar à sua equipe — algumas mulheres na Bridgewater chegavam até a se chamar de os Anjos de Greg [uma brincadeira com o título do seriado e do filme americano *Charlie's Angels*, traduzido como *As panteras*]. Mas o grupo social não era o bastante. Era Dalio quem controlava o dinheiro, e todos sabiam que o fundador era propenso a distribuir aumentos ou cortes no pagamento por capricho. Jensen, aparentemente, decidiu que ele também podia fazer chover. Começou a pagar bônus de 1 milhão de dólares para membros do time de investimentos de seu próprio bolso, um gesto incomum que fez com que alguns funcionários ficassem ainda menos propensos a contrariá-lo.

Ele também encontrou um jeito de fazer com que Dalio pagasse mais para a equipe de investimentos. Mesmo pelos padrões dos hedge funds, a Bridgewater tinha uma política especialmente rígida que proibia seus funcionários de negociarem em contas pessoais, com medo que eles usassem o conhecimento do maior hedge fund do mundo para lucro pessoal. Jensen, porém, sabia que mesmo os analistas mais jovens estavam loucos para fazer negociações por fora usando suas próprias ideias, e ele ajudou a convencer Dalio a encontrar uma solução, chamada de o jogo do trading. A equipe de investimentos podia fazer negócios de mentira (apostando que determinada ação ia subir, por exemplo), e Dalio assumiria o outro lado. Ele estava basicamente agindo como o mercado. Se a ação subisse, o chefe pagava a diferença; se caísse, o funcionário ficaria devendo a Dalio. A proposta agradou ao lado competitivo de Dalio, que concordou.

Com a equipe de investimentos satisfeita, Jensen se voltou para o resto da Bridgewater. Levando-se em conta a importância que Dalio dava ao sistema de avaliações dos Princípios, não foi surpresa que Jensen transferisse Paul McDowell para se reportar diretamente a ele. Então o CEO começou a encher os quadros com mais de seu pessoal. No início de 2013, contratou J. Michael Cline, um empreendedor competente e executivo de private equity, como vice-presidente. Cline tinha sido um dos fundadores da Fandango, empresa de venda de ingressos para cinema, antes que outro de seus empreendimentos, um conglomerado de serviços para cartões de crédito, tivesse problemas jurídicos devido às táticas agressivas de cobrança de dívidas em prontos socorros, enfermarias oncológicas e salas de parto em hospitais. Cline, de ombros largos, cabelos castanho-escuros fartos e com cerca de 50 anos, tinha um ar confiante e gostava de tomar decisões rápidas. Ele não parecia propenso a sucumbir no caos da Bridgewater. Em suas entrevistas para o hedge fund, Cline mencionou que adorava o "360 negativo", uma prática de sair perguntando para descobrir o feedback mais negativo possível sobre novos contratados ou parceiros de negócios. Esse era o único jeito, afirmava Cline, de realmente saber com quem se estava lidando. Jensen gostou da ideia e disse:

— Somos almas gêmeas. Pensamos do mesmo jeito.

Para trabalhar com Cline, Jensen precisava de um executor para substituir seu aliado Comey, que tinha ido embora. Cline sugeriu um nome, Kevin Campbell, um consultor administrativo com muita experiência.

Campbell chamava a atenção quando entrava em uma sala. Ele tinha, como pontuou um funcionário da Bridgewater em aprovação, "duzentos quilos, mas tinha a energia de um urso". Campbell foi rapidamente contratado. Cline disse a Jensen, segundo uma pessoa que ouviu a conversa:

— Você pode passar para ele toda carga de trabalho que quiser.

Campbell foi encarregado de limpar as cadeiras à sua volta. Eileen Murray tinha sido rebaixada no rastro de seu julgamento, *Eileen mente*, mas ainda estava na área, lutando para receber de volta o *status* de CEO. Ela ainda tinha do seu lado Katina Stefanova, que se reportava diretamente a ela e que, para a irritação infindável e visível de Jensen, ainda estava nas graças de Dalio. David McCormick, que permanecia entre os executivos depois do confronto com seu ex-amigo Julian Mack, era outra ameaça clara.

Jensen tinha uma vantagem sobre todos eles: conhecia Os Princípios melhor do que ninguém, e todo mundo sabia quanto era importante para Dalio que eles fossem seguidos com rigidez. Jensen também era o principal exemplo de que, embora fosse admirável seguir Os Princípios, a verdadeira recompensa vinha de exibi-los com o maior estardalhaço possível, de preferência na presença de Dalio. A fidelidade aos ensinamentos tinha ajudado Jensen a chegar até ali, e ele estava determinado a seguir agindo da mesma forma. Quando o fundador voltou de uma de suas viagens, Jensen jogou suas cartas.

O momento escolhido foi uma reunião ordinária para atualizar Dalio sobre o que acontecera enquanto estava fora — e muitos estavam presentes. Não havia algo como plateias pequenas quando se tratava de Dalio. A única pista de que a reunião não seria comum foi uma enquete enviada para funcionários alguns minutos antes: "Seu controle de folgas está correto?". Ela era estranhamente específica.

Jensen e Murray entraram na sala separados, cada um com seu séquito, como boxeadores se aproximando do ringue cercados por umas doze pessoas em suas equipes. Sentada à frente de Jensen, Murray se preparou para o interrogatório de sempre. Em vez disso, Jensen se dirigiu a um homem ao lado dela, um de seus subordinados diretos, um veterano de cinco anos na empresa, e começou a falar de forma muito agradável.

— Como você está? Tem tirado alguma folga? Está conseguindo relaxar um pouco?

— Só jogando golfe de vez em quando.

— Quanto tempo de folga você diria que tem tirado?

— Nada fora do normal.

Um brilho cintilou nos olhos de Jensen, recordam as pessoas. Ele olhou de relance para Dalio, em seguida para Murray, então olhou para as câmeras nos cantos, gravando a coisa toda. Tirando o máximo proveito do momento, com muita calma, Jensen pegou um fichário à sua frente, mas o largou sobre a mesa. Ele bateu na pasta com uma pancada seca, o único som na sala. Quando falou, sua voz perdeu qualquer sinal de cordialidade, assumindo um tom ácido.

— Você tem direito a três semanas e meia de férias, mas esteve ausente por seis semanas.

Jensen apontou para o fichário. A prova estava ali. Ele tinha mandado sua equipe verificar as imagens das câmeras de segurança.

— Não sei se este é o lugar certo para falar sobre isso — protestou o funcionário. — Talvez possamos deixar isso de lado agora...

Dalio ficou de pé, interrompendo a conversa.

— Isso não parece correto. O que aconteceu? Você estava aqui ou não?

— Acho que devíamos prosseguir com a reunião — disse o homem.

— Devemos fazer isso agora — falou Jensen.

Ele chamou Kevin Campbell, sua contratação valiosa, corpulenta e de voz grave. Jensen mudou o foco para Murray. Esse era um problema de gestão, afirmou ele com gravidade — ou falta dela. Murray tinha as pessoas erradas nos cargos errados, e ela nem percebia se os subordinados estavam presentes. Era a violação de um Princípio crucial: "Entender a diferença entre gestão, microgestão e nenhuma gestão".

Dalio se voltou para Murray de forma inquisitiva. Ela estava quase sem fala, mas pontuou que aquilo era uma armadilha. Jensen nem lhe dera um momento para examinar seu grosso fichário de provas. Dalio concordou em dar à mulher uma noite para examiná-lo e ordenou que ela e o funcionário comparecessem diante do conselho administrativo no dia seguinte para um julgamento completo. Jensen começou a se preparar para a sondagem.

Ele nem teve essa chance. Antes que o sol nascesse, o funcionário tinha contratado um advogado, que negociou uma demissão indenizada. Em seguida, foi falar com Dalio, afirmando que toda aquela situação era uma farsa.

— Seu interrogador é o carrasco. Tudo isso está armado!

Sem um cadáver quente para examinar, o interesse de Dalio pelo assunto tinha nitidamente evaporado. Ele já tinha julgado Murray. Teria sido cedo demais, e talvez nada divertido, conduzir outro julgamento tão cedo. Jensen apareceu no dia seguinte cheio de energia, pronto para aplicar seu golpe, mas não havia ninguém para atingir. A chance de acrescentar mais uma estrela ao peito tinha escorrido entre seus dedos.

MUITOS NA BRIDGEWATER, TANTO AMIGOS QUANTO INIMIGOS DE Jensen, achavam óbvio o motivo de sua permanência na empresa. Fazia quatro anos desde que, em 2009, Dalio anunciara sua aposentadoria iminente, e muitos — inclusive Jensen — ainda falavam sobre esse cenário como se a qualquer dia pudesse acontecer. Bastava esperar até que Dalio, por escolha ou intervenção divina, fizesse sua saída inevitável. Jensen ia mergulhar no vazio.

Por alguns momentos, parecia que a aposentadoria do fundador podia acontecer relativamente rápido. Em junho de 2013, Dalio recebeu um diagnóstico assustador de esôfago de Barrett, uma doença que afetava o tecido do órgão e com frequência levava a um câncer mortal. Foi dito que ele tinha no máximo três anos de vida. Em uma anotação na agenda feita para ele mesmo no dia seguinte, escreveu: "Essa notícia focou minha atenção no final com mais clareza".

Dalio contou o diagnóstico para muita gente na Bridgewater, e isso lhe valeu um merecido período de solidariedade. Para muitos, era fácil se relacionar com a vulnerabilidade que compartilhavam com o fundador, e sempre destacavam o que o chefe dizia sobre o hedge fund ser um lugar para a formação de relacionamentos significativos. Os funcionários estavam sendo envolvidos nas decisões mais íntimas que uma pessoa podia enfrentar.

Dalio reuniu seus principais subordinados, entre eles Jensen, e revelou que sentia um impulso renovado para se afastar. Em uma gravação editada e depois liberada para o público por Dalio, a conversa se desenrolou da seguinte maneira:

— Eu quero fazer isso com um verdadeiro sentido de responsabilidade. Eu me importo muito com a Bridgewater... eu me importo com todos vocês.

Seu discurso foi recebido com palavras de aprovação pela sala.

— Todo mundo precisa se acostumar com a minha ausência, e trabalhar nesse cenário. A razão para estarem nesta sala é que considero vocês minha família. Eu posso conversar com vocês, posso confiar em vocês. Estou nisso, de certa forma, comprometido com vocês por [...].

Nesse momento, Dalio se calou ou a fita foi editada para remover qual seria o tempo do compromisso.

— A realidade — acrescentou ele — é bela.

Cinco semanas depois, Dalio teve outro diagnóstico. Conversou com diversos outros médicos e acabou se submetendo a um procedimento relativamente simples que revelou que seu prognóstico não era nada ruim. Ele não tinha nenhum risco especial de câncer — e seu impulso para deixar a Bridgewater pareceu evaporar mais uma vez.

APESAR DE SUA PROMOÇÃO PROMETIDA PARECER CONGELADA PARA sempre, Jensen estava colhendo um prêmio de consolação consistente. Ao longo de apenas três anos, 2011, 2012 e 2013, a plataforma de pesquisa da indústria Alpha relatou que ele ganhou um total de 815 milhões de dólares. Embora essa fosse apenas uma fração da remuneração de Dalio, também era o bastante para projetar Jensen para as listas de gestores de hedge fund mais bem remunerados — ele ganhou mais que a maioria daqueles que tinham as próprias empresas.

Entretanto, apenas umas poucas pessoas sabiam de sua outra razão para ficar. O fundador tinha elaborado um arranjo complicado no qual quanto mais dinheiro Jensen parecia ganhar, mais, na verdade, ele devia. Dalio desafiara Jensen, como condição para a contratação do homem mais jovem, a comprar lentamente sua parte da Bridgewater. Jensen não tinha nem de longe dinheiro suficiente, então a Bridgewater lhe emprestava — transferia pequenas frações de sua propriedade a cada ano, resultando em uma dívida gigantesca com o acionista majoritário, que por acaso era Dalio. A dívida de Jensen disparou com o aumento do valor da Bridgewater. Quando Dalio vendeu parte da empresa para o fundo de pensão dos professores do Texas, não apenas sua própria participação foi impactada. Como a Bridgewater valia mais, isso faria com que o próprio dízimo de Jensen nesse ano também ficasse muito mais caro.

O resultado do acordo foi que os pagamentos polpudos, embora parecessem atraentes para quem estava de fora, na verdade não caíam na conta de Jensen, mas pagavam os empréstimos. Muito do que parecia ser de Jensen era usado para pagar, via Bridgewater, sua dívida com Dalio (e parte do restante pagava os bônus que Jensen dava para sua equipe). A situação acrescentava enorme pressão sobre Jensen para manter os investimentos da Bridgewater no azul. E ele conseguia fazer isso, mas por pouco. O Pure Alpha teve retorno de apenas 5% em 2013 e 4% em 2014, enquanto o All-Weather alternou anos de alta com anos de baixa. Para Jensen, era a pior hora para que os elogiados investimentos da Bridgewater apresentassem problemas.

Em meados desse período difícil, os assessores financeiros pessoais de Dalio marcaram uma reunião com Jensen. A equipe tinha percebido que a dívida de Jensen estava aumentando, e estavam preocupados que o destino dos dois homens estivesse desconfortavelmente entrelaçado.

Se Jensen não pudesse pagar, a dívida podia abrir um buraco na fortuna de Dalio. O trabalho deles, explicaram os assessores, era impedir que o rombo acontecesse.

Pediram a Jensen que apresentasse garantias para os empréstimos. Ele os encarou sem expressão.

— Eu não tenho nada — revelou Jensen. — Só minha casa.

O grupo concordou em adiar a questão para outro dia.

Jensen não teve escolha além de mergulhar mais fundo na Bridgewater, torcendo para que Dalio mantivesse a palavra e se aposentasse. As festas na casa de Jensen ficaram mais longas e mais frequentes, com celebrações loucas toda sexta-feira à noite. Ele se reconectou com Samantha Holland, sua ex-amante, que ainda trabalhava na Bridgewater, onde seu salário anual de seis dígitos ajudava a compensar parte da humilhação que sofrera. Jensen começou a lhe contar sobre as frustrações com sua posição na empresa, recordam pessoas que os conheciam. Os dois riam sobre as versões distintas de Dalio — o personagem simpático e de bom coração que ele interpretava nas entrevistas para a imprensa e no período posterior a seu diagnóstico, e o homem duro que viam com tanta frequência no escritório. O fato de os dois terem sobrevivido a seu caso anterior tornava a segunda vez ainda mais empolgante.

Parecia que Jensen encontrara em Holland alguém que estava a seu lado e em quem podia confiar. Enquanto ele estava na primeira fila da experiência Ray Dalio, Holland lhe contou sobre a visão das arquibancadas mais distantes. Revelou que os funcionários mais baixos morriam de medo de irritar Dalio e viam Jensen como sua melhor esperança para tempos mais saudáveis no futuro. Todos esperavam que ele fosse promovido. Jensen parecia se encher com a confiança de um homem em uma missão maior que ele mesmo. A Bridgewater precisava dele tanto quanto ele precisava da Bridgewater.

Depois de tantos anos na transição de Dalio para a aposentadoria, havia pouca chance de pressioná-lo em relação a esse tema — em especial com os investimentos no hedge fund patinando. Dalio precisaria ver por si mesmo que seu protegido estava pronto para comandar a empresa. Jensen lançou o olhar para a Bridgewater e parou na área mais importante no coração de Dalio: Os Princípios. Se Jensen conseguisse encontrar um jeito de mostrar ao fundador que Os Princípios estavam em mãos estáveis, isso talvez fosse suficiente.

Os Princípios continuaram a crescer. O que era um tratado de 83 páginas em 2010 tinha aumentado para 110 páginas no ano seguinte e estava com 208 em uma versão impressa distribuída aos funcionários. Uma equipe inteira era responsável por ajudar Dalio a fazer atualizações. O "botão da dor", agora vivo depois de muito desenvolvimento, tinha se transformado em uma versão dinâmica de Dor + Reflexão = Progresso. Ele tinha um controle para os funcionários girarem em um movimento de 360 graus e informar seu nível de descontentamento em qualquer momento que estivesse sendo sondado, diagnosticado ou apenas criticado.

— É como um psicólogo — afirmou Dalio.

Também havia o solucionador de disputas, que pedia aos funcionários que falassem sobre os dois lados de uma discussão e, teoricamente, descobrissem quem estava com a razão, de acordo com Os Princípios. O mais onipresente de todos era o Colecionador de Pontos, a ferramenta de avaliação que Paul McDowell ajudara a desenvolver e que Dalio tinha demonstrado para clientes em Singapura. Atribuir pontos estava quase se tornando um vício para os funcionários. Os engenheiros do hedge fund fizeram uma análise e determinaram que, em média, as pessoas abriam o aplicativo a cada vinte minutos ao longo do dia de trabalho, ou para avaliarem os outros ou para verificarem as próprias métricas.

Dalio parecia empolgado com o crescente conjunto de ferramentas dos Princípios nos iPads da empresa que todo funcionário carregava. A coleção de aplicativos, que antes se chamava Vassal, ganhou um nome novo: Book of the Future. Embora os aplicativos ainda fossem um segredo para o público, a promessa do Book of the Future era sempre comentada dentro da empresa. Quando a obra estivesse pronta, afirmava Dalio com frequência, ele não seria mais necessário para gerir a Bridgewater.

Chamar aquilo de livro era confuso porque a parte central era outro software ainda em desenvolvimento, que o fundador chamava de Prince, uma abreviação dos "Princípios". O Prince devia ser o equivalente à Siri, a assistente inteligente da Apple. Da mesma forma que bilhões de consumidores em todo o mundo falavam com a Siri para obter as respostas às suas perguntas, o Prince também seria a única fonte para respostas segundo Os Princípios. Inicialmente, o produto seria usado dentro da empresa, e depois, esperava Dalio, em todo o mundo. Como ele falou a um grupo na Bridgewater, o Book of the Future seria tão histórico quanto a invenção do primeiro iPhone. Se isso parecia exagerado, Dalio costumava dizer que Steve Jobs também tinha ignorado os céticos em seu caminho para mudar o mundo.

Ao apresentar a tarefa para a equipe de tecnologia da Bridgewater, que incluía Paul McDowell, o bilionário a resumiu como:

— Você está tendo uma discussão com sua esposa, pega o iPad e pergunta: "Prince, o que eu faço?".

McDowell respondeu:

— Ray, se eu pegasse meu iPad e usasse essa frase no meio de uma discussão com minha esposa, em um segundo minha cara ficaria com o formato de um iPad.

Dalio não riu.

Para Dalio, assim que o Book of the Future estivesse vivo, ele resolveria os problemas mais urgentes que restavam na Bridgewater. Finalmente, não haveria desculpas para desviar dos Princípios. O Prince seria a voz de Dalio em toda reunião. A nova tecnologia parecia pronta para solucionar as dificuldades de Jensen também. Com o Prince na sala, talvez Dalio percebesse que nem sempre precisava estar.

Assim, os dois homens estavam em busca do mesmo objetivo, por razões diferentes.

O maior hedge fund do mundo investiu muito dinheiro no Book of the Future. Milhões de dólares, depois dezenas de milhões de dólares, foram reservados para engenheiros, designers, programadores e qualquer equipamento necessário. Ao que parecia, toda ideia era levada a sério e recebia verba. Um funcionário mencionou que era possível engolir cápsulas que transmitiriam, eletronicamente, a pressão sanguínea, os níveis de acidez do estômago e outros indicadores médicos de uma pessoa. Os dados podiam ser úteis, por exemplo, durante um diagnóstico feito pela equipe de uma pessoa para ver se ela estava de fato confortável com a abordagem da Bridgewater. Não haveria jeito de esconder a dor ou outras reações físicas. Outro funcionário disse que tinha lido sobre faixas de cabeça e gorros que detectavam em tempo real as ondas da atividade cerebral e a tensão no couro cabeludo. Dalio reagiu com entusiasmo diante dessas duas ideias — ele esperava que elas mostrassem se a amígdala, como ele sempre afirmava, estava sendo estimulada da maneira incorreta! — e permitiu diligentemente que as ideias fossem exploradas.

Para sua principal criação, Dalio procurou um poder estelar. O Book of the Future era o projeto mais importante em que ele já tinha trabalhado, disse ele para alguns subordinados, e contou que queria lançá-lo com um grande impacto. Certa manhã, depois do Natal de 2013, segundo uma pessoa que estava presente, ele entrou na empresa explodindo de animação. Na noite da véspera ele tinha assistido a um filme novo, o indicado ao Oscar *Ela*, sobre um solteiro solitário, interpretado por Joaquin Phoenix, que se apaixona por sua assistente virtual parecida com a Siri, dublada por Scarlett Johansson. Dalio aparentemente também tinha sido seduzido pelo trabalho sensual de Johansson.

— Vamos contratá-la — disse Dalio. — Vamos pagar para que ela seja a voz do Prince.

A equipe nunca teve um retorno dos agentes de Scarlett Johansson.

Jensen teve mais sucesso com outro recrutado notório. Tinham sido necessários mais de vinte anos e quase cinquenta versões diferentes para lançar a Siri, e Jensen não pretendia esperar esse tempo todo para o Prince. Ele ajudou a contratar o famoso cientista da computação David Ferrucci para o projeto. Ferrucci era o mais perto de uma celebridade que podia existir na inteligência artificial. Ele tinha trabalhado na IBM e comandara a equipe que criou o Watson, um sistema de computador que respondia a perguntas e que competiu com sucesso no programa de TV sobre conhecimentos gerais: *Jeopardy*!

Ferrucci declarou publicamente que estava entusiasmado em se juntar à Bridgewater para ajudar na criação de modelos macroeconômicos, ou seja, ajudar a prever o rumo dos mercados. Isso fazia todo o sentido; qualquer outro hedge fund teria adorado botar Ferrucci para trabalhar com investimentos, empregando seus talentos a fim de ganhar dinheiro para os clientes da empresa. Jensen seguiu em outra direção, colocando Ferrucci no comando de uma nova equipe que trabalhava a portas fechadas e tinha um nome estranho: laboratório de inteligência sistematizada. Sua principal tarefa era adicionar inteligência artificial ao Prince e aos aplicativos para iPads que compunham o Book of the Future. Ferrucci, com todo seu entusiasmo anterior, ficou muitos passos afastados do centro da máquina de investimentos.

Enquanto Ferrucci começava a trabalhar, Jensen pavimentou o caminho para seus próprios objetivos. Ele planejava dividir em dois as operações da empresa. Haveria a empresa do hedge fund, liderada por Jensen; a outra parte, chamada de NewCo., ficaria com Os Princípios e os softwares associados a eles, inclusive o Book of the Future. Com a permissão de Dalio, Jensen botou dezenas de pessoas para trabalhar a fim de descobrir o percentual adequado de funcionários e recursos que deveriam ser divididos entre as duas empresas. Ele contratou consultores e fez planos detalhados. Como Jensen dizia aos outros, a NewCo. era mais que um lugar para Os Princípios. Sua esperança era que o fundador ficasse tão empolgado com o Book of the Future que ficaria feliz em se afastar de seu trabalho no hedge fund, deixando a nave-mãe para o homem mais jovem. Finalmente, Jensen teria seu trono.

* * *

O que parecia um plano mutuamente benéfico se desenrolou da forma clássica da Bridgewater: uma pequena onda que se transformou em avalanche.

O assunto no início de 2014 era o acesso à internet no Mirante, a mansão local que pertencia ao hedge fund. Dalio tinha problemas para conectar seu celular ali e pediu um plano para resolver isso. A solicitação foi descendo até chegar a dois funcionários de baixo escalão que estavam subordinados ao chefe da divisão de imóveis. Os dois homens e seu chefe, com a permissão de Dalio, planejaram melhorar o cabeamento da casa. Eles avaliaram o custo, em seguida foram até o escritório de Dalio para apresentar o orçamento: 4,5 mil dólares.

Dalio pulou de sua cadeira.

— Onde está Greg?

Dalio foi até o escritório de Jensen, com os subordinados ao seu encalço. Sem bater, Dalio empurrou e abriu a porta. Os dois homens entraram cabisbaixos atrás dele.

Dalio apontou para seu chefe da divisão de imóveis.

— Esse cara está fora de controle. Ele não consegue gerenciar.

Jensen, assustado, ergueu os olhos, intrigado.

Dalio vociferava que não era possível que um simples upgrade de rede custasse 4,5 mil dólares. Para ele, essa era nitidamente uma questão para Os Princípios. Se isso fosse responsabilidade de Jensen, o problema não tinha sido gerido ou diagnosticado de maneira adequada.

— Greg, o que você está fazendo para administrar isso?

O que Jensen estava fazendo era administrar um hedge fund de 150 bilhões de dólares e uma operação de tecnologia em crescimento, com 1,5 mil funcionários e aumentando. Dalio faturou, em 2014, 1,1 bilhão de dólares. Ele ganhava milhares de dólares a cada minuto. O valor orçado para a internet não estava muito longe da conta do bar nas festas frequentes de Jensen. Mesmo para ele, que sabia a importância que Os

Princípios davam a pequenos erros, isso não devia ser algo que merecesse a atenção — e era como se Dalio estivesse procurando uma desculpa para encontrar alguma coisa errada.

Aquela resposta não ia servir. Em vez disso, Jensen disse que não estava acompanhando o assunto de perto, mas com certeza acompanharia dali em diante.

Ele não precisava ter se dado ao trabalho de fazer isso. Como um cachorro com um osso, Dalio começou a atacar o trabalho que Jensen fazia como CEO. Pouco depois de sua aprovação, Dalio arquivou o plano de criar a NewCo. Jensen ficou furioso, mas calado — parecia que Dalio estava protegendo o próprio *status* como o único supervisor da empresa.

Na verdade, no meio de 2014, parecia que, para todo lugar que Dalio olhava, ele via desonestidade. De acordo com todas as provas disponíveis, ele botou a culpa em Jensen. De certa maneira, o bilionário estava certo. Os resultados de Jensen com os investimentos estavam obviamente ruins. Dalio tinha lhe entregado o aclamado sistema de investimentos — o equivalente a um puro-sangue —, mas ele estava andando como um pangaré. Os retornos baixos de apenas um dígito do Pure Alpha não estavam só deixando de acompanhar a crescente economia global, mas estavam até mesmo um pouco abaixo do hedge fund médio. Dalio demonstrava pouca preocupação em público, mas, nas reuniões de investimentos, atacava a equipe, reclamando que havia entregado a empresa a "idiotas". Ele ordenou uma série de cortes drásticos para reduzir os custos.

Graças ao registro de problemas, o fundador conseguia achar muitas provas de que a empresa estava indo mal. Uma questão era o identificador de chamadas nas centenas de linhas telefônicas fixas. Quando ligações externas eram feitas, o nome da empresa aparecia truncado no mostrador do receptor como BRIDGEWATER ASS [Bridgewater bunda, em tradução livre]. Uma investigação com diversos interrogatórios foi iniciada quando ninguém se apressou para assumir a responsabilidade por isso. Durante todo esse tempo, o que aparecia nos mostradores não foi mudado.

A alimentação era, de novo, uma dor de cabeça persistente. Para aliviar as preocupações de Dalio com custos, o escritório mudou para uma empresa de catering mais barata. Quase de imediato o registro de problemas se encheu de reclamações sobre como os abacates lindamente fatiados tinham sido substituídos por uma papa industrializada de sabor guacamole com diversos tons de marrom. A questão não melhorou no serviço de jantar, em geral fornecido por delivery para os funcionários que trabalhavam até tarde. Um funcionário pediu arroz integral e ficou aborrecido quando encontrou arroz branco simples ao abrir a embalagem da entrega. Isso foi para o registro de problemas. Tantos na Bridgewater estavam tão convencidos de que a comida era um insulto que um funcionário júnior fez uma seleção dos patês do refeitório e os enviou pelo malote interno para o próprio Dalio. Essa interpretação um tanto literária do "prove a sopa" dos Princípios funcionou. Dalio pareceu interpretar a entrega como um pedido de ajuda e avisou que acompanharia pessoalmente o diagnóstico do que estava acontecendo com o serviço de alimentação.

O resultado dessa intervenção teve dois lados. Primeiro, Dalio mandou que outra empresa de catering fosse contratada — com um orçamento mais alto. A comida ficou muito melhor, e Dalio pôde se dar o crédito de ter resolvido o problema.

Uma consequência não intencional, para aqueles que souberam dela, aconteceu com o homem encarregado de facilities, incluindo o refeitório. Ele foi submetido a uma atenção quase diária de Dalio e a seus relatórios diretos sobre os problemas nas instalações. Algumas semanas depois do início das investigações habituais, o executivo de facilities teve um colapso à sua mesa, respirando com dificuldade e levando a mão ao peito, segundo duas pessoas que estavam presentes no dia. Uma ambulância chegou para levá-lo. O homem sobreviveu ao aparente ataque do coração, mas não ficou na Bridgewater por muito mais tempo.

M‍uitas pessoas, mesmo os defensores dos P‍rincípios, ficaram abaladas ao verem o colega sair carregado. Mesmo assim, poucos falaram sobre o ocorrido. No máximo, essas reclamações tendiam a despertar uma metáfora antiga que tinha sido citada dezenas, talvez centenas de vezes em discursos para os funcionários e na entrevista de Dalio com Rose. Trabalhar na Bridgewater, dizia Dalio, era como se alistar para entrar nos SEALs da Marinha. Só os mais resistentes conseguiam sobreviver. A recompensa para aqueles que permaneciam era estar cercado de "trabalho significativo e relacionamentos significativos", afirmava o fundador. Ele chamava esse objetivo final de "o outro lado". Para chegar lá, era preciso passar pelo desafio de treinamentos, investigações, pontuações e o resto dos Princípios.

— Se você chegar ao outro lado e passar por isso, e conseguir ter esses relacionamentos — disse Dalio para o defensor da autoajuda, Tony Robbins —, então isso é poderoso.

Se havia alguém que estava muito do outro lado, essa pessoa era Jensen, que tinha sido contratado como estagiário e nunca havia trabalhado em outro lugar. Seu vice-presidente ainda recém-contratado, Michael Cline, via as coisas de outro jeito. As pessoas que ele tinha encontrado no maior hedge fund do mundo não pareciam ser motivadas pelo objetivo de atingir o nirvana que Dalio sempre descrevia. Além dos incentivos óbvios para funcionários de uma empresa com fins lucrativos — dinheiro —, Cline chegou à conclusão de que as equipes da Bridgewater eram motivadas por outro fator: medo. Não era apenas o medo de passar vergonha ou de ser repreendido por causa de um ou outro Princípio. Havia também um medo sempre presente de que um emprego na Bridgewater fosse uma oportunidade única na vida para o autodesenvolvimento, e que fracassar era admitir não ser capaz de ser o suficiente. Na Bridgewater não havia meio-termo — havia apenas aqueles que estavam dentro, e os que não estavam, estavam fora. Os SEALs de Dalio não socializavam com os peões.

— É a sensação de ser excomungado. Ninguém quer ser excomungado desse lugar especial. Esse é o medo que motiva tantas pessoas aqui — comentou Cline a um colega. — E é um moedor de carne. Você precisa manter a mão fora dele porque, no momento em que sua manga for presa, você está lá dentro.

Cline, para aqueles ao seu redor, parecia se considerar acima dessas inseguranças. Ele tinha sido escolhido a dedo por Jensen para ajudar a gerir a empresa, e era óbvio que Jensen o valorizava como aliado. Cline costumava gesticular muito enquanto falava para velhos funcionários da Bridgewater sobre a maneira certa de fazer as coisas. Ele tinha percorrido grande parte do caminho até o outro lado.

Mas Cline seria pego por seu próprio moedor de carne. O começo de seu fim ocorreu em uma reunião na qual estava presente Jen Healy, a jovem associada que era próxima de Dalio. Cline estava no processo de explicar à jovem como fazer o próprio trabalho melhor quando se inclinou e pôs a mão no joelho exposto dela. Enquanto o homem continuava a falar, Healy ficou congelada, esperando que o momento terminasse.

Healy saiu da reunião e foi contar a Dalio o que tinha acontecido. Ele ficou sentado e a ouviu, então respondeu:

— Você devia estar lisonjeada.

A história do incidente com o último astro em ascensão da Bridgewater se espalhou, e Healy recebeu a visita de diversas mulheres da empresa, insistindo para que ela levasse o caso adiante e que falasse internamente sobre o ocorrido. Elas tinham certeza de que Healy era uma das favoritas de Dalio — ele com certeza a protegeria. Mas todas viam uma longa estrada à frente. Tinham sido apenas alguns momentos para Healy, mas se ela levasse a reclamação adiante, se Dalio a avaliasse por meio de seus métodos anteriores, isso poderia significar meses de gravações, depoimentos e confrontos.

A ideia fez a cabeça de Healy girar.

Healy decidiu não levar a reclamação adiante. Cline escapou de um julgamento, mas ainda assim saiu arranhado da situação, com a marca de ter ido longe demais com uma das pessoas escolhidas por Dalio. Ele foi embora antes de fazer um ano de empresa.

* * *

Para Jensen, a saída de Cline criou uma dor de cabeça dupla. Parte dela era óbvia. O homem que Jensen tinha apresentado como sua alma gêmea e parceiro no hedge fund tinha deixado a empresa sob circunstâncias desfavoráveis. Isso deu a Dalio novas desculpas para pegar cada vez mais pesado com o CEO.

O outro problema de Jensen — o fato de estar passando tempo sozinho com Samantha Holland outra vez — era um segredo para todos, com a exceção de alguns poucos no escritório. Embora Holland tivesse sido promovida, Jensen ainda era muito superior a ela; ele era um CEO, basicamente, o chefe de todo mundo. Dessa vez, recorda uma pessoa que sabia sobre suas interações, a dupla estava muito mais cuidadosa. Os dois trocavam pouco mais que olhares de cumplicidade quando se cruzavam nos corredores. Em vez de se encontrarem em retiros da empresa, eles estavam sendo cuidadosos perto de outros funcionários. Quando estavam a uma distância segura da nave-mãe, Jensen baixava a guarda. Ele bebia muito e reclamava para Holland que tirar Dalio do comando da empresa que tinha construído era como uma tarefa de Sísifo.

As semanas se passaram, e com elas a vigilância dupla enfraqueceu. Em uma noite de 2014, Holland e Jensen saíram em Nova York com um grupo de outros funcionários. A bebida correu solta, e as horas se passaram. Finalmente, chegou a hora de ir embora, e o grupo se dividiu em táxis. Jensen e Holland dividiram o táxi com outras pessoas, embora isso não os tenha impedido de fazer demonstrações óbvias de carinho. Para piorar as coisas, os dois pediram para serem deixados em um hotel.

Logo chegou a Dalio a história de que Jensen estava tendo uma recaída. O fundador chamou seu subordinado de longa data para uma conversa de homem para homem. Era verdade? Jensen negou. Disse a Dalio que, embora ele e Holland tivessem uma conexão forte, os dois nunca tinham feito sexo nem chegado perto disso. O relacionamento era apenas colegismo, nada mais.

Dalio também interrogou Holland. Ao entrar no escritório dele, a mulher estava visivelmente nervosa, desacostumada com a grande atenção do fundador. Ela devia saber que em suma era sua palavra contra a do suposto herdeiro, mas ela presumiu que Jensen, que frequentemente agia como um paradigma dos Princípios, seria honesto.

Dalio perguntou a Holland se alguma coisa de natureza adulta estava acontecendo entre ela e Jensen. "Confie na verdade", foi o que passou por sua cabeça, ela contou a amigos depois, citando o Princípio operativo. Então respondeu que sim, os dois estavam desenvolvendo um relacionamento. Estavam passando muito tempo juntos e tinham arranjado um quarto de hotel com intenções óbvias. Eles teriam transado, mas Jensen estava bêbado demais para isso.

Holland imaginou que as coisas terminariam ali. Ela tinha respondido com honestidade e não tinha mais nada a contar. Mas era nítido que Dalio permaneceu aborrecido — não por um superior estar tendo um relacionamento romântico com um funcionário de cargo inferior, mas pela diferença entre as duas versões dos acontecimentos. Os Princípios diziam: "Se houver diferenças importantes, elas devem ser resolvidas". Dalio levou o caso para o comitê de ética e o encarregou de chegar a uma conclusão.

O comitê consistia de três funcionários sêniores, entre eles Dalio (Murray foi deixada de fora devido ao *Eileen mente*). Com o pretexto da transparência, Jensen e Holland foram interrogados juntos. Holland ficou atônita quando Jensen descreveu os dois apenas como amigos. Ela exibiu o recibo do hotel, mostrando que haviam estado juntos em um único quarto. Jensen argumentou que isso não provava nada. Ela estava começando a ficar preocupada e com raiva. Dalio parecia incapaz de aceitar que Jensen, que ele tinha elevado acima de todos os outros, com quem até viajava nas férias, estivesse sendo desonesto. Como Dalio posteriormente contou a uma pessoa, Jensen era, graças às muitas avaliações dele mesmo, considerado um dos empregados mais confiáveis da empresa. Se Jensen estava mentindo, o que isso significava para a solidez do sistema como um todo — ou para o próprio julgamento de Dalio?

Holland saiu da reunião esperando ser demitida, mas Dalio pediu para vê-la outra vez. Em passos arrastados, ela entrou na sala se preparando para recapitular de novo os acontecimentos. Dalio, porém, declarou que não havia chegado a um veredicto. Ele aparentemente não conseguia decidir em qual das histórias acreditar, mas que a situação não podia continuar. Ele sugeriu que Holland aceitasse vários meses de salário em um acordo de demissão.

Ela respondeu que, em vez de aceitar, contrataria um advogado.

— Por que você precisaria de um advogado? — perguntou ele.

HOLLAND LIGOU PARA A ADVOGADA MAIS FAMOSA DA QUAL PROVAvelmente tinha ouvido falar: Gloria Allred, conhecida por representar vítimas de assédio sexual. Allred a aceitou como cliente quase de imediato. Um advogado do escritório de Allred teve uma longa conversa com Dalio pelo telefone, explicando todas as responsabilizações em potencial dele e da Bridgewater. Não apenas Dalio tinha ignorado todos os padrões de procedimento para investigar má conduta no local de trabalho ao investigá-la ele mesmo, fora dos recursos humanos, mas tinha potencialmente manchado a reputação de Holland. O comitê de ética, apesar do nome bonito, era um pesadelo jurídico. Em nenhum universo, afirmou o advogado de Holland, era apropriado que três homens mais velhos sem treinamento nessas questões interrogassem uma mulher sobre seu relacionamento com o CEO da empresa. O escritório de Allred garantiu a Dalio que não hesitariam em abrir um processo público.

Quando a ligação terminou, o celular de Holland recebeu uma ligação do escritório de Allred. O advogado contou que a Bridgewater estava oferecendo aproximadamente três anos de salário para ela se demitir em silêncio. Em troca, Holland teria de desistir de qualquer processo e concordar em nunca falar em púbico sobre sua experiência. Se ela fizesse isso, lembrou-a o advogado, a Bridgewater com certeza iria atrás dela.

Holland aceitou o acordo. Naquela tarde, os seguranças da Bridgewater ficaram ao lado de sua mesa e a observaram embalar suas coisas. Os seguranças a acompanharam enquanto ela passava por colegas de trabalho em silêncio até seu carro no estacionamento. Depois de trabalhar quase uma década na Bridgewater, Holland nunca mais voltou. Ela comprou um Land Rover com o dinheiro do acordo.

A Bridgewater, porém, a seguiu. Embora ela não pudesse contar aos ex-colegas por que tinha saído da empresa, eles pareciam ter ouvido uma versão do que tinha acontecido. Havia meses em que ela recebia uma torrente de notificações do LinkedIn, a rede social profissional, indicando que diversos desconhecidos da Bridgewater tinham de repente clicado em seu perfil. Ela se resignou a certo nível de infâmia entre as pessoas que sabiam.

Impedida de contar a empregadores em potencial a verdadeira razão para ter deixado seu último emprego, Holland se via em entrevistas repetindo motivos genéricos. Ela passava a impressão de ser apenas mais uma fracassada que não estava à altura do maior hedge fund do mundo. Anteriormente conhecida na Bridgewater como um talento em ascensão, Holland não conseguiu arranjar outro emprego por anos. Quando enfim conseguiu, foi por uma fração de seu salário anterior.

Holland deixou a Bridgewater em meados de 2014 com um acordo de mais de 1 milhão de dólares. Nesse ano, Greg Jensen recebeu 400 milhões. Os dois nunca mais se falaram. Jensen manteve o emprego, mas Dalio ajudou a enterrar um problema que o CEO se desesperara para manter em segredo — e Jensen tinha de saber que haveria um preço a pagar.

15

Atire em quem você ama

A DEMISSÃO DE HOLLAND NÃO CHAMOU MUITA ATENÇÃO. Não era raro que os funcionários fossem embora de repente — por escolha ou não —, sem explicações.

Na Bridgewater você estava dentro até estar fora. Dalio às vezes se referia a ex-funcionários como ex-esposas e dizia que pedir a opinião deles sobre a empresa era o mesmo que perguntar a uma divorciada sobre seu antigo marido.

Funcionários que iam embora eram quase sempre pressionados a assinar acordos de não concorrência de dois anos, jurando não trabalhar para nenhuma empresa que pudesse ser considerada concorrente, uma categoria que incluía não apenas outros hedge funds, mas muitas empresas de serviços financeiros. Os contratos impediam ex-funcionários de contar a futuros empregadores qualquer coisa além de razões banais para a demissão da Bridgewater. Os contratos podiam ser tão abrangentes que não eram válidos, mas, de qualquer forma, as pessoas os assinavam mesmo assim, raciocinando que cair em desgraça com a Bridgewater não tinha nenhuma vantagem. Uma jovem funcionária, demitida em 2014, percebeu que o muro de silêncio parecia funcionar em apenas uma direção. Quando foi entrevistada por uma empresa financeira de Nova York para seu futuro emprego, ela contou ao gerente responsável pela contratação que tinha trabalhado na Bridgewater e que o hedge fund com certeza confirmaria pelo menos as datas em que ela estivera empregada. O gerente ligou posteriormente para ela dizendo que a verificação de referência resultara em uma repreensão por parte do maior hedge fund do mundo.

— Porra, por que você ia querer contratá-la? Você percebe que está mexendo com a Bridgewater?

Foi a resposta que o futuro empregador recebeu da Bridgewater, de acordo com o que disseram à ex-funcionária.

Katina Stefanova, que basicamente eliminara os excluídos da Bridgewater de sua vida, sabia em primeira mão como o hedge fund desdenhava de ex-funcionários. Ela achou o silêncio em torno da saída de Holland especialmente estranho. Stefanova tinha boa relação, mesmo que não fossem melhores amigas, com Holland, e sabia que a moça era bem próxima de Jensen. Não fazia sentido que alguém como ela desaparecesse sem uma boa explicação. Stefanova desconfiou que Jensen, de algum modo, estava envolvido. Era mais que um mero palpite. Stefanova tinha sua própria história com o braço direito de Dalio.

Desde a promoção de Jensen a CEO, Stefanova estava em busca de seu próprio caminho na Bridgewater. Embora ainda pudesse chamar a si mesma de conselheira do comitê de gestão, Jensen ainda tinha o cargo mais alto, o maior salário e a personalidade mais marcante. Stefanova ainda era a Rainha de Gelo. Todo mundo sabia que ela era amiga de Dalio, e só. A Rainha de Gelo não dava festas, e se desse, poucos teriam ido.

Stefanova também tinha dois filhos, e raramente aparecia nas celebrações do trabalho. Uma sexta-feira à noite, porém, a empresa convidou os funcionários a permanecerem no escritório para comemorar um marco na vida da Bridgewater. Stefanova pegou uma bebida e observou o turbilhão se formar lentamente a sua volta. Algumas horas depois, ela estava exausta de ter socializado mais do que socializara em anos. Ela começou a pensar em desculpas para ir embora.

De repente, sentiu uma mão apertar sua bunda. Ela se virou bruscamente, pronta para uma briga, e descobriu Jensen, com a voz embargada e um sorriso pervertido no rosto. Ele estava bêbado, percebeu ela. Achando que não adiantava nada discutir com um homem que mal conseguia formular suas frases, Stefanova se afastou.

Em uma mistura de verdadeira aversão e, como ela mesma admitiria a amigos, oportunismo para golpear um velho rival que a havia eclipsado, Stefanova contou a Dalio sobre as mãos bobas de Jensen. Talvez apostando em sua proximidade com o fundador, ela esperava que a empresa levasse a reclamação a sério — e convocasse um julgamento, como Dalio tinha feito tantas vezes antes por infrações muito menores.

Eventualmente, Dalio falou a Stefanova que pedira à equipe de vídeo que recuperasse imagens disponíveis da festa. A equipe, porém, reportou que nada fora encontrado. Os vídeos disponíveis não mostravam nenhum contato entre Jensen e Stefanova. Não havia provas para apoiá-la, disse.

Stefanova desistiu.

Mas ela não conseguia se livrar da sensação de que alguma coisa errada acontecera com Holland. Após a demissão da mulher, Stefanova continuou a bisbilhotar para descobrir a história. Ela chamou de lado sua chefe, Eileen Murray, que também não tinha respostas. As mulheres aparentemente estavam fora do círculo.

Essa era uma sensação familiar para Stefanova. Desde que tinha se escondido no banheiro enquanto Dalio cantava sua música obscena, ela ficou longe do círculo interno do fundador. Seu trabalho consistia cada vez mais em projetos sobrepostos encomendados por Murray, investigando a gestão de um ou outro setor da empresa. Bastava Stefanova terminar um embaralhamento e outro embaralhamento começava. Embora isso em geral a mantivesse a uma distância segura de Dalio, também a deixava incomodada e frustrada. A pós-graduada de Harvard tinha chegado à Bridgewater para ficar bilionária, e enquanto ela vivia uma vida suburbana confortável em uma cidadezinha de Connecticut a cerca de vinte minutos da sede da Bridgewater, não estava nem perto do nível de Dalio ou Jensen. A cada dia que passava, restava menos tempo para que ela progredisse e ganhasse uma fortuna.

Stefanova começou a alavancar o trading em sua conta pessoal, com o próprio dinheiro. Isso era permitido e normal na empresa que, como a maioria dos hedge funds, tinha uma política rígida de como fazer isso. Além de exigir que os funcionários dessem à empresa acesso aos próprios registros de corretagem, a política tinha dois componentes principais. O primeiro era que os funcionários tinham de se comprometer a não usar seu conhecimento dos investimentos da Bridgewater para fazer os próprios negócios. O objetivo era impedir, por exemplo, um funcionário de comprar determinada moeda pouco antes de os fundos da empresa fazerem o mesmo, beneficiando-se, assim, do aumento de preço após os bilhões injetados. A instrução era fácil para Stefanova porque ela não tinha nenhum conhecimento específico sobre os investimentos da Bridgewater. A segunda parte da política exigia que os funcionários notificassem por escrito o departamento de compliance a cada negociação pessoal antes que ela fosse executada, e esperar até receber permissão para executá-la. Essa metade da política era ignorada com frequência. Um grande histórico de transações tinha de ser aprovado, e a espera podia se estender por dias — uma eternidade para um trader de Wall Street querendo comprar ou vender no preço correto. Stefanova e outros sempre recebiam pelo menos um alerta posterior por terem puxado o gatilho em transações depressa demais, antes que o compliance aprovasse.

Dois de seus investimentos nas gigantes das hipotecas apoiadas pelo governo, Fannie Mae e Freddie Mac, eram particularmente voláteis. Ações dessas empresas eram uma aposta comum dos hedge funds, embora a Bridgewater não tivesse posições públicas nelas. Fannie e Freddie estavam passando por instabilidades após a crise financeira de 2008, quando funcionários do governo tomaram os lucros das empresas para o Tesouro americano. Vieram, em seguida, processos que podiam reverter a movimentação e fazer os preços das ações decolarem. Stefanova achou que isso era uma boa aposta e comprou algumas ações para si mesma.

Por isso ela reagiu com horror quando olhou para o celular um dia e viu uma notícia urgente piscar em sua caixa de entrada. O Congresso tinha chegado a um acordo bipartidário para se livrar da Fannie e da Freddie. Ela pensou imediatamente em seu portfólio. Se a negociação fosse aprovada, suas ações podiam perder todo o valor. Ela precisava vendê-las, então escreveu para o compliance, pedindo aprovação.

Nenhuma resposta.

Ela tentou de novo no dia seguinte.

Ainda nada de resposta.

Stefanova tentava se segurar para não olhar o portfólio toda hora, mas era impossível evitar. Não parava de conferi-lo e observá-lo encolher cada vez mais conforme os preços de Fannie e Freddie despencavam. A cada momento que passava, parecia que mais de seu dinheiro desaparecia. Ela enviou outra solicitação. Silêncio.

Por fim, não aguentou mais esperar e vendeu as ações sem permissão. Esperou pelo inevitável bilhete de resposta, repreendendo-a pela infração.

Em vez disso, foi chamada para uma reunião com Dalio, Jensen e outro grupo. Dalio abriu a reunião confirmando que ela estava sendo gravada. O assunto, como disse ele, era: "Você confia em Katina?".

O fundador começou dizendo que ele, entre outras pessoas, perdera a fé. Então andou pela sala. O grupo logo se uniu em torno dessa opinião. Jensen disse que havia investigado e descoberto que Stefanova tinha violado diversas vezes a política de trading da Bridgewater. Ele exibiu provas de que Stefanova tinha recebido repetidos avisos sobre suas negociações. Stefanova viu de longe o fim se aproximar. Ela tinha desrespeitado as regras, e de acordo com Os Princípios, isso fazia dela uma criatura desprezível que não merecia confiança. A executiva foi demitida sem indenização, mas permaneceu na empresa por alguns dias para terminar seu trabalho.

Depois de quase uma década na Bridgewater, restava a Stefanova uma última carta a ser jogada: seu relacionamento com Dalio. Blefando muito, contou a ele que sabia tudo sobre Holland e Jensen. Listou anos de outras reclamações, incluindo o fato de Dalio ter continuado a distribuir as gravações do interrogatório em que ela chorava, mesmo depois que todos sabiam que ela estava grávida na época; de festas com strippers realizadas no Mirante; de mulheres terem sido pressionadas a tirar a blusa em um retiro; de que o próprio Jensen tinha um histórico.

Este último, especialmente, a incomodava. Ela se lembra de ter perguntado a Dalio:

— Por que todo mundo parece substituível, exceto seu filho postiço?

Dalio respondeu[7] que parasse de mudar de assunto. Aquilo se tratava do comportamento dela, de mais ninguém.

Stefanova retribuiu com um olhar sombrio.

— Se você continuar com isso, nenhuma mulher mais vai querer trabalhar aqui.

Dalio não teve resposta. Ele concordava que a executiva devia ser demitida, e a conversa marcou o último dia de Stefanova na empresa. Ela foi embora deixando um legado de dois casos internos com seu nome. O original, "Dor + Reflexão = Progresso", a mostrava sob ataque verbal do fundador. Esse, ainda disponível para todos, agora tinha ganhado a companhia de um segundo caso, que resultara em sua execução pública por uma violação no trading. A gravação não continha nenhuma das reclamações de Katina sobre a cultura da empresa, mas todas as reclamações que Dalio tinha da funcionária. Esse caso, intitulado "Você confia em Katina?", vinha acompanhado de um questionário que perguntava se eles concordavam que a executiva devia ser demitida.

Quase todo mundo respondeu *não* para confiar em Stefanova e *sim* para sua demissão.

Se parecia, para Stefanova, que Jensen havia se safado impune mais uma vez, o CEO, como ele disse a amigos, não sentia o mesmo. Dalio entrava e saía da Bridgewater a seu bel-prazer. O controle da empresa parecia estar escapando cada vez mais do controle de Jensen.

---

7 Advogados da Bridgewater dizem que "Stefanova não fez a reclamação sobre o sr. Jensen até *depois* que a Bridgewater tinha decidido demiti-la. A Bridgewater investigou a reclamação da sra. Stefanova na época e determinou que era falsa".

Ir embora não era uma opção viável. As finanças pessoais de Jensen estavam tão entrelaçadas com as da empresa — e com as de Dalio, graças aos empréstimos do fundador — que ir embora podia significar a ruína financeira. Jensen redobrou o foco nos investimentos do hedge fund. Com frequência, perdia reuniões nas quais Dalio estaria, com a desculpa de que ele era necessário na equipe de investimento.

O resultado foi que, no verão de 2014, quase uma década após sua proposta de aposentadoria, Dalio tinha voltado a dirigir o espetáculo. Como era o padrão, ele analisou minuciosamente o que tinha acontecido em sua ausência da gestão formal. Uma nova rodada de represensões foi realizada para consertar departamentos que Jensen, em teoria, ainda supervisionava. Todo dia parecia seguir o roteiro: Dalio abria o registro de problemas, se concentrava em um incidente ofensivo e convocava as partes responsáveis para serem questionadas diante das câmeras. Como Jensen ainda estava no comando, ele sempre era convocado. O CEO entrava na sala com os ombros curvados para confirmar seu grande fracasso na supervisão administrativa. Nenhum problema parecia pequeno demais para Dalio. Até uma folha de papel deixada nas impressoras compartilhadas podia ser motivo de investigação, de acordo com uma política oficial que dizia: "Em todos os casos, folhas impressas abandonadas devem ser registradas no registro de problemas."

Depois de algumas semanas assim, a situação chegou a um limite. A Bridgewater tinha 1,6 mil funcionários em tempo integral, e parecia que o mesmo número de problemas surgia todos os dias. Dalio convocou uma reunião. A equipe de facilities enfiou tantas cadeiras quanto possível na maior sala encontrada. O espaço tinha sido arrumado para ter uma equipe de vídeo em um canto gravando o discurso de Dalio para quem não tivesse conseguido um lugar. Uma a uma, as pessoas entravam, conversando nervosamente, esperando ouvir o que o fundador tinha a dizer. Jensen estava sentado na frente, inexpressivo e por vezes cabisbaixo, quando Dalio surgiu.

A Bridgewater, começou ele, estava falhando com seu fundador e, talvez mais importante, estava falhando com seus Princípios. Era preciso dar uma sacudida — e todo mundo, de alto a baixo, estaria envolvido. Haveria mais investigações, mais diagnósticos e uma nova série de execuções públicas, da maneira prevista pelos Princípios. Isso ia durar o tempo que fosse necessário para botar a empresa novamente de pé.

Dalio pausou e gesticulou para o câmera.

— Aponte a câmera para mim, agora.

O cinegrafista se aproximou.

Dalio olhou direto para as lentes e falou de forma clara, sem rodeios, sem se afetar.

— Dois terços de vocês devem ser demitidos.

Houve um breve murmúrio na sala. Uma pessoa presente se recorda de ter ficado dividida entre o riso e o choro. Mas logo ficou claro que aquilo não era piada. Dalio falou sobre a dor que sentia por ter de tomar essa atitude, mas sabia que a dor valeria a pena para conseguir realizar o que precisava ser feito.

Ele gesticulou brevemente para as pessoas à sua volta.

— Às vezes, é preciso atirar nas pessoas que você ama.

Essa frase seria logo acrescentada aos Princípios.

— E nós precisamos amar as pessoas em quem atiramos.

Dalio deixou o palco. Os que estavam presentes saíram muito mais calados do que quando entraram. Jensen não conseguiu evitar a dúvida se o Princípio mais recente do fundador teria sido dirigido a ele.

16
Inteligência artificial

Embora o Princípio mais novo se referisse a atirar, sua aplicação, felizmente, não foi literal. Uma rodada de demissões começou quase de imediato, muitas conduzidas pela primeira vez com a ajuda do nascente Book of the Future. Gestores pegavam seus iPads, escolhiam seus funcionários pela pontuação no Colecionador de Pontos e demitiam aqueles cujos números estivessem abaixo da média. O processo tinha uma frieza numérica impessoal que destacava a importância de levar Os Princípios a sério e de proteger a própria pontuação a todo custo.

Paul McDowell observava a situação com um misto de espanto e medo. Mais que de qualquer um além de Dalio, o sistema de pontuação era criação de McDowell. Ele tinha levado os cards de beisebol de uma mera ideia à realidade, e distorcera o peso das avaliações para fazer com que a opinião de Dalio tivesse mais importância que a de qualquer outro. Agora, McDowell estava encarregado dos aplicativos cada vez maiores abastecidos pelos Princípios. De acordo com qualquer padrão razoável, esse era o auge da grande promessa que lhe havia sido oferecida quando ele começara na Bridgewater seis anos antes. A gestão estava funcionando como uma máquina, e McDowell tinha montado a linha de produção.

Um nó se formou em seu estômago ao observar sua criação entrar em ação. Dalio e o restante dos defensores dos Princípios saíram circulando pela empresa, usando as ferramentas de McDowell e atirando naqueles que amavam. Qualquer um que entrasse em uma reunião e visse seu supervisor sentado entristecido, com o iPad aberto no Colecionador de Pontos, pronto para ler as estatísticas ali reunidas, sabia que o fim estava próximo. O trabalho de McDowell tinha se tornado juiz, júri e carrasco.

O que o incomodava mais do que qualquer outra coisa, contou ele a amigos, era que a ferramenta, que reunia pontos de dados individuais para chegar a uma nota geral, não tinha sido submetida a testes independentes. A pouca análise em tempo real que McDowell tinha conseguido fazer mostrava uma situação cientificamente lamentável. Ao classificar uns aos outros, os funcionários tinham a tendência de se manter perto das avaliações existentes. Se uma pessoa, por exemplo, tivesse uma pontuação média de 7 em uma categoria como "Lutar para entrar em sincronia", a maioria de suas novas avaliações ficaria entre 6 e 8. Em vez de incentivar que se contassem verdades difíceis, o sistema apoiava seu ocultamento, ou pelo menos uma forma de inércia. Dar uma "pontuação baixa" (como se dizia sobre uma avaliação ruim) a um colega de trabalho resultava em um risco enorme de que o receptor retribuísse o favor, produzindo uma espiral negativa para os dois. Assim, a inatividade em geral era dominante. Entre aqueles que forneciam avaliações críticas com regularidade estava Dalio, de quem os funcionários viviam com medo porque uma avaliação negativa dele baixaria desproporcionalmente a média da pessoa de forma imediata, e era seguida por uma torrente de avaliações negativas semelhantes de outras pessoas que viam a nova pontuação baixa como base. Não havia como escapar do acúmulo. Era uma verdadeira morte por pontos.

McDowell viu, sem nenhum temor em especial, um convite para uma reunião chegar em sua caixa de entrada. Jensen queria conversar com Kevin Campbell, o grande consultor de gestão contratado como um dos diretores de operações. O campo de ação de Campbell incluía tecnologia, então fez sentido para McDowell estar na sala (de acordo com Os Princípios, nada podia ser dito sobre o trabalho de ninguém pelas costas). McDowell e outras pessoas tinham escutado que Campbell estava farto do sistema da Bridgewater. Até pequenas decisões pareciam exigir um longo exame das diversas pontuações, e Campbell, um profissional experiente, não tinha medo de expressar sua avidez por cima de tudo aquilo. Embora McDowell concordasse com grande parte desse ponto de vista, não ousava dizer nada parecido em voz alta, muito menos fazer alguma coisa em relação a isso. E ele estava prestes a ser lembrado dos méritos de permanecer calado.

Campbell entrou na sala e encontrou Jensen na cabeceira da mesa. McDowell e alguns outros estavam sentados ao longo das laterais. Jensen levou a mão ao intercomunicador e botou Dalio no viva-voz. Quando o fundador estava na linha, Jensen voltou a atenção para Campbell e pediu uma atualização sobre o trabalho do executivo.

Campbell respondeu que continuava a reduzir os processos na Bridgewater.

Jensen esperou, então levou a conversa para um caminho perigoso. Disse ter ficado sabendo que Campbell estava reclamando sobre o tempo que levava para fazer até as menores tarefas na Bridgewater.

— Por que você não trouxe isso para mim e para Ray? — perguntou Jensen. — Por que está falando sobre decisões tomadas por outras pessoas sem que elas estejam presentes?

Campbell gaguejou, um pouco nervoso. Ele argumentou que primeiro queria ter uma ampla gama de opiniões e citou um colega que dissera compartilhar daquelas opiniões.

Jensen interrompeu Campbell, informando que já tinha escutado a fita da conversa à qual ele estava se referindo. Era uma desgraça, disse Jensen, ouvir dois funcionários de baixo escalão falarem como se soubessem gerir a empresa melhor que Dalio e os outros altos executivos. O CEO sugeriu que Campbell podia ter sido denunciado pelo mesmo homem em que tinha confiado.

— Como você sabe que ele sabe do que está falando? — perguntou Jensen. — Você não pode confiar nele.

Campbell começou a se remexer, desconfortável, na cadeira. A velocidade de sua fala aumentou, e sua voz começou a sair embargada. Ele tentou explicar o que tinha dito na fita.

— Eu não sabia que você ia escutá-la.

Ele parecia estar se esforçando para segurar as lágrimas.

— Não importa se você esperava ou não — pontuou Jensen.

Campbell olhou em torno da mesa, esperando encontrar um bote salva-vidas. Não encontrou. Ele começou a chorar. Era uma visão horrenda. A sala ficou em silêncio por um tempo, exceto pelo som de quem talvez fosse o maior homem no prédio chorando com as mãos no rosto.

De repente, a voz de Dalio soou no alto falante, parcialmente nublada pela estática, como se fosse a visita de um fantasma do qual todos tivessem esquecido, mas que ainda assombrava a casa.

— Kevin está tendo uma reação emocional?

— Bem intensa — respondeu Jensen sem rodeios.

Campbell pediu licença para ir ao banheiro.

Alguns momentos depois, McDowell foi atrás de Campbell. McDowell abriu a porta e encontrou o executivo debruçado sobre a pia, jogando água fria no rosto, se esforçando para controlar a respiração. Com água pingando do queixo, ele olhou para McDowell.

— É… simplesmente… demais — gaguejou o homem, fazendo pausas para respirar. — Isso… cai… sempre… em cima… de mim… de todas as direções.

Campbell voltou para a sala e disse isso para o grupo. Mas era tarde demais. Enquanto ele estava ausente, já tinha sido mal avaliado por não conseguir aguentar um feedback difícil. O dano estava feito. Foi montado um caso com base no incidente, que transmitiu seu choro para todos na empresa. Um novo Princípio surgiu, aparentemente em sua homenagem, proibindo qualquer um de dizer que está sobrecarregado. Campbell não esperou o pelotão de fuzilamento final. Foi um entre as centenas de funcionários que se demitiram ou foram demitidos antes do fim de 2014.

Outros do aclamado novo esquadrão de executivos, assim como centenas de funcionários subordinados a eles, permaneceram. Estavam ganhando milhões de dólares para ir de sala em sala repetindo as filosofias da empresa, e pareciam satisfeitos em receber seus pagamentos até que Os Princípios se voltassem contra eles.

Um desses executivos era Niko Canner, um dos antigos candidatos a CEO que tinha sido um dos astros do estudo de caso da HBS sobre a Bridgewater e protagonizou um paradigma ao falar a verdade para o fundador. Canner em geral era prestativo e quase nunca pronunciava uma palavra solta contra Dalio, mas ainda assim perdeu o prestígio depois que Dalio visivelmente se cansou dele. No início, o bilionário se referia a Canner como falastrão — o título anteriormente ostentado por Jim Comey —, em seguida inventou um novo apelido, um "pintor de nuvens". Pintores de nuvens são filosóficos ao extremo, explicou Dalio a Canner. Eles não vão para o campo nem entendem a mecânica de uma função. Se você tentasse acampar com pintores de nuvens, eles nunca iam saber que suprimentos levar. Embora esse fosse um julgamento qualitativo em uma empresa que se orgulhava de quantificar a tomada de decisões, um apelido irônico dado por Dalio era nitidamente uma marca na reputação. Pintores de nuvens não tinham futuro na Bridgewater. Canner pediu demissão.

Por ser uma figura decente e benquista, Canner recebeu uma despedida por seus anos de serviço diligente. A festa foi feita no Mirante, com a presença de muitos dos principais executivos, entre eles Dalio. O fundador deu voltas pela sala, com uma bebida na mão, então foi até Canner, que estava parado perto da lareira.

Segundo uma pessoa que estava perto deles, Dalio girou a azeitona em seu martíni e perguntou:

— Então, como você resumiria sua experiência?

Sempre agradável, Canner se ateve a aspectos genéricos.

— Aprendi muito. Estou levando muitas coisas que sei que vão ser úteis quando eu ajudar outras pessoas.

Resposta errada. Dalio franziu o cenho diante da leve sugestão de Canner como um porta-voz da Bridgewater.

— Não fale sobre nós lá fora.

— Não, claro que não. Eu nunca mencionaria nada sensível para alguém.

— Não estou falando só de coisas sensíveis, mas de qualquer coisa. Não quero que você fale sobre nós.

Dalio tomou um gole de seu drinque.

Canner tentou se explicar mais uma vez.

— Ray, vou ser discreto. Eu nunca comprometeria nada sensível.

— Depois de hoje, você não deve falar nada sobre nós a ninguém.

— Preciso poder me referir à minha experiência anterior. Vou ser ponderado e favorável, eu lhe garanto.

Dalio bebeu quase todo o resto do martíni e olhou brevemente para o que restava na taça. Então ergueu os olhos e encarou Canner.

— Deixe-me ser claro: qualquer coisa que você diga no mundo exterior, nós vamos rebater.

Quando a noite se aproximava do fim, Dalio anunciou que tinha uma surpresa, uma lembrança do tempo passado por Canner no hedge fund. Com algum preparo, ele apresentou um conjunto de caixas em belos embrulhos, que tinham o tamanho de livros e pareciam pesadas.

— Esse é o melhor presente que qualquer um poderia receber! — anunciou Dalio, radiante.

Enquanto todos observavam, Canner abriu as caixas. Quando viu o que tinha dentro, sua expressão vacilou por uma fração de segundo, então se recuperou com um sorriso forçado. Ele retirou os conteúdos. Entre eles, havia cópias do card de beisebol de Canner revestidas em acrílico e cheias até a borda de avaliações baixas. Em uma coluna separada, Dalio tinha listado todos os pontos fracos de Canner, junto às avaliações negativas recebidas por ele.

Canner ofereceu um extenso agradecimento pelo presente.

Dalio respondeu:

— Como sempre digo, o melhor presente que uma pessoa pode receber é o conhecimento de suas próprias fraquezas.

A certeza que Dalio tinha de sua avaliação quanto às fraquezas dos outros não era compartilhada por todos. Agora com dois anos, o laboratório de David Ferrucci, o antigo cientista da IBM e inventor do Watson, tinha segurança próxima de um local secreto da CIA. O laboratório de inteligência sistematizada ficava atrás de portas trancadas, isolado do restante da empresa. Poucos que não eram parte de sua equipe tinham acesso autorizado, e quase mais ninguém tinha ideia do que estava acontecendo ali. Alguns dos poucos com acesso eram consultores da Palantir, empresa de análise de dados do bilionário Peter Thiel, espiões tecnológicos famosos por ajudar a localizar e executar Osama Bin Laden. A Palantir quase nunca falava em público sobre o que fazia para os clientes, e nunca confirmaria que trabalhou para a Bridgewater. Esse manto de segredo adicionou um ar de mistério calculado em torno da operação de Ferrucci.

O mistério continuava por trás das portas do laboratório, mas era um tipo diferente de enigma. Ferrucci, um dos maiores especialistas do mundo em inteligência artificial, dizia a colegas que não tinha ideia de como aplicar ciência bruta à criação de Dalio e McDowell, o Book of the Future, que era uma mixórdia de pseudociência, envolta em uma pátina de filosofia. Antes da chegada de Ferrucci, parecia que não houvera um estudo duplo-cego, uma pesquisa anônima e nem mesmo um simples teste de regressão para mostrar que a adoção dos métodos dos Princípios levava a resultados melhores. ("Eu não acredito em testes de regressões", disse Dalio a um funcionário que sugerira isso.) Mesmo uma olhada superficial nos dados mostrava o contrário. Quanto mais tempo as pessoas da Bridgewater dedicassem aos Princípios — e em discussões, avaliações, julgamentos e execuções públicas —, pior parecia ser o desempenho dos investimentos da empresa. Nos seis anos desde a crise financeira, o Pure Alpha tinha tido dois anos bons e quatro ruins. Isso podia ser uma simples correlação, mas não era necessário um cientista da computação para identificar uma tendência alarmante.

O movimento lógico, para Ferrucci e para aqueles com quem trabalhava, era gastar um pouco de seu conhecimento em investimentos, trazendo novas ideias para uma área na qual a Bridgewater nitidamente precisava de ajuda. Jensen, porém, não queria nem ouvir qualquer sugestão de transferir a valiosa contratação. Ele precisava de Ferrucci para solucionar o software dos Princípios, para que Dalio enfim se sentisse confortável para deixar a empresa de uma vez por todas. Mais que tudo, Prince, a ferramenta ainda em desenvolvimento, precisava funcionar. Devia haver um jeito de fazer uma pergunta e receber respostas de acordo com Os Princípios.

Ferrucci tentou fazer isso com sinceridade. Moldou sua abordagem inspirado no trabalho da IBM para construir o supercomputador que derrotou os campeões do *Jeopardy!*. O primeiro passo na criação do Watson tinha sido reunir o tesouro bruto de conhecimento necessário para produzir a resposta a uma determinada pergunta. Os engenheiros da IBM alimentaram o computador com milhões de documentos, como enciclopédias, dicionários, dicionários de sinônimos, artigos de jornal e livros, tudo em um esforço para "semear" o Watson com uma base de inteligência. Ferrucci e sua equipe tentaram fazer o mesmo com o Book of the Future, criando uma lista de atributos no Colecionador de Pontos e os pesquisando no dicionário. "O que *criatividade* realmente significa?", perguntou ele. A resposta, de acordo com o *Merriam-Webster*: "a habilidade de criar". Ele pesquisou outro atributo, *pensamento lateral*, cuja definição era "um método para solucionar problemas fazendo conexões incomuns ou inesperadas entre ideias". Ferrucci tentou de novo com outro atributo, *conectar perguntas com a mente aberta*, e mais um e mais um. Horas, dias e semanas se passaram futilmente. A equipe não estava mais próxima de separar os atributos, que pareciam se misturar uns com os outros.

Então Ferrucci tentou um jeito diferente.[8] Talvez os atributos não pudessem ser rapidamente definidos pelas fontes disponíveis. Mas Dalio era o inventor — sem dúvida ele podia distingui-los. Ferrucci resolveu "semear" o sistema com as próprias definições de Dalio dos termos. Ele e

---

8 Uma porta-voz de Ferrucci escreveu em um e-mail: "Pesquisa quantitativa de dados foi utilizada para encontrar diferenciações estatisticamente significativas usando métodos estatísticos padrões na indústria". Quando foi pedido que falasse mais sobre o assunto, ela se recusou.

sua equipe pegaram centenas de horas da Biblioteca da Transparência e tentaram estabelecer padrões quando Dalio citava Princípios específicos. Os funcionários de Ferrucci também examinaram anos dos antigos vídeos de treinamento dos gestores — os mesmos com base nos quais todos os funcionários eram testados — e registraram com minúcia quais Princípios eram usados e em que contexto. Depois de todos esses esforços, os pesquisadores criaram uma série de nuvens de palavras, ou uma coleção visual de palavras em tamanhos diferentes. Quanto maior a palavra, com mais frequência era usada em conversas. Aplicadas aos pontos, as nuvens de palavras deviam mostrar se funcionários que usavam determinada linguagem tinham a tendência de pontuar mais alto em um ou outro atributo. De forma mais ampla, Ferrucci esperava ser capaz de treinar um computador para ler ou ouvir um trecho de texto e entender que, se certas palavras fossem usadas em determinada ordem, o tópico em questão lidava com um ou outro Princípio. Se os cientistas conseguissem identificar o método, poderiam, em essência, criar uma versão computadorizada do próprio Dalio.

O objetivo se revelou ilusório. Poucas das teorias pareciam funcionar. O inventor do Watson da IBM, que tinha treinado um computador para responder a perguntas sobre qualquer assunto no mundo, não conseguia entender o processo de pensamento de Dalio. A equipe não conseguia produzir nenhum padrão óbvio e previsível de quando o fundador ia mencionar um ou outro Princípio. As notas dos funcionários, ou pontos, também não contribuíam com provas de lógica. Ferrucci, o especialista em inteligência artificial, compartilhou com colegas uma compreensão gradual. O sistema de Dalio continha mais artifício que inteligência.

Cerca de dois anos após sua chegada à Bridgewater, Ferrucci tomou uma pequena atitude em uma reunião com Dalio. O fundador e parte de sua equipe se reuniram com Ferrucci para avaliar o progresso no Book of the Future. Como ele tinha feito com McDowell anos antes, Dalio começou a apontar os problemas de Ferrucci com as avaliações de funcionários específicos. Alguns tinham notas altas demais, o que devia ser um erro no software, afirmou ele. Ferrucci ficou sentado em silêncio, absorvendo o feedback.

No meio de uma fala, Dalio parou de repente, então falou para o cientista:

— Estou lhe dando instruções. Você não as está anotando.

— Estou absorvendo o que você está dizendo.

Dalio inclinou a cabeça.

— Você trabalha para mim.

— Eu trabalho para Greg.

— Não, você trabalha para mim.

Dalio acenou com a mão em um gesto de frustração. Ele se voltou para as cerca de dez pessoas que estavam na sala.

— Quantas pessoas acham que Dave está olhando para isso do jeito certo?

Uma das assistentes de Dalio digitou furiosamente a pergunta em seu iPad, criando uma enquete instantânea para as pessoas que estavam na sala. O veredicto foi que Ferrucci estava olhando para o Book of the Future do jeito errado.

Dalio continuou, destacando como era improvável que certas pessoas pudessem ser avaliadas de duas maneiras em certos atributos e apresentou sua lista de adaptações.

— É isso o que eu quero ver.

A voz de Ferrucci voltou, pouco mais que um sussurro.

— Esse não é um algoritmo válido.

Dalio inclinou a cabeça para trás, surpreso com a resposta.

Os olhos de Ferrucci se encheram d'água, e ele falou, com voz trêmula:

— Isso não é científico, Ray.

A equipe não podia simplesmente fazer mudanças com base nos caprichos de Dalio.

— Não é assim que eu trabalho. Não posso apenas aceitar uma orientação desse jeito.

A atmosfera da sala pareceu mudar. O grupo tinha visto Dalio derrubar diversos subordinados antes, mas aquele era um terreno desconhecido. O bilionário não estava em posição para discutir ciência da computação com o homem que tinha um doutorado no assunto.

Ferrucci foi da reunião para o estacionamento fervilhando de raiva. Ele era o mais novo funcionário a ir embora e, ao que parecia, preparado para se demitir.

A possibilidade de Ferrucci deixar a empresa foi tratada como um alarme de incêndio. Além de Dalio, o cientista era o funcionário da Bridgewater mais conhecido do grande público. O investimento com base em informações quantitativas era a onda do futuro, e qualquer hedge fund rival teria ficado empolgado para intervir e contratar Ferrucci. A Bridgewater não queria ter de explicar para seus clientes e para o mundo por que tinha dispensado o inventor do Watson da IBM — em especial se a razão fosse Ferrucci ter considerado o sistema de gestão de Dalio uma besteira.

No dia depois do Natal, Ferrucci recebeu uma mensagem dizendo que Dalio queria conversar de novo, dessa vez por telefone. Não haveria plateia em torno de uma mesa e nenhuma gravação para ser ouvida por todos. Os dois homens podiam conversar francamente sobre como seguir em frente.

— Não posso mais trabalhar com as pontuações — disse Ferrucci a Dalio.

Dalio perguntou o que podia fazer o cientista mudar de ideia.

Ferrucci estava preparado para essa pergunta. Ele tinha uma ideia para uma startup, a Elemental Cognition, completamente desconectada da Bridgewater ou de investimentos. A Elemental Cognition ia usar a tecnologia por trás do Watson para ensinar computadores a entenderem bom senso e a intuição humana. Isso não podia ser feito apenas buscando conhecimento na internet, nem lendo todos os livros existentes. O objetivo da startup exigia o domínio de conceitos fundamentais como tempo, causalidade e interações sociais. Isso demandaria supercomputação cara e avançada, e os serviços de diversos pesquisadores phD. Tudo isso seria caro, sem garantia de que qualquer coisa fosse funcionar.

— Eu vou financiar o projeto — disse Dalio.

Ele ofereceu dezenas de milhões de dólares da Bridgewater com uma condição. Ferrucci só podia passar metade de seu tempo na empresa de seus sonhos.

— Na outra metade, você vai fazer o que eu mandar.

Ferrucci aceitou o acordo.

17

Sem Princípios

À MEDIDA QUE O MEIO DA DÉCADA CHEGOU E PASSOU, A Bridgewater pareceu redescobrir as ferramentas para o sucesso.

Seu principal hedge fund, o Pure Alpha, arrombou a porteira em 2015 no momento em que seus concorrentes estavam patinando. Naquele janeiro, o Banco Central da Suíça chocou o mundo ao desindexar, ou deixar flutuar livremente, a taxa de câmbio de sua moeda, em uma tentativa de estimular a economia suíça. O movimento fez o euro cair quase 30% em relação ao franco suíço e representou uma calamidade para investidores que esperavam que o *status quo* se mantivesse — pelo menos um grande hedge fund teve perdas tão pronunciadas que foi forçado a fechar de imediato. A Bridgewater, entretanto, estava no outro lado do trading. Alinhada à confiança em suas pesquisas profundas de história econômica, a empresa vendia a descoberto, ou apostando contra a taxa de câmbio euro-franco, à frente da decisão do Banco Central. Como resultado, a versão alavancada do Pure Alpha subiu 8% em janeiro, um crescimento de 5 bilhões de dólares, mais do que o dobro do que o fundo ganhara no ano anterior. Esse ganho monstruoso lembrou aos clientes por que eles deixavam seu dinheiro com o maior hedge fund da história. Para Dalio, nem todo ano era possível bater recordes, mas com muita frequência ele parecia estar um passo à frente da curva quando um desastre acontecia.

O ano marcava quatro décadas desde que ele fundara a primeira versão da Bridgewater como uma empresa de importação e exportação com o colega de Harvard, e o fundador resolveu comemorar com estilo. Uma tenda gigantesca foi erguida no *campus* e preenchida com mais de 1,5 mil cadeiras de madeira, onde os funcionários se espremeram ombro a ombro, de forma revivalista. No fundo da tenda e nas laterais, equipes de vídeo gravavam um executivo atrás do outro subir ao palco sob a luz dos refletores, relembrando os méritos da cultura da Bridgewater entre aplausos entusiasmados. Dalio estava sentado na primeira fila, em uma cadeira reservada com seu nome, observando o espetáculo. Ele assistiu com satisfação visível a Jensen, seu filho postiço, fazer um discurso que o próprio fundador podia muito bem ter escrito.

— O sucesso da Bridgewater — discursou Jensen —, veio da luta entre todos os tipos de pessoas em um ambiente aberto e meritocrático, que nos levou a ideias que é improvável que qualquer um de nós pudesse ter tido individualmente. Essa batalha leva a coisas incríveis.

O espelho, disse Jensen, estava diante de todo mundo.

— É um presente ver o mapa de quem você é e de onde precisa estar.

Enfim chegou a vez de Dalio. Gritos tomaram a tenda quando ele subiu no palco. Ele não falou quase nada sobre finanças, nem sobre os investimentos que estavam pagando por uma festa que iria até tarde da noite. Ao contrário, falou com um tom nostálgico sobre o dia, ainda indeterminado, em que a Bridgewater teria de sobreviver sem ele no comando. Apontou com a cabeça para Jensen, de modo discreto, enquanto falava.

— Meu desejo é que vocês pensem, e não apenas sigam — continuou. — Quero ajudar vocês a conseguirem as melhores respostas possíveis, mesmo que lá no fundo não achem que sejam as melhores respostas. Quero deixá-los com a cabeça muitíssimo aberta e com uma ideia de meritocracia que não vai mais mantê-los prisioneiros da própria mente [...]. Quero ajudar vocês a lutarem bem e a evoluírem para obter o máximo da vida.

A plateia aplaudiu estrondosamente.

Perto dali, um novo monumento tinha sido erguido bem a tempo para a festa. Um totem de madeira, que Dalio tinha ajudado a projetar, com inscrições da história da Bridgewater. Ele o chamou de "o bastão", porque preservava as tradições que seriam passadas para as gerações futuras na empresa. Um dos subordinados diretos de Dalio levou o nome bem a sério, por isso levava recém-contratados até o bastão e dizia que uma de suas primeiras tarefas era encarar o totem e confessar suas maiores fraquezas.[9]

No fim da festa, todos foram orientados a procurar embaixo de suas cadeiras, onde encontraram shots prontos de kamikazes. A bebida de sabor cítrico era uma das favoritas de Dalio. Os que estavam presentes ergueram os copos e os secaram.

INFLADO COM DINHEIRO NOVO, CONFIANÇA RENOVADA E UM BASTÃO, Dalio decidiu mais uma vez mudar a equipe ao seu redor. Agora, ele não se contentava mais com figurões de segunda linha de Wall Street, como Murray e McCormick. Ele telefonou para Bill Gates, que tinha conhecido em círculos filantrópicos, e pediu uma recomendação. Gates sugeriu Craig Mundie, o antigo vice-presidente de Gates na Microsoft. Dalio e Mundie, que tinham ambos grandes iates, se deram bem à primeira vista por conta de seu amor pelo mar. Dalio o contratou como o novo vice-presidente e Mundie logo sugeriu uma série de novos consultores, entre eles o general aposentado Keith Alexander, ex-diretor da Agência Nacional de Segurança. Facilmente impressionável por um homem de uniforme e preocupado com os olhares invejosos sobre a Bridgewater, Dalio contratou Alexander para cuidar da segurança por cerca de 4 milhões de dólares por ano.

O trio ficou completo com Larry Culp, que tinha acabado de passar quatorze anos de sucesso como CEO do conglomerado Danaher. Culp foi contratado como conselheiro do comitê de gestão da Bridgewater em experiência para um cargo de longo prazo.

As novas caras que circulavam pelo *campus* representavam um paradoxo duradouro. Com todas as falas de Dalio sobre uma estrutura de gestão

---

9 Um advogado de Dalio diz que a ideia para o bastão teve origem na "equipe comunitária" da Bridgewater. O advogado diz que Dalio "não sugere nem endossa a ideia" de recém-contratados se dirigirem ao totem.

grandiosa e sistemática, uma pessoa podia ser contratada ou demitida com base nos caprichos do fundador, que conseguia o que queria. Ele não era apenas o rosto da empresa, mas, como tinha sido amplamente demonstrado ao longo dos anos — não importava o que era dito em público —, tinha controle e poder de veto sobre as decisões administrativas.

Em lugar algum isso era mais óbvio que na Bridgewater e no fascínio crescente do bilionário por líderes internacionais autoritários. Desde o fim dos anos 1980, ele estava convencido de que os Estados Unidos estavam em uma queda inevitável, não apenas econômica, mas culturalmente. Ele via a política estadunidense em um declínio lento para discussões improdutivas, uma jornada que não podia acabar em nada menos que outra guerra civil. Às vezes, ele chamava a si mesmo de "um médico de economias", com uma receita para remediar tudo isso.

No lugar da hegemonia americana, Dalio procurava uma matriz melhor no exterior. Ele parecia gostar em especial de sociedades governadas por autocratas poderosos. Graças à longa história da Bridgewater gerindo dinheiro dos fundos administrados pelo governo de Singapura, Dalio ficou amigo de Lee Kuan Yew. O homem mais velho, que tinha sido primeiro-ministro de Singapura por impressionantes 31 anos, era uma figura controversa cujo longo mandato alcançou a estabilidade para seu país à custa da liberdade. Lee governou por meio do que era essencialmente um governo de partido único, restringindo a liberdade de imprensa e desprezando o valor da democracia. Ele proibiu a venda de chicletes, autorizou o espancamento para punir adolescentes culpados de vandalismo e prendeu os poucos adversários políticos que ousavam levantar a voz. Dalio olhava além disso tudo. Para o bilionário, Lee era o homem que tinha transformado Singapura de um país relativamente atrasado em um dos maiores centros financeiros do mundo. Lee era um "herói icônico", como Dalio o descreveu certa vez, e um líder modelo.

Durante o jantar no apartamento de Dalio em Nova York pouco antes da morte do líder de Singapura, os homens discutiram os melhores modelos entre os líderes do mundo. Lee deu uma resposta improvável em um elegante ambiente de Nova York: Vladimir Putin. O líder, defendeu Lee, tinha estabilizado a Rússia depois do colapso caótico da União Soviética. Para Dalio, a analogia era perfeita. Ele também tinha estabilizado a Bridgewater depois de um período tumultuado.

Dalio voltou seus esforços, beirando a obsessão, para conhecer Putin. Ele pediu à equipe de atendimento ao cliente para cobrar favores no exterior e lhe conseguir uma apresentação. A tarefa foi mais difícil do que o esperado. Putin não era conhecido por dar atenção a empresários americanos — mesmo aqueles tão famosos quanto o fundador da Bridgewater. Por meio de intermediários, Dalio disse que não se importaria em ser testado. Ele convidou um dos aliados mais próximos de Putin, Herman Gref, para visitar a sede da empresa. Gref, que era CEO do banco estatal Sberbank, chegou na primavera de 2015 com uma pequena *entourage*. Ele foi conduzido ao encontro com Dalio, que mostrou as ferramentas de avaliação dos funcionários e explicou que tudo na Bridgewater operava a partir de um conjunto rígido de regras. Dalio se ofereceu para montar um sistema parecido para os russos. Gref ficou intrigado e sugeriu que talvez conseguisse apresentar Dalio a Putin no palácio do líder russo em Sochi.

O bilionário mal conseguia conter a empolgação nos dias que se seguiram. Mesmo assim, toda vez que ele pedia uma atualização para sua equipe, descobria que o encontro com Putin tinha sido adiado de novo. Rejeitado com desdém, o fundador voltou seu olhar mais para o Oriente, para outra potência estrangeira governada por um líder autoritário.

Dalio era fascinado pela China havia décadas, muito antes de a nação em crescimento se tornar um destino importante para homens de negócios do Ocidente. Na China, ele encontrou a confluência perfeita de seus interesses. A cultura da sociedade coletivista exigia que os cidadãos renunciassem a seus interesses e gratificações de curto prazo em benefício daqueles do Estado e de suas leis, pela promessa de uma recompensa de longo prazo. Como Dalio disse em um vídeo de 2019 com um funcionário da Bridgewater:

— A curiosidade me botou em contato com o povo chinês, cuja personalidade e o tipo de relacionamento que eles valorizam passei a admirar e a amar muito. — Ele acrescentou depois na entrevista: — Se você lidar com a questão de ser um sistema mais autocrático, e se você preferir um sistema de liderança mais autocrático que um democrático, vai ter que fazer essa escolha por conta própria. Não olhe para isso como um lugar único em termos de alguns daqueles impedimentos. Olhe para o quadro inteiro. Eu diria que há muito a se dizer sobre os modos chineses ou confucianos de abordar as coisas.

Mais que uma dose do mindset chinês estava na cabeça de Dalio.

O bilionário visitou a China pela primeira vez em 1984 com um pequeno grupo que incluía sua esposa. Para um diplomado na Harvard Business School que tinha se casado e adentrado uma família de riqueza estonteante, a experiência foi esclarecedora. O grupo se encontrou com representantes do CITIC, um conglomerado gigantesco controlado pelo governo que posteriormente exibiria operações nos mercados imobiliário, bancário, de metais e uma série de outras indústrias. Naquela época, porém, Dalio podia ser até mesmo um visitante de outro planeta. Como presente, ele distribuiu calculadoras que tinha trazido dos Estados Unidos: os executivos do CITIC nunca tinham visto uma antes. Dalio parou na janela do escritório e gesticulou para a vizinhança tradicional de construções baixas, ou hutongs. Ele previu que arranha-céus logo se ergueriam em seu lugar.

— Você não conhece a China — diziam os anfitriões.

O fundador da Bridgewater continuou a visitar, a aprender e a abrir caminhos em uma sociedade com forte desconfiança de estrangeiros. Quando seu terceiro filho tinha 11 anos, Dalio o mandou morar com uma família em Beijing e a frequentar a escola lá. Os arranjos para sua hospedagem eram rigorosos: o prédio da família tinha água quente apenas duas vezes por semana, e a escola não tinha aquecimento durante a maior parte do ano, então os alunos usavam casacos nas aulas. Dalio visitou seu filho lá, e os dois estreitaram os olhos para o sol na Cidade Proibida quando posaram para fotos diante de uma imagem de quase dois metros de Mao Tse-Tung, o fundador da República Popular. Eles eram os únicos ocidentais em um aglomerado de rostos locais.

Quando seu filho expressou interesse em voltar à China com mais frequência, Dalio começou a misturar negócios com a vida pessoal. Além de preparar o filho para abrir uma instituição de caridade, a China Care Foundation, que construía orfanatos para crianças chinesas portadoras de deficiência, Dalio aumentou seus esforços para arrecadar dinheiro de instituições governamentais abastadas, mas restritas. Em reuniões, ele lembrava os representantes do governo que, quando eles investiam com a Bridgewater, os honorários não seriam apenas enviados para os Estados Unidos.

— Quaisquer taxas que vocês paguem, vou doar de volta para a China pessoalmente — afirmou ele em uma reunião.

O pitch funcionou. A Bridgewater recolheu 10 bilhões de dólares para seus fundos com setores do governo chinês, entre eles o fundo de riqueza soberano China Investment Corporation e a multitrilionária Administração Estatal de Comércio Exterior [SAFE na sigla em inglês].

A ligação da Bridgewater com entidades governamentais deu a Dalio acesso a um mundo exclusivo. Ele se tornou próximo de Wang Qishan, mais tarde vice-presidente da China e amplamente considerado a segunda pessoa mais poderosa no país, como chefe do braço anticorrupção do Partido Comunista. Wang tinha instintos que não estariam deslocados na Bridgewater; em uma reunião com seus próprios investigadores, ele surpreendeu o grupo com dossiês das próprias transgressões deles. O objetivo aparente de Wang "era aterrorizar os próprios agentes da lei", escreveu a *Economist*. "O fracasso em descobrir subornos nos altos escalões seria uma 'falha no cumprimento do dever'." A publicação chamou Wang de talvez o homem mais temido da China.

Dalio chamava Wang de amigo, herói e "uma força incrível para o bem". Os dois homens se reuniam por pelo menos uma hora a cada viagem do bilionário à China, conversando sobre filosofia e a ordem mundial.

Ele presenteou Wang com um exemplar do mesmo livro que tinha dado a Jensen, *O herói de mil faces*. Wang retribuiu o favor endossando um dos Princípios mais valorizados por Dalio: "Dor + Reflexão = Progresso".

— Se os conflitos fossem resolvidos antes de se tornarem agudos, não haveria nenhum herói — falou Wang a Dalio durante uma visita.

Através de Wang, Dalio aprendeu sobre as maquinações complicadas do sistema de governo chinês. O país estava ampliando um chamado sistema de crédito social, no qual o governo tentava rastrear o comportamento pessoal de cada cidadão, abarcando infrações tão pequenas como atravessar fora da faixa de pedestre, e usar dados coletados para calcular uma nota pessoal abrangente que determinava se uma pessoa podia receber um empréstimo, um emprego ou outros benefícios. O objetivo era, como dizia o governo chinês, criar uma "cultura de sinceridade". Dalio não deve ter conseguido evitar ver a conexão disso com sua própria verdade e transparência radicais, assim como um sistema crescente de ferramentas e softwares de avaliação que separava as pessoas na Bridgewater com base em suas personalidades e supostas habilidades.

A China, assim como a Bridgewater, estava organizada como um conjunto de comitês com membros que se sobrepunham, todos subordinados diretamente ao presidente Xi Jinping. Os órgãos mais importantes eram o Congresso Nacional, que se reunia a cada cinco anos, e o Comitê Central, que se reunia cerca de uma vez por ano. O poder no dia a dia estava com o Politburo e com o Comitê Permanente do Politburo, um órgão que estabelecia políticas sob ordens do presidente Xi e em suma administrava o país. O presidente Xi periodicamente ordenava que o Politburo fizesse o que ele chamava de "autocrítica" para reafirmar sua lealdade a ele. Havia apenas sete membros no Comitê Permanente do Politburo, e Wang, o amigo de Dalio, estava entre eles.

Em 2015, inspirado pelo sistema chinês, Dalio tentou recriar partes dele em Connecticut. Sem dizer nada aos clientes ou ao público, ele convocou, dentro da Bridgewater, funcionários jovens que quisessem ajudar a reformular a empresa de acordo com Os Princípios. Esses cargos promissores eram uma maneira segura de ter uma chance para impressionar o fundador. Os voluntários foram transferidos para inúmeros grupos de aplicação das regras com nomes nada sutis. Os Capitães dos Princípios eram aqueles considerados os maiores especialistas no manifesto de Dalio. Esses Capitães dos Princípios ficavam espalhados pela empresa e deviam avaliar se os indivíduos estavam agindo de acordo com Os Princípios no dia a dia. Os Auditores monitoravam chefes de departamento que Dalio não geria individualmente. Os Supervisores não tinham responsabilidades muito bem definidas, com a exceção de se reportar a Dalio sobre o que estava acontecendo nos outros grupos novos.[10]

— A pior coisa — falou um funcionário — é que um Supervisor encontre um problema antes de mim.

A joia da coroa das novas criações de Dalio se chamava Politburo, nome emprestado do órgão decisório do Partido Comunista chinês e criado originalmente pelos bolcheviques russos. Os cerca de doze membros do Politburo da Bridgewater estavam em sua maioria na casa dos vinte ou trinta anos. Eram escolhidos pelo próprio Dalio e recebiam ordens amplas para conduzir investigações pelo escritório. Embora tivessem o objetivo de solucionar disputas, o Politburo quase sempre criava novas. Os membros entravam em reuniões sem serem chamados — ou escutavam as gravações depois — e avaliavam seus colegas. Descobriam e reprimiam dissidências antes que elas chegassem à mesa do bilionário. Era um sonho tornado realidade. Agora, o fundador da Bridgewater tinha olhos e ouvidos em toda parte.

Jensen observava o crescimento desses novos aparatos com alarme. Eram mais uma ameaça para seu futuro.

Com cada nova criação de Dalio, o suposto herdeiro de 40 anos ficava mais longe do principal prêmio. Seis anos antes, Dalio o tinha

---

10 Um advogado da Bridgewater disse que havia sobreposições nessas equipes, e que sua "atribuição era responder às perguntas dos funcionários e treiná-los".

anunciado como seu sucessor, mas o fundador estava mais envolvido na empresa que nunca. Para o mundo exterior, parecia que nada tinha mudado. Jensen ainda era o CEO, e entre todos os contratados experientes, nenhum tinha durado tanto quanto ele. Sua ascensão definitiva, porém, tinha sido nitidamente deixada de lado. Apesar de permanecer por quase duas décadas ao lado de Dalio, as novas comissões representavam o armamento dos Princípios — novas armas que apenas Dalio podia usar com eficácia.

A pressão sobre Jensen continuava a aumentar ao longo de 2015. Seu monitor, que tinha uma imagem em tempo real do desempenho dos investimentos da empresa, mostrava que, depois do forte início do ano devido ao sucesso com o franco suíço, a linha de tendência tinha caído. O maná do hedge fund estava se dissipando, resultado de mais uma previsão pessimista de Dalio sobre a economia global. Em março daquele ano, Dalio informou a clientes que enxergava paralelos com os últimos dias da Grande Depressão. "Eu gostaria de lembrar a vocês do paralelo com 1937", escreveu ele em uma mensagem a clientes que chegou à imprensa. As ações caíram mais de 50% em um único ano, observou ele, uma previsão pouco velada de que o mesmo podia acontecer outra vez. Não aconteceu. O monitor de Jensen mostrava o efeito da visão pessimista de Dalio, que mantinha o principal fundo da empresa apostando em transações pessimistas. A Bridgewater sangrava aos poucos quando a primavera virou verão, transformando o que poderia ter sido um ano excepcional em, na melhor das hipóteses, um ano comum.

Dalio manteve o curso. Como ele dizia, o perigo estava no ar. Ao que parecia, essa crença foi confirmada em julho, quando a Bolsa de Valores chinesa despencou, eliminando um terço do valor do principal índice da Bolsa de Xangai. A queda, em um país que Dalio achava conhecer bem, o deixou abalado. "Nossa visão sobre a China mudou", escreveu ele em uma nova mensagem a clientes da qual foi coautor. "Agora não há lugares seguros onde investir." Ele levantou a possibilidade de mais um processo de depressão. "Mesmo as pessoas que não perderam dinheiro com ações vão ser afetadas psicologicamente pelos acontecimentos, e esses efeitos terão um resultado depressivo na atividade econômica." A nota também chegou à imprensa, onde foi amplamente vista como um sinal de calamidade para Beijing.

As observações de Dalio não eram diferentes do que ele estava dizendo sobre os Estados Unidos e outras economias ocidentais havia décadas. Na China, porém, elas foram recebidas de outra maneira. Críticas à economia eram críticas ao Estado, e isso não podia ser tolerado de um estrangeiro — em especial um estrangeiro que se promovia como um bem relacionado especialista no país. Representantes do SAFE e do CITIC entraram em contato com a Bridgewater, avisando que estavam sob pressão para se distanciarem da empresa. Dalio atendeu aos telefonemas e afirmou aos funcionários do governo chinês que ele ainda era um grande admirador dos líderes do país. A equipe de tecnologia da Bridgewater percebeu uma lentidão incomum na sua rede de computadores e desconfiou de que hackers chineses pudessem estar direcionando um ciberataque contra eles, como vingança.

Levou apenas um dia para Dalio instruir sua equipe de relações públicas a divulgar um pronunciamento em que recuava de sua nota anterior: "Embora o relatório para os clientes da Bridgewater seja uma comunicação que eles desejam manter particular, Ray Dalio e a Bridgewater acreditam que muito já foi dito da sua mudança de pensamento e querem esclarecer esse pensamento", dizia uma parte dela. Mas o mal estava feito. O ano da volta por cima rapidamente saía dos trilhos.

O INCIDENTE DA CHINA DEIXOU DALIO ABALADO E COM RAIVA. Pouco disposto a aceitar que suas próprias palavras tivessem desencadeado a confusão, ele reclamava em uma reunião após a outra que a imprensa tinha ignorado seu apoio de muitos anos à China e o considerava apenas mais um trader querendo ganhar dinheiro rápido com os problemas de um país estrangeiro. Mais uma vez, ele começou a se autorreferir como um médico de economias, afirmando que estava apenas oferecendo seu diagnóstico racional, com base nos fatos. Ninguém na Bridgewater ousou lembrá-lo de que um médico não aposta no resultado da saúde de um paciente, como os fundos da Bridgewater frequentemente faziam, assumindo posições compradas ou vendidas em relação ao yuan chinês.

Nos dias seguintes, o mau humor do bilionário ficou ainda pior. Enquanto seguia pela ponte interna que conectava os dois prédios do escritório, ele percebeu marcas no piso laminado. Ele ordenou uma investigação. Disseram-lhe que as marcas vinham de sapatos de salto alto. De imediato, ele criou uma nova regra, enviada por e-mail para toda a empresa. Nenhum salto alto seria permitido na Bridgewater.

O fato de o próprio fundador ter de lidar com marcas no chão era mais um lembrete para ele do mau estado da empresa. Perto do Dia de Ação de Graças de 2015, Dalio chamou seu mais recente contratado de alto escalão, Culp, assim como o restante dos principais executivos, entre eles Jensen, para uma reunião. Ele desejava ouvir um plano de como Culp usaria o novo conjunto de comitês com base nos Princípios para aprumar a empresa. Mas Culp enviou uma mensagem bem diferente: pontuou a Dalio que pessoas demais na Bridgewater tinham responsabilidades e títulos confusos e passavam o dia inteiro ouvindo gravações de outros funcionários, ansiosos por montar uma armadilha. Culp sugeriu a Dalio para cortar, e não expandir. Coloque alguém no comando e lhe dê espaço. Dalio vinha fazendo o oposto na maior parte da última década.

Dalio rebateu o recém-contratado: o problema nitidamente era Culp, incapaz de entender a natureza avançada do sistema de gestão da Bridgewater.

— Você não é conceitual o suficiente.

Dalio demitiu Culp, se levantou e foi embora da sala.

Todos os presentes absorveram em silêncio a nova execução da empresa. Culp ficou sentado, atônito. Ele havia apresentado sua opinião sincera a um homem que dizia valorizar feedback franco e, em vez disso, foi demitido de súbito.

Jensen, que já assistira a esse filme muitas vezes antes, agiu para limpar a bagunça.

— Ray pode ser difícil — disse Jensen a Culp.

Jensen explicou que o fundador não entendia como as engrenagens da empresa funcionavam, nem como Os Princípios funcionavam na prática. Culp escutou enquanto o CEO lhe explicava que ninguém estava mais decepcionado que o próprio Jensen, havia eras aguardando Dalio entregar as chaves da empresa.

Pouco depois de conversar com Culp, Jensen foi ainda mais longe com alguém que ele devia saber que talvez não fosse confiável, e no lugar que não poderia ter sido pior. Depois de uma reunião rotineira do comitê de gestão — uma reunião gravada e disponível para ser ouvida publicamente —, Jensen chamou Murray de lado e lhe falou:

— Ray está louco.

E afirmou que os dois podiam comandar a empresa melhor sem o próprio fundador.

Essas observações eram uma variação do que ele estava reclamando havia anos. Mas Jensen não percebeu que aquela não era a Bridgewater de antes, um erro que iria assombrá-lo. Os Princípios tinham deixado de ser uma coisa que o filho postiço de Dalio podia controlar. Agora havia um exército de funcionários dedicado a descobrir prováveis hereges. Em apenas alguns dias, a gravação dessa conversa casual entre Jensen e Culp foi enviada ao novo esquadrão. Murray, identificando talvez uma chance de se vingar de Jensen pelo papel no julgamento dela, ocorrido não muito antes sob a gestão de Comey, garantiu que Dalio soubesse o que o CEO lhe confidenciara enquanto o equipamento de gravação ainda estava funcionando.

Um jovem funcionário transcreveu as conversas e as enviou para Dalio com uma mensagem: seu suposto herdeiro está falando sobre você pelas suas costas. Isso era uma violação imperdoável dos Princípios.

Dalio lançou toda a força do Politburo sobre o homem que era seu braço direito.

O REI DOS INVESTIMENTOS

* * *

Aparentemente da noite para o dia, a divergência entre Dalio e Jensen consumiu a Bridgewater. Dalio submeteu o CEO a um julgamento diferente de qualquer outro que a empresa tinha visto: encheu uma sala com o novo grupo de devotos dos Princípios e atacou o homem que até pouco tempo parecia ser seu provável sucessor.

— Greg é um traíra — afirmou Dalio, como se lembram várias pessoas que estavam lá.

Essa não era nenhuma frase ao acaso. Os Princípios deixavam claro que falar algo sobre alguém pelas costas fazia de você um traíra. Pessoas tinham sido demitidas por essa infração, fazendo dela um dos piores pecados. E Jensen não tinha apenas se envolvido em uma conversa descontraída, havia reclamado do fundador de modo quase imprudente, como se não pudesse ser pego.

Jensen falou a pessoas próximas que sentia estar certo. Dalio *podia* ser difícil, como ele dissera a Culp. E se Jensen fosse honesto consigo mesmo, acreditava que ele e Murray podiam gerir a Bridgewater melhor sem a interferência constante do fundador. Ao falar contra Dalio, Jensen podia argumentar que estava usando Os Princípios, como era a intenção de seu autor. Se Os Princípios realmente valessem alguma coisa, poderiam ser usados para depor seu mestre.

Então Jensen tentou convencer Dalio de que essas palavras não eram apenas verdades, mas verdades difíceis, do tipo que Dalio os estimulava a compartilhar abertamente, e comentou que as tinha mencionado a Dalio anteriormente. Jensen tentou até outro movimento, pedindo aos colegas que votassem se Dalio estava respeitando seu plano muitas vezes citado de fazer a transição na liderança da empresa.

O bilionário não aceitaria nada disso. Ele adiou o pedido de Jensen por uma votação ("Talvez ele esteja certo, talvez esteja errado", como uma pessoa se lembra de Dalio dizer) e ordenou que o Politburo mergulhasse em uma infinidade de gravações de Jensen na Biblioteca da Transparência, em busca de provas de que o homem mais jovem tinha falado pelas costas do patrão antes. Dalio mandou o Politburo reunir diversas gravações que pareciam mostrar Jensen falando de maneira negativa pelas costas de Dalio, então reproduziu-as pela empresa. O Politburo no fim enviou uma enormidade de provas para centenas de funcionários, permitindo que muitos lessem o histórico das conversas entre os dois. Dalio também lembrou ao CEO que a Bridgewater nunca tinha liberado as fitas da investigação de Jensen feita por Jim Comey sobre seu relacionamento com Holland — a investigação que levou a um acordo secreto sobre o qual poucos sabiam.

As cartas estavam começando a se acumular rápido contra o homem mais jovem.

Jensen reagiu como muitos antes dele tinham reagido: chorou. Enquanto as câmeras capturavam imagens ao seu redor, ele chorou diante de Dalio e implorou perdão.

— A Bridgewater é tudo o que tenho, e amo este lugar. Se fiz o que fiz, nunca foi minha intenção.

Por orientação de Dalio, a fita com o choro de Jensen foi enviada para algumas equipes em particular, entre elas o grupo de investimento, cujos funcionários foram praticamente forçados a ver seu chefe imediato e modelo de comportamento sofrer. Uma pessoa que a assistiu se lembra:

— Ninguém nunca tinha visto Greg tão triste e desesperado. Ele estava literalmente chorando.

Dalio podia ter demitido Jensen da Bridgewater. Outros tinham sido demitidos por muito menos, mas Jensen não era qualquer um; era praticamente membro da família de Dalio. Uma narrativa mais útil para o fundador foi tratar as fraquezas de Jensen como parte da jornada de herói do homem mais jovem — uma jornada que podia levá-lo até o abismo e de volta. Se até Jensen podia chegar ao fundo do poço e encontrar um jeito de se reerguer, qualquer um na Bridgewater podia resistir quando levado ao limite. A crise do CEO podia ser usada como modelo para qualquer um na Bridgewater que estivesse sob pressão.

No que ele descreveu como um compromisso talmúdico, Dalio tirou o título de CEO de Jensen, mas o manteve como um dos CIO — uma queda nítida de prestígio —, e a imprensa noticiou o fato com precisão: o rebaixamento chocante do homem que por muito tempo tinha sido visto como o herdeiro de Dalio.

Jensen partiu no que foi descrito para os funcionários como férias não planejadas — as mais longas que ele tirava em anos.

Muitos no escritório não sabiam ao certo quando, ou se, Jensen voltaria. Alguns imaginavam que ele fosse desanuviar a cabeça e decidir que a vida era curta demais para aguentar a Bridgewater e Dalio. Em vez disso, ele caiu na farra. Viajou para Las Vegas para jogar pôquer até tarde da noite. Deixou a família e não lhes avisou quando voltaria. Em seu retorno, contou a amigos que nunca mais ia se sentir do mesmo jeito em relação a Dalio.

Na ausência de Jensen, Dalio preparou sua própria surpresa. Algumas pessoas tinham ouvido apenas fragmentos do embate entre os dois titãs — alguns dos vídeos e documentos tinham sido compartilhados apenas com o Politburo ou outros grupos da empresa. Havia rumores circulando dentro e fora da Bridgewater, e nem todos eram favoráveis a Dalio ou aos Princípios. Dalio afirmara ao longo dos anos que a Bridgewater era um lugar de transparência radical. Como isso podia ser verdade se os detalhes completos dessa colisão entre os dois homens mais importantes da empresa só estavam disponíveis para uns poucos escolhidos.

Então o bilionário declarou emergência, dizendo literalmente que era um momento para "lei marcial". Ao mesmo tempo, ele inventou um novo Princípio, um que na verdade revertia suas declaradas crenças sacrossantas:

"Espere responsabilidade daqueles que recebem a transparência radical, mas não a entregue àqueles que não conseguem lidar com ela."

Esse Princípio foi aplicado de forma retroativa ao embate dos dois. Os funcionários, ainda confusos sobre o paradeiro de Jensen, não encontravam respostas na Biblioteca da Transparência. Apenas cerca de 10%

dos funcionários eram merecedores de confiança, nas palavras de Dalio, para saberem a história inteira. O restante não conseguiria lidar com isso.

Também em silêncio, Dalio organizou uma equipe de aproximadamente vinte pessoas para trabalhar em um novo estatuto da empresa, aumentando Os Princípios com um conjunto de leis sobre como governar a Bridgewater. O estatuto determinaria quais desavenças do dia a dia podiam ser debatidas e quais podiam ir para votação. Isso dava um poder extraordinário ao próximo CEO, um cargo que talvez estivesse para sempre fora do alcance de Jensen — porque Dalio mandou que fosse escrito no estatuto que Jensen nunca mais poderia ser CEO.

18

O modo de ser

O SUV abraçava a costa da Bahía de Banderas, no México, em uma viagem turbulenta de uma hora de duração que ao mesmo tempo irritou e impressionou o homem no banco de trás.

Depois do voo que atravessou o continente até Puerto Vallarta, Greg Jensen sem dúvida estava pronto para um drinque. Com suor brotando na testa, ele saiu do SUV e subiu os degraus de mármore até a casa que tinha sido construída pelo iPod.

Casa podia ser um eufemismo, embora chamar o lugar de *rancho*, como preferia seu dono, Jon Rubinstein, fosse mais que um pouco de falsa modéstia. A propriedade de 1,5 mil metros quadrados tinha sete quartos, uma faixa de quarenta metros de praia, diversas piscinas e alojamento para os funcionários que moravam no local. Jensen ficou na ala de hóspedes e, quando se levantou de manhã, foi forçado a andar entre esculturas de pessoas em tamanho real que decoravam a propriedade.

Jensen podia estar satisfeito por uma desculpa para ficar longe da Bridgewater. Mas, fora a acomodação, estava em uma missão especialmente degradante de Dalio. Jensen tinha sido mandado ao México para amaciar Rubinstein enquanto o executivo de tecnologia refletia sobre assumir a liderança da Bridgewater. Era como pedir à sua ex-namorada para ajudá-lo a encontrar uma nova.

Rubinstein levava a vida de um homem que tinha todas as escolhas do mundo. Dezoito anos mais velho que Jensen, era magro e alto, e parecia não ter mudado desde seu Bar Mitzvá. Tinha estabelecido sua reputação na Apple, onde ganhou o apelido de Podfather [o padrinho do iPod, em tradução livre], por ajudar Steve Jobs a criar o primeiro iPod. Com o passar dos anos, porém, Rubinstein ganhou a reputação dentro da Apple de ser uma pessoa tão quadrada que era até irritante. Ele tinha discussões com Jobs e outros executivos nas quais todos gritavam palavrões quando ele se opunha a melhorias de projetos, preocupado que elas fossem difíceis demais de fabricar. Depois de dezesseis anos, Jobs chegou à conclusão de que Rubinstein tinha um grande ego, e os dois seguiram caminhos separados.

— Ele nunca mergulhava fundo, ele não era intenso — declarou Jobs.

Apenas em seus três últimos anos na Apple, Rubinstein tinha sido premiado com 83 milhões de dólares em opções de ações. Daí o rancho.

Desde a Apple, Rubinstein tivera dificuldades para conseguir outra posição profissional equivalente. Ele deixou a gigante da tecnologia para ser o CEO da fabricante rival de telefones, Palm, incinerando de vez o que restava de seu relacionamento com Jobs (os dois nunca mais voltaram a se falar). O projeto de celulares da Palm deu errado, e Rubinstein deixou a empresa depois que ela foi vendida para a Hewlett-Packard. Desde então, estava na praia, literal e figurativamente. Isso o tornava o alvo perfeito para as fileiras rotativas de executivos rejeitados da Bridgewater.

Dalio talvez não soubesse nem desse importância para as oscilações na carreira recente de Rubinstein, nem mesmo tinha qualquer conhecimento específico sobre o homem. Mas tinha certeza de que Rubinstein fora tocado por Steve Jobs. E a ideia de contratar o ex-Apple tinha vindo de uma adição recente ao círculo interno de Dalio, Craig Mundie, ex-diretor de estratégia da Microsoft e confidente de Bill Gates de longa data. Mundie tinha um cargo novo para a Bridgewater: vice-presidente. Esses pesos-pesados da tecnologia eram o tipo exato de pessoas que podiam ajudar Dalio a enfim transformar Os Princípios em um software universal.

Rubinstein estava disposto a tentar. Em troca de uma remuneração de 50 milhões de dólares ao longo dos primeiros dois anos, ele trabalharia sete dias por semana. Diferentemente de Larry Culp, ele não tinha problemas em dividir o papel de CEO (Eileen Murray seria CEO com ele). Rubinstein ia se encarregar da tecnologia, inclusive do importante sistema de avaliação para iPads.

Jensen deixou o rancho de Rubinstein com notícias animadoras para levar a Westport.

Jon Rubinstein se apresentou para o trabalho na Bridgewater em maio de 2016, apenas algumas semanas após o retorno de Jensen da licença forçada. O novo contratado teve a sensação imediata de que nem tudo ia correr como planejado: Dalio, no auge depois de ter esmagado Jensen, estava muito mais envolvido do que Rubinstein havia previsto. Jensen, que pareceu quase um amigo de Rubinstein no México, agora estava irreconhecível em Connecticut, chegando atrasado em reuniões e praticamente sem olhar Dalio nos olhos.

Na esperança de ter um período de transição, com tempo para se situar, Rubinstein falou a Dalio que preferia começar de maneira silenciosa; este, ainda aborrecido com as manchetes sobre o rebaixamento de Jensen e ávido para transmitir uma mensagem diferente, tinha outros planos. Ele mandou os funcionários escreverem uma carta para os clientes sobre a nova contratação, e instruiu sua equipe de relações públicas a divulgá-la para os repórteres. Trechos foram publicados em jornais ao redor do mundo.

"A tecnologia é extremamente importante na Bridgewater, em especial porque uma de nossas principais iniciativas estratégicas nos próximos anos é continuar a construir a tomada de decisões sistematizada que teve tanto sucesso em nossa área de investimento e estendê-la a nossa gestão", dizia a carta.

O telefone de Rubinstein não parava de tocar com pessoas parabenizando-o por conseguir um cargo de prestígio no maior hedge fund do mundo.

Rubinstein achou que, antes de mais nada, sua entrada chamativa ia lhe dar permissão para mergulhar de cabeça nos problemas tecnológicos da empresa. Em vez disso, lhe entregaram um iPad e o mandaram diretamente para um treinamento particular de doutrinação nos Princípios. Rubinstein ficou atônito quando uma procissão de funcionários o treinou no manifesto. A equipe exibiu slides e vídeos de funcionários sendo diagnosticados e sondados por seus superiores, inclusive por Dalio. Rubinstein desanimou de imediato. Jobs, seu antigo chefe, tinha uma reputação merecida de ser grosseiro, mas o fundador da Apple nunca afirmou que isso tinha origem em alguma filosofia sofisticada. Depois de alguns dias de treinamento, Rubinstein foi submetido ao mesmo teste dos Princípios aplicado em todas as novas contratações. Ele respondeu a tudo com honestidade, e soube que tinha sido reprovado.

— Tudo isso é uma merda — disse ele a um novo colega.

Quando Dalio soube que sua recente contratação valiosa tivera problemas com o treinamento, pediu uma conversa. Rubinstein, sabendo tudo o que aprendera sobre o apego do fundador à honestidade, decidiu expressar a Dalio o que estava em sua cabeça.

— Você tem 375 Princípios. Eles não são princípios. A Toyota tem quatorze princípios. A Amazon tem quatorze princípios. A Bíblia tem dez. Os 375 não têm como ser princípios. Eles são um manual de instruções.

Dalio responsabilizou a si mesmo. É minha culpa, declarou o fundador, por esperar que você apreciasse um sistema tão complexo tão rápido. Os Princípios não podem simplesmente ser decorados e absorvidos de pronto — a única maneira de entendê-los era vivê-los. Dalio chamou Os Princípios de um "modo de ser".

Foi por volta dessa época que Rubinstein pensou consigo mesmo, *Merda*.

A CONTRATAÇÃO DO EX-APPLE NÃO FOI A ÚNICA MANEIRA DE DALIO alterar a narrativa vigente. Enquanto o ex-executivo da Apple pesquisava a situação da empresa, o fundador da Bridgewater fazia um esforço renovado para contar a própria história. Ele teve ajuda para fazer isso.

Em maio de 2016, no mesmo mês em que Rubinstein começou, Dalio viajou para Los Angeles para uma entrevista na glamorosa conferência anual do Instituto Milken, no Beverly Hilton. Seu entrevistador foi o professor de Harvard Robert Kegan, que tinha visitado a Bridgewater e escrito elogios sobre a empresa em seu próprio livro. Depois que Dalio abriu a conversa com uma fala sobre como a Bridgewater tinha desenvolvido a humildade na cultura da empresa ("É apenas psicologicamente difícil [...] Assim que você começa a ter uma atitude diferente, é agradável, então você vai da dor para o prazer"), Kegan olhou para suas anotações e pareceu reproduzir o que estava escrito:

— Recentemente, li um estudo que mostrava que a maioria dos millennials quer mais feedback. Parece que a Bridgewater seria o paraíso dos millennials.

Dalio sorriu em resposta.

Kegan perguntou qual equívoco sobre a Bridgewater Dalio achava ser o mais comum.

O bilionário o encarou com um sorriso mais estreito, bem preparado para responder, pois já tinham lhe feito essa pergunta antes.

— Que a empresa seja um culto.

Alguns risinhos conhecedores se ergueram da plateia abastada.

— Por que ela não é um culto? — perguntou Kegan.

— É o contrário de um culto. É pensamento independente. É você saber que tem o direito e a obrigação de entender tudo. É uma cultura — acrescentou Dalio. — Pense nela como semelhante a um sistema jurídico.

De volta à sede, Rubinstein estava começando a se perguntar em voz alta se sequer havia um sistema. A empresa estava gastando dezenas de milhões de dólares no desenvolvimento dos sistemas de avaliação dos Princípios, mas quando Rubinstein tentou investigar o que eles faziam de verdade, responderam apenas que mediam "credibilidade". Muitos contaram que os sistemas envolviam cálculos secretos feitos pelo ex-cientista da IBM, David Ferrucci, e que o pesquisador não contou a quase ninguém como os cálculos funcionavam. Isso logo pareceu estranho para o ex-Apple. Ele tinha passado a vida trabalhando com pesquisadores como Ferrucci, e, de acordo com sua experiência, cientistas de empresas tinham a tendência de explicar o trabalho para os executivos com detalhes penosos e desnecessários. Em geral, a dificuldade era fazer com que os cientistas se calassem.

Rubinstein não era um jovem recém-contratado, então procurou Ferrucci pessoalmente. Os dois homens trocaram gracejos, e o CEO fez sua grande pergunta:

— Como você calcula a credibilidade?

Ferrucci rompeu o contato visual por um momento breve.

— Eu não vou contar a você.

— Por quê?

— É vergonhoso.

Levaria vários meses até que Rubinstein encontrasse a resposta.

O HOMEM QUE SABIA TUDO SOBRE CREDIBILIDADE TRABALHAVA muito abaixo de Rubinstein, e estava lutando para justificar sua existência.

Com o acréscimo do trio de tecnologia formado por Rubinstein, Craig Mundie e Ferrucci, Paul McDowell corria o risco de perder o emprego. Embora continuasse a liderar aulas esporádicas sobre Os Princípios, ele tinha sido transferido da chefia da tecnologia para servir como assessor extraoficial de Dalio de acordo com a necessidade de exibir a cultura e as ferramentas da empresa a clientes e outros visitantes. McDowell, que nunca tinha se sentido confortável fazendo agrados, se esforçava para manter a expressão séria quando falava dos méritos da cultura da Bridgewater. Para Dalio, porém, McDowell agia como o subordinado direto ideal, e às vezes como contraponto. McDowell estava presente havia tempo o bastante para engolir as críticas do fundador sem fazer careta e, por ter quase a idade de Dalio, parecia ser seu igual. Em uma apresentação para um investidor russo em potencial, o Banco Central Sberbank, que tem ligações com o Estado, McDowell teve problemas para conectar a área de trabalho remota. Dalio o chamou de "fraco" em frente ao grupo, fazendo o homem fervilhar por dentro, mas ele apenas garantiu aos russos que Dalio estava demonstrando o modo de ser da Bridgewater.

Quando não estava interpretando um papel de personagem cômico com o chefe, McDowell se esforçava com afinco, com uma equipe pequena, para completar o Book of the Future. O sistema de software criado para ser uma coleção máster de todas as avaliações pessoais e ferramentas de gestão da empresa adquirira diversos nomes novos. Por um tempo, Dalio os chamou de iPrincípios, um aceno para a Apple. Depois, foram rebatizados de Sistema Operacional dos Princípios, ou PriOS, na sigla em inglês. Quando falava sobre o PriOS com clientes, Dalio frequentemente o comparava com o sistema de navegação de um carro, afirmando que funcionava tão bem e com tanta consistência que a Bridgewater podia até estar disposta a compartilhá-lo com eles, por um preço.

Em uma reunião com um cliente, Dalio se gabou que Bill Gates e Elon Musk haviam testado e aprovado a abordagem. O bilionário esperava que as empresas deles e de outras pessoas o usassem com os próprios funcionários, levando as criações da Bridgewater para todos os locais de trabalho dos Estados Unidos.

— O sistema vai tomar decisões por você da mesma forma que um GPS toma. Em outras palavras, um GPS pode dizer "Vire à direita" e "Vire à esquerda". O mesmo pode acontecer na gestão dizendo: "Entreviste essa pessoa", "Demita aquela pessoa", "Verifique a honestidade dessa pessoa" ou "Tenha essa discussão" — explicou Dalio. — Essa abordagem, eu acho, seria muito, muito valiosa para você.

O PriOS não era emotivo, afirmou Dalio, assim como ele.

— O jeito como lido com tudo é mediante uma meritocracia de ideias. Quero apenas que a melhor ideia vença. Não precisa ser minha ideia. Fico muito satisfeito de ser corrigido por pessoas que sabem mais que eu.

Os clientes perguntaram:

— Quem criou esse sistema? Quem foi o especialista que você usou?

— Eu. Toda vez que executo algo, anoto o que estou fazendo e por que estou fazendo. Então mando outras pessoas converterem isso em equações — respondeu Dalio. — O incrível é que a própria máquina está evoluindo e dando instruções sobre o que fazer para evoluir de forma muito parecida com a de meu cérebro.

Embora Dalio falasse sobre o PriOS com os clientes como se ele estivesse prestes a ser finalizado, McDowell devia saber a verdade: o sistema era um desastre. Ele funcionava para as tarefas mais simples, como pesquisar se determinada palavra aparecia nos Princípios e selecionar as frases relevantes, mas não conseguia prever mais as escolhas de Dalio do que qualquer outra pessoa na empresa. Era como se McDowell estivesse tentando programar um GPS com as coordenadas vindas de um videogame, no qual as ruas faziam curvas que dão em becos sem saída e pontes se estendem só até a metade de travessias traiçoeiras.

Quanto mais o PriOS atrasasse, pior para McDowell. Ele não podia adiar a questão por muito tempo. Enfim, no que era um momento de agora ou nunca, Dalio lhe pediu que levasse o último protótipo para uma reunião do comitê de gestão. Essas reuniões eram prestigiadas; só os principais funcionários compareciam, como Dalio, Jensen e Ferrucci, enquanto um cinegrafista gravava o que acontecia para que o restante da empresa assistisse. Poucos perdiam a oportunidade de ver quem poderia acabar sendo surrado por Dalio.

A vítima do dia ficou logo evidente. McDowell fez a volta na mesa e entregou um iPad carregado com o último software do PriOS para cada membro do comitê de gestão. As ferramentas deviam ser capazes de examinar detalhadamente categorias específicas para indicar se os indivíduos com avaliações baixas em, por exemplo, "viver com verdade" eram mais propensos a ter pontuação baixa em "sintetização através do tempo" — ou se uma pessoa teria de ser submetida a treinamento adicional nos Princípios ou mesmo receber um novo cargo. Na prática, o sistema ainda era, no melhor dos casos, rudimentar, travando com frequência e incapaz de atualizar as avaliações em tempo real com rigor. Pior de tudo, apesar de anos de esforços e incontáveis horas com o próprio Dalio, McDowell ainda não tinha mapeado nenhuma consistência lógica nos valores do fundador, e o sistema era inútil.

Depois de alguns minutos observando as dificuldades do grupo, o bilionário deu um grito da cabeceira da mesa.

— Onde está Paul McDowell?

McDowell se firmou com as duas mãos na mesa e se levantou.

— Você está falhando em sua área — afirmou o chefe.

McDowell teria concordado, até certo ponto. Ele não entregara o que Dalio queria. O que ele não falou era que não tinha certeza sequer se o que o fundador desejava era possível — e dizer isso diante de tantas pessoas sem dúvida acabaria mal. Em vez disso, McDowell tentou usar Os Princípios, afirmando que ele ainda estava sondando para descobrir quem tinha um desempenho ruim em sua equipe, mas que já havia encontrado um funcionário em especial e tomaria uma atitude. Ele não revelou o nome da pessoa.

— Você já reduziu o salário desse funcionário? — perguntou Dalio.

McDowell admitiu que não.

— Você é um gestor ruim.

McDowell devia saber o que estava por vir. Dalio ordenou ao Politburo que fizesse uma nova investigação para decidir que atitude tomar com McDowell. Depois de assistir a tantos julgamentos durante seus oito anos na empresa, ele tinha visto outros lutarem, e falharem, para escapar dessa situação. Escolheu, então, se resignar.

— Fico satisfeito com sua investigação, Ray. Imagino que vá encontrar diversas falhas e diversas coisas que eu deveria fazer melhor. Vai ser doloroso, mas vou conseguir melhorar como resultado.

Essa não era a resposta que Dalio esperava, e essa não seria uma vitória por nocaute, mas por desistência. Dalio observou McDowell do outro lado da mesa.

— Seu problema é que você não é firme o bastante. Você não é um filho da puta. Preciso de filhos da puta.

McDowell não soube o que dizer, então escolheu o silêncio.

Para ninguém em especial, Dalio preencheu o silêncio:

— Quero lhe dar um chute nas bolas.

19

Ciclo de feedback

O MOMENTO ERA OPORTUNO QUANDO JOE SWEET OUVIU FALAR PELA primeira vez de um recrutador da Bridgewater tentando preencher uma vaga. O homem de 29 anos queria deixar para trás uma casa e uma futura ex-esposa em Storrs, Connecticut, lar da Universidade de Connecticut, onde ele obtivera quatro diplomas, entre eles um MBA. Durante o divórcio, o homem de aparência tímida tinha feito algumas sessões de terapia e aprendera um pouco sobre si mesmo. Essa experiência lhe ensinou um novo jeito de entender seus pontos fracos, revelou ao entrevistador da Bridgewater. Sweet ainda não sabia, mas isso era um maná para os ouvidos de qualquer funcionário da empresa. O homem logo foi contratado para a equipe de talentos, ajudando a recrutar e manter funcionários, com um salário anual de seis dígitos e um bônus caso tirasse uma nota três de cinco em sua avaliação anual. Era muito mais dinheiro do que ele jamais tinha ganhado na tranquila Storrs.

Os primeiros dias de Sweet na empresa, durante a primavera de 2016, seguiram o padrão habitual. Ele leu sobre Os Princípios, fez o treinamento cultural de Paul McDowell e assistiu a uma série de vídeos sobre a vida na Bridgewater. No início, aquilo parecia o paraíso. Sweet estava acostumado a responder com honestidade brutal quando lhe faziam uma pergunta, e ali essa qualidade era recompensada. Como todos os outros funcionários, exigia-se que ele assistisse quase diariamente a estudos de caso conhecidos como Treinamento de Gestão com os Princípios, ou MPT na sigla em inglês, acompanhado por testes avaliativos. Depois de estudar com minúcia Os Princípios, ele sabia as respostas que a Bridgewater estava procurando. Durante as primeiras semanas, seu card de beisebol se encheu de pontos verdes, indicando feedback positivo.

Tudo mudou quando Sweet soube que Dalio faria uma sondagem com a equipe de talentos. Sweet não estava familiarizado com o termo, mas estudara jargões corporativos o suficiente na faculdade para reconhecer um eufemismo quando ouvia um. Antes da sondagem, ele mudou para uma equipe diferente, assumindo um papel de baixo escalão no Laboratório de Inteligência Sistematizada de Ferrucci. O departamento trabalhava para transformar Os Princípios em software, por isso Sweet achou que era um bom jeito de estar envolvido no coração da empresa. Contudo, a exposição à equipe de software o deixou mais confuso que nunca. Em uma reunião, seus colegas discutiam com vigor como separar duas categorias diferentes criadas por Dalio: "sintetizar a situação" e "sintetizar através do tempo". Para um observador externo, o debate podia parecer cômico, mas para Sweet, que não tinha ideia do que estava acontecendo, era bastante sério. De repente, seu card de beisebol virou um borrão de pontos vermelhos. Quando ele tentou pisar no freio e pediu ajuda às pessoas à sua volta, elas lhe asseguraram que uma transição difícil era algo normal.

Sweet tentou fazer aliados, mas a equipe já parecia vê-lo como peso morto. Não ajudou quando uma mulher trans desapareceu da equipe depois de reclamar por semanas que seu card não refletia sua identidade de gênero. A equipe recebeu um e-mail do jurídico da Bridgewater dizendo que preservassem toda a correspondência com sua, agora, ex-colega. Sweet achou que a situação podia envolver um acordo. A equipe inteira estava em algum lugar entre assustada e desconfiada.

Cada vez mais o tempo de Sweet passou a ser consumido por uma imensidão de feedbacks negativos das pessoas mais próximas. Ele sentiu como se estivesse "mal na vida e nunca fosse melhorar", como recordou depois. Todo dia, Sweet sentia como se estivesse em um buraco antes do amanhecer: tinha dificuldade para se levantar da cama e se forçava a comer. Desistir não era uma opção. Ele estava atolado com despesas do divórcio e preocupado em ter de devolver o bônus de contratação caso se demitisse rápido demais.

A primeira vez que Sweet pensou em se suicidar foi sentado à sua mesa na Bridgewater. Sua mente viajou para inúmeras mortes terríveis. Em um cenário, ele pulava na frente de um trem que passava perto de sua casa e era feito em pedaços. Em outro, ele amarrava uma corda em um terraço da empresa e se enforcava na lateral do prédio.

Esses pensamentos eram novos o suficiente para Sweet procurar os recursos humanos da Bridgewater. Ele contou a uma funcionária simpática sobre suas visões. Ela informou que a Bridgewater tinha uma solução para esses problemas difíceis e o mandou para a terapia, o que pareceu um pouco estranho porque indicava que o problema era dele, e não da empresa.

Sweet se encontrou com o terapeuta e listou as mudanças alarmantes em sua vida: estava deprimido, solitário e suicida, com uma severidade que nunca havia sentido antes. Ao saber onde seu paciente trabalhava, o terapeuta não pareceu surpreso, segundo a lembrança de Sweet. O terapeuta recomendou doze semanas de terapia intensiva em um hospital local e Sweet começou, pela primeira vez, um tratamento com medicação psicotrópica.

Durante os três meses seguintes, Sweet se consultou com diversos psicólogos e assistentes sociais no hospital. Para todos, ele descreveu o ambiente na Bridgewater, inclusive a avaliação constante que os colegas faziam uns dos outros. Garantiram a ele que sua reação ao que estava experimentando no trabalho era normal. Depois de ouvir o relato dele, um de seus terapeutas comparou a atmosfera a um ciclo de feedback de autodestruição. Outro terapeuta falou que parecia que o sistema tinha sido projetado por alguém com síndrome de Asperger.

Quando Sweet voltou ao trabalho depois de três meses afastado, ele estava em um estado mental muito mais firme, conseguindo se sentar no escritório sem contemplar o suicídio e sentindo esperança pela primeira vez desde os primeiros dias na empresa. A calma não durou muito. A equipe de Ferrucci estava sob pressão para terminar um projeto conhecido como Allstream, que devia amalgamar toda a pontuação em apenas um dado — basicamente um sistema que resumiria o valor de um funcionário na empresa. Dizia-se que o Allstream era uma das prioridades de Dalio e precisava ser finalizado de imediato. Sweet não percebeu que o projeto, sob vários nomes, tinha se transformado na grande baleia branca de Dalio ao longo da década anterior — eternamente em desenvolvimento e sem nenhuma perspectiva de ser finalizado.

Com confiança renovada depois do tempo afastado, Sweet resolveu falar o que pensava. Como acontecia em muitas empresas grandes, a Bridgewater enviava pesquisas periódicas para os funcionários, e Sweet não se segurou:

> Acho que as ferramentas às vezes levam a uma perversão conforme as pessoas se deparam com suas métricas no registro de problemas, ou "equilibram" a dureza ou suavidade de sua pontuação atacando pessoas que cometem um erro visível [...]. Eu vi MPTs nos quais as pessoas são criticadas por não terem avaliado negativamente o bastante, e em minha opinião isso apenas exacerba o problema. Há diversas pessoas na Bridgewater que precisaram de cuidados psiquiátricos, entre elas eu mesmo, porque as ferramentas criaram um ciclo de feedback negativo que reforça [inseguranças] existentes e promove uma sensação de inutilidade [...]. Há muitas pessoas com quem falei que continuam a sofrer em silêncio com depressão e ansiedade.

Sweet não recebeu resposta, mas recebeu mais trabalho. As semanas se passaram, e seus sintomas de depressão começaram a voltar. Ele tinha dificuldade para dormir e comer, e começou a tremer involuntariamente enquanto estava sentado à sua mesa. Não ajudou que Dalio, frustrado com o progresso lento do Allstream, estivesse botando cada vez mais pressão sobre a equipe. Além do fardo, a equipe recebeu um novo projeto que o fundador chamava de Vídeo Livro, que ia reunir os estudos de caso da Bridgewater e vendê-los para o público por 75 dólares. Era evidente que os nervos de Sweet estavam em frangalhos. Certa tarde, ele cometeu um erro em um projeto e, depois de seu chefe gritar com ele diante da equipe, os colegas de Sweet diligentemente distribuíram a ele pontos negativos. Sweet se sentiu caindo mais uma vez no poço da depressão.

Antes que as coisas piorassem de novo, ele voltou aos recursos humanos e se reuniu com a mesma mulher de antes. Descreveu a explosão de seu chefe e a sensação de que a equipe o estava avaliando negativamente apenas para se proteger. Perguntou se, no momento, poderia receber feedback em particular.

Ela rejeitou a sugestão de imediato.

— Essa é a maneira padrão de fazer as coisas na Bridgewater. Você tem mesmo certeza de que quer ficar aqui?

Sweet pediu para ser transferido para um cargo interno e de menos pressão no departamento de compras. Ele foi rejeitado para a função, em parte porque suas avaliações eram muito baixas. Seu gestor não o recomendou, dizendo que ele não tinha "pensamento de nível superior".

Sweet estava ficando sem opções. Como parte da equipe responsável por analisar os números das avaliações, ele encontrou uma pesquisa interna sobre as avaliações anuais dos funcionários. Ele ainda esperava receber um três, imaginando que essa fosse a média na escala de um a cinco, mas os dados mostravam o contrário. O funcionário médio na Bridgewater recebia apenas um dois, ele soube. Se fosse verdade, seu bônus estava praticamente fora de alcance — não apenas o dele, mas da maioria.

Pouco antes de completar um ano, Sweet procurou os recursos humanos pela terceira vez. Ele afirmou que a cultura da empresa era prejudicial à sua saúde e perguntou o que a Bridgewater podia fazer em relação a isso. Ofereceram manter o seguro saúde por alguns meses caso ele se demitisse. Sweet aceitou a proposta.

Ele nunca mais teve outro pensamento suicida.

20

Um de nós

O cheiro de sanduíche de atum com queijo derretido flutuou na direção do trio sentado em uma mesa discreta no Sherwood Diner, em Westport. O lugar, uma espelunca onde era difícil que algum funcionário do hedge fund aparecesse em um dia de semana no início de dezembro, tinha sido escolha de Katina Stefanova. Ela estava sentada sozinha de um lado da mesa, com as costas retas, vestida bem demais para o local. Usava, inclusive, maquiagem, coisa que ela raramente se dava ao trabalho de fazer. O café à sua frente estava ruim, mas a companhia parecia pior.

Ray Dalio, furioso, do outro lado da mesa, apertava firme uma caneca barata de cerâmica.

— Por que você faria isso comigo?! — exclamou ele.

Não pela última vez, Stefanova teve de se perguntar se ela algum dia iria se livrar de Dalio e da Bridgewater. Podia admitir para si mesma que isso era, em parte, culpa dela mesma.

Nos anos depois de ter saído da Bridgewater, Stefanova tinha se apoiado muito na ligação com o antigo empregador. Isso não era surpresa; como muitos ex-funcionários da Bridgewater, ela nunca tinha tido um emprego em Wall Street fora do hedge fund, então estava basicamente começando do nada. Mas Stefanova tinha um relacionamento especial com Dalio, com quem mantinha contato. Isso a ajudou a conseguir alguns serviços de consultoria na indústria financeira, melhorando seu currículo. Depois de alguns meses fora da empresa, em 2015, ela abriu seu próprio fundo de investimento em Nova York, a Marto Capital. Nos materiais de marketing, Stefanova se descrevia como tendo passado "nove anos como uma das principais executivas e conselheira do comitê de gestão, se reportando diretamente ao CEO da Bridgewater Associates e trabalhando em cargos de investimento crítico e papéis de liderança". Na verdade, ela tinha sido afastada de qualquer papel de liderança na área de investimentos, críticos ou não — mas o pitch funcionou. Ela levantou centenas de milhões de dólares de investidores, "alguns convencidos de que Marto descende de Ray Dalio e da Bridgewater Associates", escreveu uma revista de finanças. Essa soma era um grande começo para qualquer investidor não testado.

Além da habilidade de exibir seu passado na Bridgewater, Stefanova também tinha uma espécie de apólice de seguro: Samantha Holland. Desde sua partida da Bridgewater com um acordo após seu envolvimento com Jensen, Holland tinha tido dificuldade para encontrar trabalho. O dinheiro da indenização cobriu apenas três anos de salário, e inevitavelmente acabou. Impedida de contar a empregadores em potencial a verdadeira razão para sua saída do último emprego, Holland estava com dificuldade para explicar seu currículo. Sem opções, ela ligou para Stefanova, que a ajudou a encontrar um novo emprego. No encontro seguinte entre Stefanova e Dalio, ela mencionou estar em contato com Holland. Dalio não reagiu de forma perceptível, mas a mulher teve certeza de que a mensagem tinha sido transmitida: Stefanova ainda guardava segredos da Bridgewater.

O novo fundo de Stefanova teve um início ruim. O desempenho estava perto da média em comparação com seus pares, e isso não era bom o bastante para um novo empreendimento. Ela começou a atender ligações de investidores desejando retirar seu dinheiro.

Precisando encontrar um novo caminho para seguir, ela tentou uma manobra do manual de Dalio e procurou se posicionar como uma pensadora de alto nível: enviou pesquisas de marketing para a imprensa, escreveu conselhos de investimentos no site da *Forbes* e cultivou relacionamentos com repórteres. O momento foi oportuno. Havia um destaque cada vez maior para a ausência de mulheres em finanças, e Stefanova ficou feliz por ocupar esse vazio.

— O que eu faço hoje deve ser significativo não apenas para mim, mas para minha filha — afirmou ela a um entrevistador.

Para a *Institutional Investor*, uma revista importante no mundo das finanças, ela escreveu uma coluna aduladora intitulada "Como é trabalhar para Ray Dalio", na qual observou: "Não acredito que eu seria capaz de fazer o que faço hoje sem ter estado nas trincheiras com Ray, ver como ele lida com desafios e ser incutida por seus valores essenciais". Stefanova tomou o cuidado de enviar um rascunho do texto para que Dalio aprovasse antes da publicação.

Ela não percebeu que já estava na mente de Dalio.

Um mês antes de seu jantar de confabulação, Stefanova abriu um e-mail surpresa do antigo patrão. Faltando menos de uma hora para que a Bolsa de Valores abrisse, Stefanova queria se preparar para o dia que estava por vir. Entretanto, com apenas três frases, o e-mail a deteve no mesmo instante. "Preciso que você venha aqui", escreveu Dalio, propondo uma reunião com ele e David McCormick "sobre sua empresa" e "uma questão urgente que você vai querer entender".

A empresária passou a maior parte do restante do dia revirando o cérebro para imaginar o que Dalio queria. Ela sentiu perigo na mensagem. Dalio era notoriamente ruim em seus e-mails, propenso a escrever textos prolixos a qualquer hora. Entretanto, esse parecia preciso e curiosamente direto, o que a fez se perguntar se o bilionário queria atraí-la de volta a Westport. Ela jurou que nunca voltaria lá, mas não podia ignorar Dalio por completo, e estava especialmente preocupada com a menção à sua empresa.

À tarde, Stefanova enviou o que ela esperava ser uma resposta neutra: "Quero manter uma relação positiva de longo prazo com você e com a Bridgewater. Como sei que você entende, por causa de seus velhos tempos, não há horas suficientes no dia para nós, e viajar até a Bridgewater vai ser difícil. Será que podemos nos encontrar em um lugar alternativo?".

Dalio respondeu: "Katina, é sobre um assunto urgente, relativo a ligações de suas contas em potencial pedindo referências sobre você e sua equipe. Os telefonemas chegam, e tenho que lidar com eles, então adiar nossa discussão não ajuda a você nem a mim. Insisto que venha até aqui o mais rápido possível."

Stefanova não viu uma saída.

"Quero ajudar, se você precisar de mim", escreveu ela, e pediu ao assistente que marcasse um horário para um telefonema.

Isso não funcionou. Dalio respondeu menos de uma hora depois, mais uma vez com cópia para McCormick, informando que estava recebendo telefonemas de clientes e que "estão me pedindo para confirmar se você fez as coisas que contou ter feito — como ser uma pessoa-chave na área de investimento — e perguntando por que você foi embora. Contar a verdade (que você não estava envolvida na tomada de decisões sobre investimentos e que encerramos nosso relacionamento com você por ter infringido nossas políticas de investimento) obviamente seria um problema".

Stefanova ficou pasma. Dalio estava certo que ela tinha desrespeitado as políticas de trading, mas ela tinha visto muitas outras pessoas na Bridgewater cometerem infrações semelhantes e manterem seus empregos. Ninguém, até onde ela sabia, relatou que tinha sido apalpada por seu chefe, e Dalio não mencionou isso.

Ela consultou um advogado, e eles escreveram uma resposta na qual ela negava ter cometido alguma representação errada e sugeria se encontrarem para um café em Nova York, no terreno dela. Ela encerrou com "Eu quero muito que continuemos a ser amigos de longa data".

A resposta de Dalio causou uma nova preocupação. "Não posso mentir [...] Também entendo que há outras coisas que eu [ou] você não íamos querer que fossem discutidas por e-mail [...] Isso é muito importante para nós dois, e exige muita conversa neste ambiente seguro. Se não tivermos essa reunião, vou lidar com essas questões de maneira muito direta e de um jeito menos informado e menos coordenado, o que, eu sei, você não gostaria que eu fizesse. Então me diga apenas: você vem aqui discutir essas coisas — sim ou não?"

Stefanova enviou a resposta de Dalio imediatamente para seu advogado.

— Isso é bem direto — seu advogado lhe disse. — Você tem certeza de que não quer ir?

— Não vou até lá. Você não tem ideia do que passei, muito menos do que eles fazem com as pessoas que entram lá.

Paul McDowell tinha os próprios problemas. Ele contou a colegas que sentia cada vez mais como se estivesse vivendo em um experimento psicológico, um experimento no qual estava destinado a fracassar.

Nos dias após sua repreensão pública, o fundador ordenou que fosse produzido um vídeo de treinamento com o feedback. Foi um pedido curioso: muitas das pessoas que tinham visto o incidente ao vivo ou pouco depois ficaram abaladas ou mesmo aterrorizadas com a interação, mesmo assim o bilionário não parecia estar. Logo ficou claro por quê. A versão enviada para toda a empresa para ser obrigatoriamente vista mostrava a reunião sob uma luz diferente. Graças a muita edição, mostrava apenas Dalio pedindo a McDowell que assumisse a responsabilidade por suas falhas na gestão. Não havia uma longa discussão sobre como McDowell falhara em obedecer aos Princípios, em especial aqueles relacionados a responsabilizar a si mesmo e aos outros. Não havia palavrões nem qualquer referência a testículos, nem nenhuma discussão sobre violência física.

O *status* de McDowell na Bridgewater continuava a cair. Depois de ser publicamente criticado pelo fundador por ter um desempenho ruim, viu sua pontuação no card de beisebol despencar. Parecia que a maioria das pessoas o havia criticado. Depois que havia sangue na água, os tubarões da Bridgewater apareciam.

Pela primeira vez na vida ele começou a experimentar uma mistura preocupante de paranoia e insônia. Só conseguia dormir depois da meia-noite e acordava suando frio, perguntando-se se os colegas achavam que ele estava sabotando o trabalho da vida de Dalio.

As apreensões não eram totalmente injustificadas. Um executivo da Bridgewater, vários anos mais novo que McDowell, começara a prestar uma quantidade desconfortável de atenção nele. McDowell ficou inseguro, pois esse executivo uma vez tinha orquestrado a demissão de dois colegas que haviam reclamado dele enquanto comiam hambúrgueres em um restaurante após o expediente, em seu tempo livre (o raciocínio do executivo foi que os dois estavam comentando pelas suas costas). As preocupações de McDowell aumentaram quando o Colecionador de Pontos — a ferramenta de avaliação que ele tinha ajudado a projetar — o notificou de que ele tinha recebido um novo ponto crítico desse executivo, que: *Não sei exatamente por quê, mas é como se Paul não fosse um de nós e nunca tivesse se envolvido de fato.*

A reação de McDowell: *Merda. Ele está atrás de mim.*

Sua melhor chance de salvação era extrair qualquer coisa útil da bagunça que era o PriOS. Ele foi se consultar com Ferrucci, mas o famoso cientista da computação não estava interessado em passar muito tempo com ele, pois Ferrucci também parecia, em geral, ter desistido de descobrir um meio confiável de prever, ou automatizar, as decisões tomadas por Dalio.

McDowell passou noites insones preocupado com sua possível demissão. Ele se reportava diretamente a Dalio, e sabia-se dentro da empresa que era preciso apenas uma palavra isolada do patrão para que qualquer um tivesse de fazer as malas.

Dalio logo pediu uma nova atualização sobre o PriOS, convocando McDowell e um pequeno grupo. Todos entraram diligentemente na sala de reuniões com vista para o lago a fim de informar a má notícia de que o PriOS ainda não funcionava. A renovação da Bridgewater teria de acontecer sem ele.

Ecoando seu diagnóstico anterior, Dalio falou:

— Sabe, Paul, você não sabe porra nenhuma de gestão.

Algo pareceu se partir dentro de McDowell, que agarrou a mesa à sua frente e olhou ameaçadoramente para Dalio.

— Eu entendi, Ray. — A voz de McDowell estava carregada de emoção. — Eu. Não. Sei. Porra. Nenhuma. De. Gestão.

A sala permaneceu em silêncio. McDowell tinha treinado todos os presentes nos Princípios e sempre parecera ser o último candidato com possibilidade de explodir.

McDowell continuou:

— Não consigo fazer nada. Eu sou um inútil de merda!

Dalio permaneceu sentado, quase imóvel.

— É, você tem razão, mas essa não é a hora de perder a calma.

— É a hora certa para eu perder a calma com você! — gritou McDowell em uma voz que até ele mal reconheceu.

— Eu entendo. Você tem muitas responsabilidades. Tem muita coisa embaixo de você.

Dalio sugeriu que McDowell precisava de supervisão mais atenta e da ajuda de outros na empresa.

Depois disso, por semanas, McDowell não conseguia entender como tinha evitado o canhão. Ele acabaria por compartilhar com colegas duas explicações possíveis: havia se perguntado por muito tempo se Dalio de fato se preocupava com o PriOS ser finalizado em algum prazo específico, ou se ele queria apenas ver o que seria necessário para quebrar o inquebrável McDowell.

A outra explicação, como McDowell mais tarde contaria a amigos com uma risada triste, era que, se McDowell fosse um gestor ruim, então Os Princípios receitavam uma investigação de seu próprio gestor por supervisão insuficiente. Isso significaria uma investigação do próprio Dalio.

OUTRO MÊS DE E-MAILS ENTRE STEFANOVA E DALIO SE PASSOU antes que eles combinassem um horário e um local para se encontrarem. Depois que ela deixou claro que não iria até a sede, Dalio sugeriu que se encontrassem no Mirante, o ambiente dos retiros da empresa onde ele havia cantado a obscena canção de marinheiros tantos anos antes. Stefanova inventou uma desculpa para não ter de ir. Ela se esforçou para convencer McCormick, o novo executivo em voga, que uma conversa só aconteceria nos termos dela.

"Levando-se em conta minha experiência no final", escreveu Stefanova para McCormick, "você pode entender com facilidade por que alguém no meu lugar não ia querer voltar à empresa."

Aparentemente, isso funcionou. Os três se encontraram para um café da manhã no Sherwood Diner. Stefanova desconfiava que o ambiente modesto seria o mais perto de um território neutro que ela podia esperar para um encontro com o homem mais rico de Connecticut, e ela estava certa. Dalio, Stefanova e McCormick se sentaram a uma mesa apertada, sem se incomodarem com os aposentados à volta.

O trio mal tinha pedido café quando Dalio entrou na pauta principal. Ele não queria apenas conversar sobre as infrações de Stefanova em seu trading, mas também estava motivado pela acusação dela contra Jensen. McCormick contou a Stefanova que tinha ouvido rumores de que repórteres perguntavam por aí sobre o comportamento incorreto de Jensen e outras pessoas da Bridgewater. Isso não foi uma grande surpresa para Stefanova — ela mesma tinha recebido alguns telefonemas da imprensa, embora não tivesse revelado nenhuma informação sobre a própria experiência.

Quando McCormick terminou de resumir a situação, Dalio, apertando a caneca barata de café à sua frente, interveio.

— Por que você faria isso comigo?

Stefanova, não pela primeira vez na presença de Dalio, ficou chocada. Ela sabia que Dalio não tinha acreditado totalmente quando ela contou que Jensen a apalpara, mas não imaginara que o ex-chefe tomaria isso como uma ofensa contra si próprio.

— Você precisa dizer que Greg não fez isso — disse Dalio.

Stefanova rompeu seu silêncio. Ela pontuou que nunca tinha negado a história.

— Talvez você esteja se equivocando em sua lembrança — sugeriu Dalio.

Ela assegurou que não estava.

McCormick se inclinou para a frente e falou:

— Talvez a questão é que você não está sendo uma presença pública favorável para nós.

Por fim, Stefanova entendeu a urgência da reunião. Nem ela nem seu currículo eram ameaça para a Bridgewater. Dalio e McCormick só queriam lembrá-la de que tinham poder para destruir seu negócio se ela ultrapassasse os limites. Ela encerrou logo o café da manhã e voltou dirigindo para Nova York, bastante assustada. Quando recebeu uma nova mensagem de um repórter perguntando sobre Jensen, ela não retornou a ligação.[11]

---

11 Um advogado de Dalio diz: "Não havia desejo de destruir Katina e sua empresa", acrescentando que o fundador da Bridgewater "apoiou a sra. Stefanova de diversas maneiras depois desse café da manhã".

21

"Ray, isto é uma religião"

Pelo segundo ano consecutivo, em meados de 2016, uma equipe de operários trabalhou para erguer uma tenda enorme no gramado junto dos escritórios da Bridgewater. Diferentemente do quadragésimo aniversário da empresa, quinze meses antes, poucos na firma sabiam por que aquela tenda estava sendo montada. Para muitos, a revelação seria uma conscientização desagradável.

O momento devia parecer estranho para celebrações. O Pure Alpha, principal fundo da Bridgewater, estava em baixa, o que já durava improváveis cinco anos seguidos. "O toque de Midas abandonou o sr. Dalio", escreveu uma publicação. Não havia uma explicação nova para isso. Dalio continuava pessimista em relação à economia americana, e os Estados Unidos continuavam a desafiar seus prognósticos. O Pure Alpha caíra 12% na metade de 2016, e na empresa corria o boato de que clientes estavam retirando dinheiro. Dalio tinha uma opinião diferente sobre o cenário. Ele entrou em contato com investidores antigos e disse que, à luz dos resultados de décadas da Bridgewater, essa era uma ótima oportunidade para investir em mais fundos, e que a empresa raramente teve capacidade de administrar mais dinheiro.

No meio de setembro, a tenda enfim ficou pronta, e o bilionário acabou com o suspense, enviando um convite da reunião para todos. O assunto era o futuro da empresa.

Enquanto os funcionários entravam na tenda, viram que o evento não seria uma repetição da festa de aniversário. Não havia lustres elaborados nem trilhos de luzes. Uma conferida embaixo das cadeiras não revelou shots pré-prontos de bebida, e uma olhada para as pessoas ao redor mostrava o extrovertido Jensen, que permanecia como CIO e ainda passava por sua extensa penitência, com uma expressão congelada e neutra no rosto. A única semelhança óbvia entre esse ano e o anterior eram as câmeras onipresentes, gravando para a Biblioteca da Transparência.

Dalio deu um sorriso e foi direto ao ponto.

— Vocês têm muita sorte. Nós vamos ter uma renovação.

Pelo menos uma pessoa presente deu uma olhada em seu exemplar dos Princípios no iPad para ver se continha a palavra *renovação*. Não continha. Mas, como todos os presentes deviam saber, frequentemente a linguagem mais inofensiva estava ligada aos resultados mais tumultuosos.

Essa renovação, explicou Dalio, não era do lugar, mas das pessoas. A Bridgewater tinha 1,7 mil funcionários em tempo integral, e muitos outros em contratos temporários. A empresa se tornara inflexível e difícil de administrar. Muitas das pessoas ali teriam de perder seus empregos para proteger o coletivo, disse Dalio.

— Nem todos vocês vão passar pela renovação. Na verdade, a maioria não vai passar — prosseguiu o fundador.

Ganhando ânimo, ele deu um sorriso e começou a falar por que os funcionários tinham "tanta sorte". Eles teriam uma oportunidade nas semanas seguintes; seria como o reality show *Survivor*, no qual os concorrentes tinham de ser mais espertos e resistentes que os outros. Poderia até ser divertido.

— O legal é que vocês vão aprender muito sobre si mesmos.

A linguagem espelhava os ideais mais elevados dos Princípios, e para muitos dos verdadeiros crentes, jovens e velhos, o discurso atingiu o alvo. Eles achavam que tinham sorte por estarem em um lugar que valorizava o autoaperfeiçoamento e consideravam a renovação apenas o passo seguinte nessa jornada. Muitos acreditavam que conseguiriam sobreviver a ela, que outros seriam eliminados. A performance pífia dos investimentos recentes da Bridgewater também reforçava o argumento de que a empresa precisava de reparos. Embora relativamente poucos na plateia soubessem como o hedge fund de fato funcionava, todos gostariam de ter um aumento se os investimentos da empresa pudessem ser melhorados.

O primeiro passo na renovação estimulava mais otimismo. Instruíram os funcionários a fazer uma lista de exemplos de gestão ruim — e de gestores ruins — na empresa. Nesse exercício clássico da Bridgewater, todos tinham mais uma oportunidade de reclamar sobre o trabalho que era feito pelos outros, e a maioria aproveitou a chance de atacar seus colegas com afinco.

A ilusão de que a renovação promoveria o crescimento pessoal se desfez apenas alguns dias depois, quando um dos alavancadores de Dalio, ou assistentes pessoais, enviou por acidente um e-mail para um enorme grupo na empresa resumindo as intenções do fundador. O plano, escreveu o jovem, era semelhante à trama de *Jogos Vorazes*, a série distópica na qual crianças caçavam outras crianças para evitar serem mortas. O jovem tentou cancelar o envio do e-mail, mas era tarde demais, e de qualquer jeito, Dalio fez pouco para desfazer a impressão que ele deixou. O estado de ânimo ficou mais sombrio. A corrida pela sobrevivência tinha começado.

A VIDA IMITOU A ARTE DENTRO DA BRIDGEWATER NAQUELE outubro. Embora os comentários sobre *Jogos vorazes* tenham parecido um pouco extremos para alguns — ninguém ia, afinal de contas, ser morto —, foi ao ar outro programa que pareceu inacreditável. A série *Black Mirror* era uma antologia de ficção científica que lidava com os aspectos negativos da tecnologia. Em meados de outubro, nos espasmos da renovação, *Black Mirror* lançou o primeiro episódio daquela temporada, intitulado "Nosedive", ambientado em um mundo no qual cidadãos avaliavam uns aos outros em uma escala de 1 a 5 em qualquer interação. A protagonista do episódio, interpretada por Bryce Dallas Howard, ficava obcecada com suas notas; ela acaba sofrendo uma série de infortúnios e vê sua pontuação cair, depois despencar, quando todos à sua volta começam a identificá-la como um alvo fácil. No fim do episódio, ela é detida e encarcerada. As semelhanças com a Bridgewater eram tão assustadoras que algumas pessoas na empresa desconfiaram que alguém interno havia falado com os roteiristas.

Havia, é claro, muitas diferenças entre a série de ficção científica e o hedge fund. Enquanto *Black Mirror* retratava um sistema de avaliação no qual era fácil ver como e por que um indivíduo estava perdendo pontuação, a Bridgewater se movimentava para ficar cada vez mais nebulosa.

Após o anúncio na grande tenda, Dalio abandonou toda pretensão de transparência, radical ou não. Alguns dias depois do discurso, ele chamou seus principais executivos, entre eles os CEOs Eileen Murray e Jon Rubinstein, a uma das salas de reuniões de paredes de vidro para discutir o plano que estava em andamento. Enquanto o fundador estava no quadro branco rascunhando quem ia ficar e quem ia embora, os outros na sala perceberam um aumento no tráfego no corredor adjacente. Os funcionários, desesperados por qualquer dica sobre o futuro, pareciam estar olhando para os rabiscos de Dalio na esperança de adivinhar seus destinos. Dalio imediatamente mandou uma equipe comprar grandes rolos de papel-cartão, que foi colado sobre as vidraças da sala, impedindo que qualquer um visse as deliberações que ocorriam ali dentro.

Na sala, Dalio direcionou toda a força dos Capitães dos Princípios, dos Supervisores, do Politburo e do restante do exército interno para a ação, dando-lhes carta branca para investigar qualquer um suspeito de ter desempenho ruim.

Ele aproveitou a oportunidade para cortar custos. Foram feitos planos para cortar metade do salário de qualquer um que ganhasse mais de 700 mil dólares por ano, com a diferença aplicada em um plano de incentivo que seria liquidado apenas anos mais tarde, sob uma grande quantidade de condições difíceis de serem atingidas. Parte da renovação adquiriu um novo codinome, Projeto N, *N* de novembro. Era quando Dalio queria que aquilo acabasse. Faltava pouco mais de um mês.

Como atingir esse objetivo? PriOS. Uma demissão em massa seria o uso perfeito para o software ainda em desenvolvimento. O PriOS devia ser capaz, como ele tinha explicado a clientes, de fornecer instruções contínuas sobre quem manter, quem transferir e quem demitir.

Claro, o sistema não conseguia executar essas funções, como todos pareciam saber, menos Dalio. Como sempre, ninguém teve a coragem de lhe avisar — não enquanto ele estava à procura de qualquer razão para fazer cortes.

Paul McDowell disse a colegas que desconfiava que podia ser demitido. Ele tinha aturado as indignidades da vida no hedge fund em parte porque estava sendo muito bem pago. Ele comprou dois apartamentos, que foram transformados em um só, no edifício Trump Parc, um dos endereços mais caros nas proximidades de Stamford (e também tinha uma casa no Canadá). Ele desconfiava de que nenhum outro emprego pagaria nem perto do que pagava a Bridgewater — em especial se descobrissem que ele tinha passado a maior parte da década trabalhando em um software de personalidade de vanguarda que ainda não funcionava.

Certa manhã, pouco tempo depois do início da renovação, McDowell recebeu uma mensagem de Dalio pedindo as "reflexões" sobre seu próprio papel na Bridgewater. Ele sentiu perigo. Dalio só usava essa palavra em conjunção com sofrimento, como no Princípio que dizia Dor + Reflexão = Progresso. O homem digitou seu resumo — afirmando que, depois de seus anos na Bridgewater, Dalio já conhecia bem os pontos fortes e fracos de McDowell — e esperou pela tempestade.

Para sua surpresa, Dalio pareceu assimilar as reflexões com calma e pediu para vê-lo. McDowell respirou fundo e foi até a sala do bilionário.

O homem estava à sua espera.

— Você deixou de mencionar uma coisa na qual é muito, muito bom. Você é um ótimo professor.

McDowell soltou um suspiro de alívio audível. Ele gostava de dar aulas nos treinamentos dos Princípios. Era sempre divertido passar tempo com os recém-chegados antes que a vida na empresa os esmagasse, e estava satisfeito com essa função.

Mas havia outra coisa:

— Isso vai significar um corte radical em seu salário.

McDowell ficou apreensivo. Ele perguntou de quanto.

— Metade.

— Ray, tenho compromissos. Acabei de comprar um apartamento...

Com expressão de pedra, Dalio o interrompeu.

— É o melhor que posso fazer. Vai ser duro para você.

Sem fôlego, McDowell contaria para amigos que sentiu que Dalio tinha cumprido a antiga promessa de chutar suas bolas.

Dalio prosseguiu.

— Você é um mau gestor. Você mesmo disse isso.

McDowell também foi rebaixado e passou a trabalhar com um novo chefe, que estava alguns níveis abaixo do fundador. Com isso, ele não perdeu apenas metade de seu salário, perdeu a proteção da proximidade com Dalio, e só a palavra dele importava. McDowell agora estava por conta própria.

Graças a sua autoflagelação, McDowell não foi um das centenas de membros da família Bridgewater que perdeu o emprego na renovação. Duas grandes contratações de Dalio, porém, tiveram dificuldade para atravessar o ano.

Um foi Craig Mundie, o antigo executivo da Microsoft que tinha sido recomendado por Bill Gates, e que era o vice-presidente da Bridgewater, diretamente subordinado a Dalio. Mundie e Dalio pareciam se dar muito bem; qualquer um que tivesse passado mais de alguns minutos na presença da dupla descobria que os dois tinham iates e gostavam de falar sobre suas embarcações. Sendo relativamente um neófito na Bridgewater, porém, Mundie apostou errado em como Dalio podia ser volátil. Em um exemplo da história se repetindo indefinidamente, Mundie cometeu o erro de reclamar com Jensen que a CEO Murray estava no fim de sua carreira e não estava preparada para lidar com as complexidades de administrar o maior hedge fund do mundo.

Jensen não conseguia acreditar no que estava ouvindo. Quem seria tão irresponsável para reclamar com ele, entre todas as outras pessoas, pelas costas dos outros? Aquele que fora o suposto herdeiro tinha acabado de ter o pior ano de sua vida depois de ser investigado por fazer exatamente isso. Jensen contou para Murray sobre uma gravação com a conversa que ela podia querer ouvir; a CEO a enviou a Dalio, que fez um julgamento e anunciou a demissão de Mundie.

Com a humilhação de Mundie, Rubinstein, o antigo figurão da Apple, ficou ainda mais isolado. Ele sentia como se vivesse duas vidas diferentes. De um lado, havia a experiência que seus amigos e até sua esposa acreditavam que ele tinha na empresa. Essa Bridgewater tinha alto desempenho, era exigente e repleta das mentes mais brilhantes da Terra. Antigos colegas lhe pediram ajuda sobre como eles também podiam fazer uma transição dessas de tecnologia para finanças. Havia também a experiência de Rubinstein no dia a dia. Segundo a performance recente de investimentos, os fundos da Bridgewater pareciam em desordem. Entretanto, sempre que ele ou outras pessoas ao seu redor tentavam abordar esse assunto com Dalio, o fundador descartava suas preocupações. O foco, dizia Dalio invariavelmente, deve estar em identificar elos fracos dentro da empresa e criar uma sistematização melhor dos Princípios, junto com o PriOS.

Mesmo que Rubinstein acreditasse que isso fosse possível, não encontrava muito tempo para trabalhar nos softwares da Bridgewater. Com frequência, o CEO era obrigado a assistir a vídeos de treinamento adicionais relacionados aos Princípios, e sempre parecia se sair mal neles. Seu card de beisebol se encheu de pontos negativos. Seus votos, em geral contrários aos de Dalio, tinham pouco peso. Membros do Politburo começaram a aparecer em suas reuniões, tomando notas e adicionando novas torrentes de feedback ruim.

Por fim, Rubinstein percebeu que o caminho estava aberto à sua frente o tempo todo. Ele tinha de usar Os Princípios. Como o manifesto lembrava repetidas vezes, a Bridgewater era um lugar de verdade e honestidade radicais. Mesmo os funcionários mais baixos tinham a responsabilidade de expressar seus sentimentos.

Rubinstein marcou seu discurso para 13 de outubro, seu aniversário de 60 anos. Sem que ele soubesse, sua *chief of staff* tinha encomendado um bolo retangular e champanhe para comemorar. Dalio, que tinha sido informado com antecedência daquele aniversário importante, havia marcado um diagnóstico maciço dos erros do CEO. O fundador convidou dezenas de subordinados, o Politburo, os Capitães dos Princípios e os principais gestores da empresa — entre eles Jensen e Prince, o parceiro silencioso e de longa data de Dalio que tinha sido arrastado para o redemoinho — para ocuparem uma mesa e criticarem Rubinstein, que estava sentado na ponta. Era o clássico pelotão de fuzilamento da Bridgewater tomando parte no que tinha se tornado uma tradição na empresa: a evisceração de um recém-chegado. Eles abriram a conversa com uma descrição das fraquezas de Rubinstein.

Rubinstein, que não queria marcar sua sexta década com mais um dia ruim, fez também seu discurso em meio aos comentários de abertura:

— Gente — disse, olhando em torno da sala —, isso não está funcionando para mim.

Isso era uma edição no roteiro habitual. A pessoa diagnosticada devia ficar sentada e absorver as críticas. A dor era uma oportunidade de progresso. Qualquer um que não buscasse a primeira, de acordo com os ensinamentos de Dalio, não devia estar interessado no segundo.

Dalio pediu à maioria dos presentes que deixasse a sala. Sem dizer nada, muitos do Politburo e dos Capitães dos Princípios se retiraram. Só os principais executivos permaneceram, entre eles Dalio, Prince, Jensen, McCormick e Murray, junto com alguns assistentes que tomariam notas.

Dalio gesticulou para que Rubinstein falasse o que queria.

Rubinstein descreveu a situação de acordo com sua visão. Ele tinha sido contratado para melhorar a tecnologia, mas nenhuma quantidade de software ou dos conhecimentos do Vale do Silício podia resolver o que afetava a Bridgewater, disse ele. Na Apple, Steve Jobs tinha ensinado Rubinstein a se manter muito focado no consumidor final. A estrela-guia da empresa era criar produtos úteis que dessem prazer aos consumidores. Para Rubinstein, Dalio parecia focado em seu próprio prazer.

O problema mais espinhoso, pontuou Rubinstein, estava enraizado na empresa. Eram Os Princípios. O livro de regras sempre em expansão de Dalio, afirmou ele, era um caleidoscópio de contradição e uma arma nada discreta para abusos. As crescentes fileiras do Politburo, de Auditores, de Capitães dos Princípios e de outras pessoas envolvidas na aplicação das leis na empresa que afirmavam ser dedicadas a garantir a franqueza e a verdade tinham um efeito oposto. Criavam um clima de medo e eram um lembrete constante de que qualquer um que não se alinhasse à empresa sofreria consequências imediatas.

— Pelo amor de Deus — disse Rubinstein —, nós pusemos papel-cartão para bloquear a visão do interior de salas com paredes de vidro. Como podemos fingir sermos radicalmente transparentes quando tramamos demissões em massa em segredo?

O que era mais difícil para Rubinstein entender era a credibilidade. Ele tinha se aborrecido desde sua chegada com essa métrica misteriosa e onipotente, confuso sobre como alguém podia receber pontuação alta ou baixa em credibilidade em diversas categorias. O laboratório de Ferrucci, concluiu Rubinstein, tinha sido um tipo de distração. Aqueles que tinham obtido pontuações altas em credibilidade em certas áreas não ganharam essas notas através de nenhum algoritmo complicado de inteligência artificial. Eles conquistaram aquilo sendo um Ray Dalio artificial. O segredo para ter credibilidade na Bridgewater era imitar o único homem que importava. A Bridgewater não funcionava movida a credibilidade. Ela funcionava por causa de seus crentes.

— Ray, isto é uma religião — disse Rubinstein.

Dalio permaneceu sentado, calmo, intervindo apenas algumas vezes. Quando Rubinstein pareceu ter encerrado o discurso, Dalio ficou em silêncio por um momento. Quando falou, seu tom foi monótono e sem emoção. Ele sugeriu que seguissem Os Princípios para solucionar aquela discordância. Os Princípios diziam que um conselho de terceiras partes de confiança devia decidir o caminho adiante. Por acaso, falou Dalio, essas testemunhas incontestáveis estavam na sala naquele momento. O bilionário deu a volta na sala e perguntou aos principais executivos da Bridgewater se eles concordavam com a opinião de Rubinstein.

Jensen disse que não.
Prince disse que não.
Murray disse que não.
McCormick disse que não.

— Está vendo, Jon, você está olhando para as coisas do jeito errado — afirmou Dalio.

Agora era sua vez de falar, e ele não perdeu tempo. Ele diagnosticou os pontos fracos de Rubinstein por uma hora, que se estendeu para duas, chegando perto de três. Dalio pegou o card de beisebol de Rubinstein, cheio de feedback negativo. Sua pontuação geral em credibilidade era baixíssima.

Essa mesma conversa demonstrava o valor da métrica da credibilidade, pontuou Dalio. Ali, o grupo ficou por horas discutindo, só para descobrir que nenhum dos pares de Rubinstein concordava com seu ponto de vista. Para começar, eles podiam ter economizado tempo e chegado à mesma conclusão só de olhar para as notas de Rubinstein em credibilidade.

Enquanto os dois homens trocavam farpas, o sol percorreu o céu, e as sombras se alongaram. Todos viam com clareza que Rubinstein não ia ficar muito tempo na Bridgewater. Ele concordou em ficar por mais vários meses, em parte para manter as aparências depois de sua chegada espalhafatosa, e concordou em manter silêncio em público sobre o que pensava sobre a empresa; Dalio concordou que a empresa honraria o compromisso e pagaria o restante dos salários previstos no contrato do

CEO. Isso chegou a dezenas de milhões de dólares, por menos de um ano de trabalho que, todos os envolvidos tinham de concordar, não havia resultado em muita coisa.

Quando o diagnóstico terminou, o grupo começou a guardar suas coisas, só para ser interrompido por uma batida à porta. A *chief of staff* de Rubinstein estava esperando do lado de fora no corredor com sua surpresa de aniversário. Ela entrou empurrando um bolo e champanhe morno, e liderou uma versão emudecida de "Parabéns pra você" enquanto o aniversariante cortava o bolo o mais depressa possível.

Vários meses depois, Dalio enviou uma carta para clientes anunciando a partida de Rubinstein, observando: "Nós concordamos mutuamente que ele não se adéqua à cultura da Bridgewater".

Rubinstein, em particular, tinha uma opinião mais dura sobre a cultura de transparência radical da Bridgewater.

— É uma fraude — disse ele a amigos.

Quarta parte

22

O Círculo da Verdade

A pergunta era sussurrada de uma sala de negociação a outra em Wall Street.

A Bridgewater era uma potência global de investimentos. Seus fundos eram tão estudados, acompanhados e copiados que o All-Weather tinha toda uma indústria de imitadores, conhecida como fundos de paridade de risco, que também se anunciavam como traders automatizados com um portfólio firme de ativos diversos. Dalio era onipresente na mídia, rápido em dar opinião sobre praticamente qualquer tópico relacionado a investimentos.

Então por que parecia que ninguém em Wall Street os via fazendo trading?

Esse era um tópico fascinante. Apesar da localização campestre, o maior hedge fund do mundo devia estar plugado à infraestrutura de trading de Wall Street. Para comprar e vender moedas, ações e títulos dos quais a empresa falava constantemente, ela precisava de investidores do outro lado, assumindo uma posição contrária. Os registros públicos da Bridgewater indicavam que ela fazia negócios com todos os maiores nomes de Wall Street: Goldman Sachs, Citigroup, Credit Suisse, J.P. Morgan e os demais. Hedge funds muito menores afetavam o mercado apenas com rumores de uma ou outra negociação. O peso da Bridgewater devia ter feito dela a baleia suprema, enviando ondas toda vez que mudava de posição. Entretanto, a marca deixada por ela era sem dúvidas a de um peixinho.

Três homens, todos com backgrounds muito distintos entre si, tomaram três atitudes diferentes diante do mistério.

No início de 2015, o stock picker bilionário Bill Ackman foi o primeiro a dar seu golpe. Havia muito tempo que o falante fundador da Pershing Square Capital achava os pronunciamentos públicos de Dalio sobre o estilo de investimento quantitativo opacos, genéricos e até sem sentido. Curioso sobre o que havia por trás do véu, ele convidou Dalio a falar a respeito de sua abordagem de investimentos em um evento de caridade. Durante uma entrevista em um palco, Ackman interrogou Dalio sobre como a Bridgewater lidava com os ativos que administrava, quase dez vezes maiores que os da Pershing Square.

Dalio respondeu:

— Bem, antes de mais nada, acho que é porque posso estar comprado e vendido em qualquer coisa pelo mundo. Em suma, estou comprado em ativos líquidos. E posso estar comprado ou vendido em tudo no mundo. Eu não tenho nenhum preconceito, então faço isso de forma muito, uhm, fundamental, mas, uhm, sou muito sistemático, muito, uhm… Usamos muito um tipo de abordagem de inteligência artificial para pensar sobre a teoria do portfólio. Uso muita engenharia financeira para basicamente fazer diversas apostas não relacionadas.

Ele também observou que 99% do trading da Bridgewater era automatizado, com base no seu antigo livro de regras.

— Esses são os meus critérios, então fico bastante confortável.

O fundador voltou a pergunta para Ackman, indagando como seu rival menor escolhia os próprios investimentos.

— Eu invisto de maneira exatamente oposta — respondeu Ackman.

A Pershing Square procurava um número menor de empresas de qualidade, ponto-final, avaliando qualidades como as habilidades de liderança de determinado CEO. Em um momento da discussão, ao que parecia, sentindo a entrevista sair dos trilhos e em busca de algum ponto em comum, Ackman tentou outra abordagem. Deu a Dalio uma oportunidade, perguntando algo que em geral era repetido seis vezes por hora em programas de TV sobre economia. Ele perguntou:

— Digamos que você fosse comprar um ativo, ou uma ação, ou um mercado, ou uma moeda. Onde botaria seu dinheiro?

Houve uma pausa, em seguida:

— Eu não faço isso.

Dalio explicou como os trezentos funcionários de investimentos passavam seus dias, descrevendo uma abordagem motivada por dados que contava com computação e "inteligência artificial". No palco, Ackman observou que essa tinha sido "uma das conversas mais interessantes que já tive". Mas ele foi embora sacudindo a cabeça.

— Do que ele estava falando? — perguntou o entrevistador a um associado depois.

Jim Grant, o autodenominado "profeta da razão", assistiu à entrevista com assombro. Ao contrário do cordial Ackman, Grant era totalmente ranzinza, até mesmo na escolha de gravatas-borboleta. Ele escrevia uma newsletter impressa enigmática, a *Grant's Interest Rate Observer*, que muitos investidores diziam ler ("um eterno cínico", disse um admirador). Grant havia muito tempo era cético em relação à Bridgewater, em especial a suas alegações de que grandes apostas com dinheiro emprestado podiam ser consideradas de baixo risco.

Grant, em particular, estava refletindo sobre essas perguntas sombrias acerca da Bridgewater. Ele mandou seu principal assistente investigar o maior hedge fund do mundo. A dupla abriu completamente o leque, botando sob escrutínio os vídeos públicos da empresa e conversando às escondidas com clientes, rivais e qualquer um que pudesse ter ideia do que acontecia com o trading da Bridgewater. Eles foram inundados, como recorda Grant, por "todo tipo de gente piscando e assentindo... que havia alguma coisa muito, muito errada". Em outubro de 2017, Grant dedicou toda uma edição de sua publicação apenas à empresa de Dalio. Os temas da edição, escreveu Grant, eram "distração, bajulação [e] mistério".

Grant listou uma série de contradições inexplicáveis que ele havia descoberto. Apesar de muito se falar de transparência, nem os acionistas da matriz da Bridgewater — um grupo que incluía funcionários e clientes — recebiam automaticamente cópias das demonstrações financeiras da empresa. O pouco que ia a público era confuso. Pelos cálculos de Grant, o número total de ativos sob gestão nos registros não batia com a soma dos ativos nos fundos da empresa, listados nesses registros. Cinco fundos familiares diferentes de Dalio pareciam deter cada um "pelo menos 25%, mas menos de 50%, da Bridgewater, algo que parece matematicamente difícil", escreveu Grant. De acordo com informações públicas, o hedge fund emprestou dinheiro para seu próprio auditor, a KPMG, o que, para o jornalista experiente, parecia precário e incomum. "Vamos arriscar e dizer que a Bridgewater não é para sempre."

A reportagem caiu como uma bomba em Wall Street e em Westport. Grant passaria o dia atendendo a ligações de CEOs de bancos de Wall Street, oferecendo elogios. Alguns lhe disseram que estavam havia anos se fazendo essas mesmas perguntas.

Às 20h30 do dia em que a reportagem foi publicada, Grant sentou-se no sofá de sua casa com a esposa para assistir a um jogo dos New York Yankees. Depois de seu dia longo e satisfatório, ele tinha resolvido se desconectar. Quando recebeu uma ligação de um número fixo desconhecido de Connecticut, Grant o deixou tocar e cair na caixa postal. Só meia hora mais tarde sua esposa ouviu um bipe distante, indicando que uma mensagem havia sido deixada. Ela foi até lá e apertou o play, botando a mensagem no viva-voz. Ela se encolheu quando ouviu a voz de Dalio:

— Não tenho certeza se você viu a edição atual da *Grant's*.

A mensagem se estendeu por quase meia hora enquanto Dalio detalhava suas reclamações sobre a matéria.

Grant recordou:

— O que me assustou foi o controle sobrenatural da voz. Ele falava em um tom contido, sem diferentes entonações ou sinais de emoção.

Grant passou a semana seguinte inteira em ligações com diversos executivos da Bridgewater. Ele percebeu que tinha entendido mal algumas partes cruciais. A relação com o auditor não era nada, tendo sido previamente aprovada pelos reguladores, e a questão matemática confusa sobre a divisão de propriedade podia ser explicada pelo fato de que diversas entidades de membros da família de Dalio tinham sido incluídas nos demonstrativos financeiros. Grant ligou para a rede de televisão CNBC para pedir desculpas. Pontuou que estava errado em relação à compliance regulatória do hedge fund. Quanto às perguntas maiores em torno da estratégia da Bridgewater, Grant respondeu que ela permanecia confusa.

— Quanto às estratégias, não temos como saber muito [...] sobre como ele realmente faz negócios — disse. — Dalio deixou registrado [...] que conhece mil trades não relacionadas. Mais ninguém em Wall Street conhece isso.

O último detalhe — que um homem podia conhecer mil maneiras de ganhar dinheiro, mas não contar a ninguém quais eram — despertou o interesse de um investigador financeiro de Boston. Harry Markopolos conhecia um pouco sobre gestores de hedge funds misteriosos que diziam ter uma vantagem que ninguém tinha como reproduzir. Markopolos era um analista desconhecido no fim dos anos 1990, quando seu chefe lhe pediu que reproduzisse a estratégia de investimento de um rival que parecia render muitos frutos. Markopolos não conseguiu efetuar a reprodução, mas descobriu o bastante para em pouco tempo começar uma conversa com a Securities Exchange Comission [Comissão de Valores Mobiliários dos Estados Unidos, SEC na sigla em inglês], sobre o que se revelou ser uma fraude em plena vista. Seis anos depois, Markopolos atingiu seu auge quando submeteu à SEC um relatório intitulado "O maior hedge fund do mundo é uma fraude". Quando seus alertas sobre Bernie Madoff se mostraram certos, Markopolos conquistou fama nacional e a habilidade de captar a atenção de reguladores sempre que queria.

Para Markopolos, o que acontecia em Westport levantava questões sérias. Ali estava outro hedge fund gigantesco famoso por uma abordagem de investimento que nenhum concorrente parecia entender por completo. Ao ligar para contatos antigos, ele pôs as mãos nos documentos de marketing da Bridgewater, incluindo o "pitch book", uma apresentação em PowerPoint que todos os fundos disponibilizavam para investidores em potencial. O pitch book continha um resumo da estratégia de investimento da empresa e um gráfico detalhado da performance do fundo, mas, para Markopolos, isso levava a mais perguntas que respostas. A Bridgewater descrevia a si mesma como uma gestora global de ativos, ainda assim seu pitch book não dava o nome de nenhum ativo específico que tinha feito a empresa perder ou ganhar dinheiro. Um gráfico de performance de investimentos no material indicava que a empresa raramente tinha um ano ruim — mesmo quando as previsões públicas de Dalio se mostraram erradas, o Pure Alpha pareceu terminar o ano sem perdas. Ao examinar os documentos, Markopolos sentiu uma palpitação familiar no coração.

Percebendo a gravidade da conclusão à qual parecia estar chegando, ele pegou sua agenda de telefones para checar seu trabalho. Sua equipe falou com o gestor de hedge fund texano Kyle Bass, muito conhecido por suas previsões à frente de seu tempo de que o mercado das hipotecas subprime estava prestes a quebrar em 2008. Bass disse que ele também havia muito tempo se perguntava como a Bridgewater negociava. Markopolos também se encontrou com o bilionário de hedge fund David Einhorn, da Greenlight Capital, famosa por identificar fraudes. Einhorn o recebeu em seu escritório e o reuniu com uma equipe de analistas da Greenlight interessada em investigar a empresa de Dalio. Einhorn baixou a cabeça sobre a mesa, apoiou-a sobre os cotovelos e ouviu cuidadosamente Markopolos expor suas suspeitas.

Depois de ouvir Markopolos falar, Einhorn deu um tapa na mesa, muito empolgado.

— Eu sabia!

Esse era todo o estímulo de que Markopolos precisava. Ele escreveu sua conclusão em um relatório e o enviou à SEC.

A Bridgewater, escreveu para eles, era um esquema Ponzi.

* * *

A Bridgewater não era um esquema Ponzi.

O que não quer dizer que tudo era como Dalio com tanta frequência descrevia.

A SEC e outros reguladores fizeram diversas reuniões diligentes com Markopolos e sua equipe. O relatório dos denunciantes foi subindo pela organização e chegou ao seu presidente, Jay Clayton, um ex-advogado de Wall Street que contou a colegas que ele também tinha ouvido essas especulações sobre a Bridgewater. Clayton mandou uma equipe da SEC investigar e garantiu que eles questionassem isso à Bridgewater. O que concluíram, em parte, foi que o maior hedge fund do mundo usava uma sequência complicada de maquinações financceiras — incluindo opções de ações e outros investimentos relativamente difíceis de rastrear — para investir, ao que parecia, de maneira simples. Não se esperava que esses investimentos aparecessem nos registros públicos, e fez sentido para a SEC que os rivais tampouco conseguissem rastreá-los.

Satisfeita, a SEC parou de responder aos pedidos de atualização de Markopolos e sua equipe. Os reguladores não levantaram nenhuma acusação pública contra a Bridgewater. Markopolos seguiu adiante atrás de outros interesses.

Para desvendar por completo o que estava acontecendo em Westport, era preciso uma mudança na abertura, do exterior para as profundezas do interior. A resposta pode não ter chegado rapidamente para Ackman ou Grant em parte porque eles eram profissionais consumados de Wall Street cujas carreiras dependiam da ideia de que uma análise rigorosa — em suma, esforço e inteligência — podia levar a resultados em investimentos. Markopolos, ainda embriagado pela ideia de acrescentar mais um esquema desvendado a seu currículo, foi tolo ao tentar enfiar um objeto quadrado em um buraco redondo. Na verdade, quando a SEC recebeu sua denúncia, os reguladores já tinham investigado a Bridgewater. No rastro de Madoff e sem nunca ter de fato investigado a empresa de Dalio, a equipe da SEC passou um bom tempo em Westport, estudando profundamente as operações da empresa.[12] Seu trabalho era descobrir se a Bridgewater estava de acordo com a lei, e os reguladores não devem ter encontrado motivo para sugerir o contrário. Por sua razão de ser, a SEC não se interessava muito por como a empresa ganhava dinheiro, só que ela realmente investisse o capital de seus clientes.

Parte da razão para Markopolos, Einhorn e outras pessoas terem suspeitado de que a Bridgewater fosse uma fraude pode ter sido o fato de pouquíssimas pessoas lá dentro estarem envolvidas no dia a dia dos investimentos do hedge fund. Prédios anexos inteiros, a alguns quilômetros da sede, estavam cheios de funcionários que sabiam sobre o fundo tanto quanto o que liam nos jornais. No auge da Bridgewater, dos quase dois mil funcionários — e outras centenas de pessoas em contratos temporários —, menos de 20% trabalhavam com pesquisa ou com a máquina de investimento. Desses pesquisadores, muitos tinham responsabilidades não mais complexas que as de um estudante universitário médio. Trabalhavam em projetos de pesquisa sobre história da economia e produziam artigos para serem revisados e editados pelo próprio Dalio. Às vezes, suas descobertas chegavam ao *Daily Observations* — em geral com Dalio, Jensen ou Prince creditado como coautor. Se esses insights chegavam às negociações da Bridgewater, isso era algo que a maior parte dos funcionários da pesquisa sabia que não devia perguntar.

Só um pequeno grupo na Bridgewater, não mais que umas dez pessoas, tinha uma perspectiva diferente. Esse grupo praticamente só de homens era escolhido não apenas pelo mérito, mas pela lealdade. Eles, quase sem exceção, nunca tinham trabalhado em nenhum outro lugar. Dalio e Jensen selecionaram os membros da equipe de associados de investimento e lhes ofereceram a entrada no santuário interno. Os poucos sortudos se encontravam com Dalio, que lhes oferecia uma escolha. Em troca de assinar um contrato vitalício — e jurar nunca trabalhar em outra empresa

---

[12] Advogados da Bridgewater e de Dalio dizem: "É totalmente esperado, e uma boa prática, que a SEC examine um assessor registrado de investimentos da magnitude da Bridgewater com regularidade", e que esse era "o processo padrão".

de trading —, eles seriam um dos poucos a ver os segredos internos da Bridgewater, o que Dalio chamara anteriormente de o Santo Graal.

Dalio apelidou o grupo de signatários de Círculo da Verdade.

A oferta não era necessariamente apresentada como uma escolha fácil. Bob Elliott, que ia se tornar o membro com mais tempo de casa do círculo, depois de Jensen e Prince, tinha apenas 26 anos quando Dalio lhe ofereceu um contrato vitalício.

Mais do que qualquer coisa, Elliott queria decifrar o código por trás da Bridgewater. Ele assinou o contrato.

COMO A *CREDIBILIDADE*, O NOME DO CÍRCULO DA VERDADE ERA UM pouco equivocado, sugerindo um círculo conectado por pontos. Era mais um círculo inquebrável em torno de um único ponto no centro: Dalio.

Havia duas versões de como a Bridgewater investia centenas de bilhões de dólares nos mercados. Uma versão era a que Dalio contava para o público e para os clientes repetidas vezes. A outra versão era a que acontecia com o Círculo da Verdade por trás de portas fechadas.

Na primeira versão, os hedge funds da Bridgewater eram uma "meritocracia de ideias". Todo membro da equipe de investimentos ou pesquisador podia sugerir uma ideia sobre, por exemplo, se os títulos de um país distante podiam valorizar ou depreciar, e o time da empresa debatia os méritos da tese de forma fria, incorporando um amplo estudo histórico. Com o tempo, sugestões de funcionários com um histórico de previsões certeiras ganhavam mais peso e recuperavam mais dinheiro de clientes. Centenas, se não milhares de outros fundos, sem falar de empresas no mundo financeiro, usavam um processo parecido. Grandes firmas de investimento financiavam traders promissores com pequenas somas e investiam mais naqueles com aptidão para ganhar dinheiro. Era o equivalente de Wall Street ao darwinismo, com uma carteira recheada.

O que a Bridgewater acrescentava a esse padrão era uma tendência para o drama. Toda sexta-feira, os assistentes de Dalio enviavam por seu motorista fichários cheios de pesquisa econômica da empresa, guardados em até três maletas. O motorista corria com isso para a casa de Dalio. A coleção formava a base do que a Bridgewater chamava de reunião O Que Está Acontecendo no Mundo, realizada toda segunda-feira às 9h. Dalio, com Jensen e Prince, se sentava à frente da maior sala do *campus*, com fileiras e mais fileiras de funcionários à sua frente, assim como um ou outro repórter ou cliente em visita que com certeza ficavam impressionados com a demonstração de rigor intelectual. Com o fundador da empresa conduzindo a conversa e câmeras gravando-a para que toda a empresa pudesse assistir depois, a sala debatia por horas os principais assuntos do dia e a direção dos mercados. Tudo que estava naquelas maletas do fim de semana era um possível assunto de conversa, e até o pesquisador de mais baixo escalão tinha uma oportunidade de impressionar o fundador com uma análise. Como Dalio disse a um entrevistador:

— Isso é muito maior que Bob, Greg e eu […]. É muito maior que isso.

Era um verdadeiro espetáculo.

Também era quase irrelevante para o que a Bridgewater fazia com seu dinheiro; como um dos antigos principais membros da equipe de investimento disse, "É uma fachada". Alguns se perguntavam se Dalio de fato lia algum dos fichários com pesquisa. Depois da reunião, o Círculo da Verdade seguia para um canto apertado dos escritórios ao qual poucos outros tinham acesso, e o trabalho de verdade começava.

— Eu podia comandar esta empresa — disse Jensen uma vez a um amigo depois de alguns drinques — com uma única planilha.

O segredo do pomposo processo de investimento, como Jensen explicou mais tarde na mesma noite, era que não havia segredo. Dalio era a Bridgewater, e Dalio decidia os investimentos da Bridgewater. É verdade que Jensen, Prince e o restante do Círculo da Verdade sugeriam a imagem de uma grande reunião de investimentos daquelas mentes. Mas, na prática, embora mais de uma pessoa possa ter tido alguma influência, apenas uma opinião de investimento importava. Basicamente, não havia nenhum sistema grandioso, nenhuma inteligência artificial de qualquer natureza, nenhum Santo Graal. Havia apenas Dalio, em pessoa, falando ao telefone, de seu iate ou em sua mansão na Espanha que usava algumas semanas em muitos verões, dando ordens.[13]

Quando o fundador e sua equipe de marketing falavam publicamente sobre o Pure Alpha, eles citavam uma coleção nebulosa de "sinais" ou "indicadores" que orientavam o hedge fund. Quando os sinais piscavam, o Pure Alpha negociava de acordo com eles, pelo menos era isso que o discurso pregava, sugerindo um fundo em constante busca de dados e se ajustando conforme o ambiente de investimento mudava. Isso também ajudava a explicar por que a empresa parecia não mover o mercado com seu trading, resolvendo o mistério dos rastros mínimos de seu trading. Como a equipe de marketing explicava para os clientes, o hedge fund estava vendo sinais invisíveis para os outros e, por isso, provavelmente não faria parte de compras ou vendas apressadas no mercado ou estaria oposto às negociações de seus rivais.

Dalio podia ter dispensado a linguagem nebulosa e, de forma mais simples, ter descrito o Pure Alpha como uma série de regras "e se". Se uma coisa acontecia, então outra ia se seguir. Para o Pure Alpha, uma dessas regras "e se" era que, se as taxas de juros caíssem em um país, então a moeda desse país depreciaria. Assim, o Pure Alpha apostava contra as moedas de países com taxas de juros em queda. Outra regra dizia que o preço do ouro estava relacionado ao total de dinheiro em circulação dividido pelo estoque de ouro; se o dinheiro em circulação se expandisse ou encolhesse, então era hora de comprar ou vender ouro. Muitas das regras lidavam apenas com seguir tendências, sugerindo que movimentações de curto prazo eram indicativos prováveis das de longo prazo e

---

13 Advogados de Dalio e da Bridgewater dizem que o hedge fund "não é um lugar onde um homem comanda porque o sistema toma decisões em 98% do tempo". Eles afirmam que "a ideia de que o sr. Dalio dava ordens nos investimentos da Bridgewater é falsa". Eles acrescentam que o hedge fund "mantém um conjunto rígido de controles sobre como as negociações são determinadas, e estas são auditadas com regularidade para estarem consistentes com os protocolos de trading da Bridgewater, e qualquer desvio disso exige a aprovação dos CIOs".

ditavam seguir o momento em diversos mercados. Quase todas as regras seriam descomplicadas para qualquer um com uma calculadora e um bom conhecimento de correlações no nível do Ensino Médio.[14]

As regras da Bridgewater lhe deram uma vantagem inquestionável nos primórdios de sua carreira. A maioria das pessoas em Wall Street, de jovens traders a bilionários, ainda acreditava no valor de sua intuição. Dizia-se que os traders de melhor performance eram capazes de *tape reading*, ou seja, adivinhar movimentos futuros de ações lendo o preço e o volume de negociações (o nome se referia a negociações transmitidas pelo telégrafo por meio de uma fita, prática que tinha desaparecido na época em que Dalio iniciou sua carreira). A Bridgewater esteve entre os primeiros hedge funds a criar as próprias estimativas de crescimento econômico, integrando tanto estatísticas públicas quanto suas próprias pesquisas de mercado. A empresa chamava isso de "o processo de medição de folga" porque ele indicava quais países ou mercados tinham ampla capacidade, ou folga, para crescer mais depressa. O processo de medição de folga era o que Dalio chamava de regra: se o modelo mostrasse que um país distante estava prestes a ter uma grande expansão, a Bridgewater comprava seus títulos ou moeda, por exemplo. O fato de o bilionário não apenas ter um conjunto de regras, mas um fundo que as seguia, o tornava diferente do restante. Era bem preciso chamar isso de seu "alfa puro".

À medida que os anos passavam, porém, a vantagem de Dalio diminuiu, então aparentemente terminou. A popularização de computadores poderosos facilitou que qualquer trader programasse regras e negociasse de

---

14 Advogados de Dalio e da Bridgewater disseram que "mais de 98% do orçamento de risco e dos retornos da Bridgewater foram e continuam sendo orientados por estratégias sistemáticas de trading" e que ela "segue regras rígidas em torno de qualquer tipo de negociação discricionária". Eles acrescentaram: "As estratégias de negociação da Bridgewater são sistematizadas e diversificadas". Um advogado de Dalio disse separadamente que a equipe de investimento da Bridgewater "segue grandes acontecimentos e desdobramentos históricos para entender relações de efeito e causa nos mercados. Essas relações, em seguida, são testadas em diferentes períodos e lugares, e então formuladas como regras de decisão que orientam 98% dos posicionamentos de mercado da Bridgewater".

acordo com elas. O poder da internet convenceu bancos de investimento e empresas de trading a contratar cientistas, matemáticos e programadores para mergulhar nos dados econômicos agora disponíveis eletronicamente para qualquer pessoa no mundo. Esses rivais logo igualaram as descobertas de Dalio como o processo de medição de folga, então as ultrapassaram em áreas como trading de alta frequência, que exigia digerir dados que podiam mudar em segundos ou menos, como breves picos ou quedas no volume de ações. Um fundo rival, a Renaissance Technologies, contratou dezenas de pesquisadores com PhD para construir um sistema de investimento com *milhões* de linhas de código. A Bridgewater também contratou sua cota razoável de cientistas — mas, como Ferrucci, muitos foram trabalhar com as ferramentas de avaliação pessoal da empresa e não diretamente com investimentos. Em vez disso, Dalio se aferrava a suas regras históricas ("Elas são atemporais e universais", afirmou ele a um entrevistador), mesmo enquanto essas regras ficavam mais antiquadas a cada ano e conforme rivais saltavam à frente com sistemas concorrentes.

Muitos funcionários inteligentes e ambiciosos na Bridgewater, entre eles membros do Círculo da Verdade, tentavam, com valentia, tirar o fundo de sua inércia. Mas a única maneira de adicionar uma nova regra à lista do hedge fund era com a aprovação unânime de Dalio, Prince e Jensen, e a votação não era secreta. Os três debatiam sugestões abertamente, mas as opiniões de Dalio eram difíceis de adivinhar. Nem Prince nem Jensen costumavam ficar contra o fundador. Dalio parecia tímido diante de ideias novas que ele não conseguia entender, e por isso muitas das regras novas tinham a estrutura "e se". Isso não era o suficiente para acompanhar o mundo exterior, e um recém-chegado à equipe de investimento, em 2018, ficou pasmo ao saber que as negociações do maior hedge fund do mundo ainda confiavam no Microsoft Excel, usando um software com décadas de idade. Era como se Dalio parecesse insistir em voar apenas nos aviões dos irmãos Wright muito depois da invenção do motor a jato.

Por trás das portas trancadas do departamento de investimento, reinava o tédio, ano após ano. Era em parte por isso que Jensen tinha ajudado a convencer Dalio a permitir o "jogo de trading", uma simulação do mundo real na qual sua equipe de investimento apostava suas melhores ideias contra uma quantia de dinheiro do próprio Dalio (se as ideias dos funcionários ganhassem, eles eram pagos em dinheiro). Isso mostrava como Dalio desmerecia a própria equipe, as mesmas pessoas que deviam estar investindo dinheiro para clientes: ele estava disposto a assumir, às cegas, o outro lado de qualquer coisa que a equipe pensasse. Para muitos no departamento de investimento, esse era o único momento em suas carreiras ali dentro em que podiam de fato expor uma ideia de investimento.

Ao contrário dos funcionários de praticamente todos os outros hedge funds, poucos que deixavam a Bridgewater abriram seu próprio fundo, e não apenas por causa da postura jurídica agressiva da empresa.[15] Levando-se em conta o acesso restrito ao melhor do departamento, infelizmente, naquela equipe restavam poucas pessoas preciosas trabalhando com conhecimento tangível dos investimentos.

COM TODAS AS SUAS BRAVATAS PÚBLICAS, ERA IMPOSSÍVEL QUE DALIO não enxergasse a eficácia cada vez menor de sua máquina. Ele podia ler os números tão bem quanto qualquer outra pessoa. Entre 2011 e 2016, um período intenso para os mercados, o Pure Alpha teve retornos de apenas um dígito, muito abaixo de seu ritmo histórico. Quando os investidores perguntaram por que o fundo estava patinando, eles eram tranquilizados, ano após ano, com a justificativa de que essa performance estava dentro dos limites das expectativas de longo prazo da empresa.

Restava uma vantagem que Dalio e a Bridgewater faziam grandes esforços para proteger, uma vantagem profunda em informação contra a maioria dos outros investidores do mundo que trabalhavam duro para manter. Ela estava indisponível para praticamente todas as outras pessoas, e nenhuma pesquisa, ciência ou análise conseguia fornecê-la.

---

15 Um advogado da Bridgewater disse: "O programa de investimento associado da Bridgewater é amplamente considerado por aqueles que passaram por suas avaliações rigorosas como uma educação excelente em investimentos macroeconômicos".

Em Wall Street, a expressão *vantagem de informação* sempre carrega uma conotação desagradável. Dizer que investidores têm uma vantagem de informação pode ser um jeito educado, ou não, de sugerir que estão envolvidos em negociações com informações privilegiadas — negociar uma ação com base em informação confidencial obtida com alguém de dentro. A vantagem de informação de Dalio, mesmo restrita, era tão legal quanto vasta. A Bridgewater não reunia nenhum dado sobre empresas individuais. Seu alvo, em vez disso, eram informações sobre nações inteiras, e o bilionário cortejava com afinco autoridades de governos com boas conexões que podiam lhe dizer como planejavam intervir em suas economias — e a empresa usava essas dicas para ganhar dinheiro em seus fundos.

Algumas das autoridades que tinham esse tipo de informação não eram alcançadas com facilidade nem mesmo por um titã de Wall Street: eram funcionários de bancos centrais, gestores de fundos governamentais e consultores no mundo sombrio daqueles que ajudam os líderes mundiais a investir seu dinheiro. Dalio fazia um jogo inteligente de longo prazo, cultivando com paciência sua influência sobre o poder.

Todo lugar parecia ser válido, até o Cazaquistão.

O país da Ásia Central não estava na primeira página de nenhum manual de Wall Street. Com um governante autoritário, ele era o maior país sem costa oceânica do mundo, e mesmo assim era pouco povoado. O que ele tinha eram recursos naturais. Em 2013, o Cazaquistão começou a desenvolver o que era, então, o projeto de petróleo mais caro de todos os tempos, um campo gigante no Mar Cáspio, ajudando-o a gerar um fundo soberano de 77 bilhões de dólares. Esse dinheiro teria de ser investido em algum lugar, e a equipe de serviços aos clientes da Bridgewater marcou uma reunião na agenda de Dalio com Berik Otemurat, o chefe do fundo. Otemurat era um burocrata conservador que tinha começado a carreira pouco mais de dez anos antes como auditor e agora estava viajando com um grupo para se encontrar com um dos maiores nomes de Wall Street.

Dalio demonstrou interesse pela delegação.

— O que eles vão fazer antes? — perguntou à sua equipe de marketing.

Seus subordinados voltaram e responderam que Otemurat estaria em Nova York algumas horas antes de sua reunião em Westport.

— Como vão chegar aqui? — perguntou Dalio.

A Bridgewater tinha preparado um motorista e um Mercedes.

— Arranjem um helicóptero para eles.

Vários milhares de dólares depois, um cazaque de 30 e tantos anos com um corte de cabelo antiquado e seus subordinados estavam em um helicóptero alugado de Manhattan para o heliporto mais próximo da Bridgewater, em Bridgeport, Connecticut — bem depois da sede —, onde um Mercedes com motorista os encontrou para completar a viagem.

A entrada dramática precedeu uma apresentação nada convencional, pelo menos comparada ao que Otemurat tinha experimentado em Nova York. Lá, titãs da indústria como um dos fundadores da KKR & Co., Henry Kravis, e Stephen Schwarzman, da Blackstone, tentaram atraí-lo para investir em suas empresas comendo robalo e caviar. Um deles, inclusive, providenciou um mil-folhas com avelã e laranja, vagamente baseado na bandeira cazaque. Dalio, ao contrário, desenhou um gráfico indecifrável em um quadro e falou longamente sobre a natureza dos mercados. Ele quase não mencionou as especificidades da abordagem da Bridgewater. Havia um charme indiscutível — e confiança — naquilo tudo.

A equipe de marketing, as pessoas presentes na reunião e aquelas ouvindo a gravação feita, tinham assistido àquela investida antes. Em caso positivo, o objetivo final seria algo diferente de dinheiro. Por isso, quando Otemurat mencionou a perspectiva de investir 15 milhões de dólares no principal hedge fund da Bridgewater, os representantes da empresa descartaram a sugestão.

— Não queremos um relacionamento com vocês, agora. Estamos nisso para o longo prazo — afirmou um executivo de marketing.

Dentro da Bridgewater, um relacionamento significava acesso. Estender o tapete vermelho por alguns milhões de dólares em investimento, em vez de uma vantagem em potencial multibilionária, teria tido pouca importância. O novo campo de petróleo do país tinha levado mais de uma década para ser construído, com atrasos constantes. Qualquer um que soubesse como o projeto estava andando podia ajustar suas apostas em petróleo adequadamente. Representantes da Bridgewater disseram à delegação que sua firma estava disposta a oferecer aconselhamento gratuito sobre como o fundo soberano podia investir seus bilhões, e apreciariam igualmente a oportunidade de fazer algumas perguntas sobre indústrias de conhecimento local.

Informações sobre petróleo eram bastante preciosas. A equipe de marketing tinha ajudado a preparar um documento confidencial para clientes que mostrava onde o principal hedge fund da empresa ganhava seu dinheiro durante alguns de seus melhores anos.[16] O maior impulsionador de "retornos excessivos", ou seja, as apostas mais lucrativas, eram commodities, nas quais a Bridgewater podia combinar o tipo de análise de números empregado por seus rivais com informação sobre o mundo real que mais ninguém tinha. Entre as commodities, o petróleo era especialmente sensível, sendo um "ativo de curta duração", ou um ativo sensível a mudanças rápidas de preço porque só podia ser armazenado na superfície por um número limitado de dias. Isso significava que os preços podiam subir rápido se o fornecimento não continuasse funcionando — como era sempre o risco com o Cazaquistão, levando-se em conta suas dificuldades —, ou cair na situação oposta. Informação atualizada era chave. Otemurat e outros em sua delegação pareciam ávidos para conversar.

Em pouco tempo, a Bridgewater teve sucesso por dois lados. Alguns meses depois da visita de Otemurat a Westport, o fundo cazaque perguntou outra vez se podia investir nos fundos da Bridgewater. Dessa vez,

---

16 Um advogado da Bridgewater disse que a "vantagem competitiva [do fundo] é a qualidade de sua pesquisa e entendimento da economia e dos mercados globais, o que por sua vez se transforma em estratégias sistematizadas de investimentos".

ele acenou com uma quantia muito maior que os 15 milhões de dólares, e dessa vez, a Bridgewater aceitou.

DE VOLTA AOS ESTADOS UNIDOS, O ACESSO DE DALIO AOS POUCOS se reduzia. Depois de sua fama nos tempos de crise financeira, ele não tinha muita dificuldade de falar com o presidente do Banco Central americano, Ben Bernanke. A sucessora de Bernanke, Janet Yellen, porém, aparentemente não estava interessada naquele bilionário. Dalio reclamava para outras pessoas no escritório que Yellen não retornava suas ligações nem se encontrava com ele.

— Isso o deixava enfurecido — disse uma pessoa para quem Dalio reclamou.

Em uma teleconferência com clientes durante o mandato de Yellen, Dalio apresentou as "opiniões-chave" da equipe de gestão sobre 21 mercados diferentes, indo do real brasileiro à rúpia indiana e a títulos japoneses. Dalio descartava totalmente o dólar americano. Ele dizia que nisso era incapaz de determinar uma visão-chave.

O fundador tinha mais sucesso fazendo alianças no exterior. Mario Draghi, o presidente italiano do Banco Central Europeu (BCE), sempre conversava com o bilionário e buscava seus conselhos. Durante meados dos anos 2010, Dalio o aconselhou a introduzir mais estímulos no bloco, o que sustentaria ações europeias e prejudicaria o euro. Durante grande parte dessa época, a Bridgewater também estava apostando contra o euro. O fundador logo se tornou um anúncio andante e falante para Draghi. Como Dalio escreveu em um pronunciamento público enviado para repórteres nos Estados Unidos e no exterior: "Em todos os momentos--chave, ele fez as coisas certas, e o mundo inteiro está em melhor situação por causa disso. A essa altura, o mundo já devia saber: não duvidem de Mario Draghi".

A adoração de Draghi por Dalio não apenas ajudou o fundador da Bridgewater com o BCE, também ajudou a lhe dar entrada nas capitais europeias. Em Zurique, ele encontrou a atenção de Thomas Jordan, o presidente do Banco Nacional Suíço. Dalio assumiu um papel semelhante ao de um estadista com Jordan, aconselhando o homem mais jovem sobre seus esforços para desatrelar a Suíça da debilitada economia europeia. Quando Jordan, no início de 2015, liberou o franco suíço de suas amarras com o euro, os fundos da Bridgewater ganharam uma fortuna.

O projeto de mais longo prazo para Dalio estava na China. Desde que tinha mandado seu filho morar lá nos últimos anos do Ensino Fundamental, Dalio tinha trabalhado duro para construir relacionamentos na elite de Beijing (ele tentou aprender mandarim, mas, como muitos ocidentais, ficou frustrado e desistiu). Em viagens frequentes que duravam semanas, resultando em bilhões de dólares em investimentos de braços ligados ao Estado, como os da Corporação de Investimentos da China (CIC), Dalio combinou o pessoal com o profissional. Ele levou a esposa a algumas reuniões, e seus principais executivos a outras. Em 2015, durante uma viagem com Prince, Dalio se hospedou em uma residência oficial da presidência da China para convidados. Quando Prince começou a sentir sintomas de gripe, funcionários do governo chinês o levaram para tratamento particular. No mesmo ano, Dalio foi ao jantar de Estado da Casa Branca em homenagem ao presidente chinês, Xi Jinping. Sem dúvida ele estava ciente desses relacionamentos nesse mesmo ano, quando tentou desesperadamente recuar de sua previsão pública de que "não havia lugares seguros para investir" na China.

Dalio contratou o presidente da CIC para um emprego confortável como chefe de sua instituição de caridade na China, depois o promoveu para o posto de líder do escritório da Bridgewater no país, a única filial da empresa fora de Connecticut. Em entrevistas para a imprensa, Dalio se ateve a uma frase pronta e elogiosa sobre a liderança da China. Eles eram "muito capazes", sempre repetia o bilionário, até mesmo mais de uma vez em certas entrevistas. Esses mesmos líderes, ele também diria dentro da Bridgewater, corriam para buscar seus conselhos.

Para qualquer observador sensato — e até mesmo para os próprios chineses —, Dalio era o paradigma de um promotor da China. Mas também havia uma vantagem que podia ser aproveitada. Ele pediu ao Círculo da Verdade que ajudasse a criar um modo para que os fundos da Bridgewater apostassem contra os ativos chineses de um jeito que o governo chinês não tivesse como rastrear. Assim, quando Dalio optasse pelo lado oposto ao da China, ninguém saberia.

A ABORDAGEM DE DALIO TINHA MAIS UM ELEMENTO QUE ERA UM pouco mais do que apenas transparente. Seu grande sistema automatizado — sua máquina econômica — não estava nem de perto tão automatizado nem mecanizado como era promovido. Cerca de 10% dos ativos investidos do Pure Alpha, somando bilhões de dólares, eram resultado dos instintos e ideias de Dalio, ponto-final. Eles eram suas ordens. Se o fundador quisesse que a Bridgewater apostasse contra o dólar americano (como fez por quase uma década depois da crise financeira), a negociação era realizada, pois os outros na equipe de investimento pareciam sempre concordar com seus desejos. Não havia regra mais importante do que "o que Dalio quer, Dalio consegue".[17]

Conforme 2017 se aproximava, alguns dos principais funcionários de investimentos chegaram ao limite após mais um ano de sofrimento, estresse e demissões, tudo isso por um resultado pífio. O Pure Alpha estava crescendo apenas 2% ao ano, muito abaixo da maioria dos hedge funds e apenas um sexto do ganho para ações americanas no geral. Algumas pessoas na equipe de investimentos desconfiavam saber por quê.

Com a esperança de mudar a performance dos investimentos — e com a permissão de Jensen —, membros do Círculo da Verdade fizeram um estudo das negociações de Dalio. Mergulharam fundo nos arquivos da empresa em busca de um histórico das ideias individuais do fundador para investimentos. A equipe examinou os números uma vez, depois de novo e de novo. Os dados precisavam estar perfeitos. Então, como grupo,

---

17 Advogados de Dalio e da Bridgewater dizem: "No curso geral, o trading da Bridgewater *não* é discricionário", e que a aprovação dos principais chefes de investimentos é necessária para essas negociações.

se reuniram com Dalio. Um funcionário mais jovem, com as mãos trêmulas, apresentou os resultados: o estudo mostrava que Dalio estava tão errado quanto estava certo. Fazer trading de acordo com suas ideias era como tirar cara ou coroa.

O grupo, que incluía Jensen e Elliott, permaneceu sentado em silêncio, esperando nervosamente pela resposta do fundador.

Dalio pegou o papel, o amassou em uma bola e o jogou no lixo.

23

O presente

Dalio passou o voo que atravessava o país até Vancouver trabalhando duro. Seu foco não estava nos investimentos do hedge fund, mas em sua própria marca. Ele estava a caminho de sua aparição pública mais importante desde a entrevista com Oprah 29 anos antes.

Ele havia conseguido um espaço para falar no TED2017, a série de conferências de alto nível na qual personalidades dos negócios, artes e ciências falavam com o mundo sobre suas lições de vida. Ele se preparou por semanas para um espaço de dezesseis minutos entre grandes nomes como Elon Musk e Serena Williams. Para muitos ao seu redor, Dalio parecia nervoso de um modo inusitado. Aquele era um grande palco em um momento em que ele estava supostamente ávido para mudar de assunto.

Os meses iniciais de 2017 trouxeram muita atenção indesejada. David McCormick e Eileen Murray foram anunciados como a nova dupla de CEOs, substituindo Jon Rubinstein e produzindo diversos artigos na imprensa sobre o tumulto consistente na gestão da empresa. Na área de investimentos, a Bridgewater interpretou a eleição de Donald Trump como outra razão para advertir sobre o desastre econômico, alertando clientes que a média do Dow Jones Industrial poderia cair quase 2 mil pontos com a vitória de Trump, o que seria mais que o dobro da maior queda durante um dia na história. O contrário aconteceu, o índice subiu aos melhores níveis de todos os tempos. O resultado foi que o Pure Alpha terminou 2016 com alta de apenas 2,1%, seu quinto ano consecutivo de performance com um dígito baixo. Muito dinheiro estava sendo ganho em Wall Street, só não no fundo principal da Bridgewater.

Dalio também encarou um novo olhar público sobre seu sistema de gestão. O *Wall Street Journal* publicou uma investigação extensa sobre o software PriOS, incluindo a frase de um funcionário anônimo que descreveu o projeto como uma "tentativa de colocar a mente de Ray em um computador". Pelo menos alguns na Bridgewater estavam satisfeitos com o artigo no início — "Acho que você fez um bom trabalho aqui [...]. Respeito muito você por sua abordagem", escreveu McCormick para um dos repórteres do *Journal* —, mas Dalio, ao que parecia, viu as coisas de outra maneira. Esperava divulgar o lançamento do PriOS ele mesmo e, para piorar as coisas, os tabloides que deram continuidade à matéria do *Journal* descreveram a invenção como um vislumbre distópico ("E se seu patrão for um robô?", dizia uma manchete). Dalio reagiu amargamente. Ele reclamava com tamanha frequência sobre suas ambições não serem compreendidas que McCormick enviou um e-mail para o mesmo repórter do *Journal* para retirar seus elogios: "Depois de reler seu artigo com mais atenção [...] nos parece que o artigo, lamentavelmente, inclui diversas referências que acreditamos estarem erradas e mostra apenas um lado". McCormick acrescentou: "Voltamos com feedback mais específico em breve".

Não houve nenhum feedback específico. Em vez disso, Dalio pegou emprestada uma tática do novo presidente americano e expôs as mídias como um inimigo. No início de janeiro de 2017, ele publicou um texto extenso no LinkedIn mencionando o artigo e o chamando de "epidemia de falsidades e distorções das mídias". Os fatos não o aborreciam tanto quanto os sentimentos. Ele não identificou nenhuma falta de precisão factual, embora reclamasse que os repórteres "querem pintar um quadro da Bridgewater como um lugar louco e opressor controlado por um personagem tipo dr. Frankenstein — apesar de as evidências mostrarem que ela é uma meritocracia de ideias que, por muitas décadas, teve sucesso em produzir trabalho significativo, relacionamentos significativos e resultados sem paralelos através de sua verdade e de sua transparência radicais". Ele sugeriu que os leitores não deviam "se preocupar com o que é verdade sobre a Bridgewater", e citou dados internos que mostravam uma rotatividade "extremamente alta" entre novos funcionários, mas permanências longas após os estágios iniciais na empresa. Dalio atribuiu o movimento ao fato de a Bridgewater "não ser para qualquer um, mas para aqueles que ela é, não há nada como ela". Sem dúvida, para o prazer do fundador, a publicação no LinkedIn alterou o foco de atenção. Repórteres voltaram-se para cobrir o espetáculo do ataque do bilionário de um hedge fund contra as mídias, enquanto autores de comentários na publicação saíram em defesa da empresa. "Mandou bem lutando a boa luta, Ray", disse um das centenas de comentários positivos. "Talvez a 'imprensa livre' seja a questão", dizia outro.

Convencido de que ninguém podia defender a Bridgewater tão bem quanto ele, Dalio se apresentou diante do maior número possível de pessoas. Uma de suas primeiras entrevistas foi com Henry Blodget, editor-chefe do *Business Insider*, um site que cobria finanças, mas era conhecido na época mais por caçar cliques que por publicar matérias relevantes. Segundo Blodget, a equipe de Dalio o procurou em 1º de janeiro de 2017 e negociou uma entrevista de 2h30 sob a condição de que o site publicasse a entrevista na íntegra, sem nenhum outro contexto. Blodget concordou. Na entrevista, que ocorreu uma semana depois, Dalio passou pelos temas sobre os quais estava acostumado a falar ("Temos uma meritocracia de ideias, e ela tem funcionado incrivelmente bem"), junto a alguns temas novos. Sobre sua prática de colocar coisas em votação na empresa, depois dar peso maior a seu voto que ao dos outros, ele falou: "Tenho medo de um homem, um voto, porque isso sugere que todo mundo tem uma habilidade igual para tomar decisões, e acho isso perigoso". E afirmou que até ele seguia as leis de gestão da Bridgewater porque "se você não fizer isso, se apelar para sua autoridade, perde toda a credibilidade. Nunca derrubei uma decisão". Talvez, de forma mais curiosa, levando-se em conta o momento da entrevista, Dalio leu em voz alta para Blodget o e-mail de um funcionário que ele disse ter recebido na véspera. "Graças a Deus pela Bridgewater e por você, Ray. Amo você, Ray. Espero que tenha um Natal maravilhoso."

Era janeiro.

Depois de mais algumas plateias amistosas, entre elas uma aparição na CNBC, onde contou quais eram seus três livros favoritos, Dalio estava pronto para o grande acontecimento, o TED2017. Quando subiu ao palco no Centro de Convenções de Vancouver, com uma camisa social azul e um cardigã aberto, muito apropriados para a estética do evento, Dalio pareceu ter superado o nervosismo. Ele agia de forma natural e simpática, como um avô durante um dia com seus netos favoritos. Fazia contato visual fácil com o público, dando pequenos passos pelo palco e gesticulando com as mãos enquanto falava.

— Gostem disso ou não — declarou Dalio ao microfone —, a transparência radical e a tomada de decisões por algoritmos estão chegando rápido. E elas vão mudar suas vidas.

Dalio embarcou em uma versão resumida de sua infância, seguindo o mesmo arco que tinha seguido em uma miríade de entrevistas anteriores. Ele odiava a escola, contou fazendo uma careta, mas se apaixonou pelo mercado de ações aos 12 anos quando usou dinheiro ganho como *caddie* para investir. A primeira ação que ele comprou foi da Northeast Airlines, porque suas ações eram negociadas por menos de 5 dólares.

— Estratégia idiota, não?

A plateia, com os rostos refletindo o brilho do emblema do TED atrás de Dalio, riu. Ele deu um sorriso autodepreciativo, parecendo revelar um senso de humor recém-encontrado, um senso de humor definitivamente tímido e modesto.

Uma tela se acendeu acima de seu ombro e começou a exibir vídeos de décadas antes. Um deles mostrava o depoimento de Dalio no Congresso, fazendo previsões confiantes sobre a economia que mais tarde se revelaram estar erradas. No palco, ele mal pareceu capaz de esperar que os vídeos terminassem antes de intervir.

— Eu olho e penso: "Que idiota arrogante".

Mais risos da plateia.

Com o passar do tempo, ele percebeu que precisava construir uma comunidade em que pessoas inteligentes pudessem fazer *stress tests* de suas perspectivas estimulando apenas a vitória de ideias mais críveis. Para isso, todos ao seu redor precisavam ser verdadeiros e transparentes. Virando-se e mostrando a parte de trás da cabeça onde o cabelo estava rareando, Dalio foi a um pequeno púlpito que havia no palco, pegou os óculos de leitura e apontou mais uma vez na direção da tela.

— Eu gostaria de levar vocês a uma reunião e apresentar uma ferramenta chamada Colecionador de Pontos, que nos ajuda a fazer isso.

Depois exibiu outro vídeo, cheio de gráficos, que mostravam os atributos da Bridgewater como a "habilidade de se autoavaliar" e "pressionar por resultados". Funcionários apareciam dando notas de um a dez uns para os outros. Cada erro era um enigma que, depois de resolvido, criava pérolas chamadas de Princípios.

— Pelos últimos 25 anos, é assim que estamos operando. Estamos operando com essa transparência radical e depois reunindo Os Princípios, muitas vezes a partir de erros, depois transformando esses Princípios em algoritmos. É assim que gerimos o negócio de investimentos, e é assim também que lidamos com a gestão de pessoas.

Dalio encerrou onde tinha começado, prevendo transparência radical para todos.

— Em minha opinião, vai ser maravilhoso. Por isso eu espero que seja tão maravilhoso para vocês como é para mim.

Ele abriu os braços, como se fosse fazer uma rápida reverência, e saiu do palco sob aplausos.

O TED TALK SERIA VISTO POR MILHÕES. O PERFIL DE DALIO ESTAVA crescendo no momento perfeito. Ele tinha assumido com firmeza o controle da própria narrativa quando estava prestes a ficar mundialmente famoso.

No outono de 2017, ele lançou sua autobiografia, *Princípios*. Esse era o livro que, antes, Dalio esperava que Walter Isaacson escrevesse, mas depois resolveu ele mesmo escrevê-lo com um ghost writer. *Princípios* foi publicado em setembro de 2017 com um lançamento inigualável entre autores de primeira viagem. Pelo menos seis bilionários recomendaram a obra (Bill Gates: "Ray Dalio me forneceu orientação e insights valiosos que agora estão disponíveis para vocês em *Princípios*"). O ícone da autoajuda Tony Robbins afirmou que era um dos melhores livros que ele já tinha lido. O bilionário Mark Cuban disse:

— *Princípios* oferece uma bíblia para a maior habilidade que um empreendedor tem, a habilidade de aprender a aprender em qualquer situação.

O professor de Harvard Robert Kegan disse ao *The New York Times* que os Princípios de Dalio estavam contribuindo "para uma transformação tão dramática quanto a Revolução Industrial".

A promoção do livro permitiria que o bilionário cimentasse ainda mais seu *status* de pensador importante. O apresentador de podcasts Tim Ferris, durante uma entrevista de duas horas, intitulada "Ray Dalio, o Steve Jobs dos investimentos", falou:

— Eu recomendo muito este livro. Ele já mudou como penso sobre tomar decisões na vida, e em meus negócios, como penso sobre gestão, como penso sobre a comunicação entre equipes, e eu podia continuar falando nisso sem parar.

Dalio também se transformou em usuário prolífico do Twitter, atual X, onde publicava Princípios diários. Em sua biografia no Twitter, ele se descrevia sedutoramente como um "cometedor de erros profissional". Também discutia com frequência seu objetivo de desenvolver um software que permitisse que outras empresas usassem Os Princípios e suas diferentes ferramentas.

Funcionários da Bridgewater se recordam de que o viam com pouca frequência no escritório por vários meses após o lançamento do livro. Havia certa ironia no fato de Dalio estar mais do que nunca falando sobre a empresa, mas passando menos tempo lá.

A turnê de lançamento praticamente se transformou em seu emprego de tempo integral. Por meses, ele deu entrevistas para veículos impressos, programas de TV, podcasts e diversas outras mídias. Em cada uma delas, ele parecia levantar a importância de seu trabalho. Para o *Times* de Londres, em uma entrevista realizada, conforme apontado pelo jornal, entre amêndoas e água mineral em uma sala de reuniões em Manhattan, Dalio afirmou: "Eu fiz descobertas que podem mudar o mundo, tornar o mundo um lugar muito melhor, tornar as pessoas melhores".

Ele continuou: "Imagine que você descobrisse a cura do câncer e dissesse: 'Eu devo ficar calado ou contar para todos?'. É assim que me sinto em relação aos Princípios. Esse é o melhor presente que eu podia dar ao mundo".

Embora a blitz de divulgação sem dúvida tenha ajudado a vender livros, Dalio também comprou muitos exemplares. A Bridgewater enviou milhares de exemplares para clientes. O autor ofereceu várias festas de lançamento no *campus* da Bridgewater, nas quais funcionários e suas famílias recebiam diversos exemplares cada. Embora essa ajuda não tenha sido suficiente para botar *Princípios* na lista de best-sellers semanal de não ficção do *The New York Times*, o livro chegou ao topo da lista mensal, menos prestigiada, na categoria Negócios, e também apareceu na lista de Aconselhamento/Como fazer. A Bridgewater acrescentaria uma frase à biografia oficial de Dalio no site da empresa, descrevendo-o como "O autor que ficou em primeiro lugar na lista de best-sellers do *The New York Times* com a obra *Princípios*".

Uma versão do livro para crianças foi posta em desenvolvimento.

Algumas pessoas dentro da empresa riam em particular com a recepção exagerada do livro. O primeiro terço da obra era a história do homem e da empresa, e de forma inevitável, considerando a natureza de autobiografias, tinha apenas leve semelhança com a história completa. Dalio se vangloriava como um homem que enriqueceu vindo do nada, mas não mencionava a ajuda dos Leib nem a riqueza da família da esposa. Sugeria que tinha "desejado ficar fora do radar", uma constatação em especial estranha para um homem que se vendia como assunto para entrevistas de TV, perfis de revistas e centenas de aspas em jornais. Ele escrevia muito sobre os investimentos da Bridgewater antes da crise financeira e não mencionava a performance relativamente pífia desde 2010. Talvez ainda mais reveladores, os detalhes das promessas de aposentadoria quase intermináveis, entre elas a procissão de CEOs e o rebaixamento de Jensen, eram mostrados sob uma nova luz. No livro, Dalio fazia um espetáculo para assumir a responsabilidade, mas de um jeito que diminuía os outros ao seu redor, lembrando-lhes que não havia esperança de substituí-lo: "Percebi que tinha passado para Greg uma carga muito pesada ao esperar que ele fizesse tanto o papel de CEO quanto de CIO". Esses títulos eram de Dalio havia anos. Jensen fez uma careta ao ler a passagem, de acordo com amigos.

A maior parte da obra era uma nova versão do que Dalio chamava de seus princípios de trabalho e de vida. Eram "os princípios abrangentes que motivam minha abordagem em relação a tudo", e eram apresentados como "um retrato próximo da forma incomum como operamos na Bridgewater". Em um e-mail para compradores em potencial do livro, ele dizia que esses princípios eram "uma versão melhor e mais completa da de 2011", ou seja, daquelas vazadas ao *Dealbreaker*, para grande desgosto de Dalio.

O que o fundador não mencionou, mas quase todo mundo na empresa teria reconhecido, era que a coleção listada em *Princípios* não eram Os Princípios. Eram mais como Alguns Princípios; com certeza não eram todos que a Bridgewater tinha sido instruída a usar. Deixados fora da obra estavam diversos dos Princípios memoráveis que Dalio insistia que a empresa seguisse no passado — e, na prática, ainda seguia. As virtudes de um bando de hienas que ataca um jovem gnu não eram mencionadas. *Princípios* deixou de fora algumas das regras usadas com mais frequência pelo fundador — entre elas as que ele continuaria a citar na empresa por vários anos à frente, incluindo "reconheça que você é um idiota", e "as pessoas têm que valorizar tanto chegar à verdade que devem estar dispostas a se humilhar para fazer isso". Também estava ausente um Princípio que lembrava que "reclamações são bem-vindas e recompensadas", assim como outro, "Você não pode fazer com que as pessoas façam coisas".

Também foi cortado um dos Princípios originais: "Respeite a privacidade das pessoas".

Ir dos Princípios da Bridgewater aos citados em *Princípios* era como ir da Terra da Aventura para a Terra da Fantasia. Os novos acréscimos incluíam "Toque a banda com muitas pessoas"; "Pague pela pessoa, e não pelo trabalho"; "Lembre-se de que, em grandes parcerias, consideração e generosidade são mais importantes que dinheiro"; "Deixe tempo para descanso e renovação"; "Ninguém é mais poderoso que o sistema, nem tão importante que seja insubstituível"; "Não permita a existência de grupos de linchamento nem o governo das massas"; e "Declare 'lei marcial' apenas em circunstâncias raras ou extremas, quando os princípios precisarem ser suspensos".

Uma ideia abordada sem rodeios pelo livro era a especulação de a empresa ser um culto. "A verdade é que a Bridgewater tem sucesso porque é o oposto de um culto." Ele acrescentou: "Cultos exigem obediência sem questionamentos. Pensar por conta própria e desafiar as ideias uns dos outros são comportamentos anticulto, e essa é a essência do que fazemos na Bridgewater".

SE HAVIA UMA PESSOA NA BRIDGEWATER QUE COM TODA A CERTEZA acreditaria em Dalio, otimista em poder desafiar suas ideias, era Jen Healy. A mulher, que tinha inspirado o Princípio do "açúcar" e retirara a queixa de assédio envolvendo um alto executivo, era o mais próximo de uma verdadeira crente que podia existir, e Dalio, de vez em quando, ainda falava dela como sua filha postiça.

Quando Dalio voltou ao expediente integral na Bridgewater no início de 2018, após sua longa turnê de lançamento, Healy não era mais a jovem que a Bridgewater tinha contratado assim que saiu de Princeton. Fora promovida várias vezes e agora era admirada por outros na empresa.

De muitas maneiras, Healy ainda estava bastante integrada. Com frequência ela citava Os Princípios — os públicos e os privados — e atraiu muitos olhares internos quando se divorciou e pouco tempo depois se casou com outro funcionário da Bridgewater, com certeza uma indicação de que o hedge fund permanecia como parte crucial de sua vida pessoal. Para amigos, porém, Healy confessou que estava se cansando do comportamento de Dalio. Agora mãe, ela se incomodava por Dalio estar sempre atrás do próximo da fila para repreender, e ela tinha dificuldade em conciliar isso com os frequentes pronunciamentos públicos do fundador sobre a atmosfera familiar da Bridgewater.

Como muitos outros antes dela, Healy parecia acreditar de forma tão profunda na transparência radical que achava que isso podia se estender a seu relacionamento com Dalio. Com certeza o bilionário precisava apenas ouvir a verdade — de alguém como ela, de alguém que ele parecesse realmente amar —, e iria demonstrar a generosidade e a consideração sobre as quais tinha escrito em seu novo *Princípios*.

Ela derramou seus sentimentos em um e-mail para o fundador, com cópia para diversos dos principais executivos.

De: Jen Healy
Data: Segunda-feira, 23 de abril de 2018
Para: Ray Dalio

Assunto: Ray, por favor, leia

O objetivo deste e-mail é ajudar você e torná-lo consciente do impacto que tem sobre os outros. Em minha opinião, isso é basicamente a situação de a roupa nova do rei, e acho que é minha obrigação informá-lo e ajudá-lo de todas as formas possíveis.

A mensagem principal é que sua forma de operar faz algumas das pessoas ao seu redor se sentirem:

não ouvidas/incompreendidas
desesperançadas

incapazes de crescer/evoluir a seus olhos, estando por isso aprisionadas, como se tivessem de agir contra os próprios valores de integridade para operar com você e, portanto, ficam em conflito e raivosas/tristes/frustradas.

E algumas pessoas se sentiram abusadas/maltratadas e foram diagnosticadas com transtorno de estresse pós-traumático e outras condições devido a seu comportamento (e não vou revelar suas identidades devido à confidencialidade)

Pessoalmente, senti que essas coisas com você antecederam minha licença-maternidade em 2014, e eu estava em uma situação muito ruim. Com o benefício de estar longe de você, de terapia e de muita reflexão pessoal, consegui mudar meu comportamento de um jeito que alterou a forma como você pode ter impacto sobre mim. Isso inclui tentar encontrar meu próprio valor mais uma vez, e aceitar certas coisas, como o fato de que você provavelmente nunca vá me entender nem me ver pelo que sou […].

Um novo Princípio em potencial: Assuma a responsabilidade. Se você tratou mal alguém ou agiu de um jeito que teve impacto negativo sobre os outros, peça desculpas e assuma o compromisso de mudar seu comportamento, se for o caso […].

Quando as pessoas lhe dão algum feedback,, você diz coisas como: "vamos lá para fora que você vai ter o que merece", ou que as pessoas só podem fazer as coisas do seu jeito, ou cair fora […].

Quando você é hiperbólico e promove seus próprios sucessos e diminui/não reconhece que outras pessoas também fizeram grandes coisas, pode ser muito desestimulante, e em muitos casos, não é verdade […].

Embora você não possa mudar de um dia para outro, as melhores coisas que você pode fazer são:

Reconhecer que você não deseja esses resultados
Pedir desculpas se seu comportamento teve esse impacto
Estar aberto às pessoas que apontam essas coisas/responsabilizam você […].

Por favor, me avise se você quiser avançar nisso/entrar em sincronia.

Jen

Muitos no grupo que recebeu o e-mail de Healy reagiram com uma mistura de esperança e revirar de olhos. Só Healy, pensaram alguns, podia achar que Dalio realmente quisesse ouvir um feedback difícil sobre o próprio comportamento. A história da empresa sugeria o contrário. Mas Healy tinha uma posição exclusiva com o fundador da Bridgewater. Não era absurdo pensar que ela pudesse evitar seu ego — mas parecia igualmente possível que ele voltasse as palavras dela contra ela mesma.

A resposta de Dalio fez um pouco dos dois.

De: Ray Dalio
Enviado: Sexta-feira, 27 de abril de 2018
Para: Jen Healy
Assunto: RE: Ray, por favor, leia

Jen,
Gostei muito de seu feedback. Você nitidamente se preocupa muito com a Bridgewater, é corajosa para lutar por aquilo que acredita ser melhor e levantou desafios precisos e importantes que eu enfrento […].

Imagino que você saiba que não quero ferir ninguém e que lamento sinceramente que às vezes eu faça isso. Eu adoraria ajudar as pessoas e a Bridgewater a serem ótimas sem causar sofrimento nelas, e tenho quase certeza de que posso continuar a aprender como fazer isso melhor. Minha questão é que não fui capaz de alcançar a excelência com indivíduos e com a Brideater [*sic*] sem fazer isso, e não vi ninguém fazer melhor... Essa última frase não é apenas uma autoavaliação, é o que escuto da maioria e é demonstrado nos pontos […].

Acredito que o que você vê como destruir o ego das pessoas é o que vejo como testar e treiná-las, e, mais importante, dar a elas a humildade de que precisam para serem ótimas e manterem padrões muito elevados para a Bridgewater […]. Quase todas as pessoas que trabalham para mim dizem que aprendem e melhoram enormemente, e não dizem isso para puxar meu saco […].

Quando você diz que devo pedir desculpas, imagino que tenha tido a intenção de dizer que devo me desculpar por causar dor. Foi isso o que quis dizer? Como foi explicado, ao mesmo tempo que com certeza desejava não ter feito isso com as pessoas, estou tentando ajudá-las, e acredito que a dor é parte desse processo. Se você quer que eu me desculpe por não entendê-las, então não vou pedir desculpas por isso porque percebo que às vezes isso acontece (por causa de como pensamos de forma diferente).

Então, o que nós devemos fazer em relação a isso? Sugiro olharmos nos Princípios em busca de orientação […].

A resposta de Dalio deixou Jen abatida. Embora ela ainda tivesse fé nele, essa resposta, do jeito que estava, ficava muito aquém das expectativas. Mais tarde, ela ganhou uma licença remunerada, e permaneceu na folha de pagamentos enquanto trabalhava em outro lugar. Jen não voltou para a Bridgewater. Dalio tinha perdido outro de seus verdadeiros funcionários leais.[18]

---

18 Healy se recusou a discutir esse episódio em detalhes. Ela escreveu em um e-mail: "Eu acreditava na época e acredito hoje que Ray tem boas intenções e faz o que faz por se preocupar".

24
A sociedade

Não foi apenas Healy que perdeu qualquer capacidade de botar algum bom senso em Dalio. Embora ele tivesse, no passado, fingido ter a pretensão de permitir o questionamento aos Princípios e a seu sistema de gestão, isso parou por aí com a fama internacional de *Princípios* — que seria publicado em 34 línguas e virou um vídeo em animação de meia hora. O manifesto, que tinha começado mais de uma década antes como uma série de e-mails distribuídos internamente de forma despreocupada, agora era tratado com tanta seriedade por Dalio quanto lingotes de ouro.

O alcance amplo da obra pareceu solidificar a crença do autor em si mesmo como um emissário do mundo das altas finanças para as pessoas comuns. O homem que se autodenominava "médico da economia" agora tinha a reputação de ser uma pessoa com a cura para o que aflige muito mais que apenas negócios e finanças. Ele era um bilionário benevolente que oferecia a chave de seu sucesso para qualquer um que pedisse. O personagem que ele construiu para si mesmo se encaixava em uma época na qual um famoso investidor da área imobiliária podia ser eleito presidente, e inúmeros astros do Vale do Silício se gabavam de terem "mudado o mundo" através de seus aplicativos para iPhone.

O livro ajudou a manter um grande fluxo de pessoas se candidatando para trabalhar na Bridgewater, tanto recém-saídas da faculdade quanto experientes.

— Estávamos em suma vendendo o sonho americano. Tudo é possível, basta apenas ter mente aberta e inteligência — disse um antigo executivo da área de talentos da Bridgewater.

Se a história nos bastidores era mais complexa, isso ficou enterrado longe da narrativa pública. Embora Dalio continuasse a dizer que não era perfeito, ele tinha vendido para o mundo uma realidade alternativa de como era a vida na sua empresa, e ignorava questionamentos sobre a Bridgewater ter alguma semelhança com o que ele ainda proclamava publicamente ser um paraíso de "meritocracia de ideias". Se na realidade a empresa não fosse nada disso, o que importava, desde que o mundo acreditasse que fosse?

Os principais problemas vazados ao público não tinham nada a ver com Os Princípios, mas com o desempenho decepcionante dos fundos de Dalio. Fosse isso resultado de seu persistente pessimismo, da longa turnê para o lançamento do livro ou outro fator completamente diferente, o Pure Alpha teve apenas 1% de rendimento em 2017, e subiu só um pouco na primeira metade de 2018. Era difícil esconder esse problema porque os investidores estavam cada vez mais impacientes. Embora nos primeiros anos a Bridgewater tivesse administrado capital para, em maioria, fundos de pensões de professores e outras entidades apolíticas, muitos desses clientes estavam retirando seu dinheiro. Para substituí-los, Dalio procurou investimentos em novos lugares. Assim como tinha feito desde seus tempos como *caddie*, ele se aproveitou de seus relacionamentos. Em junho de 2018, a Bridgewater ganhou manchetes quando se tornou o único hedge fund americano a obter uma licença da China para captar dinheiro com os ricos chineses. Esse movimento permitiu que a empresa substituísse sem percalços a saída de recursos de clientes domésticos com dinheiro da China continental nos ativos sob sua gestão.

Mas a China não era o suficiente. Outra grande economia em que Dalio estava de olho era a Rússia. Superada a decepção do encontro cancelado com Vladimir Putin, o bilionário tentou entrar no país de outro jeito. Mais uma vez tentou cultivar um relacionamento com o Sberbank, o banco controlado pelo governo russo, e lhe ofereceu a utilização gratuita dos softwares dos Princípios, entre eles o PriOS.

Dessa vez, os esforços de Dalio compensaram. Em 2018, vazou na Bridgewater a informação de que Dalio tinha visitado Putin. Até algumas pessoas do mais alto escalão não tinham certeza se isso era verdade, e Dalio não respondia a subalternos quando perguntado sobre o assunto. Para Karen Karniol-Tambour, conhecida internamente por sua habilidade no jogo de concordar com Dalio, aquilo foi demais. Karniol-Tambour era, em meados de 2018, uma das chefes de pesquisa de investimentos, uma posição que antes tinha sido de Jensen, que também concordava sempre com Dalio. Agora ela estava diante de uma decisão: seu emprego ou seus princípios.

Primeiro, ela escolheu os princípios, abandonando seu lugar em uma reunião da Bridgewater, trêmula e nervosa, e levantando a voz para atacar Dalio.

— Como você lida com esse criminoso de guerra?

Dalio se voltou para ela e respondeu:

— Não seja tão ingênua.

Ele a mandou conter suas emoções, como receitavam Os Princípios.

— Se você é tão inteligente — zombou ele —, por que não é rica?

O golpe podia ter sido mais suave se Karniol-Tambour soubesse que estava ouvindo a mesma frase que Dalio tinha usado com Paul McDowell uma década antes, quando McDowell era tido em alta conta pelo especialista em estrato. Essas críticas pareceram atingir um ponto nevrálgico da executiva. Na frente de uma plateia, ela o repreendeu, dizendo que não ficaria calada enquanto um homem poderoso exerce seu poder — não se o homem fosse Ray Dalio, e não se fosse "Hitler".

Algumas pessoas se assustaram com a comparação.

A reunião não durou muito mais tempo. Entre os amigos dentro da Bridgewater, Karniol-Tambour mais tarde verteria lágrimas, aborrecida por Dalio ter falado com ela de modo tão agressivo, e aparentemente temerosa do que aconteceria em resposta a sua explosão. Correu o boato entre os executivos da Bridgewater de que Karniol-Tambour estava se tornando uma figura simpática na empresa — e que Dalio estava saindo como o vilão.

Se o incidente tivesse acontecido anos antes, Dalio teria pedido que uma investigação fosse aberta, e talvez fizesse uma enquete para saber se ele ou Karniol-Tambour estavam certos. Mas não parecia mais animá-lo tanto que as pessoas lhe assegurassem repetidas vezes que ele estava certo. O fundador, agora, tinha um público muito maior fora da empresa e parecia se alimentar de sua aprovação tanto quanto das quase mil almas no hedge fund. Em vez de mergulhar em uma de suas investigações características, ele teve uma conversa em particular com Karniol-Tambour. Essa conversa aparentemente não foi gravada, porque nenhuma cópia foi disponibilizada na Biblioteca da Transparência para ser ouvida por todos.

Posteriormente, ele enviou um e-mail para um grupo grande dizendo, em parte: "Eu conversei com Karen. Ela está bem e me pediu que continuasse a fazer o que estou fazendo com ela".

Karniol-Tambour respondeu que estava grata pela oportunidade de continuar a aprender com Dalio. Pouco depois, ela foi promovida a coCIO de sustentabilidade, um título pomposo para uma função que até então não existia, e criado pela equipe de relações públicas para vistosos perfis em revistas sobre sua habilidade com investimentos — algo que não tinha sido conferido nem a Jensen. Mais uma vez, Dalio tinha escapado de uma encrenca.

Bob Elliott, que entrou na Bridgewater no mesmo ano que Karniol-Tambour, logo teria de enfrentar a própria escolha sobre ficar ou não.

O jovem de compleição robusta que entrara para o hedge fund com pouca experiência de vida estava se tornando um homem mais velho rotundo com não muito mais experiência de vida. A Bridgewater permeava todos os aspectos de sua existência diária. Ele se mudou para um lugar no interior de Connecticut, para uma casa próxima à de Jensen em uma cidadezinha onde os dois não conseguiam evitar se esbarrar. Elliott viu a figura encolhida que Jensen tinha se tornado — com mais riqueza que em seus sonhos, mas aparentemente preso à Bridgewater, onde não voltara a conquistar as boas graças de Dalio. Elliott, um membro do Círculo da Verdade com um contrato vitalício, disse a amigos que sentia como se não houvesse escapatória. Seus velhos amigos e sua família tinham desistido, por ser inútil, de perguntar sobre detalhes do trabalho. Elliott se encolhia toda vez que alguém mencionava sua frase — que em 2018 tinha mais de seis anos — dita para a *The New Yorker*: "Depois que você entende como a máquina funciona…". Fazia muito tempo, agora, que ele estava repetindo as palavras de Dalio.

Elliott começou na Bridgewater como pesquisador econômico para Dalio assim que terminou a faculdade, e agora que havia passado dos 30 anos, tinha de admitir que, embora seu cargo tivesse melhorado, suas responsabilidades na verdade não se equiparavam a ele. Dalio o encarregara de criar "o livro do câmbio internacional", um documento abrangente com centenas de páginas sobre como investir em moedas, um indicativo de que Dalio confiava nele para lidar com uma área importante dos investimentos da empresa. O projeto levou anos. Se finalizá-lo tornou Elliott o especialista residente no assunto, isso não ficava óbvio ao ouvir Dalio falar com seu subordinado. Elliott contaria a amigos que, quando levava ideias sobre moedas para Dalio, o fundador o dispensava chamando-o de "bundão".[19]

Os insultos o atingiam ainda mais porque Dalio não estava totalmente errado quanto à descrição física.

Mais de uma vez, Elliott disse ao bilionário que estava pensando em se demitir. O fundador parecia chocado que Elliott tivesse levado as observações de modo tão pessoal.

— Você está louco? — perguntou Dalio.

---

19 O advogado de Dalio disse que ele "nunca chamou Elliott de 'rabo gordo' em nenhuma reunião".

Esse era o emprego de uma vida por diversas razões, afirmou o fundador, e sugeriu que o homem precisava de psicoterapia.

Não eram apenas algumas palavras ofensivas que pesavam sobre Elliott. Durante a maior parte do ano após o lançamento da autobiografia de Dalio, o fundador estava quase sempre ausente, enquanto espalhava o evangelho para o mundo. Ele dedicava pouco tempo aos investimentos da Bridgewater, cerca de uma hora por semana, e apenas telefonava brevemente da estrada. Como chefe de câmbio, Elliott disse a colegas que achava difícil se esforçar tanto sabendo que, não importasse quantas semanas fossem dedicadas a uma ideia de investimento, Dalio podia derrubá-la em uma rápida ligação.

Além do mais, depois de tantos anos ao lado do fundador, Elliott e muitas das pessoas à sua volta podiam identificar certos padrões na tomada de decisões de Dalio, cujas análises seguiam tendências; elas refletiam a visão de que os mercados tinham *momentum*, e era melhor estar à frente disso — o que seria não apenas uma perspectiva inválida mas também arcaica. Ao contrário dos primórdios da Bridgewater, agora existia uma indústria que acompanhava tendências, que fazia apenas trades de *momentum*, espremendo qualquer vantagem que a abordagem já tivera. Não restava, como Dalio poderia dizer, nenhum alfa. O desespero de Elliott atingiu um novo pico em 2018, quando Dalio ignorou uma pesquisa que sinalizava uma perspectiva de alta do dólar americano. O dólar estava caindo, afirmava o bilionário, e quando foi pressionado por outras pessoas da equipe de investimento, ele insistiu que seus instintos lhe diziam que a moeda cairia ainda mais. O dólar acabou subindo, gerando perdas para os fundos da Bridgewater.

Então Elliott estava com a imagem de agnóstico quando Dalio convocou os principais executivos para um novo acordo. Como parte de seus planos de aposentadoria que estavam em andamento, o fundador queria se desfazer da fração de sua participação. Ele não precisava de dinheiro no momento — ele tinha uma fortuna de 17,4 bilhões de dólares no total, mas quase metade disso, ou 9 bilhões, eram suas ações na Bridgewater.

Não importava quanto ele ou qualquer outra pessoa dissesse que essa fatia valia. Ela era um investimento efêmero em papel que não podia ser vendido no mercado de ações como uma empresa de capital aberto. Dalio precisaria encontrar compradores privados, e não era necessário procurar muito.

Dalio chamou algumas pessoas que lhe eram leais havia muitos anos na empresa para reuniões particulares e revelou que tinha uma oferta irrecusável: uma chance de ser um verdadeiro dono/Deus da Bridgewater, um dos poucos sortudos.[20] Esse não era o fantasma da equidade que ele pregava para funcionários atuais e antigos — era de verdade, um pedaço da Bridgewater, diretamente de sua conta particular. Eles seriam donos, assim como o próprio fundador. Era uma chance única de comprar uma entrada na família. Dalio chamou isso de Sociedade.

Entrar para a Sociedade era uma oportunidade tão extraordinária que o bilionário, era evidente, não achava que seus principais executivos devessem se limitar a gastar o dinheiro que já tinham. Sua oferta incluía o equivalente a uma nota promissória. Em troca de receber uma fração da parte de Dalio, os funcionários usariam seus dez próximos anos de bônus para comprar as ações do fundador. Se alguém deixasse a Bridgewater nesse ínterim, teria de pagar a dívida. Nessa hipoteca sobre seu futuro, Dalio basicamente funcionava como banco — com a promessa de uma década de mais dinheiro entrando para ele.

Mas nem mesmo os dez anos seguintes de bônus para os cerca de quarenta principais funcionários da Bridgewater eram suficientes para comprar toda a parte de Dalio. Então, como ele explicou aos funcionários, tudo tinha sido organizado com o banco de investimento J.P. Morgan, que ia oferecer empréstimos de até dez vezes o valor líquido de um funcionário, mas o dinheiro só podia ser usado para comprar ações da Bridgewater. O dinheiro ia do J.P. Morgan para Dalio. Os juros anuais

---

20 Um advogado de Dalio disse que "ele não iniciou nem incentivou a ideia de sociedade, ela foi criada por funcionários sêniores e antigos, e foi apoiada por outros funcionários".

eram em torno de 5%. Não havia duas maneiras diferentes de ver aquilo. Esse era um meio para os principais executivos da Bridgewater apostarem tudo o que tinham e um pouco mais na Bridgewater — afundando-se em dívidas no processo. Dalio não ficaria com eles por muito mais tempo nesse caminho. Ele estava pegando seu dinheiro para sair da mesa.

Para os verdadeiros crentes na Bridgewater, isso parecia um movimento financeiro lógico e sábio. Se acreditavam que a Bridgewater era o único lugar onde valia a pena trabalhar, essa era a maneira de mostrar isso. Muitos aproveitaram a oferta. Elliott viu as coisas de forma diferente — para ele, como disse aos outros, aquilo era uma oferenda ao dono da empresa. Elliott disse não.

Elliott com certeza desconfiava de que essa recusa não cairia bem com Dalio, mas não tinha como ter ideia de que a resposta seria tão catastrófica. Para pessoas em torno de Elliott, pareceu que uma chave tinha virado para Dalio. Elliott não era mais apenas um gordo preguiçoso, era um idiota. Ele era um dos piores erros de Dalio — e ambos estavam amarrados juntos, unidos pelos quadris por contrato. Em grupos grandes, em pequenos grupos e em particular, Dalio sempre lembrava Elliott que ele era um idiota de merda. A pontuação do executivo sofreu, tanto pelo feedback negativo direto do fundador quanto pelo feedback de colegas, incluindo o seu suposto amigo Jensen, que logo se juntou ao grupo que apoiava Dalio.

O que salvou Elliott de uma profunda queda em espiral foi ter conhecido uma pessoa nova. Ela o estava ajudando a lidar com pensamentos que havia muito ele mantinha fora de sua cabeça. O novo interesse amoroso de Elliott também trabalhava na Bridgewater, uma associada no departamento de pesquisa que não era diretamente subordinada a ele. Ela era linda — pequena, loura e dez anos mais nova. No início, pareceu bom ter uma confidente que entendia o modo de vida da Bridgewater. Logo, porém, ele percebeu que ambos estavam viajando por duas pistas extremamente diferentes. Ela era uma exceção; não apenas era formada em uma universidade da Ivy League, a exemplo da maior parte do esquadrão de investimentos, como também era uma das poucas mulheres. Elliott não era a única pessoa a perceber isso. Pouco depois de começar, ela contou a amigos que Jensen estava muito interessado por seu trabalho, o que a deixava desconfortável. A isso seguiu-se o convite para um encontro, vindo de um dos adjuntos de Jensen. Amigas na Bridgewater, que recentemente tinham tomado consciência do fervilhante movimento #MeToo, que estava se espalhando pelo mundo, a alertaram para tomar cuidado. Contaram a ela que tinham percebido um certo padrão: mulheres no departamento de pesquisa que reclamavam de terem sido convidadas para encontros muitas vezes eram encorajadas a se transferirem para outros departamentos. Com frequência, essas mulheres logo eram desligadas da empresa, com a justificativa de que não se adaptaram bem aos novos cargos.

O adjunto de Jensen continuou a demonstrar um interesse fora do comum, e chegou a segui-la até em casa uma vez, como ela contou a amigos e autoridades da Bridgewater. Certa noite, tarde no escritório, com poucas pessoas ainda presentes, a mulher acabou encurralada pelo adjunto em uma sala de reuniões. Ele se postou à sua frente, uma presença física imponente, de um jeito que ela achou assustador. Com medo, a mulher avisou que, se ele desse mais um passo, faria uma acusação formal. A equipe de segurança da Bridgewater foi chamada, e eles acionaram Osman Nalbantoglu, um dos confidentes mais próximos de Dalio que tinha se endividado comprando as ações do fundador da Bridgewater. Nalbantoglu organizou as coisas para que a mulher fosse acompanhada até seu carro.

Suas alegações lhe renderam uma reunião com um membro da equipe jurídica interna da Bridgewater. Ela explodiu. Ressaltou que nem sempre era fácil dizer não. Se um funcionário de nível inferior decepcionasse um de nível superior, a pessoa corria o risco de receber notas baixas, que poderiam afundar sua carreira.

O sistema de ranqueamento com base nos Princípios dava mais peso aos funcionários antigos que aos novos, então a opinião dela não tinha o mesmo peso que a do adjunto. Ela desabafou sobre histórias que escutara: sobre o medo que as mulheres sentiam quando estavam sozinhas com homens da Bridgewater; a pressão para fingir gostar de entretenimento adulto; os eventos frequentes e oficiais da firma, que iam até tarde da noite regados a muito álcool. A mulher revelara que tinha sido seguida depois de ter saído do escritório, observando que isso podia ser considerado perseguição, o que é crime.

Sobre esse último detalhe, ela foi severamente repreendida. Fazer um boletim de ocorrência, o advogado lhe informou, podia ser considerado violar o acordo de confidencialidade. Ela devia se lembrar de não tornar público nenhum incidente que revelasse, mesmo que indiretamente, detalhes sobre as operações da Bridgewater.

A conversa a deixou abalada. Ela não procurou a polícia. Seu chefe, um ex-agente das Forças de Segurança de Israel, chamado Nir Bar Dea, lhe contou que o homem que a ameaçava seria obrigado a fazer terapia e depois seria readmitido no emprego. Avisaram-lhe que ela era esperada de volta ao escritório, como de costume.

Elliott nunca descobriu ao certo como Dalio soube, no início de 2018, que ele estava saindo com uma colega de trabalho. O que Elliott contou aos outros, porém, foi que o fundador recebeu a notícia com grande alegria. Dalio o chamou para uma sala de vidro transparente no departamento de investimento, visível para a maior parte das pessoas ao redor, e agiu, digamos, de forma radical. Jensen, McCormick e Bob Prince também estavam presentes (como sempre, Prince ficou a maior parte do tempo em silêncio). Murray participou por telefone.

Sorrindo o tempo inteiro, Dalio começou seu interrogatório.

— Como foi o sexo?

Em seguida:

— Onde foi o sexo? Por que não nos conta se foi bom?

Dalio se encostou na cadeira, aparentemente relaxado. Não era segredo para ninguém na sala — nem para as pessoas que assistiam através do vidro — que ele estava esperando por esse momento.

Você devia ter nos contado antes, falou Dalio. Não se lembra da política de relacionamentos no trabalho? Isso é uma ofensa que merece demissão, mesmo para um membro do Círculo da Verdade. Era uma chance rara de se livrar de um funcionário vitalício.

Mais ou menos ao mesmo tempo, a namorada de Elliott estava tendo sua própria conversa difícil. Bar Dea apareceu e jogou um calendário sobre a mesa dela, com um baque surdo.

— Marque os dias.
— Que dias? — respondeu ela.
— Os dias que vocês fizeram sexo.

Ela afastou o calendário e foi embora apressada, escondendo as lágrimas. Não podia imaginar a indignidade do que estavam lhe pedindo. Bar Dea a procurou novamente no fim de semana, lembrando-lhe que o calendário tinha prazo para ser entregue.

— Se na segunda-feira você não tiver um calendário, vai ser o fim.

Ela se recusou. Se eles fossem montar um caso, teriam de fazer isso sem ela.

A Bridgewater não precisava de ajuda. No escritório de vidro com Dalio, Elliott confessou tudo. Sim, ele estava em um relacionamento com uma colega. Metade da empresa parecia estar, observou ele, revirando os olhos. Não, ele não tinha contado espontaneamente para a empresa na primeira noite em que tiveram momentos de intimidade. Ele sabia que essa não era uma regra que todo mundo seguia, argumentou.

Dalio demitiu Elliott.

Mas isso não foi tudo.

Como a Bridgewater era um lugar de transparência radical, Dalio notificou a partida importante a mais funcionários. Ladeado por Nalbantoglu em uma reunião com mais de cem funcionários presentes, e centenas ouvindo por áudio, Dalio anunciou que Elliott estava indo embora.

Um murmúrio percorreu a sala.

— Eu concordei em não dizer por quê — afirmou Dalio. — Mas é muito, muito ruim.

Nalbantoglu interveio.

— Não diga! Você não pode dizer. É pessoal.[21]

---

21 Um advogado da Bridgewater disse que Elliott foi demitido por não ter revelado um relacionamento romântico com uma colega, sendo desonesto em relação a isso, tomando atitudes para escondê-lo e "acusando falsamente seus colegas de trabalho de conduta imprópria para encobrir seus rastros". Sua demissão, disse o advogado, "ocorreu depois de uma investigação apropriada no local de trabalho". Elliott afirmou que deixou a Bridgewater "depois de anos de conflito com Ray sobre como administrar o dinheiro do fundo. A alegação de que fui demitido por deixar de revelar um relacionamento romântico ignora a realidade que relacionamentos entre colegas, inclusive envolvendo algumas das principais lideranças da empresa, eram comuns na Bridgewater". Elliott acrescentou: "Só na Bridgewater seria considerada apropriada uma investigação no local de trabalho mandar seguir, interrogar por horas e forçar uma mulher a fornecer detalhes íntimos específicos de seu relacionamento pessoal. O fato de as pessoas envolvidas não verem como esse comportamento é anormal em relação a padrões modernos no ambiente de trabalho fala por si".

25

Tudo o que ele quiser

A conversão da Bridgewater em sociedade não apenas seguiu um padrão, anteriormente utilizado com Bob Prince e Greg Jensen, de induzir funcionários a pegarem dinheiro emprestado e ficarem devendo para a empresa. Muitos também viam com clareza que Dalio estava vendendo sua cota para sair da Bridgewater.

Parte disso era reflexo da sua idade. No verão de 2019, Dalio faria 70 anos e tinha passado os dez anos anteriores em tumulto quase constante em torno da transição para a aposentadoria e a sistematização dos Princípios. Ele parecia encontrar cada vez mais prazer ao se afastar, quando podia saborear a atenção de ser um guru de autoajuda best-seller (sua ausência também era mais agradável para muitos no escritório). Choviam convites para palestras no mundo todo — nem todas, porém, focadas em finanças. Ele falou na crescente conferência TechCrunch Disrupt, em São Francisco, sobre *tecnologia*, entre todos os assuntos, o que talvez fosse surpreendente, levando-se em conta os problemas contínuos do PriOS, e depois autografou exemplares de seu livro por muito tempo para uma grande fila de pessoas que queriam lhe dar os melhores votos. Em uma entrevista ao *TechCrunch*, ele disse: "Não quero mais sucesso. Não quero dinheiro".

O autor do texto deu sua opinião dois parágrafos depois: "Quando Dalio me olhou nos olhos recentemente e disse essas palavras, eu acreditei em sua sinceridade".

Com toda essa sinceridade, em todas as suas palestras e entrevistas, Dalio não mencionou uma mudança radical na Bridgewater. A Biblioteca da Transparência, que continha gravações de milhares de reuniões e era a essência da transparência radical sobre a qual o fundador discursava com tanta frequência, estava em seus últimos dias.

A Bridgewater tinha contratado para a posição de consultora uma ex-procuradora-geral dos Estados Unidos, Jamie Gorelick, e lhe mostrou o sistema. Manter essas gravações era um problema jurídico, aconselhou ela, sendo o oposto de melhores práticas legais. Gorelick ordenou à Bridgewater que fechasse a biblioteca — ou pelo menos eliminasse qualquer gravação que pudesse retratar alguém sob luz negativa (ou seja, uma parte considerável delas). Agora, apenas algumas fitas seriam mantidas. Muito menos reuniões seriam gravadas. Não seria mais possível ouvi-las em outros lugares da empresa, nem que subalternos fossem investigados por palavras ditas quando Dalio e os outros não podiam ouvir.

De certa forma, não importava mais se a Biblioteca da Transparência ainda existia, porque ela estava viva na imaginação popular. Nem Dalio nem a Bridgewater admitiriam em público que havia qualquer mudança em suas práticas de gravação. O bilionário continuava a falar de transparência radical. Ao que parecia, ele podia aceitar abrir mão dessa prática, mas nunca abriria mão da narrativa.

O TEMPO QUE DALIO PERMANECIA LONGE DA EMPRESA LOUVANDO seus Princípios parecia um alívio para Jensen, que pôde começar a ver uma luz no fim do túnel de sua longa e lucrativa servidão a Dalio. David McCormick, um dos CEOs, que tinha resistido enquanto muitos à sua volta sucumbiram, também teve uma chance de se tornar um astro. Ele mergulhou nela, chamando a si mesmo de "o encantador de Ray".

A noite de 9 de junho de 2019 estava prestes a se tornar o ápice da vida pessoal e profissional de McCormick. O cenário era o Belle Haven Club, um lugar clássico e altamente exclusivo, apenas para sócios, na Nova Inglaterra, no litoral de Greenwich, Connecticut. Com uma bandeira americana tremulando radiante sob o sol de verão no alto da propriedade principal, circundada por diversos níveis de varandas e sacadas brancas imaculadas, o clube não ficaria deslocado em *O grande Gatsby*. Um grupo afluente de figuras da política e do meio empresarial estava comemorando o casamento de McCormick com a personalidade da política e dos negócios Dina Powell. Ela era um partidaço. Não só Powell tinha a beleza de uma esposa poderosa de Connecticut — cabelo castanho perfeitamente liso, magra e com um aparente brilho permanente que refletia sua ascendência egípcia —, mas também tinha seu próprio peso profissional. Ela tinha servido duas vezes na Casa Branca (a mais recente, como confidente de Ivanka Trump) e agora era uma alta executiva no Goldman Sachs. Essa seria a coroação de um casal poderoso.

O cenário do dia não tinha sido escolha dos noivos, e também não era seu casamento verdadeiro. Eles tinham se unido anteriormente em duas cerimônias, uma delas realizada em um iate no Nilo. Dalio, porém, disse que queria ter uma participação, então marcou uma data no Belle Haven, e convites foram enviados para centenas de convidados: "Ray e Barbara Dalio convidam você a celebrar o recente casamento de David e Dina".

Estava sendo uma noite agradável. Os coquetéis foram servidos ao ar livre, com vista para o estreito de Long Island. Os convidados entraram no salão de baile principal e descobriram Harry Connick Jr., contratado para se apresentar; ele deleitou a plateia abastada ao piano com standards de jazz.

Depois do jantar, os discursos tomaram forma: parabenizações ao casal feliz, que sorte tiveram por encontrar um ao outro, e coisas assim. Powell fez piadas leves a respeito da própria carreira, inclusive uma sobre o presidente Trump exigir mapas e gráficos em vez de briefings escritos, no Salão Oval. Isso provocou risos na plateia. O clima estava leve e suave.

Dalio se levantou para falar. Pegou o iPhone e começou a ler as anotações preparadas. Ele gaguejou um pouco e foi quase formal, mas vários convidados acharam o discurso sincero e comovente. Ele descreveu McCormick como um de seus confidentes e um talento em ascensão. Vários convidados disseram depois que parecia um brinde que uma pessoa faria ao próprio filho.

Isso até Dalio se dirigir a Powell.

— David pode ser o que quiser, inclusive presidente americano, e ele encontrou uma pessoa: a garota mais baladeira dos Estados Unidos.

Nesse momento embaraçoso, os convidados se voltaram uns para os outros, sem saber ao certo se tinham ouvido Dalio corretamente, ou se ele estava brincando (embora o homem não fosse muito conhecido pelo humor). Um dos bilionários do mundo, e o anfitrião da festa, tinha mesmo acabado de chamar a noiva de uma mulher fácil, na melhor das hipóteses — e sugerido, na pior delas, que ela era uma prostituta?

McCormick e Powell, cada um à sua maneira, conhecendo os poderes da percepção, permaneceram sentados e mantiveram expressões neutras. Ela ficou magoada e envergonhada, e ele ficou furioso. Embora não possa ter sido surpresa ouvir essas palavras de Dalio — McCormick o havia ouvido falar coisas piores na Bridgewater —, ser forçado a permitir que Dalio o tratasse dessa forma em público era algo bem diferente. McCormick mais tarde reclamou com colegas das palavras de Dalio. *Como ele pôde fazer isso comigo?* McCormick consideraria isso um ponto de virada em seu relacionamento com o fundador.

Os Princípios, levados ao pé da letra, teriam forçado McCormick a enfrentar Dalio abertamente, como Jensen tinha feito alguns anos antes. Nada era pior que falar sobre colegas pelas costas. Mas McCormick tinha aprendido com o erro de Jensen, e se assegurou de que, sempre que reclamasse de Dalio sobre aquela noite com outras pessoas, o gravador estivesse desligado.

McCormick tinha bons motivos para ser cauteloso, como foi revelado, porque, segundo todos os indicativos, ele logo iria se tornar o novo alvo favorito da atenção do fundador. Sem que a maioria soubesse, com exceção de alguns poucos na empresa, por volta do início de 2019 a CEO Eileen Murray avisou a Dalio que aquele seria seu último ano. Ela estava exausta, revelou para amigos, em especial cansada de ser desconsiderada por Dalio em relação a quem contratar e quem demitir, e ela tinha mais dinheiro do que jamais havia sonhado. Isso tornou McCormick a escolha óbvia para ser o único CEO, nada mal para um homem que menos de uma década antes tinha sido encarregado por Dalio de investigar xixi no chão do banheiro. Entretanto, isso também trazia seus riscos. McCormick percebera que Dalio demonstrava um padrão de encontrar razões para humilhar as pessoas mais próximas dele, e McCormick tinha total consciência de que a maré podia virar a qualquer momento.

(Não à toa, após um divórcio dispendioso que antecedeu seu casamento com Powell, McCormick também não podia desprezar os 22 milhões de dólares por ano que a Bridgewater estava lhe pagando.)

A empresa não estava exatamente em apuros — graças, em parte, ao levantamento internacional de fundos feito com sucesso por Dalio, ela ainda administrava, em meados de 2019, 160 bilhões de dólares, perto do seu maior valor histórico. Algumas impressões de pessoas de fora, porém, estavam ficando cada vez mais sombrias. A *Bloomberg Businessweek* publicou um artigo sobre um cliente da Bridgewater, o fundo de pensão do condado de San Joaquin, no norte da Califórnia, que dizia praticamente tudo no título: "O hedge fund de Ray Dalio foi descartado pelo pequeno condado, cansado de retornos baixos". Os números eram difíceis. O fundo de pensão estava pagando à Bridgewater uma taxa anual de 3,30%, mas recebia um retorno médio de apenas 3,1%. A Bridgewater estava ficando com mais dinheiro do que ganhava para o fundo. San Joaquin não estava sozinho em sua frustração. O UOB Private Bank, uma instituição do Sudeste Asiático, o tipo de cliente discreto com o qual a empresa antes havia prosperado, também recomendou a seus clientes que retirassem o dinheiro, descrevendo que a Bridgewater tinha sido, entre seus investimentos, "o que na verdade não nos fez bem algum".

Nos investimentos, o problema incluía algo antigo para a Bridgewater: as perspectivas sombrias de Dalio. O fundador previu uma possibilidade de 40% de haver uma recessão antes das eleições de 2020, mas os mercados continuaram a subir. O Pure Alpha caíra 6% em agosto de 2019.

Com clientes antigos indo embora, a solução de McCormick foi encontrar dinheiro novo — e fazer qualquer coisa para não irritar os investidores que tinham permanecido. Quando um grupo de funcionários LGBTQ pediu permissão para desfraldar a bandeira do orgulho no *campus*, McCormick foi contra, dizendo que ela podia ofender clientes do Oriente Médio, entre eles o Qatar, o Bahrein e outros lugares. Ele defendia dar prosseguimento aos negócios com a China e defendia com mais veemência os laços próximos com a Arábia Saudita, onde um dos maiores e mais lucrativos clientes da Bridgewater era a Saudi Aramco, a colossal empresa petrolífera administrada pelo Estado, de propriedade da família real do país. Muita gente na Bridgewater sentia que esse relacionamento era arriscado e até antiético. A Saudi Aramco era, na verdade, controlada pelo príncipe herdeiro Mohammed bin Salman, notório por supostamente orquestrar o assassinato do jornalista Jamal Khashoggi, entre outras violações dos direitos humanos. Mas a promessa de mais dólares venceu. McCormick tinha visitado o país com Powell quando ela trabalhava na Casa Branca, e ele argumentou que, enquanto a empresa permanecesse calada a respeito das infrações dos direitos humanos no país, o dinheiro saudita continuaria entrando.

Ao mesmo tempo, McCormick e a Bridgewater miravam mercados menores. Por anos, a empresa ostentava um mínimo de 100 milhões de dólares em investimento; agora, ela pegava cheques tão baixos quanto de 250 mil euros através de um intermediário. O hedge fund acolhia não só qualquer intermediário, mas talvez o mais controverso deles, a SkyBridge Capital, fundada por Anthony Scaramucci. Antigo funcionário do governo Trump, ele promovia a empresa afirmando: "Todo dentista nos Estados Unidos pode ter um portfólio de hedge fund de 25 mil a 50 mil dólares".

Uma coisa era certa: essa não era a Bridgewater de antigamente.

Apenas alguns anos antes, Dalio teria ficado aborrecido com uma mudança tão abrupta. Agora, ele mal parecia percebê-la. Como costumava dizer, tinha praticamente dominado o tema de investimentos, anos atrás — afinal, ele tinha de fato escrito um livro sobre o assunto e estava trabalhando em mais dois. Conforme os meses se passavam, o fundador parecia mais focado em sua fama que na Bridgewater.

Embora gestores bilionários de hedge fund com frequência fizessem doações para candidatos a cargos públicos, ou eles mesmos se candidatassem, Dalio havia muito apresentara objetivos mais altruístas. Seus pronunciamentos públicos sugeriam que ele se via como um rei filósofo e filantropo — ou talvez, apenas um influenciador. Ele e Barbara Dalio apareceram com o governador de Connecticut em uma entrevista coletiva muito concorrida para anunciar que ele doaria 100 milhões de dólares para as escolas de Ensino Médio do condado, chamando isso de "a Parceria por Connecticut".

Ele também aumentou sua presença no Twitter, postando quase sem parar, interagindo energicamente com estranhos que tinham abraçado *Princípios*, e anunciava cada vez mais princípios, como estes três no outono de 2019.

> O que cria e sustenta relacionamentos realmente excelentes (como grandes casamentos e grandes parcerias) é a crença inabalável de que nada é mais importante que o relacionamento.
>
> Se você precisar avaliar seu relacionamento, pense bem se seus valores e princípios mais importantes estão alinhados, botando os que são realmente importantes à frente dos não tão importantes.
>
> A chave para todos os bons relacionamentos é a) estar em sincronia sobre como vocês devem ser um com o outro, especialmente sobre como vocês devem discordar e passar pelos seus desentendimentos, e b) dar muito mais do que você exige para aqueles que farão a mesma coisa por você.

Dalio, que tinha passado décadas cultivando uma imagem pública de alto nível, estava colhendo as recompensas de seus esforços. Ele postou no Twitter que Sean "Diddy" Combs pedira a ele que fosse seu mentor, "para ajudá-lo a levar seu sucesso para o próximo nível". O post incluía um vídeo de 54 segundos dos dois homens falando.

Dalio também apareceu no podcast *The goop*, de Gwyneth Paltrow, no qual ela observou com animação: "Há um aspecto espiritual em tudo o que Dalio faz".

O bilionário fez seu discurso padrão sobre como a Bridgewater usava um sistema cuidadoso de tomada de decisões ponderadas com base em credibilidade para garantir que a justiça reinasse acima de tudo.

— Não acho que haja um caso em que eu perdi a votação, [em que] usei meu poder para derrubar uma decisão com base em credibilidade.

— Nunca? — perguntou Paltrow.

— Nunca.

Mais tarde na entrevista, Paltrow sugeriu que Dalio devia se candidatar a presidente.

Por trás de portas fechadas na Bridgewater, Dalio se gabava dos titãs de negócios que estavam interessados em usar Os Princípios nas próprias empresas. Ele dizia que Bill Gates e Elon Musk, entre outros, tinham feito testes de personalidade com base nos Princípios e os acharam úteis. Jack Dorsey, um dos fundadores do Twitter meio guru, foi outro que os adotou com entusiasmo, de acordo com Dalio. Dorsey, segundo o fundador, chegou a convidá-lo para a propriedade dos executivos do Twitter nas montanhas para um tutorial particular sobre Os Princípios. A vibe relaxada de Dorsey era aparentemente contagiosa, porque, em setembro de 2019, Dalio marcou presença no Burning Man, o festival no deserto frequentado por celebridades, mais conhecido pelos psicodélicos e pelas festas intensas.

O bilionário acionou sua operação fotográfica. Ele tuitou uma foto de si mesmo no Burning Man, vestido com uma calça boca de sino tingida e uma jaqueta colorida decorada com penas azul-cerúleo. Parecia que ele tinha se perdido a caminho de uma exibição noturna de *The Rocky Horror Picture Show*. Quanto tempo ele ficou no deserto não está claro (na foto, sua roupa está imaculada, enquanto o homem ao seu lado está coberto de areia), mas ele deu a impressão de ser um verdadeiro fã do festival. "Que vibe incrível, e que criatividade fantástica", escreveu ele. "Se você for ano que vem, o melhor horário é da uma às cinco da manhã."

O post recebeu milhares de curtidas e provocou respostas como "Ray Dalio está mesmo por aí vivendo o melhor de sua vida". Outro usuário escreveu: "O Burning Man está oficialmente morto".

Enquanto Dalio cruzava o mundo glorificando o valor dos Princípios na vida diária, o software com base neles continuava a ser um desastre.

Essa era a pura realidade sobre o que Dalio tinha construído. A Bridgewater, a julgar pela enorme soma de dinheiro que administrava, era um colosso financeiro, e muito disso tinha de ser creditado a seu fundador. E ele era bom em *falar* sobre Os Princípios e a cultura de transparência radical da empresa para qualquer um que se dispusesse a ouvir, mas parecia incapaz de ou sem disposição para reconhecer que esse manifesto estava se desintegrando a cada dia. Fazer isso seria admitir um erro — algo em que ele dizia ser muito bom, mas que, na prática, como muitas pessoas que trabalhavam com ele aprenderam, parecia odiar. E esse talvez fosse o maior erro de todos, porque admiti-lo o forçaria a dizer para o mundo inteiro que nem as pessoas que trabalhavam para ele queriam usar Os Princípios.

Essa situação foi agravada quando, sabendo quanto tinha gastado no desenvolvimento de aplicativos para iPad e coisas semelhantes — todos com base em sua criação —, Dalio pediu à Bridgewater que pagasse o valor anual de 8 milhões de dólares para usar ferramentas como o Colecionador de Pontos, o coach e o botão da dor. Outros na empresa, pasmos por lhes pedirem para gastar dinheiro da Bridgewater a fim de pagar o próprio fundador por produtos que ele ordenava que usassem, descobriram um jeito de recusar o pedido.[22]

Assim crescia o abismo, mais largo a cada dia, entre o que Dalio dizia ao mundo sobre sua vida na Bridgewater e o que estava realmente acontecendo.

Para David Ferrucci, depois de muitos anos e muitos milhões de dólares em rendimentos, o limite chegou no fim de 2019. Ele pareceu reticente em fazer um grande acordo para sair — isso podia chamar atenção para o pouco que tinha realizado. Em vez disso, em um acordo com Dalio, ele conseguiu se desligar do trabalho no hedge fund mas manter escritórios no *campus* da Bridgewater, onde dava entrevistas sobre suas pesquisas mais recentes em ciência da computação. Nenhuma delas tinha nada a ver com Dalio, a Bridgewater ou Os Princípios. Nem a Bridgewater nem ele falaram sobre sua partida ou a reconheceram publicamente.

Paul McDowell, o outro homem que tinha dedicado uma década da vida a aplicar ciência da computação aos Princípios, por fim aceitou que seu trabalho não tinha servido para nada. Ainda assim, ele se torturava em sua indecisão sobre deixar a empresa. A Bridgewater tinha sido sua grande oportunidade, e ele provavelmente estava diante do fim de sua carreira se fosse embora. Seja pela otimista disposição canadense, uma verdadeira esperança no potencial dos Princípios ou apenas uma necessidade de continuar a ganhar um salário, McDowell ficou na empresa até 2019. Ele estava no hedge fund havia onze anos. Tinha começado com a crença de que a Bridgewater tinha a chave para o autoaperfeiçoamento com base em ciência, e terminou vendo que ele estava inegavelmente mais esgotado do que quando chegara. Ele se desligou para começar em um emprego em uma consultoria da Bridgewater — um cargo semelhante ao que tinha antes de trabalhar no maior hedge fund do mundo, fechando um ciclo. Depois da partida de McDowell, o programa de treinamento

---

[22] Um advogado da Bridgewater declara: "É falso dizer que a Bridgewater não queria continuar com sua cultura singular".

de seis semanas nos Princípios que ele comandara pela maior parte da década foi jogado no esquecimento. Em seu lugar, os recém-chegados experimentavam apenas alguns dias de recepção rotineira na empresa. Ninguém ficava diante deles elogiando o valor da Bridgewater como uma fábrica de verdade.

Quando McDowell deixou o *campus* em seu último dia, ele não estava triste. Estava se sentindo um fracasso.

26

Sem heróis

Nevasca e um alerta de tempestade eram mostrados em todos os noticiários em 17 de dezembro de 2020, quando Devon Dalio pegou seu Audi 2016 para um passeio vespertino em uma rua comercial movimentada de Greenwich. O mais velho dos quatro filhos de Ray e Barbara, que também era pai, tinha passado a maior parte da carreira trabalhando para Dalio, inclusive na Bridgewater. Devon tinha decidido seguir o próprio caminho recentemente e abrir uma pequena firma de investimentos com o apoio do pai.

Pouco antes das 16 horas, no horário local, o carro de Devon derrapou, atravessou a faixa, entrou na contramão e bateu em alta velocidade em um shopping center. Quando a polícia chegou, muita fumaça preta se elevava de uma loja carbonizada.

Devon Dalio, aos 42 anos, morreu no local.

A caixa de entrada de Dalio se encheu de e-mails de condolências até de algumas pessoas que tinham ido embora de sua empresa com raiva. No dia seguinte à morte do filho, Dalio escreveu no Twitter: "Minha família e eu gostaríamos de poder agradecer pessoalmente a cada um de vocês". Ele acrescentou em outro post: "Por favor, perdoem-me por não compartilhar meus pensamentos com vocês neste momento, pois preciso de tempo para uma reflexão tranquila com minha família".

Treze dias depois, Dalio anunciou para o mundo que, após a morte do filho, ele tinha reexaminado um de seus Princípios originais: Dor +

Reflexão = Progresso. "Essa experiência me lembrou da importância relativa das coisas", escreveu ele no LinkedIn. "Assim, ao mesmo tempo que foi dolorosa, aprendi, e estou aprendendo muito. Isso me ajudou a ajudar outras pessoas, e está se tornando muito menos doloroso e muito mais produtivo."

Ele acrescentou: "Eu não vou mais falar sobre o assunto".

Seis semanas depois, Dalio fez exatamente isso. Em um post subsequente no LinkedIn sobre o filho, ele escreveu que muita reflexão o levou a constatar como Os Princípios podem ser úteis, especialmente no luto.

A ATENÇÃO DADA A ESSA PERDA TRÁGICA RESSALTOU O PÚLPITO AO qual Dalio tinha ascendido. O filho único que durante anos tinha passado o Dia de Ação de Graças com outra família agora era um ícone para milhões que o admiravam e se viam nele. Em cima da popularidade de sua autobiografia, ele havia se tornado uma das pessoas de negócios mais populares do Twitter e viu o número de seguidores no LinkedIn chegar a cerca de 2,5 milhões de pessoas. Para um homem que por muitos anos disse que não buscava os holofotes, esse era um público impressionante.

O Ray Dalio público exibia duas qualidades que podiam não parecer complementares, mas frequentemente funcionavam juntas. Ele era um bilionário com um grande coração, disposto a ajudar as pessoas a melhorar a vida seguindo seus princípios. Também era nítido que precisava de reafirmação, porque, para as massas, ele se retratava como alguém sob ataque constante.

Essa realidade alternativa foi bem ilustrada no início de 2020, quando o *Wall Street Journal* publicou uma matéria observando que, apesar de sinalizar com frequência que passaria o controle da Bridgewater, Dalio sempre permanecia na empresa. "Ray Dalio tinha um plano de dez anos para sua sucessão na Bridgewater Associates LP, o hedge fund que ele construiu. Este é o décimo ano. Ele ainda está no comando", disse a matéria. Também foi mencionado que Eileen Murray, que tinha sido uma das CEOs, estava em litígio com a empresa em relação aos termos de sua saída. Nenhum fato era especialmente digno de nota, nem mesmo novidade. O próprio Dalio tinha dado muitas entrevistas na década anterior sobre a linha de tempo de sua aposentadoria, e houve momentos em que parecia que ninguém saía da Bridgewater sem algum drama. O próprio Dalio afirmara algumas vezes que a porta giratória indicava que seu sistema de gestão estava separando o joio do trigo.

O artigo observou que, enquanto Dalio passava seu tempo cuidando da gestão, os investimentos da Bridgewater continuavam os mesmos. Embora a empresa reiterasse que ela não devia ser comparada apenas com o mercado de ações, acrescentar títulos — algo que era considerado uma diversificação — não fazia com que o hedge fund parecesse melhor. Por sete dos onze anos anteriores, investidores teriam tido resultados melhores investindo na tradicional divisão 60/40 entre ações e títulos em vez de no principal e pomposo fundo da Bridgewater.

O que Dalio chamara de Santo Graal parecia estar secando.

Dois dias depois da publicação da matéria, Dalio teve um ataque em uma publicação no LinkedIn intitulada "As notícias falsas e distorcidas do *Wall Street Journal*". Ele declarou que o artigo estava "cheio de erros factuais" — embora o *Journal* tenha revisado suas reclamações sem encontrar esses erros — e era um exemplo de "por que nosso país não tem heróis".

Dalio não parou por aí; mergulhou nas centenas de comentários de estranhos no LinkedIn sobre seu texto e respondeu a alguns individualmente. Uma das pessoas que comentou em apoio aos jornalistas, escreveu para Dalio que sua refutação "suspeitosamente não tem fatos", dizendo que recorria a "assassinato de reputação" e lembrava "as táticas-padrão empregadas por outra pessoa muito poderosa", uma referência óbvia ao presidente na época, Donald Trump. Dalio respondeu: "Eu não queria me aprofundar nos fatos ponto a ponto sem um juiz para avaliá-los". Para outra pessoa que comentou, ele escreveu: "Operar com princípios é muito importante para mim. Quando vejo mau comportamento se alastrar, ameaçando nossa sociedade, é difícil permanecer em silêncio em relação a isso".

E respondeu a outro comentário: "Eu sou casca-grossa. Não é comigo que estou preocupado, e sim com o sistema".

Dalio reagiu ainda mais nos bastidores, e telefonou para o editor-chefe do *Journal* para reclamar em especial que ele e Murray não tinham nenhuma desavença importante, e pediu que o jornal corrigisse isso (o *Journal* se recusou a fazer uma errata).

Seis meses depois, Murray entrou com um processo de discriminação contra a Bridgewater no valor de 100 milhões de dólares, citando Dalio inúmeras vezes e acusando a empresa de "alardear publicamente transparência quando estava de acordo com seus interesses, mas punir com afinco aqueles que mencionavam publicamente fatos que a Bridgewater via como prejudiciais à sua imagem". Seu processo afirmava: "A hipocrisia é impressionante".

O processo acusava a Bridgewater de pagar a ela menos que a seus colegas homens, e acabou com um acordo, sem chegar aos tribunais.

Quando começaram a circular reportagens sobre um novo vírus asiático, Dalio devia estar em posição para ficar à frente das notícias. Por décadas ele tinha cultivado relacionamentos e investimentos com ramificações do governo da China que praticamente ninguém podia igualar, e ele sempre se gabara da habilidade única de entender o país e sua cultura. Se algum personagem de Wall Street tinha a capacidade de saber a verdade sobre o vírus, era Dalio.

Mas, em meio às maiores notícias de movimentação de mercados vindas da China em anos, Dalio dizia que não tinha nenhum entendimento sobre o que estava acontecendo. "Eu e nós, na Bridgewater, não temos ideia da proporção que esse vírus ou 'pandemia' pode tomar, não sabemos para onde ele vai se espalhar, muito menos seu impacto econômico e no mercado", escreveu ele no LinkedIn em janeiro. Duas semanas depois, viajou para Abu Dhabi, onde a Bridgewater administrava bilhões de dólares para entidades ligadas ao governo, e disse que o impacto do coronavírus parecia exagerado.

— Em um ou dois anos, isso muito provavelmente vai deixar de ser uma coisa sobre a qual as pessoas comentem — disse em uma conferência por lá.

Para um homem que tinha feito fama com uma série aparentemente interminável de alertas de apocalipse, esse foi um momento especialmente infeliz para ficar otimista. O coronavírus se espalhou, e os mercados reagiram muito mal. Em 18 de março de 2020, a Bridgewater estava em queda livre. O Pure Alpha caiu entre 14% e 21% em menos de três meses, segundo as estimativas fornecidas pela empresa para investidores preocupados. O All-Weather, que afirmava ganhar dinheiro em todos os ambientes de mercado, tinha perdido estimados 12%. Os verdadeiros números podem ter sido ainda piores, como a Bridgewater sinalizou em uma mensagem para investidores na qual Dalio disse: "Não nos cobre números exatos porque não há nada exato sobre eles nesse ambiente volátil".

Na mensagem, Dalio praticamente não assumia nenhuma responsabilidade pelas perdas do fundo. "O que eu penso dessa performance? Não é o que eu queria, mas é consistente com o que eu teria esperado sob as circunstâncias." Ele declarou que seus fundos continuavam a apostar em mercados emergentes, apesar dos riscos do coronavírus, porque a Bridgewater tinha "controles normais de risco". Ele escreveu: "Neste caso, o processo de controle de riscos funcionou como projetado".

A explicação soou vazia para muitos investidores, porque a clientela abastada da Bridgewater — depois de testemunhar o fracasso do maior hedge fund do mundo no maior momento dos mercados desde a crise financeira de 2008 — começou a retirar seu dinheiro mais uma vez.

Com o aumento dos casos e o início do lockdown pelo mundo, a Bridgewater fez a mesma coisa. A maioria dos funcionários foi trabalhar de casa. Dessa forma, a pandemia fez algo que nem anos de rotação de executivos, julgamentos internos, execuções públicas e acordos secretos tinham conseguido: afastar Dalio fisicamente da Bridgewater por completo. Ele desapareceu do *campus*, onde uma pequena equipe de cerca de cinquenta funcionários arrastou monitores e outros equipamentos para a floresta, para baixo de uma tenda improvisada que agora funcionava como a sede da empresa.

Embora todos no escritório soubessem que Dalio não estava na sede, havia apenas rumores quanto aonde ele havia ido. Segundo um ex-funcionário, diziam que o bilionário estava passando uma temporada em seu iate, ficando o mais longe possível da pandemia. Outros supunham que ele estava abrigado em sua propriedade em Greenwich, uma precaução razoável para um septuagenário durante uma pandemia. Em uma indicação de que ele estava em casa por pelo menos parte do tempo, funcionários da Bridgewater foram mandados até lá para montar um estúdio de vídeo profissional de onde ele podia se conectar com as atividades do trabalho a qualquer momento. O estúdio também era usado por Dalio para continuar a dar entrevistas exaltando o valor dos Princípios durante um período tão difícil.

Enquanto ele observava a Bridgewater do outro lado de uma câmera, da mesma forma que milhares de funcionários tinham assistido a anos de estudos de caso, o que ainda restava para ele ver? Àquela altura, Os Princípios eram mais uma fantasia — ou, para ser mais simpático, uma coleção de fábulas — que as orientações literais que Dalio apresentara por tantos anos. Embora nunca tivessem tido tanto impacto nos investimentos, como ele afirmava publicamente, também foram logo descartados em toda a empresa.

Os pontos, por mais de uma década sustentáculos do sistema de avaliação dos funcionários, estavam quase irreconhecíveis. Em 2020, a empresa introduziu uma nova categoria ampla chamada de pontos confidenciais, que não seriam visíveis para outras pessoas. Assim, agora era possível fornecer feedback, crítico ou não, e mais ninguém saber sobre isso e empilhar críticas. Esses novos pontos confidenciais também podiam ser removidos à vontade pela empresa. Internamente, isso foi explicado com razões legais e de relações públicas — era imprudente demais, decidiu a Bridgewater, correr o risco de que as mídias ou reguladores percebessem que um executivo tinha tido pontuação ruim por não ter "bom senso", por exemplo. Qualquer que fosse a razão, o resultado era claro: os pontos estavam morrendo.

Enquanto o mundo se unia para trabalhar de casa, Dalio insistia em seus esforços para divulgar o *Princípios*. Mas, tivesse ele percebido ou não, os três anos desde o lançamento do livro não tinham sido favoráveis ao conceito de homens de negócios benevolentes cheios de respostas sobre como salvar o mundo. Famosos CEOs da área de tecnologia, entre eles Jeff Bezos e Mark Zuckerberg, estavam sendo convocados pelo Congresso para testemunhar sobre danos causados por suas plataformas. A mentalidade "trabalho duro, jogue duro" que a Bridgewater tinha incorporado com suas longas jornadas de trabalho e retiros corporativos regados a álcool era vista como uma relíquia de uma era cruel. O presidente Trump, que em sua alegria de brigar com as mídias estimulada por fatos alternativos tinha paralelos com Dalio, estava a caminho de perder a reeleição.

Os meses se passaram, a pandemia se estendeu, e a evaporação dos sistemas de gestão que tinham governado a Bridgewater por mais de uma década se acelerou. Poucos funcionários utilizavam — se é que algum usava — com qualquer regularidade o aplicativo para avaliações conhecido como PriOS. Os julgamentos e as execuções públicas que tinham sido marca registrada na vida da Bridgewater por décadas cessaram. Até as reuniões semanais sobre o que estava acontecendo no mundo, nas quais Dalio com tanta frequência humilhava novos funcionários que intervinham com pensamentos independentes, se transformaram em algo menor que um programa de TV relevante quando vistas na tela de um laptop. Em vez de ficar sentado a uma mesa, como ele tinha feito por tanto tempo, como um sacerdote no altar com fileiras e fileiras de funcionários a sua frente, agora Dalio era apenas uma cabeça sem corpo em uma janela no canto superior esquerdo da reunião pelo Zoom, como a celebridade menos engraçada de um episódio gigante de *Hollywood Squares*. O efeito foi nivelador e igualitário — o tipo de abordagem que Dalio tinha por tanto tempo afirmado praticar, e agora era forçado a obedecer. Ficou difícil agir como valentão quando qualquer um podia botá-lo no mudo.

A pandemia não mudou a história de Dalio de que Os Princípios estavam funcionando o tempo inteiro por trás da Bridgewater — e não o impediu de estimular outras pessoas a adotá-los.

Ele voltou seu foco para um último esforço e tentou integrar seu valorizado Colecionador de Pontos ao Zoom, a ferramenta de videoconferências que ficou famosa durante a pandemia. Isso devia ter sido algo natural; funcionários em muitas empresas já estavam acostumados a interagir com colegas através de uma tela de vídeo, então avaliar uns aos outros por meio da mesma tela era apenas um pequeno ajuste. A Coinbase, corretora de criptomoedas que tinha crescido rápido durante a pandemia e permitia que todos os funcionários trabalhassem remotamente, fez um teste com o Colecionador de Pontos com uma fração de seus funcionários, a maior parte dos recursos humanos e da tecnologia da informação. A resposta dos funcionários foi imediata e ruim. Eles fizeram uma petição detonando o uso do Colecionador de Pontos, declarando que o programa levava "a uma cultura tóxica no ambiente de trabalho". O CEO da empresa defendeu o teste — que expirou posteriormente —, não reconhecendo seus métodos, mas dizendo que poucos na empresa tinham usado espontaneamente o Colecionador de Pontos, então as reclamações eram irrelevantes.

Também não teve sucesso o principal objetivo de vários anos de Dalio de inserir o sistema de avaliação em empresas grandes e pequenas, como ele falava havia tanto tempo. Chamados de PrincípiosUS, originalmente eram vislumbrados como oficinas de um mês de duração para treinar funcionários nos Princípios, com um processo elaborado para fazer com que os funcionários subissem de nível para se tornarem "treinadores dos Princípios" oficiais eles mesmos.

De casa, Dalio disse aos funcionários que procurou ajuda em sua rede de contatos para conseguir pessoas que comprassem a ideia, mas saiu com as mãos abanando. Jack Dorsey, do Twitter, cuja propriedade Dalio tinha visitado uma vez, estava de saída de sua própria empresa, assim como Bill Gates, da Microsoft. Um dos fundadores da Salesforce, Marc Benioff, também rejeitou Dalio. Nenhuma grande empresa assinou publicamente um contrato para adotar Os Princípios.

Então Dalio, constrangido aos olhos do público e isolado pela pandemia, começou mais uma vez a mudar a narrativa em torno de si. Ele assumiu o que parecia ser uma preocupação renovada com a distância entre ricos e pobres e intensificou suas publicações no Twitter, e chegou a enviar uma mensagem não respondida para Elon Musk ("É isso aí, Elon!..."). Ele até tuitou sobre a morte de uma juíza da Suprema Corte, embora, como sempre, tenha conseguido se colocar como mártir: "Acho que a maioria de nós está em um raro momento em que é capaz de concordar que Ruth Bader Ginsburg foi uma heroína, o que é muita coisa, porque agora vivemos em uma sociedade em que não há unanimidade em torno de heróis. Isso porque a maioria das pessoas que se destaca é destroçada porque as pessoas que estão do outro lado querem desacreditá-las."

Com mais frequência, de acordo com a imagem de grande estadista que forjou para si mesmo, ele alertava sobre os graves perigos econômicos para aparentemente qualquer pessoa que perguntasse.

Pouco depois de seu erro sobre a pandemia, ele retomou a antiga prática de prever o desastre iminente. Em uma entrevista em dezembro de 2020 para a CNN, ele disse ao entrevistador que tinha estudado os últimos quinhentos anos de história, que a revolução estava próxima e o país não podia mais achar que a paz e a harmonia estavam garantidas. Ele sugeriu em quase todos os meios de comunicação — televisão, podcasts, LinkedIn e até durante uma entrevista com o ex-secretário do Tesouro Hank Paulson — que os Estados Unidos corriam o risco de uma "guerra civil". Ele subiu de tom em uma entrevista para o colunista do *The New York Times* Thomas Friedman, na qual declarou, dando de ombros: "A história mostrou que guerras civis e revoluções têm um propósito, permitindo que as antigas ordens mundiais fossem suplantadas pelas novas ordens reformadas".

Dalio falou pouco sobre a Bridgewater durante os primeiros dias da pandemia, de março a novembro de 2020. Talvez isso acontecesse porque ele não estava separado apenas fisicamente da empresa, mas também porque tinha um grupo cada vez menor de funcionários leais. Murray tinha ido embora. McCormick, ainda aborrecido pelo brinde ofensivo em seu casamento, estava procurando uma saída. Jensen, depois de seu julgamento, nunca mais confiou por completo em Dalio e, segundo todos os relatos, estava feliz com a ausência do fundador. Bob Prince, que nunca tinha deixado de estar a serviço de Dalio, estava ocupado durante a pandemia com sua igreja. A família Bridgewater estava dispersa.

Mesmo que Dalio estivesse presente no escritório, os exércitos que ele comandara tinham sido dissipados. Os Capitães dos Princípios, o Politburo e outros desses grupos não tinham utilidade na floresta; muitos foram demitidos ou se demitiram por vontade própria. Não havia mais lições obrigatórias sobre Os Princípios, nenhum teste para fazer e nenhum aviltamento daqueles que tiravam notas baixas. Até mesmo os estudos de caso antigos — os vídeos de julgamentos que a Bridgewater gravara por anos para que as lições de seu fundador nunca fossem esquecidas — tinham desaparecido da Biblioteca da Transparência, graças aos conselhos jurídicos para que fossem eliminados o mais rápido possível.

Talvez o mais chocante tenha sido, embora ele nunca chegasse sequer a sugerir isso em público, que o próprio apetite de Dalio por usar pelo menos uma das ferramentas de avaliação às quais tinha dedicado tanto de sua energia pareceu diminuir. Sua primeira grande invenção com base nos Princípios, o Colecionador de Pontos — ele tinha chegado a ameaçar pessoas de demissão por não utilizá-lo —, caiu em desuso. Um funcionário examinou os dados internos no final de 2020 e descobriu que até Dalio não atribuía pontos a ninguém desde maio.

Podia ser uma vitória do que restava da transparência radical que esse fato ainda pudesse ser descoberto por qualquer um que se desse ao trabalho de olhar.

Pessoas que conversaram com Dalio durante esse período dizem que ele parecia inseguro em relação ao que fazer em seguida. Se a

Bridgewater tinha começado a abandonar Os Princípios, Dalio ou não podia ou não queria fazer o mesmo. Ele contou a associados que desejava realizar um diagnóstico de seu legado reunindo uma equipe para filmar e lançar um documentário que mostrasse a verdadeira história dele mesmo, da Bridgewater e dos Princípios.

Não seria apenas um monólogo, contou o bilionário. Ele explicou a associados próximos que queria depoimentos de pessoas na Bridgewater que pudessem contar ao mundo como ele e Os Princípios realmente eram. A principal pergunta a ser respondida seria:

— Eu ajudei ou prejudiquei você?

E acrescentou:

— Não tenham medo de me dizer a verdade.

Epílogo

Ray Dalio saiu da pandemia de um jeito muito parecido a quando entrara nela, cheio de entusiasmo para compartilhar seus Princípios e dando toda indicação de que o mundo clamava por eles. Não deixava escapar ao público qualquer indício de que muitos em sua empresa pensavam diferente.

Isso não era tanto um problema em sua abordagem quanto uma característica dela, e uma razão essencial de por que ele e a Bridgewater mantinham a reputação de talvez os principais praticantes, no mundo, da transparência radical, de uma vida significativa e de relacionamentos significativos. Os Princípios, da maneira como eram escritos e promovidos, permitiam pouco espaço para expressar pontos de vista contrários, de modo que qualquer vazamento dos problemas que aconteciam dentro do escritório podia ser considerado de forma plausível como um sinal de que a abordagem da empresa estava funcionando como planejado. Na verdade, havia poucos problemas no hedge fund — entre eles a saída de Comey, o desfecho da situação de Jensen, julgamentos de funcionários e demissão atrás de demissão atrás de demissão — que a Bridgewater e seus representantes não considerassem como o estilo de gestão da empresa sendo executado exatamente como planejado. Como Dalio costumava dizer, Dor + Reflexão = Progresso.

O dinheiro não fazia mal algum. Embora os ativos sob administração da Bridgewater se reduzissem de modo vagaroso, de um auge em torno de 160 bilhões para 130 bilhões de dólares no período pós-pandemia, ela ainda era tão grande — e tão disposta a coletar dinheiro em praticamente qualquer canto da Terra — que podia encolher e ainda ser descrita com credibilidade como o maior hedge fund do mundo; e se o principal fundo da empresa por anos não acompanhara o ritmo dos mercados globais, ele ainda, em grande parte, evitava resultados negativos, por isso se podia dizer com justiça que estava ganhando dinheiro para seus clientes em uma base absoluta. É mérito de Dalio e da Bridgewater que o fundo tenha durado tanto tempo — e graças a seus resultados de longo prazo, sua performance histórica média permaneceria em grande parte excelente, mesmo que muitos dos melhores anos do fundo tivessem ocorrido antes de Dalio ficar famoso. Não foi surpresa que, em contínuas negociações internas sobre sua aposentadoria, ele tenha começado a chamar a empresa de seu "direito de propriedade".

O triunfo de Dalio foi bem explicado no fim do ano de 2020, quando pesquisas da LCH Investments analisaram os números e determinaram que a empresa tinha ganhado mais dinheiro para investidores, desde o início, que qualquer outro fundo: impressionantes 46,5 bilhões de dólares. A LCH deixou claro que estava comparando os ganhos históricos totais de seu trading com concorrentes menores e com menos anos de atuação, basicamente dando à Bridgewater uma vantagem na largada em relação aos outros, mas a nuance não chegou longe. A *Business Insider* aproveitou a oportunidade para chamar a Bridgewater de "O melhor desempenho de um gestor de hedge fund de todos os tempos".

Uma torrente de pessoas em busca de emprego continuava a se candidatar, ávidas para se testarem de acordo com os famosos Princípios. Nas palavras da própria Bridgewater, quase todo mundo estava qualificado. Depois que a empresa anunciou que tinha contratado um campeão de pôquer para trabalhar em um cargo não especificado, o chefe da análise de investimentos informou ao *The New York Times*: "Nós contratamos botânicos, contratamos cientistas políticos, contratamos acadêmicos que receberam a bolsa de estudos Rhodes, contratamos atletas [...]. Estamos procurando pessoas realmente muito diferentes".

Aqueles que sabiam sobre a realidade mais complicada da vida com Dalio evitavam discuti-la. Muitos foram embora com acordos de confidencialidade, um padrão em Wall Street, enquanto outros — alguns em troca de remuneração adicional — concordavam com cláusulas mais incomuns e severas de não difamação que os impediam de fazer até comentários banais vagamente negativos sobre a experiência no hedge fund. Mesmo as pessoas com meios para revidar — e vasto conhecimento da natureza da Bridgewater — contavam histórias neutras em público.

— É meio que uma atmosfera familiar — disse Eileen Murray para um salão cheio de executivos da empresa pouco antes de sua partida amarga. Ela descreveu aqueles que sofreram burnout na empresa como "pessoas que ficam desconfortáveis ao enfrentar suas fraquezas".

Mesmo depois da publicação de sua autobiografia, Dalio continuou a ajustar sua imagem, especialmente sua história de origem. Em um evento de história oral da revista *Leader* do qual o hedge fund e seu fundador participaram, Dalio parecia muito *descolado*. Um executivo que o conheceu décadas antes descreveu a experiência da seguinte maneira:

— Ray estava sentado em uma cadeira com uma perna engessada, dos dedos dos pés ao quadril. Estava quente, e ele parecia não tomar banho havia alguns dias. De imediato concluí que ele tinha pisado em um dos brinquedos e quebrado a perna. Depois eu soube que tinha sido um acidente de paraquedas.

Dalio dizia que uma das melhores lições que tinha aprendido durante sua carreira era a humildade, porque:

— Toda nossa cultura [...] foi construída em torno de obter as melhores respostas [...], e não ego, idade, hierarquia [ou] politicagem de escritório.

Suas palavras finais foram:

— É uma alegria para todos nós.

* * *

A maioria dos Leib da Park Avenue não existe mais. A família que tanto fez para ajudar o jovem Ray Dalio descobriu da maneira mais difícil que a riqueza intergeracional pode ser fugaz. Seus três filhos gastaram da maneira habitual a fortuna da família: divórcios, corridas de cavalos e investimentos ruins. O mais velho dos netos Leib, Gordon, que tinha viajado para a Europa com Ray, morreu em um bizarro acidente de carro quando estava no primeiro ano de faculdade. Viking e Missy morreram logo após o neto. Em seguida, o apartamento dúplex no número 740 da Park Avenue foi vendido, e grande parte dos móveis raros foi leiloada na Sotheby's.

Um dos netos Leib permaneceu no ramo das finanças e longe de problemas. Barclay Thorndike Leib, quatro anos mais novo que Gordon, não tinha nenhum dos defeitos do irmão mais velho. Barclay negociava em Wall Street e tinha trabalhado para uma série de hedge funds até que, depois de muito tempo de carreira, sua sorte terminou, e seu empregador de repente foi comprado. O mercado de trabalho para um analista de investimentos de 58 anos se mostrou diminuto.

Barclay, então, pensou em Dalio. Os dois se sentaram à mesma mesa para a Ação de Graças e o Natal por anos e tinham permanecido em harmonia profissionalmente, levando-se em conta a indústria em que atuavam. Leib tinha até ouvido falar que Dalio ainda jogava gamão, o jogo que aprendera com a família Leib. Barclay entrou no site da Bridgewater e encontrou uma oportunidade de emprego relativamente banal para o qual ele era adequadamente qualificado. Redigiu um e-mail e o enviou para Ray, pedindo sua intervenção para que ele tivesse uma chance de ser entrevistado.

A resposta chegou rápido.

> Se você é qualificado para o emprego, então seu currículo deve falar por si. Não vou solapar o processo de meu departamento de RH por ninguém.
>
> Eu não ofereceria esse favoritismo nem para meu cachorro se ele estivesse se candidatando.
>
> Ray

Nos anos seguintes à sua saída da Bridgewater, Joe Sweet, que tinha feito tratamento porque ficava imaginando a possibilidade de se enforcar na sacada do escritório, passou por um renascimento impressionante. Ele deixou toda a medicação psiquiátrica, mudou-se de Connecticut e atribuiu sua melhora à distância da Bridgewater.

Sweet continuou a ser perturbado pela curiosidade pública em relação às ferramentas de avaliação de Dalio. Sempre que ouvia uma entrevista de Dalio sobre as maravilhas dos Princípios, Sweet estremecia. Ele era a prova viva de que as ferramentas da empresa eram incapazes de selecionar indivíduos para terem o melhor desempenho possível, considerando que ele agora tinha um alto cargo em aquisições — mesma área para a qual o software dos Princípios da Bridgewater tinha dito que ele não estava qualificado. Sweet tinha dez funcionários abaixo dele e ganhava um salário mais alto do que o que recebia no maior hedge fund do mundo.

Embora Sweet não sofresse mais de depressão clínica, o que ficava sabendo sobre seus antigos colegas na Bridgewater o deprimia. Agora que ele estava em melhor situação com um emprego sólido, ex-colegas da equipe de avaliação às vezes o procuravam. Para Sweet, esses colegas pareciam esvaziados de um jeito que ele reconhecia. Tinha poucos conselhos a dar, além de esquecer tudo o que lhes tinham dito. Para ele, parecia que quase todo mundo que comprava a filosofia da Bridgewater terminava pior, exceto o próprio Dalio.

— Quando esse ciclo vicioso vai acabar? — indagou Sweet. — Quando vão parar de contratar pessoas e arruinar suas vidas? Quando a riqueza de Ray vai simplesmente desaparecer?

A RIQUEZA DE DALIO FEZ O CONTRÁRIO DE DESAPARECER: ELA cresceu. Graças à sua parte das comissões e taxas de administração da empresa, ele embolsou 500 milhões de dólares em 2020 e ainda mais em 2021. Tabloides noticiaram que ele tinha dado entrada em planos para construir um novo terraço externo na sua cobertura em Manhattan, coberto por uma pérgola gigante de aço.

Os Princípios, porém, continuavam a se apagar. O bilionário publicou seu segundo e seu terceiro livros, *Principles for Navigating Big Debt Crisis* [em tradução livre, Princípios para lidar com grandes crises de endividamento] e *Princípios para a ordem mundial em transformação*, que não chegaram nem perto do sucesso do primeiro (para ser justo, grande parte de seu material tinha sido publicado gratuitamente na internet em anos anteriores). Houve poucas entrevistas na TV, nenhum TED Talk, e sua mais recente entrevista com o amigo Charlie Rose fora exibida apenas on-line, porque Rose tinha sido chutado da CBS em razão de um escândalo de assédio sexual.

Em abril de 2021, com a ajuda de Adam Grant, da Wharton School, para projetá-lo e promovê-lo, Dalio lançou PrinciplesYou, o produto dos anos de esforço para levar o trabalho de sua vida às massas. Basicamente um teste inspirado nos Princípios, ele estava disponível on-line de graça, como se fosse uma versão distorcida dos Princípios vista de uma casa de espelhos. O anúncio inicial foi dramático; um dos pesquisadores que Dalio pagara para desenvolver o produto foi citado dizendo: "Ele está baseado na mais recente pesquisa sobre ciência da personalidade", e "Um ponto forte importante é sua capacidade de prever uma grande quantidade de comportamentos verdadeiros observados pela equipe da Bridgewater ao longo de muitos anos".

O PrinciplesYou seria seguido pelo lançamento da "coleção de relacionamentos significativos", um conjunto de jogos de cartas de 79 dólares que, você adivinhou, "estimulava relacionamentos significativos", como afirmou Dalio em um vídeo promocional. O bilionário falou que os jogos valiam 34 dólares cada, mas seriam vendidos pelo preço promocional de 79 dólares o conjunto. Ele distribuiu um cupom com código ("Ray") que reduzia o preço dos primeiros mil conjuntos para 15 dólares. "Quero saber que você está investindo um pouco no negócio em vez de apenas pegar coisas grátis", escreveu ele em uma publicação no LinkedIn.

No fim de 2021, em um movimento que não foi revelado publicamente, a Bridgewater demitiu a maioria da equipe ainda dedicada a construir o software dos Princípios. Tinham sido gastos no projeto, pelo menos, 100 milhões de dólares, e a maior parte escorrera pelo ralo, incluindo os custos de desenvolver o software por mais de uma década, segundo pessoas que trabalharam nele.

O documentário que Dalio tinha discutido fazer sobre si mesmo e a Bridgewater não foi lançado.

Eileen Murray não ficou preocupada ao ver o brilho dos Princípios se desvanecer. Ela fez questão de enfatizar para amigos e familiares que nunca nem havia lido o exemplar de *Princípios* que Dalio lhe dera. Ela o deixou fechado em uma estante.

Seu processo contra a Bridgewater provocou sentimentos confusos entre os ex-funcionários. Alguns a viam como uma oportunista que faria qualquer coisa em qualquer situação — ela esteve disposta a participar das partes feias da cultura da Bridgewater quando isso a favoreceu, depois repudiou-as sem aceitar nenhuma culpa. Outros a viam como a mais próxima de ser uma pensadora independente dentre todas as pessoas que deixaram a empresa, destacando que Jim Comey e outras pessoas continuaram a fazer proselitismo para Dalio e Os Princípios durante anos depois de terem se desligado da empresa.

Uma pessoa que continuou a admirar Murray foi Paul McDowell. Sua vida desde a demissão da Bridgewater tinha sido uma confusão de emoções, muitas delas negativas. Seu emprego em consultoria tinha fracassado. Com tempo sobrando, ele passou semanas refletindo sobre o tempo passado em Westport. Quando não estava se torturando sobre se devia ter feito mais para lutar por si mesmo, pensava num velho esquete do Monty Python, no qual um prisioneiro romano velho e crucificado está tão satisfeito com seus captores que os estimula a "pregarem algum bom senso" em um recém-chegado à cadeia. McDowell não via mais graça nisso.

As ruminações sobre a Bridgewater aborreciam sua esposa, que passou a chamá-las de a doença da "Ray-diação", que precisava de tempo para ser curada. Voluntária local que apoiava mulheres vítimas de agressão, a esposa de McDowell revelou ao marido que ele lembrava muitas das mulheres com as quais ela trabalhava, incapazes de se sentirem completamente seguras mesmo depois que o responsável por seus tormentos tinha sido afastado.

McDowell e a esposa resolveram vender a casa em Connecticut e voltar de vez para o Canadá, encerrando oficialmente o capítulo de sua vida que tinha começado quase quinze anos antes, quando McDowell se ajoelhara em uma montanha de neve em Toronto, desabando de descrença pela sorte de ser contratado pelo maior hedge fund do mundo.

Antes de ir embora de Connecticut, em 2021 McDowell foi ao funeral da mãe de Eileen Murray. Como a pandemia tinha mantido muitas pessoas afastadas pelos dezoito meses anteriores, o funeral foi um tipo de reencontro para funcionários e ex-funcionários da Bridgewater. McDowell ficou a maior parte do tempo à margem, observando Murray aceitar condolências de centenas de pessoas. Finalmente, ela foi até o fundo, onde ele estava. McDowell sentiu uma onda de emoções incontrolável provocada pela proximidade da mulher cuja repreensão pública a Dalio era tudo o que McDowell desejava poder declarar. Ela também era um lembrete dos relacionamentos que ele esperara cultivar na Bridgewater e havia perdido. Quando Murray caminhou em sua direção, gotas de suor brotaram em seu colarinho, sua garganta ficou seca e seu pulso se acelerou de um jeito que não acelerava desde seus dias na empresa.

Murray circulou em meio aos ex-colegas de Bridgewater, aceitando condolências. Quando ela parou diante de um ex-funcionário que tinha problemas desde a demissão, pareceu saber exatamente o que ele estava sentindo.

Tocando o ombro da pessoa e inclinando a cabeça na direção de seu ouvido, ela sussurrou:

— Nós dois trabalhamos para um pai abusivo.

No instante seguinte, enquanto ia em direção a outra pessoa, disse:
— Se cuide.

Katina Stefanova, que no passado tinha considerado Murray uma mentora próxima, não estava presente. Não era por falta de gratidão — ela nunca perdeu seus sentimentos ternos pela mulher mais velha, que lhe deu cobertura enquanto se encolhia no banheiro tantos anos antes, escondida enquanto Dalio cantava sua canção obscena de marinheiros. Stefanova, porém, fazia o possível para evitar grandes reuniões do pessoal da Bridgewater, que em grande parte ainda se lembrava dela como a Rainha de Gelo.

Outra razão para Stefanova manter um perfil discreto era que sua carreira não estava exatamente em um momento de sucesso. O hedge fund que ela fundara após a demissão da Bridgewater, o Marto, estava em frangalhos. Ela vendia seu fundo para investidores como, basicamente, uma Bridgewater 2.0, mas o fundo também era semelhante ao original, pelas dificuldades para sair da estabilidade e ganhar dinheiro de verdade. O Marto encolheu de 235 milhões de dólares em abril de 2019, um valor respeitável, mesmo que modesto em relação aos padrões de hedge funds, para menos de 20 milhões no fim desse ano. A maior parte da equipe do Marto se demitiu ou foi demitida.

Conforme a empresa encolhia, Stefanova utilizou outra qualidade que tinha observado em Dalio: o exagero. Em uma entrevista para a *Institutional Investor*, ela se gabou de que um único investidor superrico tinha concordado em apoiar o Marto com mais de 1 bilhão de dólares. Ela não citou o nome do investidor, mas disse que o dinheiro já estava nas contas da empresa. Quando a revista pediu uma verificação mais profunda, ela se esquivou: "Não quero falar de pontos específicos. A melhor coisa para nós neste momento é ficar fora do radar". Ela, então, contratou um advogado especializado em difamação e escreveu cartas intimidando a revista a não publicar a entrevista.

No fim, o investimento nunca foi realizado, nem uma boa explicação foi dada para o misterioso bilhão de dólares. Stefanova disse que a atenção provocada pelo artigo tinha espantado o investidor.

Destemida e sem modéstia, ela contou a amigos que ainda planejava se tornar bilionária, aparentemente através de criptomoedas, segundo um press release que ela divulgou anunciando a própria linha de tokens não fungíveis, ou NFTs na sigla em inglês, que ela comparava a uma "mina de ouro virtual". O anúncio reposicionava Stefanova como uma apreciadora de longa data das criptomoedas que, por acaso, também era CEO da Marto Capital. O material a citava dizendo: "Marto atende a escritórios familiares e investidores institucionais com ativos substanciosos".

O anúncio não fazia nenhuma menção a seu emprego anterior na Bridgewater.

Dina Powell, a "homenageada" com o brinde grosseiro de Dalio na celebração de seu casamento, ajudou McCormick a encontrar um jeito de deixar a Bridgewater. Uma operadora política de longa data, Powell encorajou o marido a concorrer às primárias republicanas de 2022 para o senado pela Pensilvânia, onde McCormick crescera.

Dalio complicou a candidatura. Falando na CNBC no fim de novembro de 2021, ele respondeu a uma pergunta trivial sobre a China. O país estava nas manchetes por questões de direitos humanos, e o âncora Andrew Ross Sorkin perguntou como ele avaliava essas controvérsias enquanto investia lá. Essa era a pergunta perfeita para um homem que tinha promovido por anos seu conhecimento íntimo da nação.

Dalio afastou brevemente o olhar da câmera, então declarou sua ignorância.

— Não posso ser um especialista nesse tipo de coisa... A orientação do governo é a coisa mais importante.

Ele falou de assuntos vagos por um tempo, desassociando através de fragmentos de frases, antes de acrescentar:

— Eu não devo investir nos Estados Unidos por causa [de] outras coisas e de nossas próprias questões de direitos humanos?

— Mas, Ray — disse Sorkin —, há coisas que acontecem nos Estados Unidos... mas acho que são diferentes das coisas que vemos acontecer na China. O governo está desaparecendo com pessoas.

Dalio soltou uma risada nervosa, então falou que comparava a abordagem da China simplesmente à de um pai severo.

Demonstrar subserviência a superpotências superricas não era nada novo para Dalio, sua empresa ou McCormick, mas a entrevista do fundador da Bridgewater caiu como uma bomba na campanha de McCormick. O candidato devia estar se enrolando na bandeira dos Estados Unidos.

Dias depois da entrevista de Dalio na CNBC, a sra. Powell começou a vender uma história nova para os repórteres. Dois jornalistas da *Bloomberg*, a agência de notícias de finanças, morderam a isca. Sob o título de "CEO da Bridgewater bate de frente com Dalio por causa da China antes da corrida pelo senado", eles contaram que, em uma teleconferência não especificada na empresa, ocorrida em uma data também não especificada, McCormick "disse aos funcionários que tinha tido muitas discussões com Dalio ao longo de anos e que discordava dos pontos de vista do bilionário, segundo pessoas com conhecimento sobre o assunto". Para muitos que conheciam McCormick, era difícil de acreditar que ele tivesse discutido tão abertamente com Dalio sobre o assunto, muito menos mais de uma vez. McCormick pediu demissão da Bridgewater algumas semanas mais tarde.

Nos meses seguintes, o candidato ao senado David McCormick, que tinha chamado a si mesmo de "o encantador de Dalio", mal dizia as palavras Bridgewater ou Dalio em compromissos durante a campanha. Ele se descrevia como um "homem de negócios" de uma "empresa de investimentos". O maior escrutínio ao qual foi submetido pelo período na Bridgewater foi pelos retornos pífios que a empresa produzira ao fundo de pensão das escolas do estado da Pensilvânia, que tinha pagado à Bridgewater mais de 500 milhões de dólares, apesar da performance do hedge fund ficar abaixo das metas.

— Nós ficamos com uma conta de meio bilhão de dólares, enquanto ele e seus colegas receberam uma taxa de administração de 500 milhões de dólares — bradou seu adversário, a personalidade da televisão dr. Oz.

Oz ganhou as primárias por uma margem pequena, então perdeu a eleição. McCormick, segundo informações, estava avaliando a possibilidade de se candidatar outra vez em 2024.

No fim de 2022, ocorreram dois fatos importantes que Dalio estava prevendo havia anos. Em 4 de outubro, a Bridgewater anunciou que seu fundador tinha, finalmente, passado o controle da empresa. O novo CEO era Nir Bar Dea, o homem que havia interrogado a namorada de Bob Elliott sobre sua vida sexual. O custo, que a empresa nunca revelou publicamente: o equivalente a 1 bilhão de dólares em pagamentos anuais da Bridgewater para Dalio, perpetuamente. Era uma anuidade e tanto para um homem que já era muitas vezes bilionário. Em um press release, a empresa declarou que o fundador agora seria apenas um mentor, membro do conselho e "uma parte importante de nossa comunidade". O anúncio disparou uma avalanche de matérias pelo mundo sobre o fim da carreira de Dalio. Dentro da Bridgewater, houve um alívio generalizado.

Levou exatamente um dia para Dalio recuar do anúncio. "Que não reste nenhuma dúvida: não estou me aposentando", tuitou ele. "Vou atuar nos mercados até morrer, porque é a coisa mais envolvente que faço desde que tinha 12 anos, e vou passar adiante o que tenho a oferecer por meio de mentorias e filantropia, porque essa é a coisa mais significativa que posso fazer." Ele continuou a dar entrevistas frequentes para a imprensa.

A queda, o colapso da economia global que Dalio previa desde seus dias pós-faculdade, chegou, como acontecia em intervalos de cerca de dez anos. Nesse caso, uma economia perigosamente aquecida pós-pandemia e a invasão da Ucrânia pela Rússia contribuíram para a inflação em alta, fazendo com que ações, títulos e quase todos os outros ativos financeiros despencassem. As ações americanas entraram em queda. O Pure Alpha subiu 18% ao longo daquele outubro.

Com certa justiça poética, Greg Jensen foi creditado como o homem na Bridgewater que acertou o momento do movimento no mercado. Fosse por fidelidade aos Princípios, verdadeira dedicação ao hedge fund ou apenas uma tolerância maior à punição de todo o elenco de executivos que entrava e saía da Bridgewater, Jensen enfim superara o mentor que tinha se voltado contra ele. Por isso, ele ganhou a recompensa de ser o rosto da operação de investimento do hedge fund enquanto o Pure Alpha subia. Em uma carta para investidores no início de 2022, exultante com seu desempenho, a Bridgewater informou que agora havia tanta demanda pelo Pure Alpha que ia, em breve, fechá-lo novamente para novos investimento. Uma grande razão para o movimento, de acordo com a carta: uma nova comissão de investimento que não incluía Dalio.

Jensen parecia ter aprendido com Dalio a descrever os investimentos da empresa sem dizer muito sobre coisa alguma. Em uma entrevista no fim de 2021, ele declarou:

— Os algoritmos são uma combinação de inteligência humana e inteligência artificial. A cada ano, as máquinas são mais importantes nesse processo. Eu diria que agora estão em cinquenta-cinquenta, e dentro de dez anos quando falarmos sobre isso, a parte humana vai estar reduzida a 10% ou 20% do processo.

Nenhum detalhe concreto foi apresentado.

A vez de Jensen sob os holofotes foi a consagração genuína que ele esperava desde que começara na Bridgewater como estagiário, e segundo todos os relatos, comemorou com estilo. Sua esposa, que era sua namorada desde o Ensino Médio, pediu o divórcio depois de ficar sabendo do acordo de indenização da Bridgewater para Samantha Holland, mas Jensen se manteve leal aos filhos, lhes dizendo que as reportagens eram mentira. Seus gêmeos foram estudar na mesma faculdade que o pai, Dartmouth, onde ele permanecia como um dos principais doadores.

Mesmo com todas as atribulações, Jensen continuava sendo um homem muito rico. Quando tornou a se casar, com uma advogada de sucesso, a cerimônia foi realizada em Anguilla, para onde os convidados viajaram no avião do time dos New York Jets e se hospedaram com tudo pago em quartos no Four Seasons. Ele viajava com regularidade em um jato particular para a propriedade que tinha comprado nas ilhas Thimble, um arquipélago exclusivo perto da costa de Connecticut.

Incrivelmente, Bob Prince também durou mais que Dalio, e permaneceu como um dos CIOs junto a Jensen. O homem que fora uma das primeiras grandes contratações de Dalio se tornou bilionário. Ele não demonstrava emoção quanto à história do espaço sagrado da empresa. Em 2021 e 2022, Prince esteve ocupado ajudando a supervisionar um projeto novo: vender a sede da Bridgewater. Jensen concordava que era hora de escritórios novos e mais convencionais. Eles aprovaram a derrubada do infame totem personalizado para Dalio, chamado de bastão, que supostamente contava a história da Bridgewater. Não seria mais exigido que novos funcionários ficassem em torno do monumento e confessassem suas fraquezas.

Nem todas as tradições, porém, podiam ser rompidas. Sob o comando dos CIOs Jensen e Prince, a Bridgewater permaneceu pessimista ao longo do período final de 2022 — e quando os mercados globais se recuperaram nos últimos meses do ano, o Pure Alpha perdeu todos os seus ganhos. Ele terminaria 2022 com um crescimento de apenas 9,5%, e logo perderia 3% no primeiro trimestre do ano seguinte. O longo período de desempenho irregular dos investimentos talvez fosse o legado mais permanente de Dalio para a Bridgewater.

Em uma tarde nublada do fim de maio de 2022, Ray e Barbara Dalio chegaram abatidos ao Aeroporto Internacional John F. Kennedy em Nova York.

Voar de classe executiva em um jato comercial comum era uma chegada discreta, ao menos para os padrões de um homem que ainda valia 22 bilhões de dólares. Mas, nos meses recentes, Dalio não exalava a influência de outrora.

Os Dalio estavam chegando a Nova York de volta da Suíça, onde tinham comparecido à reunião anual do Fórum Econômico Mundial (FEM), uma confabulação da elite global. Em anos anteriores, Dalio tinha sido um palestrante de destaque diante de uma plateia lotada; dessa vez, ele gravou um podcast com um funcionário subalterno do FEM. Durante uma aparição na CNBC direto de Davos, ele tocou seus sucessos de sempre, prevendo que o mundo estava em uma crise de dívida que não podia ser resolvida sem sacrifícios da economia.

Outra pessoa presente em Davos estava no mesmo voo de Dalio de volta da Suíça. Admirador de longa data da Bridgewater, leitor de *Princípios* e um financista, o homem ficou empolgado ao descobrir que Dalio estava no mesmo avião. Ao chegar a Nova York, ele ficou ainda mais impressionado ao ver que, depois de nove horas de voo e então perto da meia-noite no horário de Zurique, Ray e Barbara estavam parados sozinhos diante da esteira de bagagem do aeroporto, sem, aparentemente, sequer um motorista para ajudá-los. Enquanto os Dalio esperavam a chegada das malas, Ray mexia em uma máquina próxima, tentando descobrir como alugar um carrinho de bagagem de 6 dólares.

O homem ficou hipnotizado pelo que viu. Até onde podia dizer, nenhum dos outros viajantes cansados tinha percebido que uma das pessoas mais ricas do mundo estava parada ociosamente entre eles. Dalio parecia ser apenas mais um senhor de 72 anos cansado e com o cabelo despenteado, encolhido ao lado de uma esposa baixinha e bem arrumada, esperando que a esteira de bagagem fosse ligada. Ninguém sabia que bagagem esse homem já carregava: a perda de um filho, a perda da centralidade em sua empresa e, no brilho cada vez menor dos Princípios, a perda de uma identidade.

Dalio tampouco tinha como saber que alguém o estava observando. Ele não estava sendo seguido por nenhum equipamento de gravação ou câmera para capturar a lição do dia, e não havia nenhum funcionário da Bridgewater de prontidão para obedecer a suas ordens.

Quando a esteira de bagagem finalmente foi ligada, Dalio pegou duas malas grandes, com um leve gemido sob seu peso, jogou-as no carrinho de bagagem e se dirigiu para o meio-fio.

O homem que estivera em Davos observou a cena fascinado. *Isso*, pensou ele, *é um homem humilde.*

Posfácio

Ray e eu

Perdoe-me, pois agora estamos prestes a falar sobre gatos cruzando.

Em 2010, eu tinha 23 anos e morava no East Village, em Manhattan, na East 6th Street, mais conhecida como Travessa do Curry, devido a seus muitos restaurantes indianos idênticos. Cada um deles empregava vendedores competitivos e ruidosos que ficavam na porta apregoando cardápios. O barulho me seguia até meu andar; meu apartamento de três quartos em um prédio sem elevador abrigava quatro pessoas, entre elas um casal, e pelo menos um número igual de opiniões sobre quem estava pagando menos pelas compras de mercado. Eu passava muito tempo em meu quarto, onde minha cama ficava encostada em três paredes. A janela dava para um típico beco dos fundos feio de Nova York, sem nenhuma entrada óbvia, mesmo assim em atividade constante. No crepúsculo, toda noite um coral de lamentos perturbadores ecoava, o que supus por alguns meses, equivocadamente, ser um habitante solitário de Manhattan ou a consequência intestinal inevitável de toda aquela comida indiana. Posteriormente descobri que os sons eram felinos no cio.

É fácil esquecer agora, mas aquela época não parecia muito o início de um período de crescimento. Muitos de meus amigos, e seus pais, estavam desempregados. No verão antes de conseguir um estágio no *Wall Street Journal*, não tive nenhuma oferta de emprego e por um breve período voltei a morar em um subúrbio de Connecticut. Peguei o único trabalho de jornalismo que consegui: reescrever press releases e coisas assim. Eu passava uma quantidade embaraçosa de tempo em um bar próximo que vendia uma lata de cerveja Schaefer com um shot de uísque Ezra Brooks por 5 dólares.

Na esperança de encontrar um apartamento que atendesse às leis de ocupação de Nova York, me candidatei a pelo menos cinquenta vagas naquela primavera. Além da mistura habitual de empregos em jornalismo, também tentei bancos, consultorias, escritórios de advocacia, pelo menos uma agência de talentos e um hedge fund chamado Bridgewater Associates.

Eu gostaria de me lembrar especificamente por que me candidatei, mas a Schaefer deu cabo dessa lembrança. O que sei, segundo meus e-mails salvos, é que na primavera de 2010 me candidatei para um cargo de iniciante, "associado de gestão". Um recrutador da Bridgewater me garantiu:

— Como você pensa, quem você é e o que você valoriza importam mais para nós que suas habilidades específicas e experiência profissional.

Isso era uma sorte, pois eu tinha pouco dessas últimas qualidades a oferecer.

Marquei duas entrevistas por telefone, com uma prevista para as 19 horas, a hora em que se abriam as cortinas para o coral noturno de gatos. Eu me lembro vagamente de fazer essa entrevista andando de um lado para outro em meu quarto minúsculo, na esperança de que a entrevistadora não mencionasse os miados ao fundo. Ela não mencionou. Depois, enviei um e-mail de agradecimento, celebrando o que descrevi com considerável exagero como "duas conversas realmente estimulantes".

Não consegui o emprego. Dois anos depois, uma das pessoas que me entrevistou me adicionou no LinkedIn. Tive de vasculhar meus e-mails para me lembrar de seu nome.

Na época, eu estava trabalhando para a *Absolute Return*, uma revista especializada em investimentos que cobria hedge funds, e eu sabia tudo sobre a Bridgewater — pelo menos era o que eu pensava. A Bridgewater não era apenas mais um fundo, ela era *o* fundo — o maior do mundo, e talvez o mais secreto. O fundador da empresa, Ray Dalio, era conhecido por ser uma figura um tanto estranha, ainda mais que os bilionários que você conhece. Quando comecei a trabalhar para a revista, ela estava em uma briga com Dalio por causa de uma matéria investigativa de capa que citava um de seus ex-executivos, dizendo: "Minha crença fundamental é que a Bridgewater é um culto. Ela é isolada, tem um líder carismático e tem seu próprio dogma". A matéria não alcançou o grande público.

Pouco antes do Natal de 2012, fui contatado por um recrutador diferente da Bridgewater. Dessa vez, queria me entrevistar para um cargo de editor de sua pesquisa econômica. Nessa época, eu sabia que os hedge funds eram extremamente competitivos e podiam oferecer a oportunidade de alcançar uma riqueza capaz de mudar vidas. Valia a pena dar uma chance a isso. O processo incluía um teste de edição de texto, um teste de personalidade Myers-Briggs, um "inventário de personalidade no local de trabalho" e duas visitas à sede da Bridgewater, a apenas poucos minutos de onde cresci.

Várias entrevistas depois, desisti. O emprego parecia exigir presença em tempo integral em Connecticut, com a promessa de longas viagens de ônibus de ida e volta para Nova York e a garantia de que minha vida social seria muito prejudicada. Eu avisei a recrutadora.

— Essa é uma má notícia para a Bridgewater — respondeu ela —, mas entendemos sua decisão e agradecemos muito pelo tempo que dedicou a esse processo.

Eu nunca poderia ter imaginado que esses acontecimentos mais tarde inquietariam Ray Dalio.

Minha primeira conversa com Ray Dalio foi no meio de 2015, depois que fui recontratado pelo *Wall Street Journal*. Assinei com outro repórter uma matéria de primeira página com suas opiniões sobre a China, abaixo de uma manchete um tanto simples: "O hedge fund gigante que é a Bridgewater dá suas opiniões sobre a China: 'Não há lugares seguros onde investir'" (a matéria foi citada anteriormente neste livro). Nossa principal fonte era um exemplar do *Daily Observations* que tinha sido produzido pela Bridgewater e amplamente distribuído em Wall Street.

Embora as convenções jornalísticas me impeçam de repetir o que Dalio me disse em off depois da publicação da matéria, é justo dizer que ele reagiu mal. Mais que desanimado, fiquei empolgado. Como muitos outros jornalistas antes e depois de mim, fiquei lisonjeado por um homem tão importante perder qualquer tempo comigo.

Era evidente que ele gostou ainda menos de minha seguinte matéria importante sobre sua empresa: uma reportagem investigativa que escrevi com outro repórter sobre seus desentendimentos com Greg Jensen. Assim começou um *pas de deux* no qual eu perguntava a Ray sobre os detalhes de coisas das quais eu tinha ouvido falar, como estagiários da Bridgewater serem orientados a irem a shows de strip ou acordos por má conduta sexual, e ele respondia com assombro por escrito ou verbalmente. Em um e-mail particular, Ray falou que meu texto era "um lixo", então concluiu, algumas frases depois, dizendo: "Lamento que nosso relacionamento tenha de ser deste tipo quando poderia ter sido mutuamente cooperativo". Nós continuamos nos falando de vez em quando; ao que parecia, ele não conseguia se segurar.

Eu também não conseguia me segurar. A Bridgewater foi, por algum tempo, o hedge fund sobre o qual era mais fácil escrever porque tantas de suas idas e vindas eram gravadas e divulgadas para grupos grandes na empresa. Mais importante ainda: o próprio Dalio era uma fonte *insuperável* para um jornalista. Quando ele me ligava — quase sempre com um relações-públicas também na linha — e me repreendia por uma reportagem ou outra, inevitavelmente me contava um fato novo que levava a outra matéria. Foi ele quem, no fim de 2016, em uma entrevista na sede da Bridgewater, ficou junto de um quadro branco e me explicou pessoalmente a ideia do PriOS, desenhando a si mesmo (retratado como um boneco de palitinhos) acima de linhas orientadas para baixo que representavam suas ordens.

Anos depois, eu saberia que Paul McDowell estava sentado na sala ao lado da nossa, esperando ser chamado para fazer uma demonstração do software para mim. Isso nunca aconteceu. Dalio apenas falou por horas sem parar.

Comecei a desconfiar de algum indício de delírio em janeiro de 2017, quando Dalio escreveu um post no LinkedIn, discutido anteriormente neste livro, sobre uma matéria minha a respeito do PriOS. Seu post, que era maior que o artigo original, descrevia a matéria como "fake news" e atribuía a mim diversas atitudes específicas e confusas que simplesmente nunca aconteceram. Dalio escreveu que meu coautor e eu o havíamos entrevistado e concordado em "não usar essa informação a menos que concordássemos que sua apresentação na matéria fosse precisa". Eu não fiz isso. Ele afirmou que meu coautor e eu nunca falamos com algumas pessoas com as quais tínhamos falado, não tínhamos "caminhado pelos corredores da Bridgewater" — eu fiz isso, com o próprio Dalio —, e ele me citou fazendo perguntas que nunca saíram de minha boca.

Ele me descreveu, não pela última vez, com um candidato frustrado que não conseguiu se dar bem na Bridgewater, empenhado em algum tipo de vingança.

Mais ou menos nessa época percebi que, embora um dos Princípios fosse "Confie na verdade", Dalio se esforçava muito para suprimi-la. Ele lançou uma caça às bruxas que durou anos com o intuito de extirpar da Bridgewater as pessoas que falavam comigo ou com outros jornalistas, gastando quantias desconhecidas na vigilância de seus próprios funcionários e, até onde sei, não conseguiu encontrar nenhum culpado com precisão. Ele tentou tirar meu emprego, reunindo-se com meus editores e pressionando para que eu fosse removido da cobertura da empresa. Depois que escrevi um artigo bastante justo sobre uma funcionária de alto escalão que insistia para receber de forma igualitária, independentemente de seu gênero, ele disparou uma correspondência muito editada entre ela e mim, escrevendo: "Estes são os textos que eles trocaram". Não eram. O que foi publicado era uma conversa editada que supostamente mostrava que eu tinha ido atrás dela e ignorado suas recusas. A pedido de meus editores, que estavam cautelosos quanto a uma disputa pública de poder, não divulguei as verdadeiras mensagens de texto.

Por volta da mesma época, amigos meus perceberam que estavam recebendo anúncios pagos no Google sobre mim, dirigindo-os para o site da Bridgewater, onde um press release me atacava pessoalmente.

Não tenho animosidade com Dalio e outras pessoas na Bridgewater. Apesar de nossa diferença de quase quarenta anos, tivemos conversas agradáveis sobre nossas famílias; ele, uma vez, de forma paternal, me serviu uma Coca Diet, o que em minha experiência com bilionários conta como gentileza. No início de 2020, depois de mais uma declaração pública sobre minha história como candidato a um emprego na Bridgewater, escrevi para ele em uma manhã de domingo para esclarecer o assunto: "Como você parece estar extremamente confuso sobre essa questão, vou explicar diretamente". Descrevi a história de minha candidatura ao cargo de editor de pesquisas. "Devo dizer", acrescentei, "que, pelas minhas lembranças distantes, todo mundo com quem interagi na Bridgewater foi profissional e simpático durante todo o processo de entrevistas."

Ele respondeu 45 minutos depois: "Rob, eu estava me referindo à vez antes disso, em 2010, quando você tentou uma vaga como associado de gestão e foi recusado para o emprego. Ainda temos as anotações que foram feitas naquela época e, se chegarmos a esse ponto, adoraríamos torná-las públicas".

Eu estou ansioso para lê-las.

Agradecimentos

No início de minha jornada cobrindo a Bridgewater, recebi uma mensagem de um remetente desconhecido, extremamente bem informado. Eu o salvei em meus arquivos com o nome Jamie, sem especificação de gênero, um pseudônimo que eu às vezes usava em minhas anotações para me referir a uma série de fontes anônimas cujas verdadeiras identidades eu conhecia. Centenas de Jamies falaram comigo para este livro, sob grande risco jurídico, motivados por um desejo comum de que uma história mais completa fosse escrita. Alguns Jamies ficavam aliviados por falar; alguns estavam na defensiva; alguns, com raiva, e alguns estavam apenas achando divertido. Um Jamie disse:

— A grande coisa sobre as histórias da Bridgewater é que nunca tenho que exagerar nada para que elas fiquem totalmente insanas.

Este livro é dedicado a todos os Jamies.

Meu objetivo era tratar todo mundo ligado à Bridgewater, no passado e no presente, com civilidade e precisão, independentemente de seu grau de participação no projeto.

Entrei para o *Wall Street Journal* como estagiário em 2009 e passei a maior parte de minha carreira nele antes de ir para o *The New York Times* no fim de 2022. Enquanto eu trabalhava na sucursal de São Francisco do *Journal* alguns anos atrás, tive a sorte de conhecer uma versão melhorada de mim mesmo. Depois de seu estágio, Abigail Summerville se tornou assistente de pesquisa para este livro, um título que minimiza seus papéis como organizadora, terapeuta, esquadrão da moda, humorista de alívio cômico, redatora e verificadora de sanidade. Ela se saiu muitíssimo bem em todos eles.

No *Journal*, mais editores do que consigo contar tiveram uma participação para dar forma a sete anos de reportagens sobre a Bridgewater. Como editor-chefe, Matt Murray defendeu repetidas vezes nosso jornalismo para pessoas na Bridgewater, inclusive Ray Dalio, que fez esforços extraordinários para desestimular o trabalho. Na primeira página, Rick Brooks, Dan Kelly e Matthew Rose lidaram com as matérias mais longas e complicadas. Meus editores diretos Brad Reagan, Geoff Rogow, Russell Adams e Dan Fitzpatrick raramente se cansavam de minhas novas pautas para reportagens sobre o mesmo velho hedge fund. Seu antigo chefe, Dennis Berman, que diversas vezes insistiu que eu parasse de reclamar (isso nunca funcionou). Emma Moody foi uma mentora e um lastro desde meus dias na faculdade. No *Times*, Preeta Das, David Enrich e Maureen Farrell forneceram conselhos sábios, encorajamento e edição.

Meu primeiro parceiro de redação relacionado à Bridgewater, Bradley Hope, me iniciou nessa jornada, e Rachael Levy, posteriormente, manteve o fogo vivo. Os dois me apresentaram a contatos que se revelaram valiosos. Outros repórteres me ajudaram a administrar os eventuais altos e frequentes baixos de um projeto de livro, entre eles Eliot Brown, Liz Hoffman, Tripp Mickle e Erich Schwartzel. Jason Zweig, um aluno excelente de história financeira, enriqueceu os primeiros capítulos com feedback generoso. Um quarteto de amigos do Ensino Médio — Emily, Jess, Hulli e Sam — nunca falhou com seu entusiasmo e suas compras antecipadas.

A narrativa se beneficiou profundamente do jornalismo original de outras pessoas. Entre elas estão meus ex-colegas Michelle Celarier e Lawrence Delevingne do *Absolute Return*; Stephen Taub da *Institutional Investor*; John Cassidy da *The New Yorker*; Kevin Rose da *New York*; Alexandra Stevenson e Matt Goldstein do *The New York Times*, e Kip McDaniel, aparentemente em todos os lugares. Os bibliotecários pesquisadores da universidade onde estudei, a Universidade de Duke, forneceram assistência gratuita valiosíssima, assim como meu amigo Patrick McKenzie, ex-aluno da Harvard Business School com acesso on-line aos arquivos. Ben Kalin fez uma rigorosa verificação dos fatos durante muitos meses.

Meu grande agente, David Larabell da CAA, que viu de primeira o potencial para uma narrativa de sucesso e ficou do meu lado durante os anos que passei perambulando pela floresta literária. David me conectou com uma equipe na St. Martin's Press, que colocou toda a casa por trás deste livro, incluindo Laura Clark, Jen Enderlin, Diana Frost, Gabi Gantz, Tracey Guest, Paul Sleven, Dori Weintraub e George Witte. Nunca me preocupei com sua disposição para fazer o trabalho acontecer. O editor executivo Tim Bartlett fez o trabalho mais pesado, dedicando-se com afinco para reduzir meio século de histórias. Pronoy Sarkar foi um defensor inicial e nos ajudou a chegar a um título.

No trabalho para esta obra, frequentemente garanti àqueles que estavam envolvidos que, como caçula de cinco filhos, eu tinha muita tolerância aos castigos. Devo a meus irmãos, Donny, Debby, Deena e Bill, uma mistura de gratidão e irritação por minha casca grossa e meu sentimento de inferioridade. Devo a meus pais, os drs. Arthur e Judy Copeland, um agradecimento por algo muito maior: o coração para ignorar tudo isso. Eu amo vocês.

Rob Copeland

Nota sobre as fontes

Como qualquer outro autor ou jornalista, prefiro citar o maior número possível de pessoas abertamente. Os acordos de confidencialidade da Bridgewater, porém, me forçaram a assegurar o anonimato em muitos casos para este livro — mesmo aqueles que tinham experiências positivas ou neutras a contar. O acordo de treze páginas, que todos os funcionários têm de assinar, diz que eles não devem "durante o período de sua contratação ou qualquer momento posterior a isso depreciar a Bridgewater e/ou seus afiliados, diretores, funcionários, acionistas ou clientes, atuais ou passados, seja direta ou indiretamente, de nenhuma forma (esteja isso relacionado ao negócio da Bridgewater ou não)". O documento impede todos de discutirem "informação confidencial", que define como "qualquer informação não pública (seja oral, escrita ou contida em computadores e outras mídias)". Não é exagero dizer que funcionários correm riscos de processos se forem citados revelando a marca de café consumida no escritório, a menos que esse café tenha sido mencionado em outro lugar.

Um ex-funcionário, em um processo contra a empresa que terminou em acordo, chamou a atmosfera de um "caldeirão de medo e intimidação". Muitos outros falaram comigo em particular sobre esse sentimento.

Depois que notifiquei a Bridgewater sobre este livro, é de meu entendimento que vários ex-funcionários receberam pagamentos adicionais para não falar comigo (ou com qualquer outro jornalista), sob o que são tipicamente conhecidas como cláusulas de não depreciação. Embora Dalio, em uma entrevista de 2014, tenha dito que a Bridgewater tinha sofrido apenas três processos frívolos em sua história, sei que a empresa fez diversos acordos nos quais pagou para evitar que os casos fossem levados aos tribunais.

Durante o processo de verificação de fatos, depois que fornecemos aos representantes da Bridgewater a informação contida em meu manuscrito, diversas pessoas identificadas na narrativa — entre elas algumas que tinham anteriormente concordado em serem citadas nas entrevistas gravadas em on — me disseram que tinham sido pressionadas a negarem seus depoimentos, e me pediram que deixasse de fora sua participação. Diante da possibilidade de causar prejuízo a pessoas que tinham sido tão abertas comigo, decidi não citar nominalmente nenhum funcionário atual ou antigo da Bridgewater como fonte na bibliografia a seguir. As pessoas que estão citadas representam apenas uma pequena fração das que foram entrevistadas neste projeto.

Ray Dalio não costuma ser tímido com jornalistas, mas recusou os pedidos de uma entrevista para este livro. Ele me escreveu no começo: "Acredito, você sabe, que você tenha uma ficha longa e comprovada de não tentar transmitir a verdade, mas seleciona intencionalmente fragmentos para escrever a narrativa que quer escrever, entao presumo que seja isso o que vá fazer. Não vou discutir se minhas opiniões sobre você são justificadas, só quero ser transparente em relação ao que penso e ao que vou fazer em relação a isso".

Pouco tempo depois, a Bridgewater e Dalio contrataram não dois, mas três escritórios de advocacia de renome para enviar uma pilha de cartas ameaçadoras para meu editor sobre um livro que ainda não tinha sido escrito. As cartas eram compostas em sua maioria de ataques sem substância e pessoais, e pediam repetidamente detalhes sobre minha verificação de fatos. Eles ameaçaram um processo que iria responsabilizar a mim e a meu editor em bilhões de dólares, em suas palavras. Quando meu verificador de fatos enviou uma lista exaustiva de fatos para representantes da Bridgewater e de Dalio, recebemos uma série de respostas marcadas como confidenciais e que não deviam ser publicadas — uma condição com a qual eu nunca concordei. Basta dizer que as solicitações continham muitas críticas a mim, ao verificador de fatos e ao livro em geral, muitas das quais se resumiam a dizer que eu era burro demais para entender a glória da Bridgewater. Nós também recebemos respostas diretas sobre detalhes específicos, e eu as incluí no texto, em notas de rodapé ou no fim do livro, onde era apropriado.

Dalio disse repetidas vezes em público que um de seus pontos fracos é a "memória mecânica". Entretanto, em seu feedback sobre a verificação de fatos dado por meio de advogados, ele demonstrou uma memória convenientemente inconsistente. Com frequência, quando minhas investigações revelavam histórias positivas ou neutras, os representantes de Dalio e da Bridgewater puderam confirmar sua exatidão. Quando os fatos eram menos lisonjeiros, porém, eles alegavam que conheciam a verdade e que eu tinha entendido errado — ou apenas ignoravam completamente as perguntas. Eles reclamaram incessantemente que eu não tinha dado crédito suficiente para o histórico de resultados da Bridgewater e não ofereceram nenhuma resposta significativa sobre a performance menos impressionante ao longo dos últimos quatorze anos, um período que abrange a maior parte deste livro, pois coincide com o crescimento da imagem pública de Dalio e a evolução rápida dos Princípios.

Os representantes da Bridgewater e de Dalio (que incluíram, ao longo das investigações e redação deste livro, quatro empresas de relações públicas diferentes) pressionaram a mim e a meu editor repetidas vezes a revelar a identidade de minhas fontes, mesmo enquanto relembravam a funcionários atuais e antigos que corriam um grande risco jurídico se falassem uma palavra.

Se esses arquivos ainda existem em qualquer forma, apenas a Bridgewater tem acesso à sua Biblioteca da Transparência, que contém as gravações de acontecimentos importantes ou banais na história da empresa. Em vários casos, as pessoas mencionadas neste livro me orientaram a pedir à Bridgewater cópias das gravações para que eu pudesse descrever com maior exatidão os eventos que aconteceram com elas. Eu solicitei — e não obtive resposta. Em alguns casos, a Bridgewater me orientou a assistir a um vídeo muito editado de acontecimentos divulgado publicamente. A Bridgewater também recusou minhas repetidas solicitações de marcar entrevistas com atuais funcionários. Eu me lembro do que o autor Lawrence Wright escreveu em *A prisão da fé* sua história incrível da Igreja da Cientologia: "Um repórter só pode falar com pessoas que estão dispostas a falar com ele. Quaisquer que sejam as reclamações que a igreja tenha sobre meu trabalho, minhas limitações podem ser atribuídas à sua decisão de restringir minhas interações com as pessoas que poderiam ter fornecido depoimentos mais favoráveis".

Apesar dos ataques públicos de Dalio contra mim e meu trabalho, decidi não me incluir nominalmente como personagem do livro além do curto posfácio. Embora alguns artigos que escrevi sozinho ou com colegas sejam mencionados no texto deste livro, eu só os incluí quando as reações de Dalio foram relevantes. As provas mostram que Dalio em geral fica ultrajado com qualquer jornalista cuja reportagem sobre a Bridgewater seja menos que elogiosa.

Ao longo da última década, mais ou menos, Dalio e a Bridgewater participaram várias vezes do que eram descritos como projetos independentes de acadêmicos e escritores. Embora os trabalhos resultantes cubram aproximadamente o mesmo caminho já percorrido e sejam muito filtrados pelas lentes de Dalio, descobri que no total eles ofereceram menos insights do que se poderia esperar de sua quantidade acumulada de palavras. Uma exceção notável é *Learn or Die*, de Edward Hess, que contém uma explicação longa e equilibrada de uma versão do sistema de avaliação de funcionários da Bridgewater. Estou adicionalmente em dívida com *The Alpha Masters*, de Maneet Ahuja, por um conjunto de detalhes que não estão presentes em lugar algum. Os vídeos gravados pela Bridgewater anexados ao estudo de caso de 2013 da Harvard Business School também representam instantâneos fascinantes de uma parte da empresa.

Eu não resolvi escrever um livro, como os jovens poderiam dizer, que apenas "retuitasse" a autobiografia de Dalio. Considero o meu trabalho uma obra que se sustenta por si só. Dito isso, como fonte primária, *Princípios*, assim como as edições autopublicadas por quase uma década, e fornecidas a mim por ex-funcionários da Bridgewater, se revelaram úteis. Foram valiosos para confirmar certos dados e números iniciais, mas quase tudo o que achei fascinante sobre Dalio e a Bridgewater tinha sido esterilizado ao ponto de ofuscação — com mais frequência, inteiramente excluído. Em apenas dois de centenas de exemplos, os Leib de Park Avenue não são mencionados, enquanto a desavença entre Dalio e Jensen — cujas cicatrizes ainda resistem na empresa — é resumida em *Princípios* como "pessoas que amavam a Bridgewater resolvendo suas discussões com base na meritocracia de ideias". No livro de Dalio, não há sinal algum de reconhecimento de que a performance dos investimentos da Bridgewater na última década tenha sido menos que exemplar, e suas descrições do trading da empresa são caracteristicamente vagas.

É frequente me perguntarem sobre o que eu acho dos escritos de Dalio. Sempre respondi com honestidade que *Princípios* é uma autobiografia; não deve surpreender ninguém que ela se beneficie por, e se limite a, confiar exclusivamente no ponto de vista de seu autor.

Notas

Nota do autor

11 *vencedor do Prêmio Pulitzer:* Stewart, James B., *Disneywar:* Intrigue, Treachery and Deceit in the Magic Kingdom. Nova York: Simon & Schuster, 2005.

Introdução

14 *Ben Bernanke, o então chefe do Federal Reserve:* Bernanke Talked to Rubin, Others as Credit Crunch Turned Worse in August. Associated Press, 3 out. 2007.

14 *Uma semana após o telefonema de McDowell:* Keenan, Terry. Wall Street Wise Men. *New York Post,* 21 dez. 2008.

18 *em essência, a empresa era uma máquina:* Cassidy, John. Mastering the Machine: How Ray Dalio Built the World's Richest and Strangest Hedge Fund. *New Yorker,* 18 jul. 2011.

19 *a Bridgewater tinha ultrapassado: Alpha* Magazine Announces 2009 Hedge Fund 100, the World's Largest Hedge Funds. [Press release], 21 abr. 2009.

Capítulo 1: Lugar Maldito, 1

31 *"um membro envelhecido":* Cassidy, *op. cit.*

32 *uma nova espécie de coral:* Deepwater Canyons 2012: Pathways to the Abyss. National Oceanic and Atmospheric Administration, 10 set. 2012.

32 *bando faminto de hienas:* Dalio, Ray. *Principles.* [Edição do autor, encadernação em espiral], 2011.

35 *um perfil elogioso na* Fortune*:* O'Keefe, Brian. Inside the World's Biggest Hedge Fund. *Fortune,* 19 mar. 2009.

35 *uma segunda onda de crise chegando:* Essa tese se revelou equivocada, tanto que Dalio não mencionou isso em sua autobiografia, passando direto de 2008 para 2010.

38 *um repositório de dezenas:* Roose, Kevin. The Billion-Dollar Aphorisms of Hedge-Fund Cult Leader Ray Dalio. *New York,* 8 abr. 2011.

39 *rapidamente encontraram a trituradora de papel:* Advogados de Dalio e da Bridgewater declaram que os estudos de caso como o de Stefanova foram exibidos para funcionários e candidatos a emprego "para ajudar a transmitir a cultura da Bridgewater e dar a todos os funcionários uma chance de discutir e debater isso". Eles acrescentam: "Expressar empatia nunca levou as pessoas a obter pontuações ruins ou a serem consideradas encaixes ruins, e a empatia nunca foi considerada uma qualidade ruim". Executivos atuais e antigos da Bridgewater, entre eles alguns do recrutamento, afirmam o contrário.

39 *Ela mesmo:* Um advogado de Dalio diz que ele não se lembra de ter sido informado que Stefanova estava grávida antes da gravação do vídeo "Dor + Reflexão = Progresso".

Capítulo 2: Missy e o Viking

40 *foi um acontecimento grandioso de vários pratos:* Barclay Leib, entrevistas do autor.
40 *candelabro de cristal:* Leilão de móveis franceses. Sotheby's, 2011.
40 *lar de mais bilionários: Park Avenue: Money, Power & the American Dream.* Dirigido por Alex Gibney. Jigsaw Productions, 2012.
40 *presidente emérito:* George Carr Leib; Led Banking House. *The New York Times,* 22 jun. 1974.
41 *havia crescido em:* Obituário. *Palm Beach Post,* 4 set. 2002.
41 *Mo Dale:* Dalio, Ray. Entrevista para Stephen J. Dubner, Freakonomics Radio, 8 abr. 2018.
41 *um homem muito forte:* Dalio, Ray. In Depth with Graham Bensinger. Entrevista para Graham Bensinger, 31 jul. 2021.
42 *Sem a paciência do pai:* O'Keefe, Inside the World's Biggest, *op. cit.*
42 *jornais:* Dalio, Ray. *Principles:* Life and Work. Nova York: Simon & Schuster, 2017. [Ed. bras.: *Princípios*. Rio de Janeiro: Intrínseca, 2018.]
42 *como* caddie: Ray Dalio, One of the World's Wealthiest Men, Got His Start Carrying Clubs. *Golf,* 15 nov. 2017.
42 *sido uma fazenda:* Long Island Journal. *The New York Times,* 30 set. 1984.
42 *Por 6 dólares a bolsa:* Schwager, Jack D. *Hedge Fund Market Wizards:* How Winning Traders Win. Nova Jersey: John Wiley & Sons, 2012.
42 *Um golfista frequente:* Dalio, Ray. Masters in Business. Entrevista para Barry Ritholtz, 22 out. 2020.
42 *vinhos raros:* McCoy, Elin. How a Wall Street Exec Became the Ultimate Burgundy Wine Collector. *Bloomberg,* 2 dez. 2015.
42 caddies *evitava:* Rick Coltrera, entrevista do autor.

43	*ela permaneceu encantada:*	Leib, Barclay. [pseudônimo: David von Leib]. *Not My Grandfather's Wall Street:* Diaries of a Derivatives Trader. [S. l.]: American Star Books, 2015.
44	*ele não imaginava:*	Dalio. In Depth with Graham Bensinger, *op. cit.*
44	*média baixa:*	Dalio. *Principles*, 2011, *op. cit.*
44	*"uma faculdade comunitária muito boa":*	Gary Winnick, entrevista do autor.
44	*da empresa de cereais:*	Long Island University History. Long Island University.
44	*apenas notas máximas:*	Ahuja, Maneet. *The Alpha Masters*. [S. l.]: Wiley, 2012.
45	*ganhar dinheiro com:*	Dalio. *Principles*, 2011, *op. cit.*
45	*um "jogo fácil":*	Cassidy. Mastering the Machine, *op. cit.*
45	*uma nova identidade:*	Registro civil do condado de Nassau, entrevista do autor.
45	*"um chamado capitalista mais elevado":*	Huang, Daniel. Former NYSE Traders Look Back on the Old Days. *Wall Street Journal*, 1º set. 2014.
45	*ele estava entusiasmado:*	Ahuja. *Alpha Masters, op. cit.*
46	*sinal de queda nas ações:*	Schwager. *Hedge Fund Market Wizards, op. cit.*
46	*conciliar sua intuição:*	Ibid.
46	*chegou a ganhar:*	In Memoriam. *St. Paul's School Alumni Horae*, verão de 2018.
46	*No geral, cerca de:*	Building the Foundation: Business Education for Women at Harvard University: 1937-1970. Biblioteca Baker da Harvard Business School. [19--?].
46	*se tornaria:*	McDonald, Duff. *The Golden Passport:* Harvard Business School, the Limits of Capitalism and the Moral Failure of the MBA Elite. Nova York: Harper Business, 2017.
46	*A maior parte dos alunos era mais velha:*	Ken Freeman, entrevista com Abigail Summerville.
46	*evitou ser convocado:*	Dalio. *Principles*, 2017, *op. cit.*
47	*em geral tinham como modelo:*	Joel Peterson, entrevista com Abigail Summerville.
47	*De certa maneira:*	Ibid.
47	*Ele estava errado:*	Ahuja. *Alpha Masters, op. cit.*
48	*Ele descobriu que:*	Dalio, Ray. Ray Dalio Breaks Down His 'Holy Grail'. Entrevista para o Investopedia, 27 abr. 2019.
48	*estudos de casos reais:*	McDonald. *Golden Passport, op. cit.*
48	*como quebra-cabeças:*	Hess, Edward D. *Learn or Die:* Using Science to Build a Leading-Edge Learning Organization. Nova York: Columbia Business School Publishing, 2014.
48	*Dalio entrou sem avisar:*	Mike Kubin, entrevista do autor.
48	*foram empolgantes:*	Class Notes: '73. Compiladas por Wayne R. Vibert, *Harvard Business School Bulletin*, 1974.
49	*Boa sorte, Ray:*	Ibid.

49 *um salário de:* Dalio. *Principles*, 2017, *op. cit.*
49 *expandiu suas:* Vartan, Vartanig G. Dominick to Quit Retail Brokerage. *The New York Times*, 31 jul. 1973.
49 *principal fundo:* Dalio. *Principles*, 2011, *op. cit.*
49 *revelou ele:* Dalio, Ray. Entrevista na Stanford Graduate School of Business, 10 abr. 2019.
49 *ele foi trabalhar:* Ahuja. *Alpha Masters*, *op. cit.*
50 *grupo de criadores de gado lhe deu:* Roose. Billion-Dollar Aphorisms, *op. cit.*
50 *deu um soco na cara do supervisor: Ibid.*
50 *esperava ser demitido:* Dalio. In Depth with Graham Bensinger, *op. cit.*
50 *levou uma stripper: Ibid.*
50 *foi paga para ficar nua:* Roose. Billion-Dollar Aphorisms, *op. cit.*
50 *Então, com quase 26:* Hess. *Learn or Die*, *op. cit.*
50 *Leib ia:* Leib. Entrevistas do autor.
51 *apartamento de dois quartos: Ray Dalio*: Hedge Fund Master. [*S. l.*]: American Academy of Achievement, [19--?]
51 *dava festas:* Class Notes: '73. Compilado por Larry Schwoeri, *Harvard Business School Bulletin*, 1975.
51 *boletim de ex-alunos da HBS: Ibid.*
51 *compradores em outros países:* Um advogado de Dalio diz que ele nunca pediu dinheiro para os Leib.
51 *um negócio que pretendia:* Ahuja. *Alpha Masters*, *op. cit.*
51 *disse Dalio a Leib:* Leib, entrevistas do autor, *op. cit.*
51 *"Era mais":* Dalio, Ray. Entrevista para a American Academy of Achievement, 12 set. 2012.
51 *trabalho de consultoria:* Roose. Billion-Dollar Aphorisms, *op. cit.*
52 gado, carne, grãos: Dalio. *Principles*, 2011, *op. cit.*
52 *Leib ficou intrigado:* Leib, entrevistas do autor, *op. cit.*
52 *um museu de arte:* Nemy, Enid. A Whitney Who Shuns Glamour for a Life of Quiet Satisfaction. *The New York Times*, 30 jun. 1974.
52 *falava pouco inglês:* Dalio. *Principles*, 2011, *op. cit.*

Capítulo 3: Certeza absoluta
53 *Dalio se sentiu livre:* Ahuja. *Alpha Masters*, *op. cit.*
53 *Os recém-casados moravam:* Dalio. Entrevista para a American Academy of Achievement, *op. cit.*
53 *Barbara deu à luz:* Dalio. *Principles*, 2017, *op. cit.*
53 *seu casaco mais grosso:* Leib, entrevistas do autor, *op. cit.*

54 *Vanderbilt transformou:* Nemy. Whitney Who Shuns, *op. cit.*
54 *dissipada em festas:* Vanderbilt II, Arthur T. *Fortune's Children: The Fall of the House of Vanderbilt.* Nova York: William Morrow, 2001.
55 *gigante alimentícia Nabisco:* Ahuja. *Alpha Masters, op. cit.*
56 *Ele escrevia artigos:* A Perpetual Motion Machine: An Oral History of Bridgewater Associates' Leadership Transition. *Leaders,* out./nov./dez. 2021.
56 *em cadernos:* O'Keefe. Inside the World's Biggest, *op. cit.*
56 *colocava em uma tabela:* Hess. *Learn or Die, op. cit.*
56 *checava contra a história:* Schwager. *Hedge Fund Market Wizards, op. cit.*
56 *apostas pequenas:* Hess. *Learn or Die, op. cit.*
56 *um relatório diário com comentários sobre o mercado:* Ahuja. *Alpha Masters, op. cit.*
56 *Bunker Hunt:* Dalio. *Principles,* 2017, *op. cit.*
56 *um economista:* The Unemployment Crisis and Policies for Economic Recovery, Before the Joint Economic Committee. *Congresso dos Estados Unidos,* 97º Congresso, 2ª sessão, 15-20 out. e 24 nov. 1982. Depoimento de Raymond T. Dalio.
57 *mercados estavam turbulentos:* Graefe, Laurel. Oil Shock of 1978-79. *Federal Reserve History,* 22 nov. 2013.
57 *Dalio via as coisas de maneira diferente:* Fuerbringer, Jonathan. High Rates Called Drag on Recovery. *The New York Times,* 1º mar. 1982.
57 *Não há esperança:* Small Business Failures: Hearing Before the Subcommittee on Antitrust and Restraint of Trade Activities Affecting Small Business of the Committee on Small Business. *Câmara dos Deputados dos EUA,* 97º Congresso, 2ª sessão, 25 jun. 1982. Depoimento de Raymond T. Dalio.
57 *Contrary Opinion Forum: Prior Years' Speakers:* 1982. Contrary Opinion Forum. [S. l.], [198?].
57 *pode ser gradual:* Barron's Mailbag: Depression or Delusion? *Barron's,* 19 out. 1992.
57 *uma comissão conjunta do Congresso:* Unemployment Crisis and Policies. Depoimento de Dalio, *op. cit.*
58 *Acompanhar a economia.* Ibid.
58 *mais sombria que:* Ibid., orador: deputado Parrin J. Mitchell.
58 *Poucos analistas:* Some Analysts See Depression in '83, but Not as Bad as '30s. *Wall Street Journal,* 31 dez. 1982.
58 *Posso dizer:* Dalio. Entrevista na Stanford Graduate School of Business, *op. cit.*
58 *a recessão acabou:* Sablik, Tim. Recession of 1981-82. *Federal Reserve History,* 22 nov. 2013.
59 *"O que é um joalheiro?":* Cassidy. Mastering the Machine, *op. cit.*
60 *a melhor coisa:* Delevingne, Lawrence; Celarier, Michelle. Ray Dalio's Radical Truth. *Absolute Return,* 2 mar. 2011.

60 *uma matriz:* Hilda Ochoa-Brillembourg, entrevista do autor.
60-1 *índice de Sharpe:* Zuckerman, Gregory. *The Man Who Solved the Market*: How Jim Simons Launched the Quant Revolution. [*S. l.*]: Portfolio, 2019.
62 *proteger economias para a aposentadoria:* Ochoa-Brillembourg, entrevista do autor, *op. cit.*
62 *preços de títulos de ferrovias:* McGough, Robert. Fair Wind or Foul? *Financial World*, 2 maio 1989.
62 *Ela não sabia:* Ochoa-Brillembourg, entrevista do autor, *op. cit.*
63 *desempenho em relação:* Ahuja. *Alpha Masters, op. cit.*
63 *Dalio concordou em:* Ochoa-Brillembourg, entrevista do autor, *op. cit.*

Capítulo 4: Pure Alpha
64 *Dalio vestiu jeans:* McGough, Robert. Here's a Happy Thought. *Forbes*, 9 fev. 1987.
65 *a maior queda diária:* Metz, Tim *et al*. The Crash of '87: Stocks Plummet 508 amid Panicky Selling. *Wall Street Journal*, 20 out. 1987.
65 *jovens traders andando sem rumo:* Zweig, Jason. Remembering Black Monday: 'It Was Relentless'. *Wall Street Journal*, 29 set. 2017.
65 *as contas da empresa tinham crescido 27%:* McGough. Fair Wind or Foul?, *op. cit.*
66 *Jones tinha 250 milhões de dólares:* Lights! Camera! Buy! Sell! 'Trader' Stars Real Trader. *USA Today*, 24 nov. 1987.
66 *estimados 100 milhões de dólares:* Smith, Randall. After a Dazzling Early Career, a Star Trader Settles Down. *New York Times*, 5 mar. 2014.
66 *casa de veraneio:* Lights! Camera! Buy! Sell!, *op. cit.*
66 *volta à televisão:* Foreigners Taking Over America, *Oprah Winfrey Show*, temporada 3, episódio 121388, 13 dez. 1988.
68 *havia contratado:* Streit Takes Position at Bridgewater Group After Leaving Barnes & Co. *Securities Week*, 20 jul. 1987.
68 *Supôs que*: Um advogado da Bridgewater disse que o valor de 700 milhões de dólares incluía a conta de assessoria da empresa.
69 *investidores institucionais controlavam:* Drucker, Peter F. Reckoning with the Pension Fund Revolution. *Harvard Business Review*, mar. 1991.
69 *Rusty Olson:* Olson, Russell L. *The School of Hard Knocks: The Evolution of Pension Investing at Eastman Kodak*. [S. l.]: RIT Cary Graphic Arts Press, 2005.
69 *Mais da metade:* Ibid.
70 *na corrupção da alma econômica:* McGough. Fair Wind or Foul?, *op. cit.*
70 *uma depressão que estava por vir em 1988:* Coll, Steve. The Long Shadow of Black Monday. *Washington Post*, 28 fev. 1988.

70 *uma recessão de três anos:* McCormick, Jay. Expect a Recession? Avoid Stocks. *USA Today,* 1º jan. 1989.
70 *nova depressão:* Abelson, Alan. Up & Down Wall Street. *Barron's,* 5 nov. 1990.
70 *anunciando a depressão:* Norris, Floyd. Market Watch: Listening for a Scary Word: Depression. *The New York Times,* 13 jan. 1991.
70 *tinha ajustado seu alerta:* Dorfman, Dan. Modern-Day Version of Depression Looms, Pro Says. *USA Today,* 28 ago. 1992.
70 *é uma depressão:* Dalio, Ray. Depression, Not Recession – That Contends a Seasoned Observer, Is What We're In. *Barron's,* 12 out. 1992.
70 *a Kodak podia reduzir o risco:* Olson. *School of Hard Knocks, op. cit.*
71 *Se conseguir fazer essa coisa:* Ahuja. *Alpha Masters, op. cit.*
71 *Um novo jeito de pensar:* Cassidy. Mastering the Machine, *op. cit.*
71 *fazia amigos com facilidade:* Bruce Currie, entrevista com Abigail Summerville.
72 *Estou aprendendo muito: Ibid.*
72 *Burgess compartilhava:* Mark Collins, entrevista com Abigail Summerville.
73 *Então ele a afastou:* Rohrlich, Justin. Meet the Billionaire Investor Whose Advice Can Make You Really Rich. *Maxim,* 20 abr. 2018. Um advogado de Dalio diz que esse episódio, como descrito pela *Maxim,* não está preciso.
73 *Microsoft, o Excel:* The All-Weather Story, Bridgewater Associates.
73 *blocos amarelos:* Perpetual Motion Machine, *op. cit.*
73 *pés sobre a mesa:* Prince, Bob. In Depth with Graham Bensinger. Entrevista com Graham Bensinger, 11 nov. 2020.
74 *"um dragão que cospe fogo": Ibid.*
74 *Você confia demais em si mesmo:* Kegan, Robert; Lahey, Lisa Laskow. *An Everyone Culture: Becoming a Deliberately Developmental Organization.* [S. l.]: Harvard Business Review Press, 2016.
75 *"portfólio de hedge":* Ahuja. *Alpha Masters, op. cit.*
75 *grande sucesso:* Um advogado de Dalio disse que a empresa sempre procurou "administrar dinheiro de um jeito que supera os marcos acordados com os clientes, o que ela fez constantemente".
75 *Hedge funds remontam a 1949:* Mallaby, Sebastian. *More Money Than God:* Hedge Funds and the Making of a New Elite. Nova York: Penguin Press, 2011.
75 *"mágica": Ibid.*
76 *escolhas de ações desastrosas: Ibid.*
76 *Soros foi chamado:* Hansell, Saul. A Primer on Hedge Funds: Hush-Hush and for the Rich. *The New York Times,* 14 abr. 1994.
76 *Sinceramente:* Friedman, Thomas L. House Panel Given a Lesson in Hedge Funds. *The New York Times,* 14 abr. 1994.

77 *"os melhores 5%!":* Dalio. *Principles,* 2017, *op. cit.*
77 *Alfa, por outro lado, era:* O alfa também envolve um ajuste complicado ao risco.
77 *etiqueta reluzente, alfa:* Embora seja improvável que Dalio tenha *inventado* o uso de alfa nesse contexto, ele esteve sem dúvida entre os primeiros a vendê-lo em escala.
77 *percebera que:* Ochoa-Brillembourg, entrevista do autor, *op. cit.*
78 *Sem ficar convencida:* O fundo do Banco Mundial investiria outra vez em outros produtos da Bridgewater.
79 *Austrália:* Marc Faber, entrevista do autor.
79 *se tornou um defensor fiel:* Cassidy. Mastering the Machine, *op. cit.*
79 *Santo Graal:* Dalio. Ray Dalio Breaks Down, *op. cit.*
79 *suas três mil unidades:* A Brief McHistory. *McSpotlight.* Compilado pela McInformation Network.
79 *uma abordagem muito disciplinada:* Marc Faber. Entrevista do autor.
80 *Muitas pessoas acham:* Dalio. Ray Dalio Breaks Down, *op. cit.*
80 *um mercado em baixa:* Dorfman, Dan. Dollar, Rate Woes Have Bears Sharpening Their Claws. *USA Today,* 24 jun. 1994.
80 *um "período em que o mercado de ações dos Estados Unidos ia explodir":* Star, Marlene Givant. U.S. Markets Seen as Peaking. *Pensions & Investments,* 10 jul. 1995.
80 *"implosão deflacionária":* Webb, Sara *et al.* Industrials Lose 112 Points on Troubles Abroad – Global Stocks Slide on Fears over Economies. *Wall Street Journal,* 12 ago. 1998.
80 *acrescentasse mais dados:* Dalio. *Principles,* 2017, *op. cit.*
81 *Larry Summers chamou Dalio:* Larry Summers. Entrevista do autor.
81 *Os títulos do Tesouro:* Damodaran, Aswath. Historical Returns on Stocks, Bonds and Bills: 1928-2020. *NYU Stern School of Business,* jan. 2021.
82 *ex-professor de Prince, em Tulsa, Richard Burgess:* Quando Prince posteriormente voltou à Universidade de Tulsa para fazer uma palestra, ele disse que a Bridgewater tinha usado os modelos de negociação de Burguess, segundo recorda uma pessoa que esteve presente.
83 *Britt Harris:* All Weather Story, *op. cit.*
83 *praticamente todas as economias:* Steward, Martin. Risk Parity: The Truly Balanced Portfolio. *IPE,* jun. 2012.
83 *Dalio ganhou 225 milhões de dólares:* Em uma indicação de como Dalio ia ficar rico, quando sua remuneração caiu para 190 milhões de dólares em 2005, foi o mínimo que ele ganhou por mais quinze anos.
84 *expedições de pesca:* Cassidy. Mastering the Machine, *op. cit.*
84 *fazia snowboarding em Vermont:* O'Keefe. Inside the World's Biggest, *op. cit.*

84 *uma nova sede:* Ahuja. *Alpha Masters, op. cit.*
84 *Comentou que detestava:* Dugan, Ianthe Jeanne; Raghavan, Anita. The Atlas of New Money. *Wall Street Journal,* 16 dez. 2006.
84 *Eca: Ibid.*
85 *A maturidade é a habilidade:* Perpetual Motion Machine, *op. cit.*

Capítulo 5: Causa raiz
87 *46 anos:* Burr, Barry B. Harris Exiting Verizon. *Pensions & Investments,* 15 nov. 2004.
87 *filho de um pastor batista:* Brull, Steven. Return of the Native. *Alpha,* 23 jan. 2009.
87 *não podia mais gerir a empresa:* Burr. Harris Exiting Verizon, *op. cit.*
87 *amigo próximo:* Brull. Return of the Native, *op. cit.*
88 *falou Dalio ao anunciar:* Ray Dalio Taps Britt Harris to Fill Newly Created CEO Position at Bridgewater Associates. *Business Wire,* 5 nov. 2004. [Press release]
88 *Dalio permanecia como:* Burr. Harris Exiting Verizon. *op. cit.*
88 *se tornou cliente da Bridgewater:* The World's Smallest US $74 Billion Manager. *Global Investor,* out. 2004.
90 *"o inferno na Terra":* Harris, Britt. [*Correspondência*] Letter From Britt Harris, sem data.
90 *Seu pai tinha morrido:* Brull. Return of the Native, *op. cit.*
90 *recordou Harris: Ibid.*
91 *"Depois de seis meses de reflexão":* Karman, Craig. Major Texas Pension Makes a Big Push into Hedge Funds. *Wall Street Journal,* 14 jul. 2007.
91 *tratamento intensivo de depressão:* Harris diz que seu trabalho na Bridgewater "não teve papel importante" em sua depressão, "embora a falta de compaixão quase inimaginável [...] de uma pequena minoria [lá] com certeza não tenha ajudado".
91 *Um bom gestor tem:* Dalio. *Principles,* 2017, *op. cit.*
91 *registro de problemas:* Feloni, Richard. Ray Dalio Started Bridgewater in His Apartment and Built It into the World's Largest Hedge Fund. Here Are 5 Major Lessons He's Learned over the Past 44 Years. *Business Insider,* 2 jul. 2019.
92 *Dalio citava com frequência:* Dalio. *Principles,* 2011, *op. cit.*
92 *todos que soubessem: Ibid.*
92 *denunciado por alguém:* Roose. Billion-Dollar Aphorisms, *op. cit.*
94 *Uma gestora recém-promovida:* Dalio, Ray. *Principles,* 2009 [edição do autor].
95 *"Então, o que é sucesso?": Ibid.*
95 *escreveu aos funcionários: Ibid.*
96 *uma versão anterior dos Princípios: Ibid.*

96   *Sei que sou bem radical:* Ibid.
96   *um rascunho:* Ibid.
96   *E o fundador prosseguiu:* Ibid.
97   *"ao outro lado":* Hess, *Learn or Die, op. cit.*
97   *Muitos dos Princípios impunham uma doutrina:* Dalio. *Principles,* 2009, *op. cit.*
98   *anunciou ele posteriormente:* Ibid.
99   *Decoravam:* Um advogado da Bridgewater diz: "Até onde sabemos, ninguém nunca decorou Os Princípios, o que seria uma tarefa significativa levando-se em conta o número deles".

Capítulo 6: A grande crise
100   *a tendência esquisita:* Chris Cueman, entrevista do autor.
100   *Ele se saiu muito bem:* Greg Jensen, biografia oficial da Bridgewater.
100   *Jensen entrou para uma fraternidade:* Jensen, Greg. 'Unparalleled Excitement' Reigns at Zeta Psi. *Hanover Zete,* inverno de 1995.
101   *Um cartaz:* Victor, Ryan. 'Rush Terrorists' Irresponsible. *Dartmouth,* 4 out. 1993.
101   *manter a geladeira de barris de cerveja:* Jensen. 'Unparalleled Excitement', *op. cit.*
102   *um amigo da família na China:* Dalio. *Principles,* 2009, *op. cit.*
102   *Paul, era bipolar:* Hoffman, Barbara. I'm a Bipolar Man – and Katie Holmes Is Playing Me in a Movie. *New York Post,* 18 fev. 2016.
104   *indicador interno de crise:* Kurdas, Chidem. Fed Decision Doesn't Settle Dilemma. *HedgeWorld News,* 20 set. 2006.
104   *via em declínio economias ocidentais sólidas*: Bipolar Disorder. *Barron's,* 13 jun. 2005.
104   *sugar com força um canudinho:* Van Wyngen, Gerry. Cycle 'About to Turn', *Business Review Weekly,* 6 out. 2005.
105   *Dalio ganhou:* Anderson, Julie; Creswell, Julie. In the Race for Riches, Hedge Fund Managers Top Titans of Wall Street. *New York Times,* 24 abr. 2007.
105   *publicada no dia seguinte:* Leonhardt, David. Worth a Lot, but Are Hedge Funds Worth It? *New York Times,* 23 maio 2007.
106   *Dalio falou com outro repórter:* Ward, Sandra. Liquidity, Leverage and Their Looming Risks. *Barron's,* 28 maio 2007.
107   *pistoleiros, como John Paulson:* Zuckerman, Gregory. 'Greatest Trade': How You Can Make $20 Billion. *Wall Street Journal,* 15 nov. 2009.
107   *Eles não viam diferença:* Mingardi, Alberto. George Soros, Speculator and Proud. *EconLog,* 15 mar. 2014.
107   *"Essa não é uma crise econômica":* Dunstan, Barry. A Mighty Purge Is Under Way. *Australia Financial Review,* 17 ago. 2007.

107 *"grande ajuste do mercado financeiro":* Dalio posteriormente citaria esta observação apenas em parte em seu livro *Principles for Navigating Big Debt Crises*, em um capítulo que diz que ele previu a crise financeira. Dalio deixa a expressão "a grande", mas omite "essa não é uma crise econômica".

107 *Bridgewater previu que o dano seria pequeno:* Kurdas, Chidem. Recent Losses No Bloodbath, but Worse May Come. *HedgeWorld News*, 9 ago. 2007.

108 *Qualquer problema:* Dunstan. Mighty Purge, *op. cit.*

108 *Eric Clapton:* Arts, Briefly: Secret Clapton Concert in the Works. *New York Times*, 13 jun. 2007.

108 *"Se a economia cair":* Cassidy. Mastering the Machine, *op. cit.*

108 *Dalio chegou à reunião:* How Bridgewater Navigated the 2008 Financial Crisis. Bridgewater Associates, 2018.

108 *surpreendendo o presidente do banco, Timothy Geithner:* Dalio. *Principles*, 2017, *op. cit.*

109 *futuro secretário do Tesouro:* Quando chegou à Casa Branca alguns meses depois, Geithner valorizou sua posição com seu chefe usando Dalio. Depois que a equipe de Geithner produziu números públicos sobre quanto dinheiro seria necessário para escorar as principais instituições financeiras, Geithner foi até o Salão Oval com uma cópia do *Daily Observations* e a entregou ao presidente Obama. "Nós concordamos!", dizia a pesquisa. "Os reguladores fizeram um trabalho excelente para explicar exatamente o que fizeram para esse stress test, e eles mostraram os números que produziram os resultados. Eles fizeram exatamente o mesmo que nós."

109 *apostou contra o dólar:* Cassidy. Mastering the Machine, *op. cit.*

109 *o hedge fund comum perdeu 18%:* Hedge Funds Took a Serious Hit in 2008. *Associated Press*, 12 jan. 2009.

109 *terminou o ano com uma alta de cerca de 9%:* Meyer, Gregory. Managed Futures Gained, Left Hedge Funds in Dust in 2008. *Dow Jones Newswires*, 9 jan. 2009.

109 *acabou ganhando 780 milhões de dólares:* Story, Louise. Above the Storm: Some Fund Managers Rake It In. *International Herald Tribune*, 26 mar. 2009.

109 *o principal hedge fund do mundo: Alpha* Magazine Announces, 2009, *op. cit.*

Capítulo 7: O Mirante

114 *assistente pessoal de Dalio:* O'Grady, Kathleen. What Ray Dalio Taught Me About Authentic Leadership and Taxidermy. *Authentic Leadership Advisors*, [20--?].

118 *olhou na direção das portas:* Murray, Eileen. *Things I Didn't Learn in School*. Entrevista com Paul Podolsky, 27 jan. 2021.

Capítulo 8: O Vassal

122 *modo depressão:* McDaniel, Kip. Is Ray Dalio the Steve Jobs of Investing? *Chief Investment Officer,* 13 dez. 2011.

122 *Dalio acreditava:* O'Keefe. Inside the World's Biggest, *op. cit.*

123 *Jen Healy:* Healy na época usava o nome de solteira, Pelzel. Ela se casaria novamente e adotaria o sobrenome Healy. Em nome da simplicidade, ela é mencionada sempre neste livro como Healy.

123 *"minha filha":* Um advogado do sr. Dalio diz que ele não se referia a Jen Healy como filha. Healy também diz que nunca o ouviu usar o termo.

123 *um suéter novo nada lisonjeiro:* Healy escreveu um e-mail no qual se lembra de ter discutido sobre um suéter feio apenas como hipotético. Duas pessoas que falaram com ela sobre isso, na época, discordam, dizendo que foi uma reação à roupa específica de uma colega.

124 *rabiscaria:* Howe, Alex. Behold the All-Important Squiggle That Guides the Decisions at the Biggest Hedge Fund in the World. *Business Insider,* 4 nov. 2011.

125 *Os que utilizassem demais:* Um advogado da Bridgewater diz que o impacto sobre os bônus por não fornecer feedback crítico era "praticamente nenhum".

125 *essas duas partes do cérebro:* Dalio, Ray. Twitter, 11 jun. 2019.

125 *Dalio disse uma vez em público:* Dalio, Ray. *Principle of the Day.* LinkedIn, [20--?].

125 *Por meio de meditação:* Swift, Mary. Billionaire Ray Dalio Credits Meditation for Success. *Transcendental Meditation,* 28 nov. 2014.

125 *subsidiar aulas de meditação*: The World's Largest Hedge Fund Reimburses Employees Half the Cost of $1,000 Meditation Lessons. *Business Insider,* 10 nov. 2016.

125 *comparando-se ao Dalai Lama:* Dalio. Principles, 2017, *op. cit.*

126 *A pergunta que o acompanhava:* Documento interno da Bridgewater.

126 *levava horas para ser terminada:* Levin, Bess. Bridgewater Associates Suggests Fate Worse than Firing in Store for Hyenas Caught Cheating on Day-Long Principles Exam. *Dealbreaker,* abr. 2012.

128 *um maço de 67 cartas:* Scheef, Devon. Deck for Success. *Training & Development,* v. 47, n. 9, set. 1993.

128 *"um dos escolhidos":* Eichinger, Bob. E-mail para Ben Kalin. Eichinger diz que, devido à idade, ele tem memória fraca. Ele afirma que outros eventos descritos envolvendo-o podem ser verdade, mas ele não se lembra.

129 *classificava as pessoas:* Feloni, Richard. These Are the Personality Tests You Take to Get a Job at the World's Largest Hedge Fund. *Business Insider,* 26 ago. 2016.

129 *foi classificado como FNTP:* Dalio, Ray. Twitter, 8 out. 2018.

131 *no primeiro mouse da Apple:* Mikel, Betsy. How the Guy Who Designed 1 of Apple's Most Iconic Products Organizes His Office. *Inc.,* 24 jan. 2018.

131 *que se demitia:* Eichinger diz que não se demitiu, entretanto, Dalio e a Bridgewater pararam de usar seus serviços.
132 *só sairia dali em um caixão:* Copeland, Rob; Hope, Bradley. Bridgewater, World's Largest Hedge Fund, Grapples with Succession. *Wall Street Journal*, 26 mar. 2016.
132 *Dalio escreveu para alertar:* Forsyth, Randall W. Will We Be Zimbabwe or Japan? *Barron's*, 23 maio 2009.
132 *chegando a 277:* Delevingne; Celarier. Ray Dalio's Radical Truth, *op. cit.*
132 *Tom Adams:* Copeland; Hope. Bridgewater, World's Largest, *op. cit.*
132 *Julian Mack:* Goldsborough, Bob. McKinsey's Julian C. Mack Selling Winnetka Home. *Chicago Breaking Business*, 14 jun. 2020.
133 *um terço dos funcionários:* Dalio, Ray. Company Culture and the Power of Thoughtful Disagreement. Entrevista com Andrew Ross Sorkin. *Conferência New York Times DealBook*, 12 dez. 2014.
133 *"Nos cinco anos":* O e-mail de Arnold "Smoke at Bwater" foi longo. Trechos foram incluídos.
136 *Prince, como contou, tinha acumulado uma dívida:* Advogados de Dalio e da Bridgewater dizem que Prince nunca ficou "afundado em dívidas" com Dalio. Eles dizem que o sr. Prince tinha opções para comprar ações da Bridgewater e, para executá-las, pegou um empréstimo bancário de 10 milhões de dólares e pagou o empréstimo com dividendos dessas ações. Um representante de Prince deu mais detalhes.
136 *megaigreja:* Loos, Ted. The Spiritual and Spectacular Meet at an Ultramodern Community Center in Connecticut. *New York Times*, 16 out. 2015.
137 *em 2010:* Sherman, Russell. *Bridgewater Fact Check*. E-mail para Rob Copeland, 3 mar. 2016.
137 *"ministro/mentor":* Cassidy. Mastering the Machine, *op. cit.*
138 *Por 7 milhões de dólares por ano:* Comey, James. Executive Branch Personnel Public Financial Disclosure Report. *U.S. Office of Government Ethics*, jun. 2013.
138 *"padrinho":* Copeland, Rob; Hope, Bradley. The World's Largest Hedge Fund Is Building an Algorithmic Model from Its Employees' Brains. *Wall Street Journal*, 22 dez. 2016.

Capítulo 9: Comey e os casos
139 *foi parar nas manchetes:* Eggen, Dan; Kane, Paul. Gonzales Hospital Episode Detailed. *Washington Post*, 16 maio 2007.
140 *"parceiro de esqui":* Feloni, Richard. Billionaire Investor Ray Dalio Explains How to Avoid Micromanaging. *Business Insider*, 10 nov. 2014.

140 *um "falastrão":* Copeland; Hope. World's Largest Hedge Fund, *op. cit.*
140 *podia fazer:* Um advogado de Dalio nega que ele tenha alguma vez chamado Comey de "falastrão".
143 *Como dizia um deles:* O Princípio continuava: "um percentual mais alto do que você imagina vai trapacear se tiver uma chance, e a maioria das pessoas que têm a escolha de serem 'justas' ou se beneficiar vai escolher se beneficiar. Mesmo um pouco de desonestidade é intolerável, por isso sua felicidade e seu sucesso vão depender de seus controles. Controles de segurança devem ser vistos como uma ferramenta necessária de nossa profissão, e não como uma afronta pessoal à integridade de alguém".
143 *Um ex-agente do FBI:* Cummings, Arthur. Perfil no LinkedIn.
144 *Mesmo para incluir um anexo:* Bridgewater Associates, LP vs. Lawrence Minicone e Zachary Squire. *American Arbitration Association Employment Arbitration Tribunal*, prova 1, 14 jul. 2020.
144 *A equipe de investimento era proibida:* Stevenson, Alexandra; Goldstein, Matthew. Bridgewater's Ray Dalio Spreads His Gospel of 'Radical Transparency'. *The New York Times*, 8 set. 2017.
145 *mais de um milhão de candidaturas de emprego:* Loos, Enguerran. How Selective Are Bain, BCG and McKinsey Through the Application Process. *CaseCoach*, 5 ago. 2019.
145 *centenas de novas contratações:* Stevenson, Alexandra; Goldstein, Matthew. Bridgewater, World's Biggest Hedge Fund, Is Said to Be Slowing Hiring. *The New York Times*, 17 jul. 2016.
146 *questões polêmicas:* Delevingne; Celarier. Ray Dalio's Radical Truth, *op. cit.*
146 *registros dentários:* Comstock, Courtney. Here's Another Example of Ray Dalio's Weird Bridgewater 'Pursuit of Truth' Management Style. *Business Insider*, 2 mar. 2011.
150 *o caso dos quadros brancos:* Copeland; Hope. Bridgewater, World's Largest, *op. cit.*
151 *Ray-man:* Jones, Sam; McCrum, Dan. The Billionaire Ray-man Who Plays by His Own Rules. *Financial Times*, 2 mar. 2012.
153 *chegou um e-mail do próprio Dalio:* Dalio, Ray. E-mail para David Manners-Weber, entre outros, quarta-feira, 14 set. 2011, às 16h14.

Capítulo 10: A ofensiva

154 *O blog apresentou:* Levin, Bess. Bridgewater Associates: Be the Hyena. Attack the Wildebeest. *Dealbreaker*, 10 maio 2010.
155 *O bilionário disse ao repórter:* Corkery, Michael. Money Talks: A Hedge-Fund King Philosophizes on Truth and Weasels. *Wall Street Journal*, 19 jun. 2010.

160 *As ações do hedge fund em ativos:* Corkery, Michael. Big Win for a Big Bear. *Wall Street Journal,* 22 out. 2010.

160 *Uma versão alavancada:* Delevingne; Celarier. Ray Dalio's Radical Truth, *op. cit.*

160 *mais de 3 bilhões de dólares: Ibid.*

160 *Ainda sob a influência do impacto:* Cassidy. Mastering the Machine, *op. cit.*

161 *círculo de jornalistas:* Uma dessas repórteres, Carol Loomis, da *Fortune,* durante décadas falou com Buffett quase todos os dias e editava suas cartas para os investidores, gratuitamente, enquanto permanecia contratada pela revista.

162 *A capa da edição seguinte:* McDaniel. Is Ray Dalio the Steve Jobs?, *op. cit.*

162 *A publicação seguinte:* Austen, Ben. The Story of Steve Jobs: An Inspiration or a Cautionary Tale? *Wired,* 23 jul. 2012.

163 *A resposta veio da equipe:* Um advogado do sr. Dalio diz que "ele nunca quis que uma biografia sua fosse escrita, nem pediu para que o sr. Isaacson escrevesse uma.

163 *A decepção de Dalio foi evidente:* Diversos ex-funcionários da Bridgewater disseram que lhes contaram sobre Isaacson se recusar quando foi convidado a escrever a biografia de Dalio; Isaacson diz que não se lembra de lhe fazerem esse pedido.

163 *Dalio era um doador:* Dalio Philanthropies. InfluenceWatch, *op. cit.*

163 *Instituto Aspen: New Trustees Elected to Aspen Institute Board.* Instituto Aspen, 5 maio 2010.

163 *McCormick ligou para o jornalista:* Walter Isaacson, entrevista do autor.

165 *o apresentador de TV Charlie Rose:* Dalio, Ray. Entrevistado por Charlie Rose. *Charlie Rose,* 20 out. 2011.

166 *em instantes:* Charlie Rose, entrevista do autor.

166 *Eu estava bastante ocupado: Ibid.*

166 *revisar o resultado:* Maneet Ahuja, entrevista do autor. Ahuja diz que ofereceu os mesmos termos a todas as pessoas entrevistadas para o livro.

166 *Ahuja aceitou sua exigência:* Ahuja disse que ofereceu os mesmos termos a outros gestores de hedge funds entrevistados para seu livro.

166 *acompanharam reuniões da Bridgewater:* Grant escreveu um e-mail no qual disse que estava ocupado demais para ser entrevistado: "Minha análise da cultura da Bridgewater teve base em meu julgamento independente como cientista social".

167 An Everyone Culture: Kegan; Lahey. *Everyone Culture, op. cit.*

167 Originais: Grant, Adam. *Originais:* How Non-Conformists Move the World. Nova York: Penguin, 2016.

167 *vídeos editados: Ibid.*

Capítulo 11: Fábrica de verdades

171 *"condicionamento para o sucesso":* Robbins, Tony. Personal Power: A 1990's Infomercial Featuring Tony Robbins and Fran Tarkenton. *YouTube*, 19 abr. 2021.
172 *um arquétipo de recrutamento:* Cassidy. Mastering the Machine, *op. cit.*
172 *disse Kuran:* Kuran, Kent. E-mail para HR_ExitInterviews, Vincius Silva, quarta-feira, 4 ago. 2010, às 15h33.
174 *Karniol-Tambour:* Karniol-Tambour é seu nome de casada; ela era solteira na época.

Capítulo 12: Sexo e mentiras em vídeo

178 *escritório de auxílio financeiro:* Financial Aid Office Renamed in Honor of Ken Griffin. *Harvard Gazette,* 10 out. 2014.
178 *por 400 milhões:* Harvard Receives Its Largest Gift. *Harvard Gazette,* 3 jun. 2015.
178 *Concebidos pela primeira vez: HBS History,* Biblioteca Baker na Harvard Business School.
178 *estudos de caso da HBS: The HBS Case Method,* Harvard Business School.
178 *acostumados a serem abordados:* Heidi K. Gardner, entrevista do autor.
180 *um conjunto habitacional:* Podolsky, Paul. *Things I Didn't Learn in School.* Podcast, 21 jan. 2021.
180 *baleado na cabeça: Ibid.*
185 *"Tudo parece maior":* Dalio, Ray. Twitter, 19 out. 2018.
186 *Os vídeos anexados:* Polzer, Jeffrey T.; Gardner, Heidi K. *Bridgewater Associates (Multimídia Case).* Harvard Business Publishing, 10 maio 2013.
190 *conversa em torno da fogueira:* Stevenson; Goldstein. Bridgewater's Ray Dalio Spreads, *op. cit.*
192 *velho antagonista:* Levin. Bridgewater Associates Suggests Fate, *op. cit.*
192 *responsável pelo vazamento:* Teste interno dos Princípios da Bridgewater.
193 *conclusões do próprio Jensen: Ibid.*
193 *Por que Jim está indo embora?:* Comey, Jim. E-mail para a Bridgewater, 3 out. 2012, 13h50. Esse e-mail foi enviado pela primeira vez por Comey em 26 de fevereiro de 2012, para uma pequena lista de chefes de departamento, explicando que ele achava que aquele seria seu último ano na Bridgewater. Depois que a decisão foi finalizada, ele o enviou para toda a empresa em 3 de outubro de 2012, como forma de se explicar.
194 *"Eu vou ser melhor":* Quando Comey tomou posse como diretor do FBI, Dalio, Jensen e McCormick foram convidados para a cerimônia. Murray não foi. Dalio disse na época: "O presidente Obama não podia ter escolhido um homem com mais integridade ou uma liderança moral mais forte que Jim Comey".

Capítulo 13: A máquina

197 *a* Time *incluiu:* Volcker, Paul. The World's 100 Most Influential People: 2012. *Time,* 18 abr. 2012.

197 *uma mensagem urgente:* Kubin, entrevista do autor, *op. cit.*

198 *os destroços:* Broad, William J. A New Ship's Mission: Let the Deep Sea Be Seen. *New York Times,* 17 set. 2020.

198 *Essa última expedição: Monster Squid: The Giant Is Real.* Dirigido por Leslie Schwerin, Discovery Channel e NHK, 2013.

198 *remuneração anual de Dalio:* Spechler, Lori. Wall Street's Highest Paid Hedge Fund Managers. CNBC, 30 mar. 2012.

200 *Assim como os corpos humanos:* Dalio, Ray. *How the Economic Machine Works.* YouTube, 2013.

200 *Uma das filosofias que animava Ferguson:* Skidelsky, William. Niall Ferguson: 'Westerners Don't Understand How Vulnerable Freedom Is'. *Guardian,* 19 fev. 2011.

200 *A esperança de Ferguson se desfez:* Niall Ferguson. Entrevista do autor.

201 *as anotações que tinha feito*: Ghosts in the Machine: Notes on 'How the Economic Machine Works – Leveragings and Deleveragings'. Documento interno da Greenmantle, 2012.

203 *Transport for London:* Wilkes, Tommy. Transport for London Tunnel Cash into Hedge Funds. Reuters, 6 dez. 2012.

203 *falou ele a clientes:* Chung, Juliet. Bridgewater to Launch New Hedge Fund. *Wall Street Journal,* 4 fev. 2013.

203 *"transição planejada":* Copeland; Hope. Bridgewater, World's Largest, *op. cit.*

204 *Colecionador de Pontos:* Hess. *Learn or Die, op. cit.*

204 *em Singapura:* Shyan, Lee Su. Hedge Fund Boss and His 'Radical' Philosophy. *Straits Times,* 14 out. 2014.

205 professores aposentados do Texas*:* The Face on the Wall Street Milk Carton. *Grant's Interest Rates Observer,* 6 out. 2017.

206 *a residência mais cara:* A casa foi comprada por meio de uma LLC, segundo pessoas que tiveram conhecimento da venda.

206 *venda da casa:* Dalio comprou a Copper Beech Farm por meio de uma LLC, mas não está claro se chegou a se mudar para lá.

207 *as regras de Ray: CBS This Morning,* 30 jan. 2014.

Capítulo 14: Prince

212 *problemas jurídicos:* Rubin, Ben Fox. Accretive Health Reaches $2.5 Million Settlement with Minnesota. *Wall Street Journal,* 30 jul. 2012.

215 *Em junho de 2013*: Dalio, Ray. *Triangulate Your View: Ray and Bridgewater Face Ray's Mortality*. Aplicativo dos Princípios, sem data.
216 *ele ganhou um total de 815 milhões:* Taub, Stephen. E-mail para o autor, 22 jun. 2022.
217 *lhe emprestava:* Como aconteceu com a dívida de Prince, a de Jensen pode ter tido origem na Bridgewater ou em entidades relacionadas pertencentes a Dalio na época e controladas por ele.
218 *O grupo concordou:* Um advogado da Bridgewater declarou que Jensen nunca apresentou uma garantia para o empréstimo, nem hipotecou sua casa para fazer isso. O advogado disse que "ele assumiu o compromisso de investir parte de sua renda na Bridgewater por meio da compra de ações da Bridgewater, como parte de uma transferência mais ampla da propriedade do sr. Dalio para outras pessoas, com a duração de décadas".
219 *um tratado de 83 páginas:* Corkery. Money Talks.
219 *aumentado para 110 páginas:* Delevingne; Celarier. Ray Dalio's Radical Truth, *op. cit.*
219 *uma versão impressa:* Dalio. Principles, 2011, *op. cit.*
219 *como um psicólogo:* Burton, Katherine; Kishan, Saijel. Dalio's Quest to Outlive Himself. *Bloomberg*, 10 ago. 2017.
219 *comentada:* Um advogado de Dalio diz sobre o Book of the Future: "Ele nunca foi comentado de maneira frequente na empresa [...]. Esse projeto se transformou no aplicativo Principles in Action, que tem dezenas de milhares de usuários e atualmente é um aplicativo disponível na loja do iOS com uma nota de 4,9 (sendo 5 a nota máxima) dada por avaliadores".
222 *mais de vinte anos:* Clifford, Catherine. 4 Keys to Launching a Successful Business, According to This Entrepreneur Who Sold Siri to Steve Jobs. *CNBC*, 24 maio 2017.
222 *Ferrucci declarou publicamente:* Lohr, Steve. David Ferrucci: Life After Watson. *The New York Times*, 6 maio 2013.
223 *Dalio faturou, em 2014:* Taub. E-mail para o autor, *op. cit.*
226 *disse Dalio para defensor da autoajuda:* Canal, Emily. Why Bridgewater Founder Ray Dalio Believes His Company Is Like an 'Intellectual Navy SEALs'. *Inc.*, 20 set. 2017.
227 *joelho exposto:* Cline diz que não se lembra desse incidente.
231 *um acordo de mais de 1 milhão:* Copeland, Rob. Bridgewater Paid Over $1 Million to Employee Pushed Out After Relationship with Dalio's Protégé. *Wall Street Journal*, 7 nov. 2017.
231 *Greg Jensen recebeu:* Taub. E-mail para o autor, *op. cit.*

Capítulo 15: Atire em quem você ama

234 *Stefanova contou a Dalio:* Um advogado de Dalio diz que Stefanova não o notificou de sua acusação contra Jensen até que ela fosse demitida.

236 *um acordo bipartidário:* Prior, Jon; Cirilli, Kevin. Leaders Reach Housing Finance Deal. *Politico,* 11 mar. 2014.

236 *sem permissão:* Orr, Leanna. The Untold Story of Katina Stefanova's Marto Capital. *Institutional Investor,* 2 mar. 2020.

237 *um segundo caso: Ibid.*

Capítulo 16: Inteligência artificial

243 *antes do fim do ano de 2014:* Campbell disse que o resumo de seu tempo na Bridgewater não era preciso, mas ele se recusou a especificar quais aspectos eram imprecisos.

246 *espiões tecnológicos:* Fortson, Danny. Palantir, the Tech Spooks Who Found bin Laden, Are Helping BP Find Oil. *Sunday Times,* 26 out. 2019.

247 *primeiro passo:* Ferrucci, David *et al.* Building Watson: An Overview of the DeepQA Project. *AI Magazine,* outono 2010.

247 *Ferrucci e sua equipe:* Ferrucci se recusou a dar entrevista. Por meio de uma porta-voz, ele afirmou que não usou um dicionário para procurar as definições dos atributos de personalidade.

248 *em uma reunião com Dalio:* A porta-voz de Ferrucci escreveu: "Ray e Ferrucci discordavam com regularidade e debatiam abertamente, às vezes chegando a uma solução, às vezes, não, mas sempre respeitando um ao outro e suas respectivas opiniões, e sempre aprendendo um com o outro".

250 *Elemental Cognition:* Knight, Will. Watson's Creator Wants to Teach AI a New Trick: Common Sense. *Wired,* 9 maio 2020.

Capítulo 17: Sem Princípios

252 *Banco Central da Suíça:* MacLucas, Neil; Blackstone, Brian. Swiss Move Roils Global Markets. *Wall Street Journal,* 15 jan. 2015.

252 *um grande hedge fund:* Burton, Katherine. Swiss Franc Trade Is Said to Wipe Out Everest's Main Fund. *Bloomberg,* 18 jan. 2015.

252 *versão alavancada:* Dowden, Katy. Absolute Return Top 40: January 2015. *Absolute Return,* 17 fev. 2015.

253 *comemorar com estilo:* Bridgewater's 40th Anniversary. Bridgewater Associates, 2018.

253 *É um presente:* Bridgewater Celebrates Its 40th Anniversary. Bridgewater Associates, 4 out. 2022.

254 *maiores fraquezas:* Um advogado de Dalio diz que a ideia do bastão teve origem em uma "equipe comunitária" da Bridgewater. O advogado afirma que Dalio "não sugeriu nem apoiou a ideia" de recém-chegados se dirigirem ao totem.
255 *outra guerra civil:* Cavaliere, Victoria. Bridgewater Founder Ray Dalio Says the US Is on the 'Brink of a Terrible Civil War' Because of Wealth Gaps and Political Partisanship". *Insider*, 24 jan. 2021.
255 *"médico de economias":* Copeland, Rob; Hope, Bradley; Areddy, James T. Bridgewater to Launch Big Investment Fund in China, Three Decades in the Making. *Wall Street Journal*, 8 set. 2017.
255 *governo de partido único:* Yoshida, Wataru; Tani, Mayuko; Kukuchi, Tomomi. A Legacy of Controversy and Accomplishment. *Nikkei Asia*, 26 mar. 2015.
255 *"herói icônico":* Hooi, Joyce. Remembering a True Giant of History. *Business Times*, 24 mar. 2015.
256 *os homens discutiram:* Dalio. *Principles*, 2017, op. cit.
256 *O líder, defendeu Lee:* Dalio. In Depth with Graham Bensinger, op. cit.
256 *Herman Gref:* Gref posteriormente foi incluído em uma lista americana de sanções para oligarcas russos.
257 *um vídeo de 2019:* Dalio, Ray. Entrevista com Jim Haskel, 6 ago. 2019.
257 *O bilionário visitou a China pela primeira vez:* Dalio, Ray. *Looking Back on the Last 40 Years of Reforms in China*. LinkedIn, 3 jan. 2019.
257 *família em Beijing:* Ibid.
258 *estreitaram os olhos:* Ibid.
258 *Eu vou doar:* Não está claro como ou se Dalio manteve essa promessa. Em 2014, Dalio criou a Fundação de Bem-Estar Público de Beijing, cujas finanças não são públicas.
259 *O país estava ampliando:* Chin, Josh; Wong, Gillian. China's New Tool for Social Control: A Credit Rating for Everything. *Wall Street Journal*, 28 nov. 2016.
259 *"cultura de sinceridade":* Lubman, Stanley. China's 'Social Credit' System: Turning Big Data into Mass Surveillance. *Wall Street Journal*, 20 dez. 2016.
259 *"autocrítica":* Chi-yuk, Choi. China's Politburo Holds Two-Day Self-Criticism Session as Xi Jinping Garners Fresh Pledges of Fealty. *South China Morning Post*, 27 dez. 2017.
260 *a joia da coroa:* Copeland; Hope; Areddy. Bridgewater to Launch, op. cit.
261 *mensagem a clientes:* Dalio, Ray; Dinner, Mark. *Daily Observations*, 11 mar. 2015.
261 *sangrava aos poucos:* Taub, Stephen. Bridgewater Funds Suffer Setback in Second Quarter. *Institutional Investor's Alpha*, 21 jul. 2015.
262 *"Nossa visão sobre a China":* Copeland, Rob; Lamar, Mia. Giant Hedge Fund Bridgewater Flips View on China: 'No Safe Places to Invest'. *Wall Street Journal*, 22 jul. 2015.

262 *hackers chineses:* Copeland; Hope; Areddy, Bridgewater to Launch, *op. cit.*
262 *pronunciamento em que recuava:* Copeland, Rob. Bridgewater Backpedals on China Call. *Wall Street Journal*, 23 jul. 2015.
263 *nenhum salto alto:* A regra do salto alto foi rescindida depois que uma funcionária sugeriu que talvez fosse discriminatória.
263 *Dalio demitiu Culp:* Culp viria a se tornar CEO da General Electric. Ele nunca confirmou publicamente sequer que trabalhou na Bridgewater, muito menos discutiu a experiência. O hedge fund não está listado em sua biografia oficial na General Electric.
267 *"lei marcial":* Dalio, Ray. Twitter, 18 abr. 2022. Disponível em: https://twitter.com/RayDalio/status/1625870916180738051. Acesso em: 24 fev. 2025.
267 *um novo Princípio:* Copeland; Hope. World's Largest Hedge Fund, *op. cit.*
268 *estatuto da empresa:* Burton; Kishan. Dalio's Quest.
268 *escrito no estatuto:* Um advogado de Dalio diz que Jensen não foi formalmente impedido de se tornar CEO de novo.

Capítulo 18: O modo de ser
269 *tinha sete quartos:* Warren, Katie. A Former Apple and Bridgewater Exec Is Selling His Mexico Mansion for $20 Million. *Insider*, 8 jul. 2019.
270 *nunca mergulhava fundo:* Isaacson, Walter. *Steve Jobs*. Nova York: Simon & Schuster, 2011.
270 *nunca mais voltaram:* Ibid.
271 *carta para clientes:* La Roche, Julia. Here's Why the World's Most Successful Hedge Fund Just Hired a Tech Titan as Co-CEO. *Business Insider*, 10 mar. 2016.
273 *Seu entrevistador foi:* Kegan se recusou a dar entrevista. Ele escreveu em um e-mail: "Não tenho vergonha de ter adotado uma postura de admiração em relação à Bridgewater e ao sr. Dalio".
273 *Kegan olhou para suas anotações:* Dalio, Ray. Entrevista com Robert Kegan. Instituto Milken, 2 maio 2016.
275 *Dalio se gabou:* Anotações de uma pessoa presente em uma reunião da Bridgewater com clientes.
275 *"Eu":* Ibid.

Capítulo 19: Ciclo de feedback
280 *mesa na Bridgewater:* A mesa de Sweet ficava em um dos escritórios externos da Bridgewater, não na sede principal.

Capítulo 20: Um de nós

284 *Stefanova se descrevia:* Orr. Untold Story of Katina, *op. cit.*
284 *uma revista de finanças: Ibid.*
284 *pesquisas de marketing:* Chang, Sue. If Recession Strikes, Central Banks Might Be Out of Ammo. *MarketWatch*, 19 fev. 2016.
285 *afirmou ela a um entrevistador:* Voice of Experience: Katina Stefanova, CEO & CIO, Marto Capital. *Glass Hammer*, 26 maio 2016.
285 *uma coluna aduladora:* Stefanova, Katina. What It's Like to Work for Ray Dalio. *Institutional Investor*, 11 set. 2017.
291 *não retornou a ligação: The Wall Street Journal*, em um artigo de novembro de 2017 escrito pelo autor deste livro, afirmou que a Bridgewater pagou um acordo a uma mulher demitida após ter tido um relacionamento consensual com Jensen, e que depois a Bridgewater soube de uma segunda funcionária que Jensen havia apalpado. Jensen declarou em pronunciamento: "As acusações do *Wall Street Journal* sobre meu comportamento são incorretas e obscenas", embora nem ele nem a empresa especificassem nenhuma suposta falsidade. O *Journal*, que citou "pessoas familiarizadas com o assunto" em sua reportagem, não citou o nome de nenhuma das duas mulheres.

Capítulo 21: "Ray, isto é uma religião"

292 *toque de Midas:* Landfraf, Robert; Wiede, Frank. Investment Firms; Hedge Fund Staff Head for Door. *Handelsblatt*, 21 jul. 2016.
292 *caíra:* Taub, Stephen. Losses Mount at Bridgewater's Flagship Fund. *Institutional Investor*, 6 jul. 2016.
298 *demissão de Mundie:* Meses depois, Dalio mudaria de ideia e faria de Mundie seu conselheiro. Um advogado da Bridgewater disse que Mundie tinha permanecido continuamente um funcionário de algum jeito.
302 *"ele não se amolda à cultura":* Dalio, Ray. *Changes in Bridgewater's Management Roles*. LinkedIn, 1º mar. 2017.

Capítulo 22: O Círculo da Verdade

305 *registros públicos:* U.S. Securities and Exchange Commission, Formulário ADV, Bridgewater Associates.
306 *Ackman interrogou:* La Roche, Julia. Here's Ray Dalio's Attempt at Explaining How He Makes Money. *Business Insider*, 12 fev. 2015.
306 *uma oportunidade:* Alden, William. Ackman and Dalio, Two Hedge Fund Titans, Size Each Other Up. *The New York Times*, 12 fev. 2015.
307 *um admirador:* Celarier, Michelle. Jim Grant Is a Wall Street Cult Hero. Does It Matter If He's Often Wrong? *Institutional Investor*, 18 set. 2019.

307 *toda uma edição:* Face on the Wall Street Milk Carton, *op. cit.*
308 *Grant passaria o dia:* Jim Grant, entrevista do autor.
308 *em ligações:* Grant, Jim. Entrevista com Kelly Evans, *CNBC*, 13 out. 2017.
309 *partes cruciais:* O colunista da *Bloomberg* Matt Levine, reagindo às afirmações de Grant em um artigo intitulado "The Case Against Bridgewater Isn't Proven", concluiu que "o hedge fund é estranho, sim, mas não das formas citadas na newsletter". Levine observou que Grant "não era a primeira pessoa a ser cética em relação ao que a Bridgewater está fazendo, e talvez eles estejam certos em terem dúvidas. Mas suas preocupações específicas me parecem, em geral, equivocadas".
309 *seu auge:* Kiel, Paul. The World's Largest Hedge Fund Is a Fraud. *ProPublica*, 18 dez. 2008.
310 *David Einhorn:* Uma porta-voz de Einhorn disse que suas lembranças dessa reunião são diferentes de formas que ele se recusou a especificar.
312 *pequeno grupo:* Advogados de Dalio e da Bridgewater dizem que o fundo "faz grandes esforços para proteger sua propriedade intelectual (seus trades e estratégias de trading), o que está entre seus ativos mais valiosos, dá à empresa uma vantagem competitiva e permite que ela produza valor para seus clientes". Eles afirmam que é errado sugerir que haja alguma coisa "sombria e sinistra" em relação ao tamanho do grupo, e que a Bridgewater segue "práticas responsáveis e que são padrão na indústria", algo que seus clientes esperam e exigem.
314 *"única planilha":* Advogados de Dalio e da Bridgewater declaram que Jensen não se lembra de ter dito essa frase, "e nenhuma pessoa sensata poderia acreditar que ele disse, pois a afirmação é evidentemente absurda". Eles acrescentam que "os sistemas da Bridgewater rodam com software avançado dotado de processamento de dados altamente complexo, o qual lida com milhões de séries de dados que nunca poderiam ser reproduzidos em 'uma única planilha'".
317 *se aferrava a suas regras históricas:* Em uma decisão dura contra a Bridgewater em 2020, em um caso do hedge fund contra dois ex-funcionários de investimentos, um painel de arbitragem do estado de Nova York determinou que a abordagem da Bridgewater em relação aos investimentos era "vaga". O painel escreveu que a Bridgewater "argumentava que seu sucesso econômico como hedge fund sustentava suas afirmações de que tinha e tem valiosos segredos comerciais, mas [...] não produzia evidências de uma 'metodologia'". O que a Bridgewater chamava de seus segredos comerciais era "informação disponível ao público e geralmente à disposição de profissionais da indústria". O painel, que ouviu o depoimento de Jensen sob juramento, concluiu: "A Bridgewater espera que funcionários de alto nível permaneçam na empresa por toda a sua carreira e vê sua saída como traição".

318 *o outro lado:* Um advogado de Dalio diz que o jogo de trading "permitia que analistas de investimentos de todos os níveis demonstrassem a qualidade de suas ideias sem arriscar dinheiro. Ele tinha o apoio de todos os três CIOs, e nenhum deles considerou que fosse um reflexo de 'como menosprezavam a equipe'".

318 *expor uma ideia de investimento:* Dalio acabaria por encerrar o jogo, depois de ter perdido vários milhões de dólares.

318 *Restava uma vantagem:* Um advogado de Dalio diz: "As decisões da Bridgewater nos mercados são 98% sistematizadas, e nos raros casos que são desvios dos sistemas, as razões para esses desvios são registradas e auditadas".

319 *influência sobre o poder:* Um advogado de Dalio diz: "Embora seja verdade que o sr. Dalio se encontrou com autoridades importantes de governos, as interações de indivíduos do setor privado com funcionários de alto escalão de governos são comuns entre as indústrias, e seguem protocolos que impedem que autoridades de governos divulguem informações que não deveriam — e impedem que o setor privado se beneficie dessa informação. Os controles da Bridgewater dessas reuniões são amplamente auditados pela SEC".

321 *Informações sobre petróleo:* Advogados de Dalio e da Bridgewater dizem: "A vantagem competitiva da Bridgewater é a qualidade de sua pesquisa e compreensão das economias e dos mercados globais, o que depois se transforma em estratégias de investimento sistematizadas. Ao longo dos últimos vinte anos, o petróleo tem sido apenas uma fatia pequena do orçamento de risco do Pure Alpha (menos de 2%) e de seus retornos históricos (menos de 5%). Além disso, as estratégias de negociação de petróleo da Bridgewater, como a íntegra dos sistemas da empresa, são sistemáticas e têm base em dados disponíveis ao público".

322 *alianças no exterior:* Ver nota de *influência sobre o poder*.

324 *bilhões de dólares:* Advogados de Dalio e da Bridgewater afirmam que "é enfaticamente uma inverdade que decisões de investimentos no valor de bilhões de dólares tenham sido tomadas apenas com base no instinto e nas ideias de Ray".

325 *Fazer trading de acordo com suas ideias*: Advogados de Dalio e da Bridgewater disseram que não foi encomendado nenhum estudo sobre as negociações de Dalio, e não ocorreu nenhuma reunião para discuti-las.

Capítulo 23: O presente

327 "colocar a mente de Ray em um computador": Copeland; Hope. World's Largest Hedge Fund, *op. cit.*

327 *acrescentou McCormick:* O e-mail de McCormick foi escrito para o autor deste livro, que foi um dos autores do artigo do *Journal*.

327 *texto extenso no LinkedIn:* Com 2.698 palavras, o texto de Dalio no LinkedIn foi significativamente mais longo que o artigo que o deixou ofendido. Dalio, Ray. *The Fake and Distorted News Epidemic and Bridgewater's Recent Experience with* The Wall Street Journal. LinkedIn, 3 jan. 2017.
328 *Na entrevista:* Blodget, Henry. Business Insider Interview: Ray Dalio. *Business Insider,* 7 jan. 2017.
330 *exibiu outro vídeo:* Em um erro revelador, uma subcategoria chamada "qualidades de pensamento" foi, em vez disso, escrita como "pensamento prático".
331 *autobiografia,* Princípios: Um advogado de Dalio disse que ele, inicialmente, não quis incluir nenhuma autobiografia no livro — preferindo em vez disso escrever apenas sobre Os Princípios —, mas foi convencido pelo editor do livro a incluí-la.
331 *"quanto à Revolução Industrial":* Stevenson, Alexandra; Goldstein, Matthew. Principles: Ray Dalio. *The New York Times,* 8 set. 2017.
331 *Havia certa ironia:* Apesar da, ou talvez por causa dela, na ausência de Dalio, os fundos da Bridgewater viraram o que estava prometendo ser um ano de perdas. O Pure Alpha, o principal, terminou o ano com 1% de alta, mantendo viva a série de anos não negativos da empresa.
332 *"tornar as pessoas melhores":* Glancy, Josh. Interview: I Got It All Wrong… and Made Billions, Says Ray Dalio. *Sunday Times,* 24 dez. 2017.

Capítulo 24: A sociedade
341 *tinha visitado Putin:* Em uma entrevista de abril de 2022 com o apresentador de podcast Lex Fridman, depois da invasão da Ucrânia pela Rússia, Dalio diz que Putin era "muito popular, ele venceu eleições democráticas porque tem sido um líder forte que levou paz e estabilidade para a Rússia depois da dissolução da União Soviética. Ele é um líder forte em defesa dos interesses do país de um jeito em que a Rússia não é uma potência econômica significativa, mas é uma potência militar significativa".
342 *Pouco depois, ela foi promovida:* Um advogado de Dalio diz que ele não teve nenhuma participação na promoção de Karniol-Tambour nem nas aparições posteriores dela na imprensa.
344 *Ele não precisava de dinheiro*: Um advogado de Dalio questionou esses valores.
346 *Ele estava pegando seu dinheiro:* Um advogado de Dalio recusou a oportunidade de responder a perguntas sobre os parâmetros financeiros da sociedade. Ele afirmou que "nunca houve nenhuma estrutura por meio da qual os funcionários da Bridgewater contraíssem dívidas com o sr. Dalio".
348 *fazer terapia:* Um adjunto de Jensen, em um e-mail, diz que ele teve um confronto verbal com Elliott e sua namorada por suspeitas de que os dois estivessem

namorando. Ele diz que a seguiu depois de um evento oficial da Bridgewater porque desconfiou de um relacionamento não comunicado entre ela e Elliott, supervisor dos dois (Elliott contou posteriormente à Bridgewater que o relacionamento só começou depois). O adjunto de Jensen disse que ele tirou uma licença da empresa, mas que não lhe foi recomendado fazer terapia.

349 *demitiu Elliott:* A namorada de Elliott na época foi embora com um acordo que a impedia de falar sobre a experiência. Pouco antes de sair, ela também recebeu uma visita pessoal e inesperada de um dos CEOs da Bridgewater, David McCormick. Ele disse a ela que, se desrespeitasse o acordo, enfrentaria processos pelo resto da vida.

Capítulo 25: Tudo o que ele quiser

351 *"Não quero dinheiro":* Schoenberg, Gregg. Citizen Ray: Bridgewater's Ray Dalio Is the Wise Uncle You Wished You Had. *TechCrunch*, 1º ago. 2019.

355 *no título:* Burton, Katherine. Ray Dalio's Hedge Fund Dumped by Tiny County Fed Up by Fees Sapping Return. *Bloomberg News*, 24 jan. 2019.

355 *ficando com mais dinheiro:* A Bridgewater, em uma carta em resposta aos administradores do fundo de pensão, admitiu que tinha passado por "um período fraco nos últimos anos", mas alertou sobre um "conjunto perigoso de circunstâncias" no horizonte. O fundo de pensão retirou, assim mesmo, seu investimento do Pure Alpha.

355 *"na verdade não nos fez nenhum bem":* Ramli, David. Dalio's Bridgewater Falls Out of Favor at UOB Private Bank. *Bloomberg*, 3 dez. 2019.

356 *as perspectivas sombrias:* Essa ideia pegou; Dalio escreveu um post público no LinkedIn no fim de 2019 intitulado "The World Has Gone Mad and the System Is Broken". A publicação foi amplamente citada pela imprensa internacional.

357 *"a Parceria por Connecticut":* A parceria foi dissolvida depois de menos de um ano, após um telefonema no qual Dalio supostamente disse à educadora nomeada para liderar a iniciativa para a mulher "parar de falar" e fazer apenas o que Barbara lhe dissesse para fazer, segundo um processo aberto pela educadora contra a organização.

358 *dois homens falando:* Três meses depois, Dalio escreveu no Twitter: "Sean (Diddy) Combs é um de meus heróis".

Capítulo 26: Sem heróis

362 *morreu no local:* A polícia de Greenwich concluiu que a morte foi um acidente.

363 *disse a matéria:* Levy, Rachael; Copeland, Rob. Ray Dalio Is Still Driving His $160 Billion Hedge-Fund Machine. *Wall Street Journal*, 31 jan. 2020.

364 *"notícias falsas e distorcidas":* Dalio, Ray. The Wall Street Journal's *Fake and Distorted News*. LinkedIn, 2 fev. 2020.

365 *no LinkedIn em janeiro:* Dalio, Ray. *Our Early Thinking on the Coronavirus and Pandemics*. LinkedIn, 30 jan. 2020.
366 *nesse ambiente volátil:* Saacks, Bradley. Read the 2-page note billionaire Ray Dalio just sent investors laying out his coronavirus game plan. *Business Insider*, 18 mar. 2020.
369 *eram irrelevantes:* Armstrong, Brian. Twitter, 10 jun. 2022.
370 *"É isso aí, Elon!...":* Dalio, Ray. Twitter, 27 ago. 2020.
370 *"querem desacreditá-las":* Dalio, Ray. Twitter, 23 set. 2020.
370 *entrevista em dezembro de 2020 para a CNN:* Egan, Matt. This Billionaire Warns That America's Massive Wealth Gap Could Lead to Conflict. *CNN*, 22 dez. 2020.
370 *"revoluções têm um propósito":* A Conversation with Ray Dalio and Tom Friedman. Milken Global Conference, YouTube, 12 out. 2020.

Pósfácio: Ray e eu

374 *Não foi surpresa:* Copeland, Rob; Farrell, Maureen. Hedge Fund Billionaire Extract Billions More to Retire. *The New York Times*, 21 fev. 2023.
374 *"Nós contratamos botânicos":* Friess, Steve. From the Poker Table to Wall Street. *The New York Times*, 27 jul. 2018.
376 *meu cachorro se ele estivesse se candidatando:* Posteriormente, quando Barclay Leib estava em uma situação financeira pior, ele mandou outro e-mail para Dalio e perguntou ao bilionário se ele estaria interessado em comprar um quadro de cerca de 75 anos da Trinity Church, uma paróquia histórica em Lower Manhattan considerada parte da história de Wall Street. Dalio concordou em comprar a pintura, dizendo ser um favor.
377 *na sua cobertura em Manhattan:* Smith, Emily. Billionaire Ray Dalio in Legal Brawl over Penthouse. *The New York Post*, 10 mar. 2022.
379 *após saírem:* O livro de sucesso de Comey publicado em 2018, *A Higher Loyalty: Truth, Lies, and Leadership*, atribuía a Dalio ensinar ao ex-diretor do FBI como ser um líder melhor: "Ao evitar conversas difíceis e não dizendo às pessoas onde elas estavam com dificuldade nem como elas podiam melhorar, eu as estava privando da oportunidade de crescer. Meu melindre não foi apenas covarde, foi egoísta".
382 *"com ativos substanciosos":* Press release da Marto, 30 maio 2022.
383 *conhecimento sobre o assunto:* Natarajan, Sridhar; Burton, Katherine. Bridgewater CEO Clashes with Dalio over China Before Senate Race. *Bloomberg*, 4 dez. 2021.
384 *o novo CEO:* Bar Dea foi um dos CEOs por um breve período, com outro executivo, que deixou a empresa pouco tempo depois no que a Bridgewater chamou de transição planejada.

384 *O custo*: Copeland, Rob; Farrell, Maureen. Hedge Fund Billionaire Extracts Billions More to Retire. *The New York Times*, 21 fev. 2023.

384 *tuitou ele:* Dalio, Ray. Twitter, 5 out. 2022.

387 *CNBC direto de Davos:* Cash is still trash, 'says Bridgewater Associates' Ray Dalio. CNBC, 24 maio 2022.

Nota sobre as fontes

398 *"negócio da Bridgewater":* Bridgewater vs. Minicone and Squire. American Arbitration Association Employment Arbitration Tribunal, prova 1, 14 jul. 2020.

399 *sofrido apenas três processos frívolos:* Alden, William. Bridgewater's Ray Dalio Says Taping Employees Has Legal Benefits. *The New York Times*, 11 dez. 2014.

401 *"depoimentos mais favoráveis":* Wright, Lawrence. *Going Clear: Scientology, Hollywood, and the Prison of Belief.* Nova York: Knopf, 2013.

Este livro foi impresso pela Vozes, em 2025, para a HarperCollins Brasil.
O papel do miolo é avena 70g/m² e o da capa é cartão 250g/m².